高等职业教育智能制造专业群
“三新一融”系列教材

AutoCAD计算机绘图项目化教程

主编
顾吉仁
钟良伟
杨琪琳

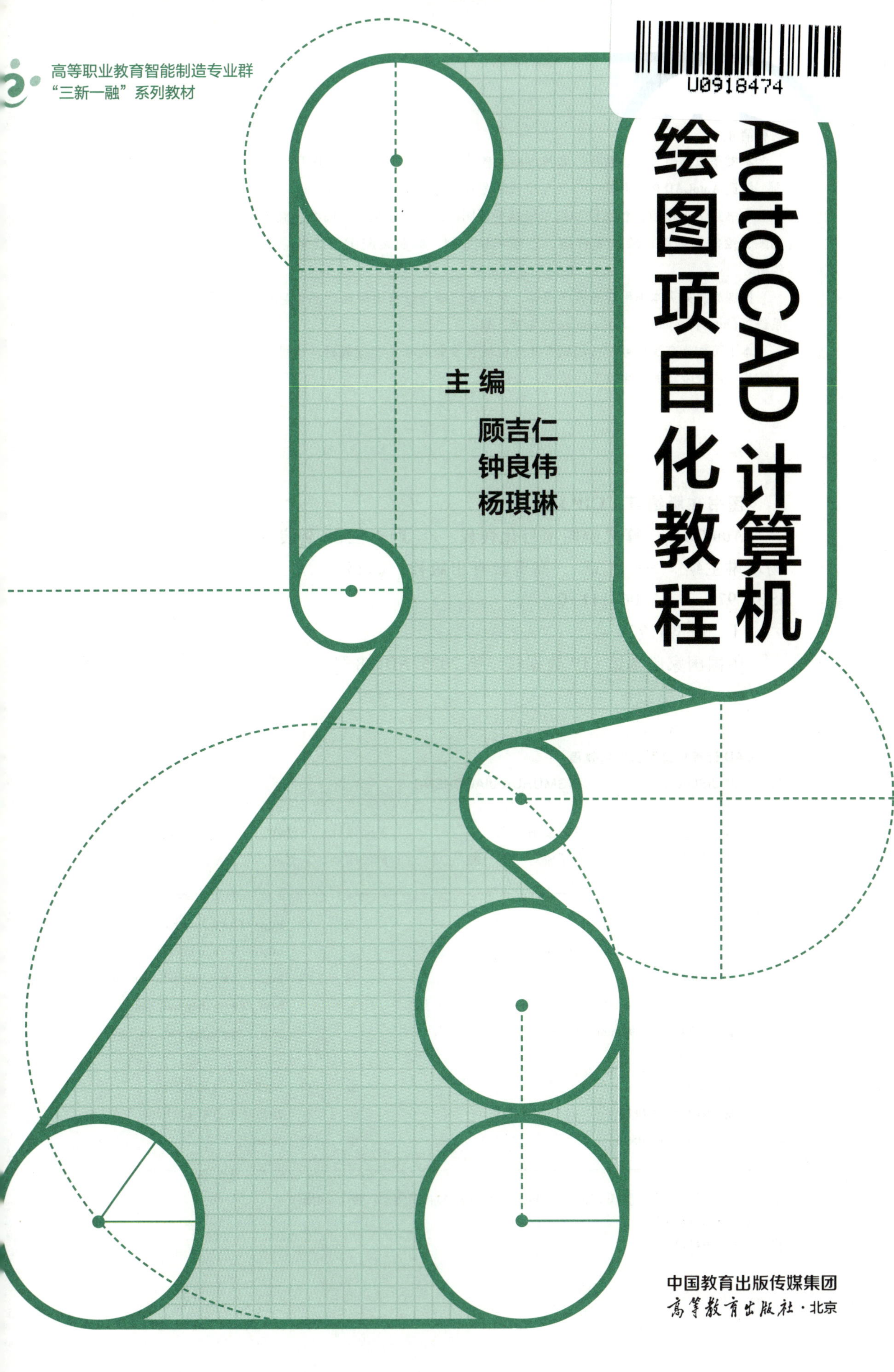

中国教育出版传媒集团
高等教育出版社·北京

内容简介

本书是根据高等职业教育的培养目标和教学特点，遵循“实用、够用”的原则，精选 AutoCAD 的常用命令以及与机械制图密切相关的工程实例编写而成。

本书共 7 个项目，包括绘制简单机械平面图、绘制复杂机械平面图、绘制轴测图、绘制三视图、绘制零件图、三维实体造型、绘制装配图，以及综合训练册。

授课教师如需本书配套的教学课件，请登录“高等教育出版社产品信息检索系统”(https://xuanshu.hep.com.cn/)免费下载。

本书可作为高等职业院校机械类及近机械类专业的相关课程教材，也可供独立院校、成人院校的学生及工程技术人员使用。

图书在版编目（CIP）数据

AutoCAD 计算机绘图项目化教程 / 顾吉仁，钟良伟，杨琪琳主编. -- 北京 : 高等教育出版社，2025. 1.

ISBN 978-7-04-064111-0

Ⅰ. TP391.72

中国国家版本馆 CIP 数据核字第 20252ND128 号

AutoCAD **计算机绘图项目化教程**

AutoCAD JISUANJI HUITU XIANGMUHUA JIAOCHENG

策划编辑 张　璋　　责任编辑 张　璋　　封面设计 贺雅馨　　版式设计 李彩丽

责任绘图 黄云燕　　责任校对 张　薇　　责任印制 刘思涵

出版发行	高等教育出版社	网　　址	http://www.hep.edu.cn
社　　址	北京市西城区德外大街 4 号		http://www.hep.com.cn
邮政编码	100120	网上订购	http://www.hepmall.com.cn
印　　刷	北京联兴盛业印刷股份有限公司		http://www.hepmall.com
开　　本	787 mm×1092 mm 1/16		http://www.hepmall.cn
印　　张	21.75		
字　　数	520 千字	版　　次	2025 年 1 月第 1 版
购书热线	010-58581118	印　　次	2025 年 1 月第 1 次印刷
咨询电话	400-810-0598	定　　价	49.80 元

本书如有缺页、倒页、脱页等质量问题，请到所购图书销售部门联系调换

物 料 号　64111-00

前言

PREFACE

本套书的编写过程紧密跟随新时代的步伐，确保内容和教学方法的现代化与创新；以新业态教育为核心，致力于强化工程教育的实践性和前瞻性，以更好地适应技术和产业的快速发展；采用了多样化的新形态来呈现教学资源，充分利用数字化和多媒体技术，以增强学习体验。除此“三新”理念之外，教材还贯彻了“一融”的教育理念，将学生的价值观念塑造、知识体系构建和综合能力培养紧密融合，实现教育的全面性和深远影响，最终设计了本套“三新一融”系列教材。本套书承载着创新教育的使命，致力于强化工程教育的实践性和前瞻性，以更好地适应科技进步和产业发展。

随着时代的发展，计算机绘图广泛应用于科研、教育及生活等多个领域，计算机绘图已经成为工程技术专业人员必须掌握的知识。其中，AutoCAD 作为一款高效的计算机绘图软件，以其强大的性能、广泛的应用领域深受从业者的喜爱。

本书是编者结合多年的教学经验，依托 AutoCAD 2021 中文版，根据高等职业院校工科类的人才培养目标编写而成。书中结合了 AuoCAD 实训技能培养的特点，以项目为导向，以实用为目的，系统地介绍了简单机械平面图，复杂机械平面图，轴测图、三视图、零件图、装配图的绘制与尺寸标注，三维建模基础知识等内容。书中选用了简单又有趣味、代表性的实例，用以介绍 AutoCAD 软件的基本操作和制图技巧。通过学习，读者能灵活地将 AutoCAD 软件常用基本命令用于不同实例中，能合理地表达各类零部件，绘制出符合国家标准的工程图样，最终能将 AutoCAD 软件熟练运用于实际工作中。

本书配套有省级精品在线开放课程资源和综合训练册，可供读者自学观看并进行练习，以便快速、全面、准确地掌握 AutoCAD 的绘图技能。

本书由共青科技职业学院顾吉仁、钟良伟、杨琪琳任主编，由江西工业贸易职业技术学院胡素萍，江铃汽车股份有限公司俞大象，江西新能源科技职业学院温金龙、胡志荣，共青科技职业学院李玉满任副主编，另有共青科技职业学院刘智诚、苏烈凯、杨意林参与编写。项目一由顾吉仁编写，项目二由李玉满编写，项目三由胡素萍编写，项目四由钟良伟编写，项目五由杨琪琳编写，项目六温金龙编写，项目七由胡志荣、俞大象共同编写，综合训练册由顾吉仁编写。全书由顾吉仁统稿，由俞大象做专业实践指导。

在本书的撰写过程中，共青科技职业学院郭纪林教授给予了很大的帮助和支持，提出了很多中肯的建议，在此表示感谢。本书的出版是集体努力的结果，谢谢所有给予支持和帮助的人们。

由于项目式教学尚在探索中，加之编者水平有限，书中难免存在不妥之处，望各位同行批评指正。

编者

2024 年 12 月

目录
CONTENTS

项目 1　绘制简单机械平面图

项目 2　绘制复杂机械平面图

项目 3　绘制轴测图

项目 4　绘制三视图

项目 5　绘制零件图

项目 6　三维实体造型

项目 7　绘制装配图

综合训练册

项目 1

绘制简单机械平面图

知识目标

- 掌握绘图环境的设置。
- 掌握对象捕捉、对象追踪和极轴追踪的有关内容。
- 掌握直角坐标与极坐标、绝对坐标与相对坐标的概念及应用。
- 掌握二维图形的基本绘制和编辑方法。
- 掌握图层的使用。

能力目标

- 能根据图形尺寸正确设置图形界限。
- 能正确设置和使用对象捕捉、对象追踪、极轴追踪、栅格的方法来绘制图形。
- 能使用各种图形绘制和编辑方法绘制简单二维图形。
- 能根据需要正确设置和使用图层。
- 能对图形进行缩放和平移操作。

素养目标

- 具备观察能力、分析能力和表达能力。
- 学会图案绘制的基本步骤，理解五星红旗的象征意义等。
- 具备热爱祖国、热爱人民、热爱学习的思想。

任务 1 绘制房屋、五角星图案平面图形

任务描述

绘制尺寸如图 1-1-1 所示的房屋、五角星图案平面图形。

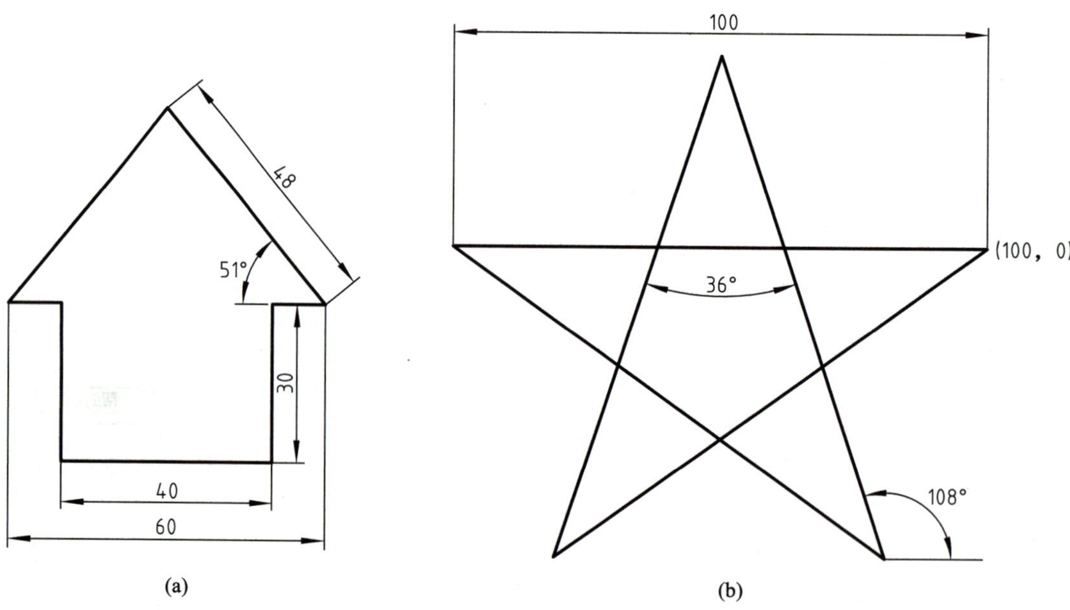

图 1-1-1　房屋、五角星图案平面图形的绘制

知识链接

1.1.1　绘图环境设置

通常情况下，安装好 AutoCAD 后就可以在其默认设置下绘制图形了，但为了提高绘图效率，还需要对绘图环境及系统参数做必要的设置。

1. 设置系统环境

根据工作方式用户对系统环境进行设置，以调整应用程序界面和绘图区域。本任务涉及的几个系统设置均可从快捷菜单和“选项”对话框中访问。图 1-1-2 所示为

“选项”对话框，其中包含“文件”“显示”“打开和保存”“打印和发布”“系统”“用户系统配置”“绘图”“三维建模”“选择集”“配置”10 个选项卡。

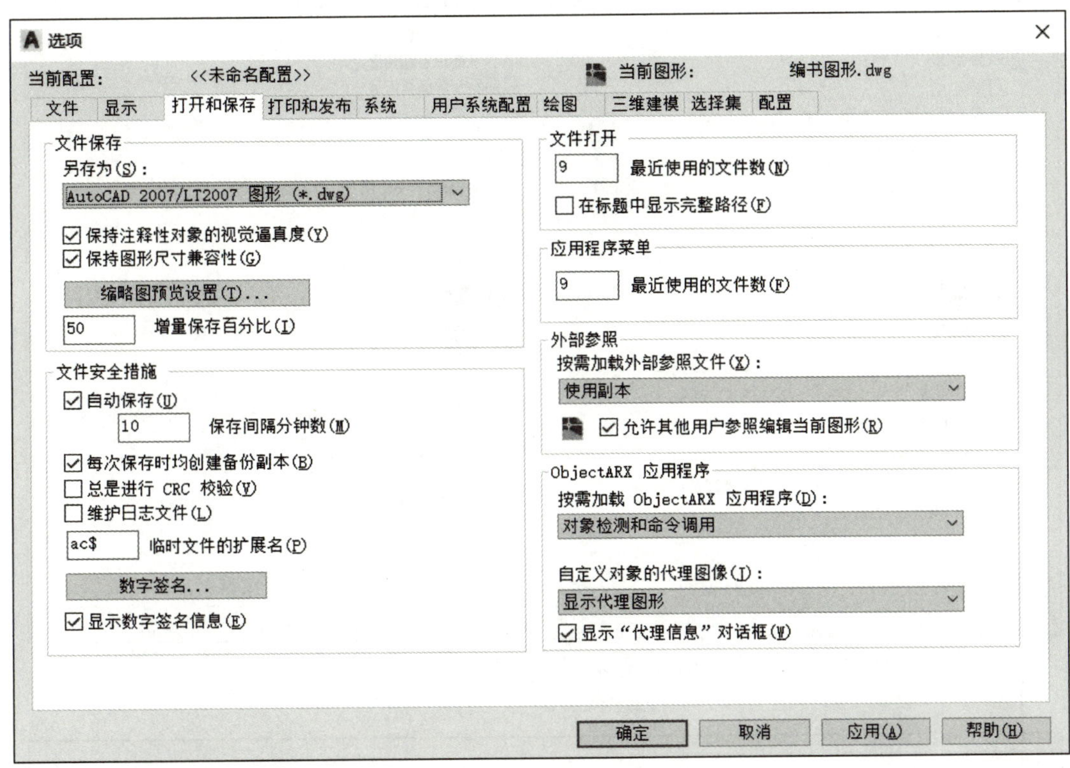

图 1-1-2　“选项”对话框

（1）命令启用方法

方法 1　菜单命令：【工具】→【选项】。

方法 2　键盘命令：输入“Options”→按“Enter”键。

（2）对话框中选项卡的功用

以下简要介绍几种常用的选项卡。

1）“文件”选项卡：用于配置搜索路径、指定文件名和位置。

2）“显示”选项卡：包括“窗口元素”“布局元素”“显示精度”“十字光标大小”等选项区，用于设置显示相关选项。

3）“打开和保存”选项卡：用于设置打开和保存文件的相关选项，如图 1-1-2 所示。

4）“绘图”选项卡：用于设置“自动捕捉标记大小”“靶框大小”等相关选项，如图 1-1-3 所示。

5）“选择集”选项卡：用于设置“拾取框大小”“夹点尺寸”“夹点颜色”“视觉效果设置”等相关选项，如图 1-1-4 所示。

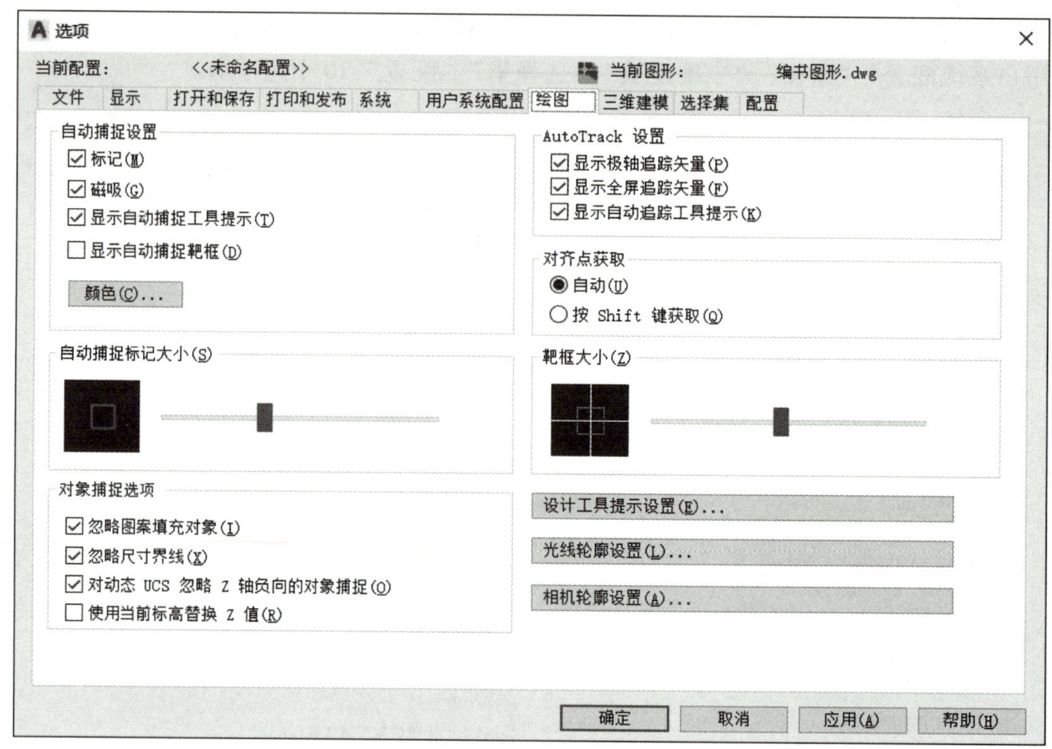

图 1-1-3 “绘图”选项卡

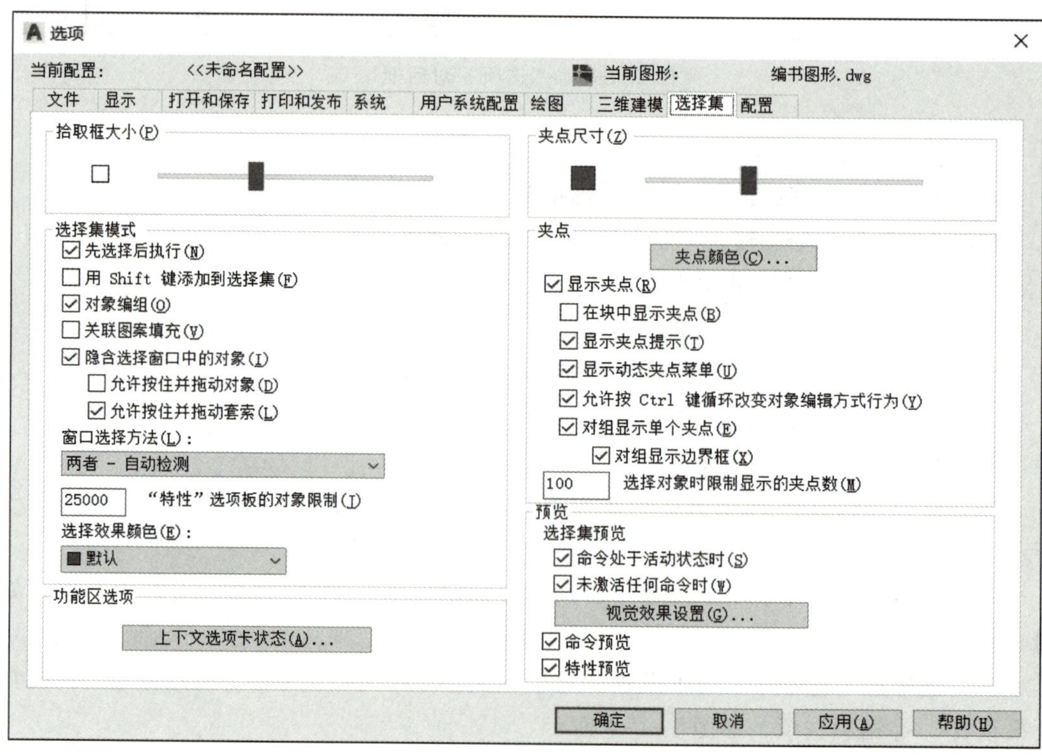

图 1-1-4 “选择集”选项卡

2. 设置绘图单位

设置或修改作图单位。

（1）命令启用方法

方法 1　菜单命令：【格式】→【单位】。

方法 2　键盘命令：输入“Units”或“Un”→按“Enter”键。

（2）系统提示及操作说明

启用命令后，系统显示“图形单位”对话框，如图 1-1-5 所示，一般选择默认选项，即“长度”-“类型”为“小数”，“用于缩放插入内容的单位”为“毫米”，“角度”-“类型”为“十进制度数”，“顺时针”复选框不勾选。

单击【方向（D）…】按钮，可打开“方向控制”对话框，如图 1-1-6 所示。一般使用默认的方向，即“东（E）”为 0°，此选项可以在绘图的过程中进行修改。

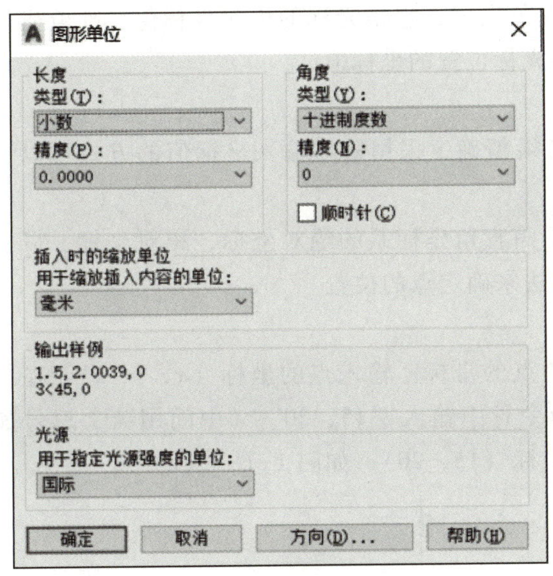

图 1-1-5　“图形单位”对话框

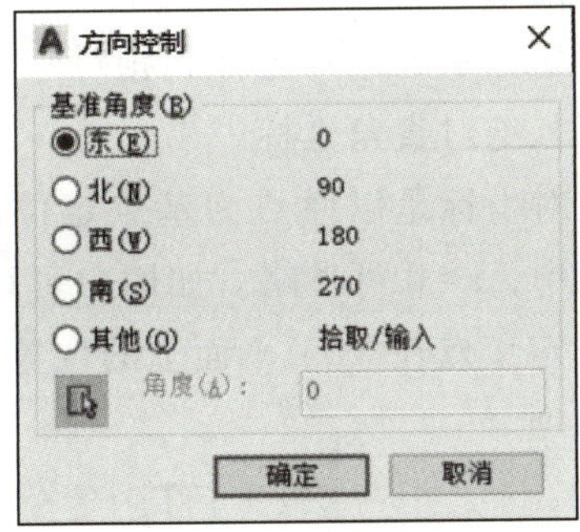

图 1-1-6　“方向控制”对话框

3. 设置绘图界限

（1）命令启用方法

方法 1　菜单命令：【格式】→【图形界限】。

方法 2　键盘命令：输入“Limits”→按“Enter”键。

（2）系统提示及操作说明

启用命令后，系统提示如下：

指定左下角点或［开（ON）/关（OFF）］<0.0000，0.0000>：按“Enter”键

指定右下角点<420.0000，297.0000>：按“Enter”键（默认按 A3 幅面确定绘图界限）

操作说明：

1）输入“开（ON）”：将所设置的图形范围定为有效，当作图点超出这一范围时，屏幕将出现报警提示“＊＊超出图形界限”，以确保图形绘制在绘图边界内。

2）输入“关（OFF）”：将所设置的图形范围定为无效，作图将不受范围的影响。

提示：默认状态下，绘图界限是“关”的状态，绘图时，一般不需要设置绘图界限。

1.1.2　数据的输入方法

在调用 AutoCAD 的命令进行绘图时，系统要求用户提供相关的信息和数据参数，这时有两种方式可以使用：一是鼠标输入法，二是键盘输入法。

1. 鼠标输入法

鼠标输入法是指移动光标，直接在绘图区单击鼠标左键来拾取点的坐标的一种方法。在 AutoCAD 中，坐标显示的是动态直角坐标，它是光标的绝对坐标值。随着光标的移动，坐标值连续更新，随时显示当前光标位置的坐标值。

2. 键盘输入法

用光标可以直接定位坐标点，但不是很精确，采用键盘输入坐标值的方式可以更精确地定位坐标点。

在使用 AutoCAD 绘图时，经常使用平面直角坐标系的绝对坐标、相对坐标，以及平面极坐标系的绝对坐标和相对坐标等方法来确定点的位置。

（1）绝对直角坐标

绝对坐标是以原点为基点定位所有的点的坐标。输入点的坐标（x，y，z），在二维图形中，$z=0$ 可省略。如用户可以在命令行中输入“15，20”（中间用英文逗号隔开）来定义点在 XOY 平面上的位置绝对坐标（15，20），如图 1-1-7（a）所示。

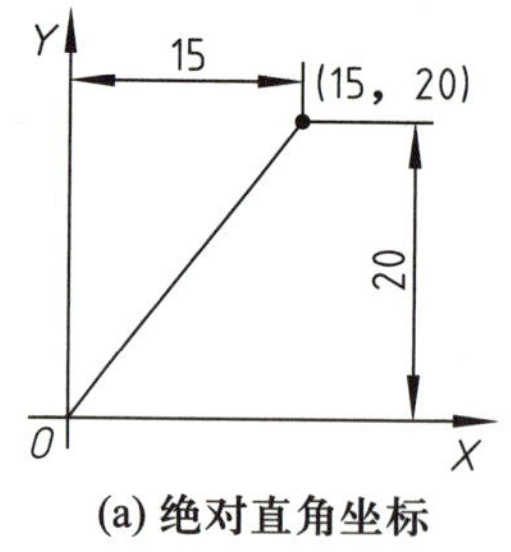

(a) 绝对直角坐标

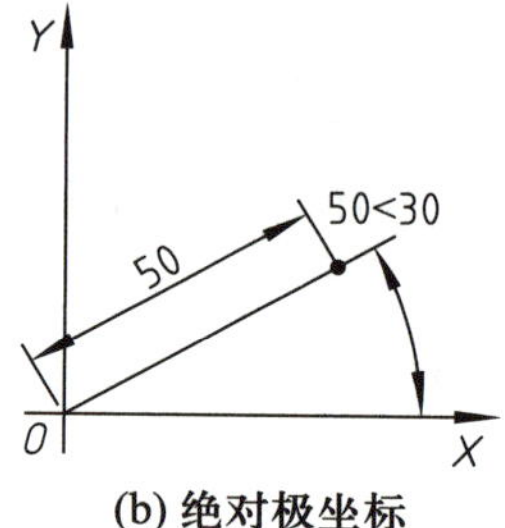

(b) 绝对极坐标

图 1-1-7　绝对坐标

（2）绝对极坐标

如图 1-1-7（b）所示，绝对极坐标是通过相对于极点的距离和角度来定义的，其格式为“距离<角度”。角度以 X 轴正向为度量基准，逆时针方向为正，顺时针方向为负。绝对极坐标以原点为极点。如输入“50<30”，表示距原点 50，与 X 轴正方向夹角为 30°的点。

提示：1）输入坐标值后，要按“Enter”键确认输入的坐标值。

2）带角度的坐标：如果输入的角度为正值，则相对 *X* 轴正向为逆时针方向；如果输入的角度为负值，则为顺时针方向。

3）极坐标输入的距离与角度之间用“<”符号隔开。

（3）相对直角坐标

相对直角坐标是某点 *A* 相对于另一特定点 *B* 的位置，相对直角坐标是把以前的一个输入点作为输入坐标值的参考点，输入点的坐标值是以前一点为基准而确定的，它们的位移增量为 *AX*、*AY*、*AZ*，其格式为“@ *AX*，*AY*，*AZ*”。“@ ”字符表示输入一个相对坐标值。如“@ 10，20”是指该点相对于当前点沿 *X* 方向移动 10，沿 *Y* 方向移动 20。

（4）相对极坐标

相对极坐标是以上一个操作点为极点，其格式为“@ 距离<角度”。如输入“@ 10<20”，表示该点距上一点的距离为 10，和上一点的连线与 *X* 轴成 20°角。

在绘图过程中不是自始至终只使用一种坐标模式，而是可以将一种、两种或三种坐标模式混合在一起使用。如图 1-1-8 所示，先以绝对坐标开始，然后改为极坐标，又改为相对坐标。作为一个 AutoCAD 操作者应能选择最有效的坐标类型来绘图。

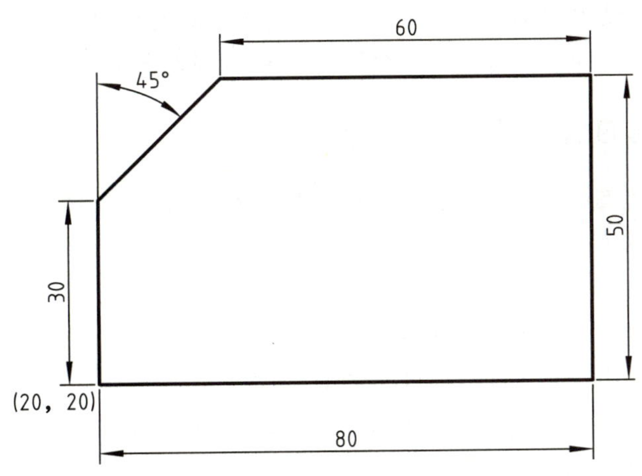

图 1-1-8　坐标输入的综合训练

操作步骤如下：

- 命令：line
- 线的起始点：20,20
- 指定下一点：@ 30<90
- 指定下一点：@ 20,20
- 指定下一点：@ 60<0
- 指定下一点：@ 50<270
- 指定下一点：@ -80,0

● 指定下一点：按“Enter”键，结束命令

1.1.3　对象的删除

当需要绘制精确的图形时，经常要绘制一些辅助线来辅助绘图，而这些辅助线在最终的效果图中是不需要的，AutoCAD 中提供了删除这些图形的命令。但在删除不需要的图形时，有时由于操作失误，会删除一些有用的图形，AutoCAD 同样提供了恢复这些图形的命令。

（1）命令启用方法

方法 1　工具栏：“修改”工具栏→【删除】按钮。

方法 2　菜单命令：【修改】→【删除】。

方法 3　键盘命令：输入“Erase”或“e”→按“Enter”键。

（2）系统提示及操作说明

启用命令后，系统提示如下：

● 选择对象：选择需要删除的对象，被选中的对象显示为虚线

● 选择对象：按“Enter”键，结束命令

提示：1）选择对象时，可以使用前文介绍的任意一种选择对象的方法。

2）系统会继续提示“选择对象:”，用户可以变换选择对象的方式继续选择对象，选择完成后，应按“Enter”键或“空格”键结束选择对象的操作。

1.1.4　直线的绘制

直线在图形的绘制中是最常见的基本二维图形对象之一，常用于表示一些简单的图形对象及图形对象的轮廓线等。

（1）命令启用方法

方法 1　工具栏：“修改”工具栏→【直线】按钮。

方法 2　菜单命令：【绘图】→【直线】。

方法 3　键盘命令：输入“Line”或“L”→按“Enter”键。

（2）系统提示及操作说明

启用命令后，系统提示如下：

● 指定第一点：输入第一点坐标后按“Enter”键结束，或在窗口拾取一点指定为第一点

● 指定下一点或［放弃（U）］：输入第二点坐标后按“Enter”键结束，或在窗口拾取一点指定为第二点

● 下一点或［放弃（U）］：如果只想绘制一条直线，直接按“Enter”键结束操作；如果想绘制多条直线，可在该提示行下继续输入第三点的坐标值；如果想撤销前一步操作，输入“T”，按“空格”键，即取消上一步操作

● 指定下一点或［闭合（C）/放弃（U）］：如果要绘制一个闭合的图形，需要

在该提示行下直接输入“C”，将最后确定的一点与最初的起点连接形成一个闭合的图形。如果想撤销前一步操作，输入“U”，即取消上一步操作

提示：1）方括号内为可选选项，圆括号里为命令，“/”表示“或”。如要结束直线命令，按“空格”键或“Enter”键，或者单击鼠标右键确认。

2）只有在绘制两条以上线段时，才会显示“闭合”选项，而且只限当次直线命令连续操作。

任务实施

1. 绘制房屋图案平面图形［图1-1-1（a）］

操作步骤如下：

- 命令：Line
- 线的起始点：*A*
- 指定下一点：@10<0（@10,0）
- 指定下一点：@30<-90（@0,-30）
- 指定下一点：@40<0（@40,0）
- 指定下一点：@30<90（@0,30）
- 指定下一点：@10<0（@10,0）
- 指定下一点：@48<129（@48<-231）
- 指定下一点：输入“C”闭合
- 指定下一点：按“Enter”键，结束命令

2. 五角星图案平面图形［图1-1-1（b）］

操作步骤如下：

- 命令：Line
- 线的起始点：*B*
- 指定下一点：@100<0（@100,0）
- 指定下一点：@100<-144
- 指定下一点：@100<72
- 指定下一点：@100<-72
- 指定下一点：输入“C”闭合
- 指定下一点：按“Enter”键，结束命令

任务2
绘制凹字形、回字形平面图形

任务描述

绘制尺寸如图 1-2-1 所示的凹字形、回字形平面图形。

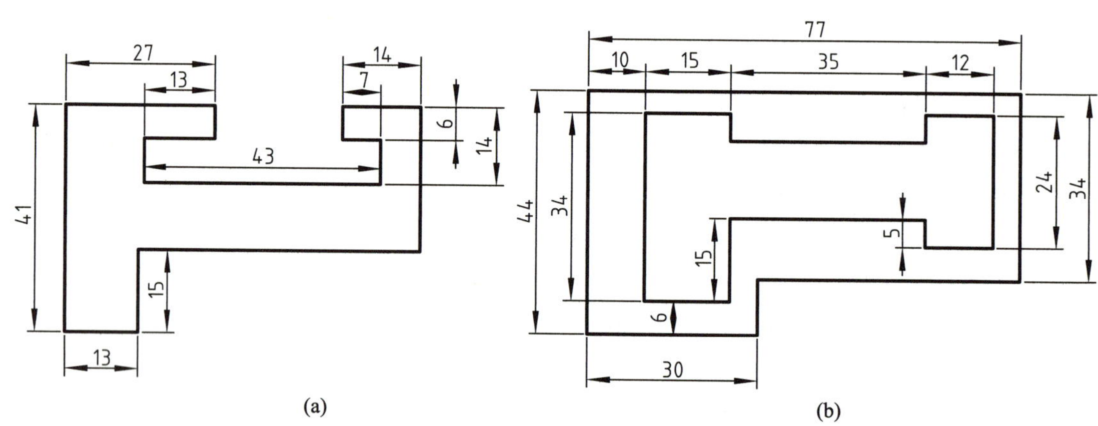

图 1-2-1　回字形、凹字形平面图形的绘制

知识链接

1.2.1　辅助绘图工具

使用 AutoCAD 准确绘图时需用到辅助绘图工具，如捕捉和栅格、正交、对象捕捉、对象追踪等。熟练使用这些辅助绘图工具，可以提高作图效率及作图的准确性。

1. 捕捉和栅格

（1）命令启用方法

方法 1　菜单命令：【工具】→【草图设置】。

方法 2　键盘命令：输入“Dsettings”→按“Enter”键。

提示：还可将鼠标放在状态栏的【捕捉】或【栅格】图标按钮上，单击鼠标右键，选择【设置】→【捕捉和栅格】。

（2）系统提示及操作说明

启用命令后，系统将打开“草图设置”对话框中的“捕捉和栅格”选项卡，如图

1-2-2 所示。

图 1-2-2 “捕捉和栅格”选项卡

1）“捕捉间距”：设置捕捉 X、Y 间距。

2）“栅格间距”：设置栅格 X、Y 间距。

3）“捕捉类型”：绘制二维平面图形时，一般选择“栅格捕捉”→“矩形捕捉”单选按钮；如果绘制等轴测图，则选择“栅格捕捉”→“等轴测捕捉”单选按钮。

（3）捕捉的启用

在“草图设置”对话框中选中“启用捕捉”复选框，或单击状态栏中的【捕捉】图标按钮，或按“F9”键，可打开光标捕捉功能，使光标按设置的间距移动。

2. 正交

正交状态是为了快速而准确地绘制平行于 X 轴或 Y 轴的线段而设置的一种特殊状态。

单击状态栏中的【正交】图标按钮或按“F8”键，即可在正交或非正交状态之间进行转换。

使用直线命令绘制如图 1-2-3 所示的 40×30 矩形。

操作步骤如下：

- 打开正交：按“F8”键
- 启用直线命令：输入“L”→按“Enter”键
- 指定第一点：在界面上任选一点 A
- 指定下一点或［放弃（U）］：移动光标至点 A 右方与点 A 保持水平，输入“40”并按“Enter”键，画出 AB 线段
- 指定下一点或［放弃（U）］：移动光标至点 B 上方与点 B 保持竖直，输入

“30”并按“Enter”键，画出 *BC* 线段

- 指定下一点或［放弃（U）］：移动光标至点 *C* 左方与点 *C* 保持水平，输入“40”并按“Enter”键，画出 *CD* 线段
- 指定下一点或［闭合（C）/放弃（U）］：输入“C”并按“Enter”键，画出 *DA* 线段

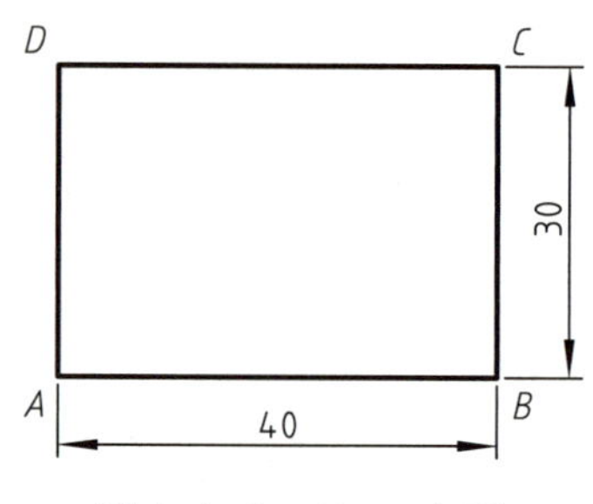

图 1-2-3　40×30 矩形

提示：合理使用正交功能是提高作图速度与作图质量的有效方法之一。

3. 自动对象捕捉

使用自动对象捕捉可以快捷地捕捉一些设定的特殊点。

（1）自动对象捕捉模式的设置

对于一些经常使用的捕捉模式，建议将其设置为默认模式。这样在作图过程中，系统会自动地使用这些捕捉模式，并可以反复使用，以减少捕捉所花费的时间。

自动对象捕捉模式的设置十分简单，选择下拉菜单【工具】→【草图设置】→【对象捕捉】，系统将打开“草图设置”对话框中的“对象捕捉”选项卡，如图 1-2-4

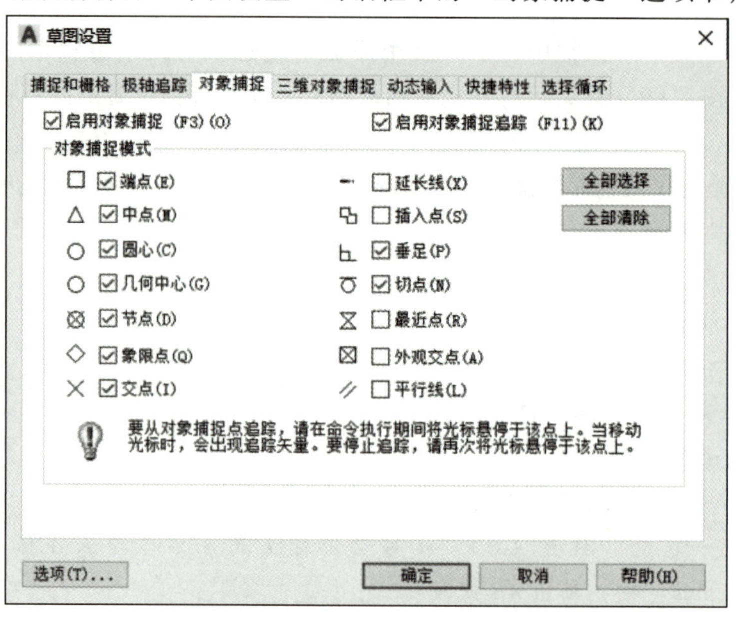

图 1-2-4　“对象捕捉”选项卡

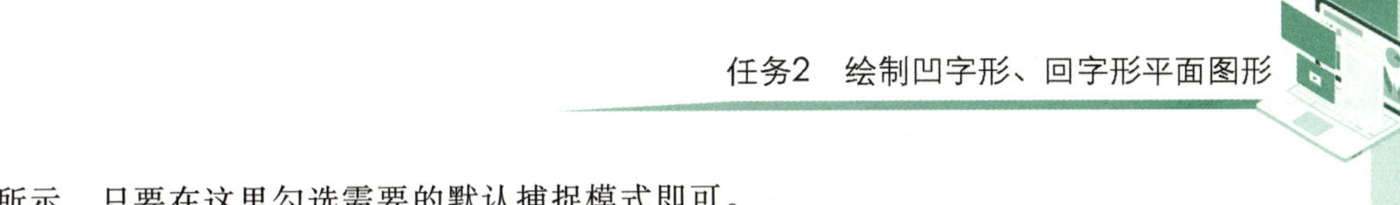

所示，只要在这里勾选需要的默认捕捉模式即可。

（2）自动对象捕捉的启用

在“草图设置”对话框中的“对象捕捉”选项卡中选中“启用对象捕捉”复选框，或单击状态栏中的【对象捕捉】图标按钮，或按“F3”键可打开自动对象捕捉功能。

启用自动对象捕捉后，在画图时，可以利用自动对象捕捉实时捕捉一些特殊点，如端点、中点、圆心、交点等，可以取代“对象捕捉”工具栏中的单个捕捉。自动对象捕捉在操作上更为快捷。

4. 工具栏对象捕捉

“对象捕捉”工具栏如图 1-2-5 所示，工具栏对象捕捉是快速、准确地绘制或编辑图形的又一种行之有效的方法，它通过寻找图形对象上不同的特殊点，能够快速、准确地定位，从而使作图速度得到极大提高。

图 1-2-5　“对象捕捉”工具栏

提示：工具栏对象捕捉优先于自动对象捕捉，工具栏对象捕捉每次操作仅一次有效。

下面介绍“对象捕捉”工具栏的使用方法。

提示：为方便练习各项对象捕捉命令，应先关闭状态栏中的【对象捕捉】图标按钮。

（1）捕捉临时追踪点（命令为“TT”）

用于临时使用对象捕捉功能，即先用鼠标单击一基准位置作为参照，再移动光标去寻找真正的位置点。

（2）捕捉偏移点（命令为“From”）

用于设置一个参照点以便于定位。即先确定一个偏移基点作为参照，再通过键盘输入偏移值（相对坐标）来确定真正的位置点。

如图 1-2-6 所示，在距离点 A 横向距离 25、纵向距离 9 的位置，绘制 15×15 的矩形。

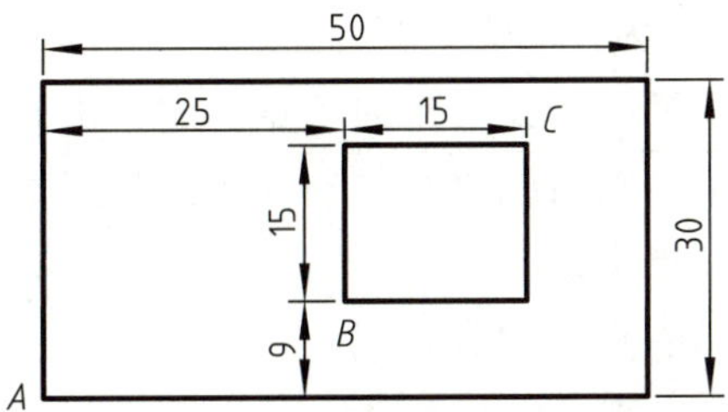

图 1-2-6　捕捉偏移点的应用举例

操作步骤如下：

步骤1 绘制50×30的矩形。

- 启用矩形命令："Rec"→按"Enter"键
- 指定第1个角点：任选一点A
- 指定第2个角点：输入"@50，30"

步骤2 绘制15×15的矩形。

- 启用矩形命令："Rec"→按"Enter"键
- 系统提示指定第1点时，先选择【偏移捕捉】或输入"From"，再选择点A
- 输入："@25，9"→按"Enter"键，得到点B
- 输入："@15，15"→按"Enter"键，得到点C

（3）捕捉端点（命令为"End"）

用于捕捉直线或圆弧等实体的端点。

（4）捕捉中点（命令为"Mid"）

用于捕捉直线或圆弧等实体的中间点。

（5）捕捉交点（命令为"Int"）

用于捕捉不同图形对象的交点。

（6）捕捉外观交点（命令为"Appint"）

用于捕捉在三维空间异面，但其在二维视图中的投影相交的对象的外观交点。如果在同一面上的两个对象具有相交趋势，也可分别选取对象后找到其外观交点。

（7）捕捉延长线（命令为"EXT"）

用于捕捉图形对象端点延长线上的一点。执行命令后，将光标放在延长线端点上，待出现"×"后，顺延长线方向移动光标，到达位置点后单击鼠标左键即可。

（8）捕捉圆心（命令为"CEN"）

用于捕捉圆弧、圆、椭圆的中心点。

（9）捕捉象限点（命令为"QUA"）

用于捕捉圆弧、椭圆弧、圆、椭圆的0°、90°、180°、270°象限点。

（10）捕捉切点（命令为"TAN"）

用于捕捉由任意点向圆弧、圆、椭圆等所作的切点。

（11）捕捉垂点（命令为"PER"）

用于捕捉由任意点向一图形对象所作的垂点。先单击确定垂线的起点，选择【垂点捕捉】后再单击图形对象，则系统将会自动在该图形对象上搜寻一点，使两点连线与图形在该点的切线方向保持垂直。

（12）捕捉平行线（命令为"PAR"）

用于绘制已有直线的平行线。选取直线起点后，选择【平行线捕捉】，然后将光标放置在需要与其平行的直线上，再移动光标到平行线方位时，系统将出现虚线进行

提示。

已知任意直线 L_1，如图 1-2-7（a）所示，作直线 L_2 与 L_1 平行，水平距离为 20，长度为 30。

操作步骤如下：

- 启用直线命令：输入“L”→按“Enter”键
- 指定第一点：单击【临时追踪点捕捉】按钮，再单击 L_1 下端点，慢慢向右移动光标至出现虚线时，输入“20”，按“Enter”键
- 指定下一点：单击【平行线捕捉】按钮，将光标放置在 L_1 上稍停，出现平行符号后向右移动光标，出现虚线后，输入“30”，按“Enter”键完成图线绘制，如图 1-2-7（b）所示

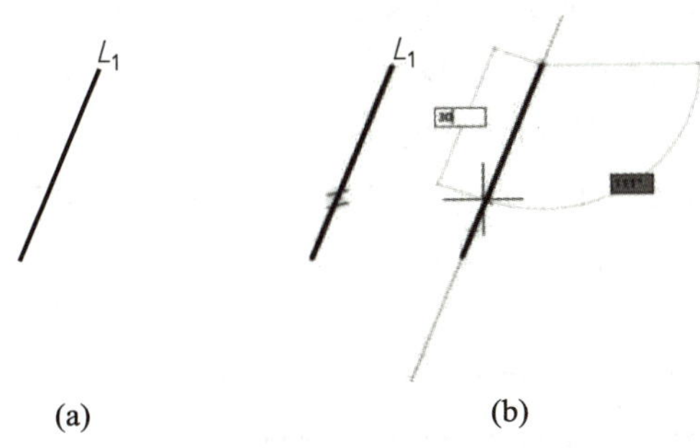

图 1-2-7 捕捉平行线的应用举例

（13）捕捉节点（命令为“NOD”）

捕捉由点命令所绘制的节点。

（14）捕捉插入点（命令为“INS”）

捕捉块、文本等的插入点。

（15）捕捉最近点（命令为“NEA”）

捕捉图形对象上最接近光标的点。

（16）无捕捉（命令为“NON”）

取消任何模式的对象捕捉。

（17）设置自动对象捕捉（命令为“OSNAP”）

对常用捕捉模式进行默认设置，详见“对象捕捉”选项卡（图 1-2-4）。

提示：“对象捕捉”与“捕捉”不同。捕捉是将光标定位在确定的点上，是可以单独执行的命令；对象捕捉是把光标定位在已画好图形对象的特殊点上，不能单独使用，是命令执行中被使用的模式。

5. 对象追踪

对象追踪是通过图形对象中的其他点来精确定位点的方法。对象追踪功能可以增强各种对象捕捉模式。该功能包括自动对象追踪和极轴对象追踪。

自动对象追踪是利用已有图形对象上的捕捉点，显示一些临时的对齐路径来获取另一些特殊点的一种快速作图方法。

使用自动对象追踪，在图 1-2-8（a）所示的图形上添置一圆，要求圆的圆心位于矩形的中心点。

操作步骤如下：

步骤 1 用矩形命令绘制 50×30 的矩形，如图 1-2-8（a）所示。

步骤 2 在“对象捕捉”选项卡中设置“中点”为默认对象捕捉模式。

步骤 3 开启对象捕捉功能。

步骤 4 启用圆命令：输入“C”→按“Enter”键。

步骤 5 系统提示指定圆心时，先移动光标捕捉矩形短边中点 *A*（移动光标后，该点将出现一黄色小标记），然后捕捉矩形长边中点 *B*（移开光标后，该点将同样出现一个黄色小标记），再沿通过点 *B* 的竖直极轴向上移动，当光标通过点 *A* 的水平极轴时，两极轴将同时出现，并在交汇处呈现黑色小“×”，如图 1-2-8（b）所示，此时单击鼠标左键确定圆心。当系统提示指定圆的半径时，输入“10”，按“Enter”键即可完成绘制，如图 1-2-8（c）所示。

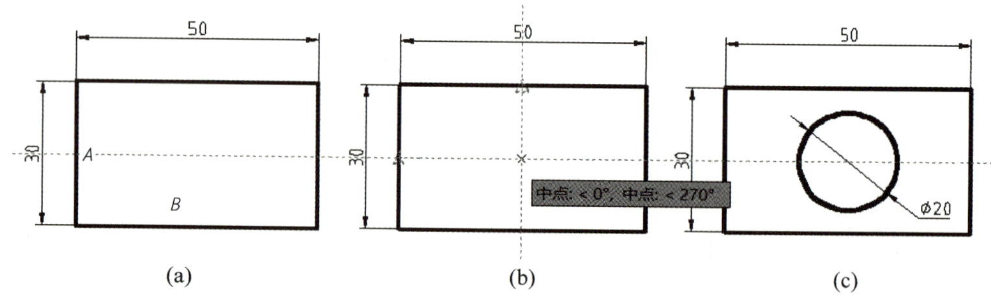

图 1-2-8 对象追踪的应用举例

1.2.2 修剪对象

修剪是指精确地剪去图形对象中指定边界外的部分。绘图中，可以修剪的对象包括直线、多段线、矩形、圆、圆弧、椭圆、椭圆弧、构造线、样条曲线等。

（1）命令启用方法

方法 1 工具栏：“修改”工具栏→【修剪】按钮。

方法 2 菜单命令：【修改】→【修剪】。

方法 3 键盘命令：输入“Trim”（“TR”）→按“Enter”键。

方法 4 快捷方法：输入“Tr”→按“空格”键两次。

（2）系统提示及操作说明

启用命令后，系统提示如下：

当前设置：投影 UCS，边 = 无，模式 = 快速

选择剪切边：选择修剪边界

选择对象或<全部选择>：按“Enter”键结束边界选择

选择要修剪的对象，或按住“Shift”键选择要延伸的对象，或［剪切边（T）/窗交（C）/模式（O）/投影（P）/删除（R）/放弃（U）］：选择需要修剪的对象

命令行主要选项含义如下：

“剪切边”：选择需要剪切对象的边界线。

“窗交”：选择矩形区域（由两点确定）内部或与之相交的对象。

“模式”：选择不同的模式，在快速模式和标准模式中相互切换。

“投影”：指定修剪对象时使用的投影方式。

“删除”：删除选定的对象。此选项提供了一种无须退出修剪命令，即可删除不需要对象的简便方式。

提示：在修剪图形时，可以一次选择多个边界或修剪对象，从而实现快速修剪，例如采用“窗交”选择对象和“栏选”选择对象。

用修剪命令对图1-2-9（a）所示图形进行修剪，修剪后的效果如图1-2-9（b）所示。

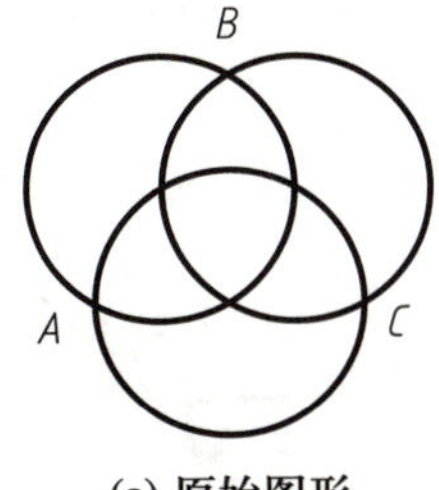

(a) 原始图形　　(b) 修剪后的图形

图1-2-9　修剪的应用举例

操作步骤如下：

- 命令：“Trim”
- 当前设置：投影UCS，边=无
- 选择剪切边：可将三个圆作为修剪的边界
- 选择对象或<全部选择>：按“Enter”键结束边界选择
- 选择要修剪的对象，或按住“Shift”键选择要延伸的对象，或［剪切边（T）/窗交（C）/模式（O）/投影（P）/删除（R）/放弃（U）］：选择如图1-18（a）所示图形中的圆弧$\overset{\frown}{AC}$（外侧部分）
- 选择要修剪的对象，或按住“Shift”键选择要延伸的对象，或［剪切边（T）/窗交（C）/模式（O）/投影（P）/删除（R）/放弃（U）］：选择如图1-18（a）所示图形中的圆弧$\overset{\frown}{AB}$（外侧部分）
- 选择要修剪的对象，或按住“Shift”键选择要延伸的对象，或［剪切边（T）/

窗交（C）/模式（O）/投影（P）/删除（R）/放弃（U）]：选择如图 1-18（a）所示图形中的圆弧$\widehat{BC}$（外侧部分）

● 选择要修剪的对象，或按住“Shift”键选择要延伸的对象，或［剪切边（T）/窗交（C）/模式（O）/投影（P）/删除（R）/放弃（U）］：按“Enter”键结束命令

修剪切后的图形如图 1-2-9（b）所示。

任务实施

1. 绘制凹字形平面图形

根据图 1-2-1（a）所示，绘制凹字形平面图形，绘制过程见表 1-2-1。

表 1-2-1　凹字型平面图形绘制过程

步骤	操作过程	图解
步骤 1	单击状态栏中的【正交】图标按钮或按“F8”键开启正交状态； 启用直线命令：输入“L”→按“Enter”键。 指定第一点：指定点 *A*→41→27→6→13→8→43。如图所示	A
步骤 2	使用自动对象追踪，确定绘制方向	端点: < 0°, 极轴: < 90° A
步骤 3	继续直线命令，输入 8→7→6→14，按“Enter”键结束命令	A
步骤 4	再次启用直线命令：输入“L”→按“Enter”键。 指定第一点：捕捉点 *A*→13→15；使用自动对象追踪，确定两端点的正交路径	端点: < 0°, 端点: < 270° A

续表

步骤	操作过程	图解
步骤 5	继续直线命令，捕捉图形端 *B* 点，按“Enter”键完成凹字形平面图形绘制，如图所示	B A

2. 绘制凹字形平面图形

根据图 1-2-1（b）所示，绘制回字形平面图形，绘制过程见表 1-2-2。

表 1-2-2　回字形平面图形绘制过程

步骤	操作过程	图解
步骤 1	单击状态栏中的【正交】图标按钮或按“F8”键开启正交状态； 启用直线命令：输入“L”→按“Enter”键。指定第一点：指定点 *A*→30→44→77→34，完成如图所示	A
步骤 2	使用自动对象追踪，确定两端点的正交路径	端点: < 90°, 端点: < 180° A
步骤 3	继续直线命令，捕捉点 *A*，按“Enter”键结束命令	A

续表

步骤	操作过程	图解
步骤 4	再次启用直线命令：输入“L”→按“Enter”键。指定第一点：输入“From”→按“Enter”键，捕捉点 *B*→输入@ 10，6，确定内轮廓线的起始点	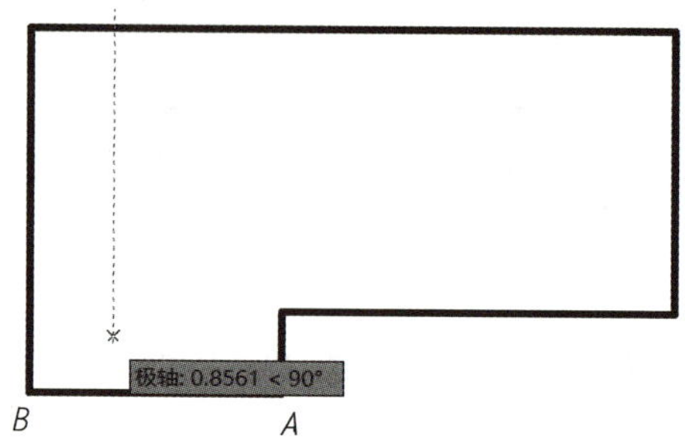
步骤 5	继续直线命令，输入 34→15→5→35；使用自动对象追踪确定点 *C*，完成直线绘制	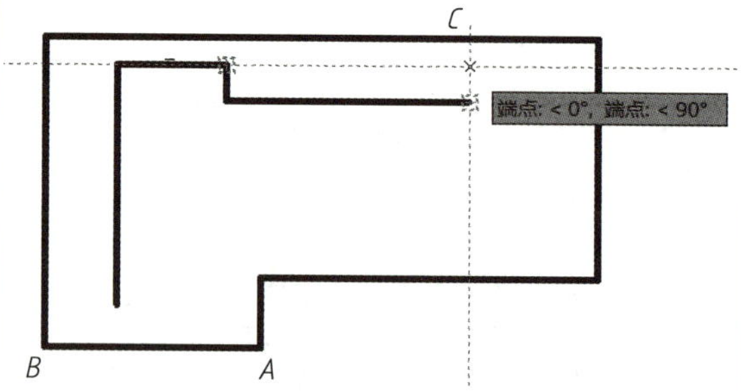
步骤 6	继续直线命令，输入 12→25；使用自动对象追踪确定点 *D*，完成直线绘制	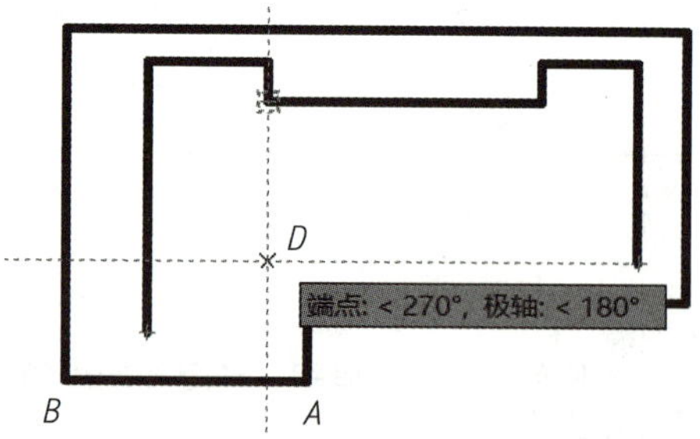
步骤 7	继续输入直线命令，使用自动对象追踪确定两端点的正交路径，捕捉点 *E*，按“Enter”键完成回字形平面图形绘制	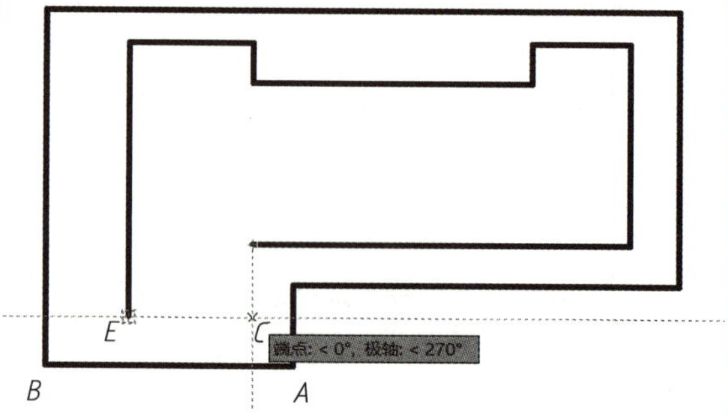

任务3 绘制太极、风车平面图形

任务描述

绘制尺寸如图 1-3-1 所示的太极、风车平面图形。

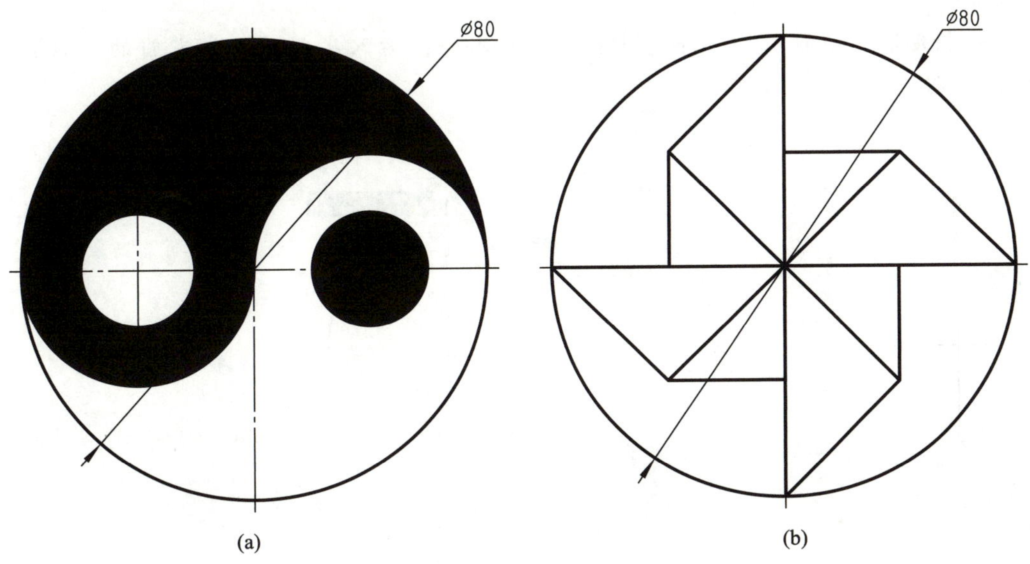

图 1-3-1　太极、风车平面图形的绘制

知识链接

1.3.1　圆的绘制

绘图中，圆的应用非常普遍，如平面图形中各种圆柱体的底面、圆形机件的剖面、孔等都是圆。圆是工程绘图中一种常用的基本图形。

绘制圆的命令启用方法有 3 种，不同的情况可以选择不同的方法。

方法 1　工具栏："绘图"工具栏→【圆】按钮。

方法 2　菜单命令：【绘图】→【圆】，命令的子菜单如图 1-3-2 所示。

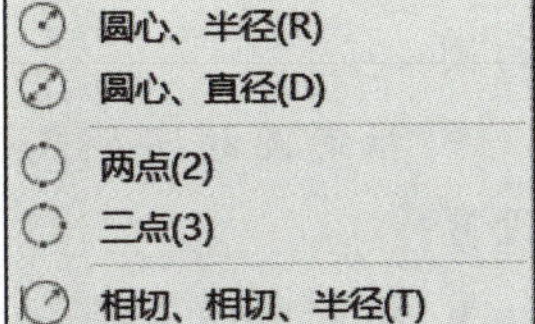

图 1-3-2　圆命令的子菜单

方法3　键盘命令：输入“Circle”或“C”→按“Enter”键。

AutoCAD2021默认绘制圆的方法为“圆心、半径”。下面分别介绍6种绘制圆的方法。

1. 指定圆心和半径

使用“圆心、半径”绘制圆需要具备两个已知条件：圆心和半径，如图1-3-3所示。

系统提示及操作说明如下：

- 命令：输入“C”→按“Enter”键
- 指定圆的圆心或［三点（3P）/两点（2P）/相切、相切、半径（T）］：指定圆的圆心
- 指定圆的半径或［直径（D）］<0.000>：输入半径值，指定圆的半径，按“Enter”键

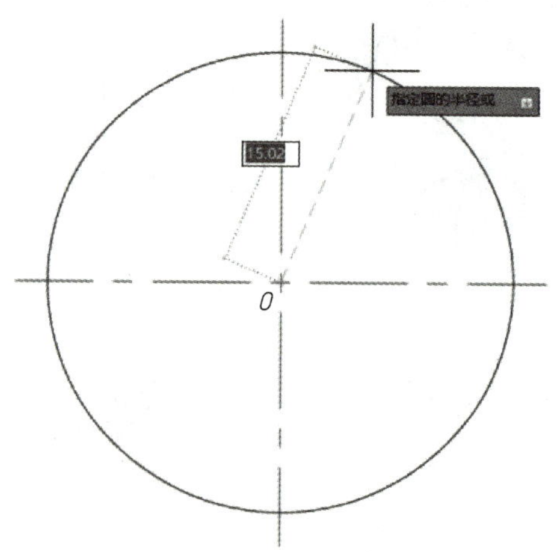

图1-3-3　指定圆心和半径

2. 指定圆心和直径

使用“圆心、直径”绘制圆需要具备两个已知条件：圆心和直径，如图1-3-4所示。

系统提示及操作说明如下：

- 命令：输入“C”→按“Enter”键
- 指定圆的圆心或［三点（3P）/两点（2P）/相切、相切、半径（T）］：指定圆的圆心
- 指定圆的半径或［直径（D）］<0.000>：输入“D”，按“Enter”键，进行直径设置
- 指定圆的直径<0.000>：输入直径，按“Enter”键

3. 指定两点

使用“两点”绘制圆是指通过指定圆直径的两个端点来确定圆的位置和大小，如

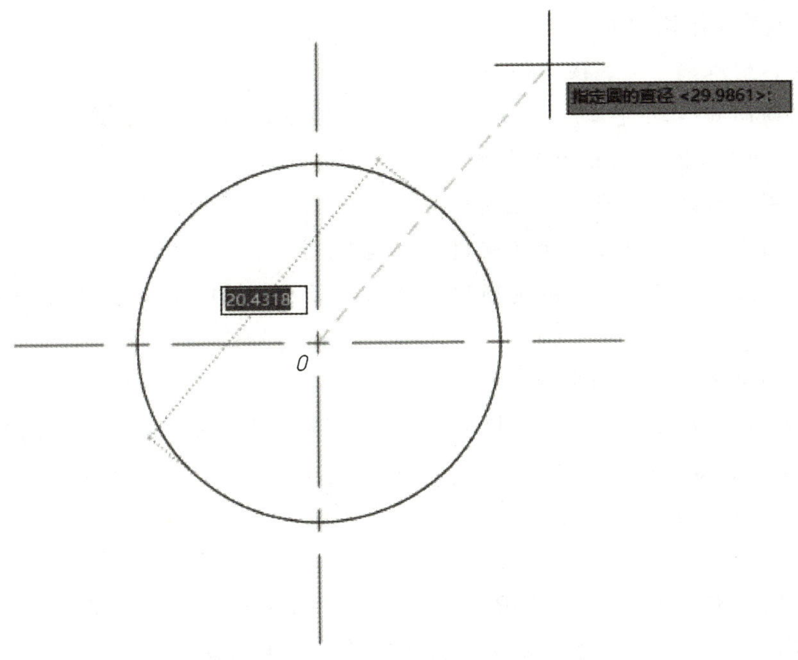

图 1-3-4　指定圆心和直径

图 1-3-5 所示。

系统提示及操作说明如下：

- 命令：输入“C”→按“Enter”键
- 指定圆的圆心或［三点（3P）/两点（2P）/相切、相切、半径（T）］：输入“2P”，按“Enter”键，设置为两点画圆模式
- 指定圆直径的第一个端点：确定圆直径的第一个端点
- 指定圆直径的第二个端点：确定圆直径的第二个端点，按“Enter”键结束命令，完成圆的绘制

4. 指定三点

使用“三点”绘制圆是指通过指定圆周上的三个点来确定圆的位置和大小，如图 1-3-6 所示。

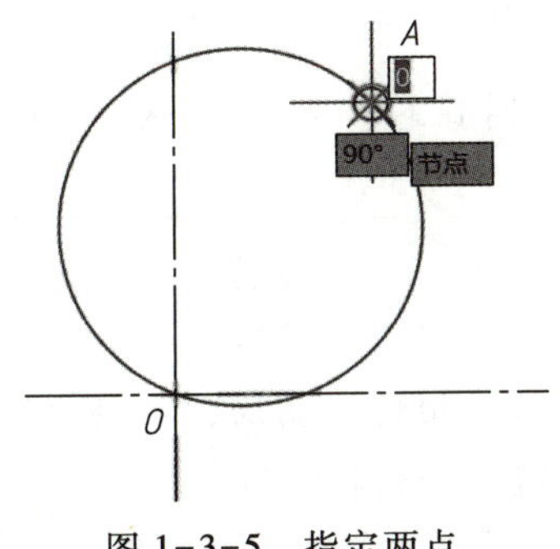

图 1-3-5　指定两点

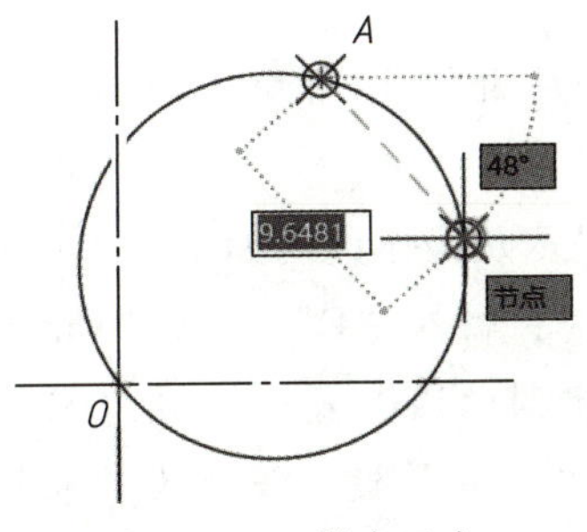

图 1-3-6　指定三点

系统提示及操作说明如下：

- 命令：输入“C”→按“Enter”键
- 指定圆的圆心或［三点（3P）/两点（2P）/相切、相切、半径（T）］：输入“3P”，按“Enter”键，设置为三点画圆模式
- 指定圆上的第一个点：确定圆周上第一个点
- 指定圆上的第二个点：确定圆周上第二个点
- 指定圆上的第三个点：确定圆周上第三个点，按“Enter”键结束命令，完成圆的绘制

5. 指定两个相切对象和半径

使用“相切、相切、半径”绘制圆是指通过指定圆的两个切点和圆的半径来确定圆的位置和大小，如图 1-3-7 所示。

系统提示及操作说明如下：

- 命令：输入“C”→按“Enter”键
- 指定圆的圆心或［三点（3P）/两点（2P）/相切、相切、半径（T）］：输入“T”，按“Enter”键，设置为“相切、相切、半径”画圆模式
- 指定对象与圆的第一个切点：确定第一个切点
- 指定对象与圆的第二个切点：确定第二个切点
- 指定圆的半径<0.000>：输入半径（适当值，否则无解），按“Enter”键结束命令，完成圆的绘制

6. 指定三个相切对象

使用“相切、相切、相切”绘制圆是指通过指定圆的三个切点来确定圆的位置和大小，如图 1-3-8 所示。

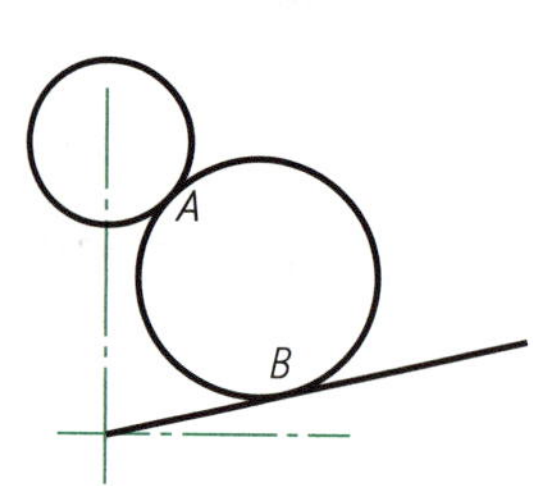

图 1-3-7 指定两个相切对象和半径

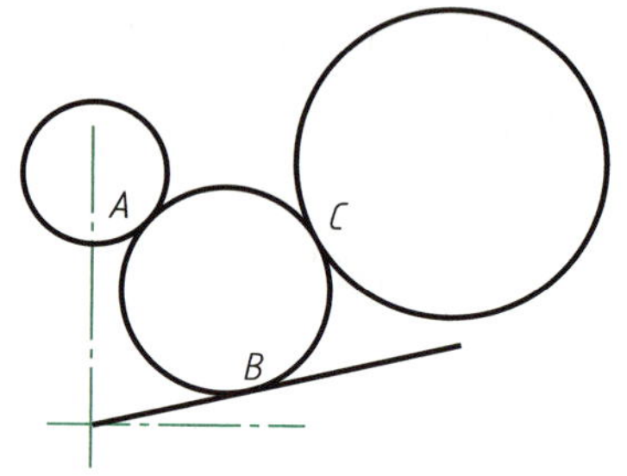

图 1-3-8 指定三个相切对象

系统提示及操作说明如下：

- 命令：输入“C”→按“Enter”键
- 指定圆的圆心或［三点（3P）/两点（2P）/相切、相切、半径（T）］：输入“3P”，按“Enter”键，设置为“相切、相切、半径”画圆模式
- 指定圆上的第一个点：选择【切点捕捉】，选择第一条线，确定第一个切点

- 指定圆上的第二个点：选择【切点捕捉】，选择第二条线，确定第二个切点
- 指定圆上的第三个点：选择【切点捕捉】，选择第三条线，确定第三个切点

提示：若使用下拉菜单【绘图】→【圆】→【相切、相切、相切】启用绘图命令，确定三个切点时，只需单击三条边线就可以完成圆的绘制，无须选择【切点捕捉】。

1.3.2　阵列对象

阵列对象是指将指定对象以矩形或环形匀布的方式进行复制。对于呈矩形或环形分布的相同对象，采用该命令绘制将更方便、更准确。

1. 命令启用方法

方法 1　菜单命令：【修改】→【阵列】。

方法 2　工具栏："修改"工具栏→【阵列】按钮。

方法 3　键盘命令：输入"Array""Arraycl"或"AR"→按"Enter"键。

2. 阵列对象的阵列方式

阵列有"环形阵列"和"矩形阵列"两种方式。

(1) 环形阵列

环形阵列能将选定的对象绕一个中心点，使其在圆周或圆弧上被均匀复制，如图 1-3-9 所示。

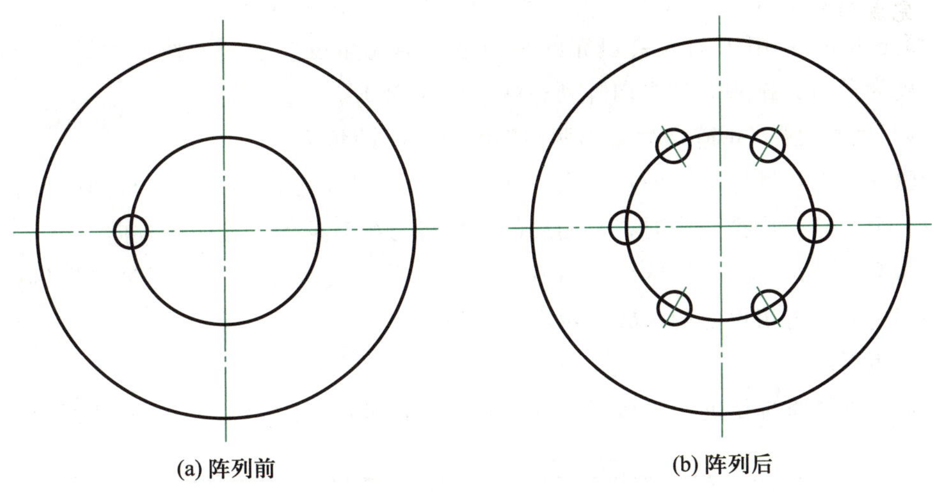

(a) 阵列前　　(b) 阵列后

图 1-3-9　环形阵列

操作步骤如下：

步骤 1　启用命令，系统弹出"阵列"对话框，如图 1-3-10 所示，选中"环形阵列"单选按钮。

步骤 2　单击【选择对象】按钮，选择要阵列的对象，此时对话框暂时关闭，命令行提示："选择对象"，选定对象后按"Enter"键返回对话框。

步骤3 输入阵列中心点的“X”“Y”坐标值，或单击其右侧的“拾取中心点”按钮，此时对话框关闭，命令行提示：“指定阵列中心点：输入一点”，在绘图区捕捉中心点后，返回对话框。

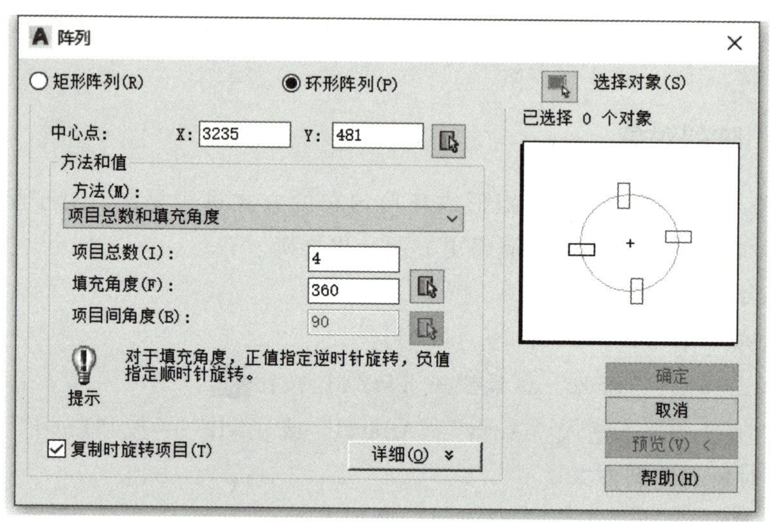

图 1-3-10 “阵列”对话框

步骤4 在“方法和值”区设置阵列方法。

“项目总数”：用于输入要阵列的图形项目数量，包括源对象。

“填充角度”：用于输入要填充的总角度。填充角度为正时，按逆时针方向阵列；填充角度为负时，按顺时针方向阵列；默认值为360°。

“项目间角度”：指阵列后相邻两图形项目之间的角度。

步骤5 “复制时旋转项目”复选框默认为选中状态，阵列时，将同时旋转复制后的每一个对象；取消选中时，复制后的对象将与源对象保持相同的方向。

步骤6 单击【预览】按钮查看阵列效果，单击【确定】按钮返回绘图区，绘图区中的图形对象将按设定的参数显示环形阵列。

（2）矩形阵列

矩形阵列能将选定的对象按行、列匀布的方式进行复制，如图1-3-11所示。

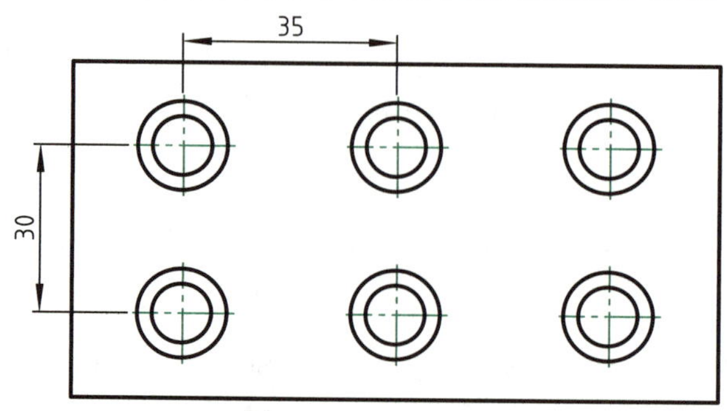

图 1-3-11 矩形阵列

操作步骤如下：

步骤 1　启用命令，系统弹出“阵列”对话框，如图 1-3-12 所示，选中“矩形阵列”单选按钮。

步骤 2　单击【选择对象】按钮，选择阵列的对象。

步骤 3　在“行数”“列数”文本框中输入阵列的行数及列数，行数、列数应为正数。

步骤 4　在“行偏移”“列偏移”文本框中输入行间距及列间距。若行、列间距为正，则沿 *X*、*Y* 轴的正方向形成阵列；反之，沿 *X*、*Y* 轴的负方向形式阵列。

步骤 5　如果矩形阵列需要进行旋转，可在“阵列角度”文本框中输入阵列方向与 *X* 轴正方向的夹角。如果阵列角度未知，则单击“拾取阵列角度”按钮，在绘图区拾取两点得到阵列角度。

步骤 6　单击【预览】按钮查看阵列效果，单击【确定】按钮返回绘图区，绘图区中的图形对象将按设定的参数显示矩形阵列。

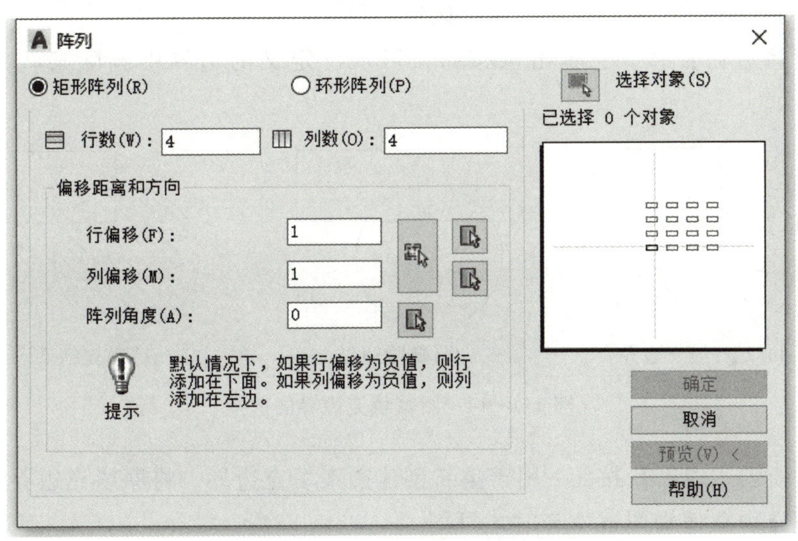

图 1-3-12　“阵列”对话框

1.3.3　图案填充及编辑

绘制机械图样、建筑图样时，需要填充各种图案，以表示物体的材料或区分各组成部分等。AutoCAD 2021 提供非常方便的图案填充和编辑功能来绘制机件的剖面。

1. 图案填充创建

（1）命令启用方法

方法 1　工具栏：“绘图”工具栏→【图案填充】按钮。

方法 2　菜单命令：【绘图】→【图案填充】。

方法 3　键盘命令：输入“Bhatch”或“Hatch”→按“Enter”键。

命令启用后，工具栏新增“图案填充创建”选项卡，如图 1-3-13 所示。

图 1-3-13 “图案填充创建”选项卡

（2）“图案填充创建”选项卡

“图案填充创建”选项卡用于设置图案填充的类型及相关参数，其各选项含义如下。

1）“边界”组

图案填充的边界可以是任意对象（如直线、圆、圆弧、多段线和样条曲线等）构成的封闭区域。

①【添加：拾取点】按钮：自动定义围绕该拾取点的边界。

②【添加：选择对象】按钮：定义区域边界。

③【删除边界】按钮：单击该按钮，可从已定义的边界中删除某些边界，如图 1-3-14 所示。

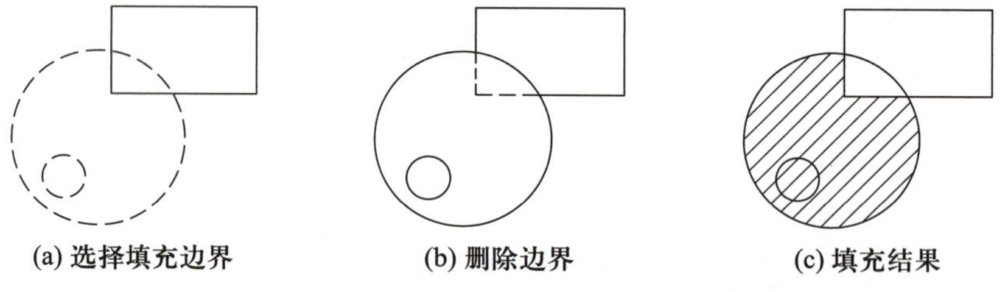

(a) 选择填充边界　(b) 删除边界　(c) 填充结果

图 1-3-14 图案填充边界的选择

④【重新创建边界】按钮：用于重新创建图案填充边界，将原填充边界改成多段线或面域。该选项在编辑图案填充时才可用。

⑤【查看选择集】按钮：用于查看已选择的边界。单击该按钮，已选择的填充边界将全部处于被选中的状态。只有选择了填充边界后，此选项才可用。

2）“图案”组

用于设置填充图案的样式。单击“图案”组右下侧的下拉按钮，系统将会弹出填充图案的样式，如图 1-3-15 所示，单击选中所需样式即可。

3）“特性”组

①“图案”下拉列表：用于设置图案填充的类型，包括下列 4 个选项。

实体：用于指定实体填充而不是图案填充。

渐变色：用于将选择的渐变填充显示为染色、着色或两种颜色间的平滑转场。

图案：用于显示选择的 ANSI、ISO 和其他行业标准的填充图案。

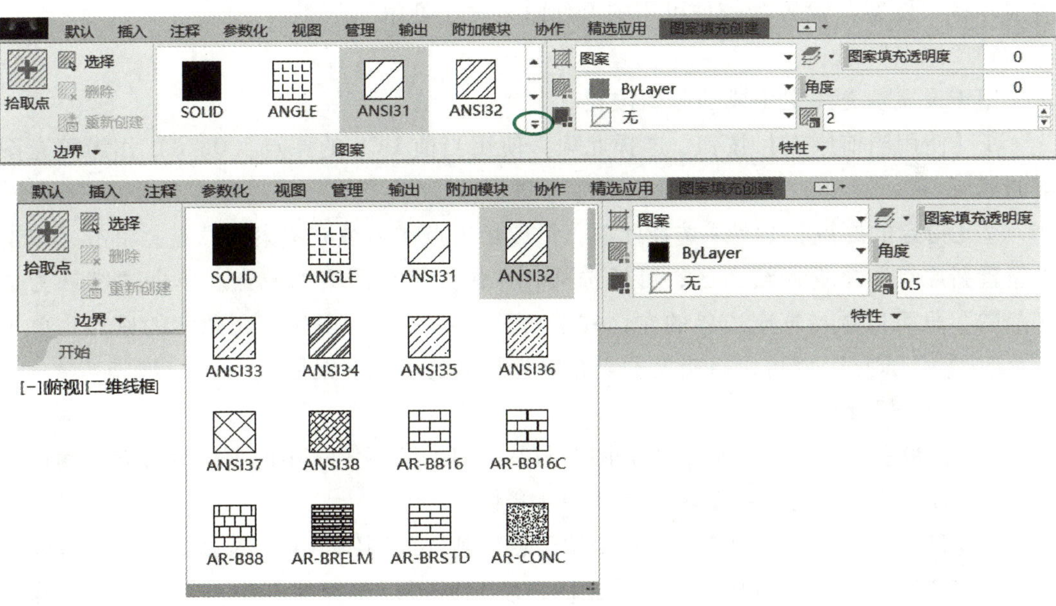

图 1-3-15　“图案”组

用户定义：根据当前线性在指定的间距和角度处创建填充图案。

当图案填充的类型确定后，可改变填充图案的角度和比例。

②“角度”文本框：用于设置填充图案的角度，可直接输入数值进行角度设置。当选择“实体”选项时，该文本框不可用。

③“比例”文本框：用于设置填充图案的大小比例。每种图案的初始比例为 1。当选择“实体”与“渐变色”选项时，该文本框不可用。不同比例的填充图案如图 1-3-16 所示。

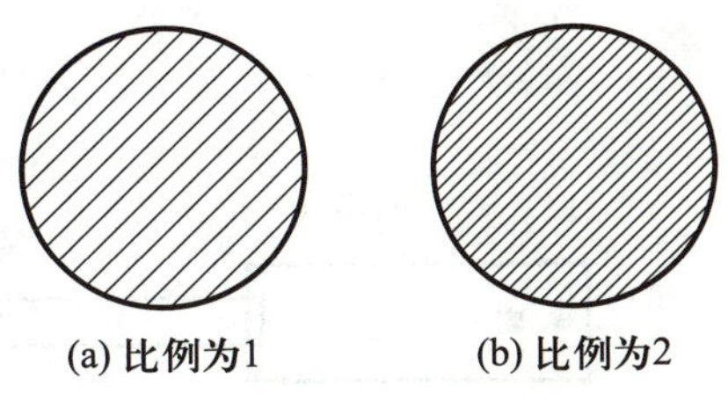

图 1-3-16　填充图案比例

④“双向”复选框：单击“特性”组下拉按钮，选中该复选框，填充图案为网状。只有选择“用户定义”选项时，该复选框才可用。

⑤“相对图纸空间”复选框：用于确定填充图案按图样空间单位比例编放。

⑥“间距”文本框：用于设置填充线的间距。只有选择“用户定义”选项时才有效。

⑦“ISO 笔宽”下拉列表框：用于设置填充图案的线宽。只有选择了“预定义”

类型并将“图案”设置为一种可用的 ISO 图案时才可用。

4）“原点”组

用于设置填充图案生成的起始位置。

①【使用当前原点】按钮：选择此项，使用当前 UCS 的原点（0，0）作为填充图案的原点。

②【指定的原点】按钮：选择此项，可以指定点作为填充图案的原点。单击“单击以设置新原点”框返回绘图区，可任选某一点作为填充图案的原点。单击“默认为边界范围”框可以选择填充边界的左：右下角及左：右上角作为填充图案的原点。单击“存储为默认原点”框可以将指定的点存储为默认的填充图案原点。

5）“选项”组

①【关联】按钮：用于确定填充图案与其边界的关系。选中此项，两者有关联性。

②【注释性】按钮：指定填充图案为注释性。

③【创建独立的图案填充】按钮：用于创建独立的图案填充。选择此选项，可以一次填充多个区域，但它们又是各自独立的，填充后可以单独对其中一个区域进行修改或删除。

④“绘图次序”下拉列表框：用于指定图案填充的绘图顺序。图案填充可以放在图案边界及所有其他对象之前或之后。

⑤【继承特性】按钮：用于将选定的图案填充或填充对象的特性应用到其他图案填充或填充对象上。

6）“渐变色”选项

选择用“渐变色”来填充图案时，用于设置渐变色的相关参数如图 1-3-17 所示。

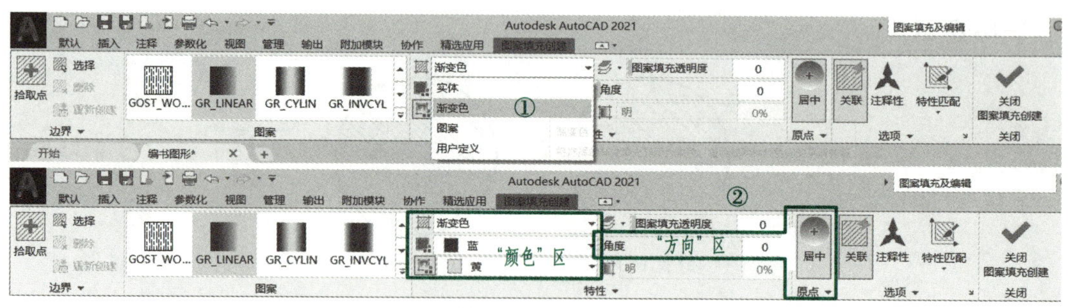

图 1-3-17　“渐变色”选项

①“颜色”区：

- “单色”“双色”下拉列表框：用于设置由一种或两种颜色产生渐变色来填充图案。
- “渐变色”窗口：显示当前设置的渐变色效果。

②“方向”区：

- 【居中】按钮：单击此按钮，渐变色将成对称设置；否则，渐变色向左上方变化。
- “角度”文本框：用于设置渐变色填充的角度。

2. 图案填充编辑

创建图案填充后，如需改变填充图案或修改填充比例和角度，以及改变孤岛检测样式等，可利用“选项”选项卡进行编辑修改，命令启用方法如下：

方法 1　菜单命令：【修改】→【对象】→【图案填充】。

方法 2　工具栏：“修改”工具栏→【图案填充】按钮。

方法 3　键盘命令：输入“Hatchedit”→按“Enter”键。

命令启用后，单击需要修改的填充图案，系统弹出“图案填充编辑”对话框（直接双击需要编辑的填充图案，也能打开该对话框）。

任务实施

1. 绘制太极平面图形

根据图 1-3-1（a）所示，绘制太极平面图形，绘制过程见表 1-3-1。

表 1-3-1　太极平面图形绘制过程

步骤	操作过程	图解
步骤 1	启用圆命令：输入“Circle”或“C”→按“Enter”键。 捕捉圆心 *A* 点→输入半径“40”→按“Enter”键，绘制一圆	A

续表

步骤	操作过程	图解
步骤 2	启用圆命令：输入“Circle”或“C”→按“Enter”键。 输入“2P”→按“Enter”键，选择 *A*、*B* 两点→按“Enter”键，绘制一内切圆	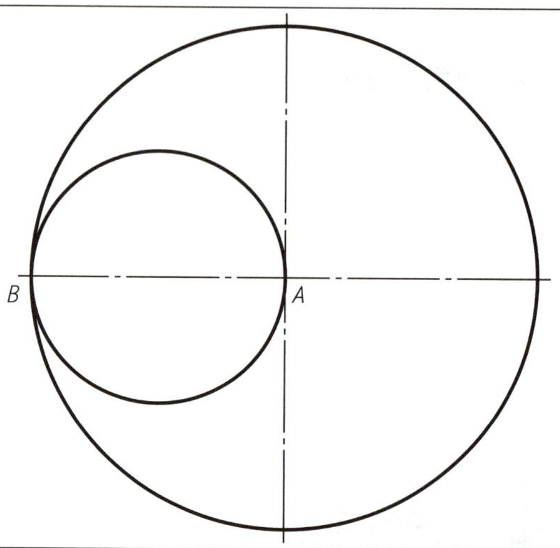 B A
步骤 3	启用圆命令：输入“Circle”或“C”→按“Enter”键。 输入“2P”→按“Enter”键，选择 *A*、*C* 两点→按“Enter”键，绘制另一个内切圆	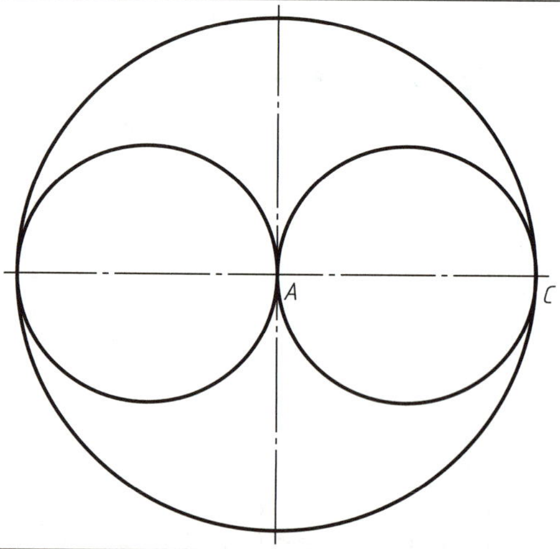 A C
步骤 4	启用“修剪”命令：输入“TR”→按两次“空格”键，选择要修剪的对象，完成修剪	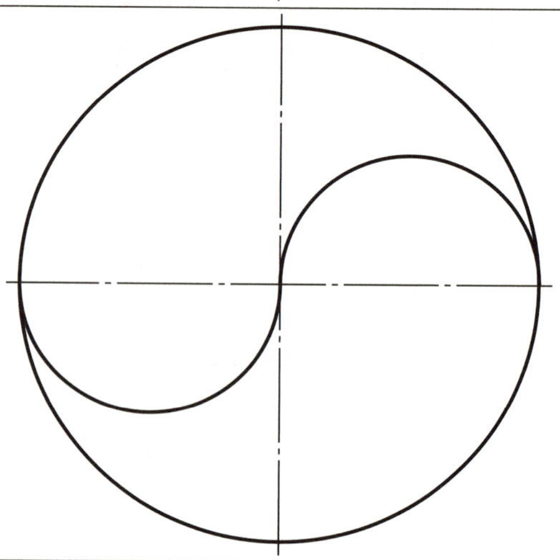

续表

步骤	操作过程	图解
步骤 5	启用圆命令：输入“Circle”或“C”→按“Enter”键。 捕捉圆心 *D* 点→输入半径“10”→按“Enter”键，绘制左侧小圆。 按“Enter”键重复圆命令，同上方法完成右侧小圆绘制	D E
步骤 6	启用图案填充命令：输入“Bhatch”或“Hatch”→按“Enter”键。 “图案”组：设置填充图案的样式为“SOLID”，选取需要填充的部分，按“Enter”键完成太极平面图形绘制	

2. 绘制风车平面图形

根据图 1-3-1（b）所示，绘制风车平面图形，绘制过程见表 1-3-2。

表 1-3-2　风车平面图形绘制过程

步骤	操作过程	图解
步骤 1	启用圆命令：输入“Circle”或“C”→按“Enter”键。 捕捉圆心点 O→输入半径“40”→按“Enter”键，绘制一圆	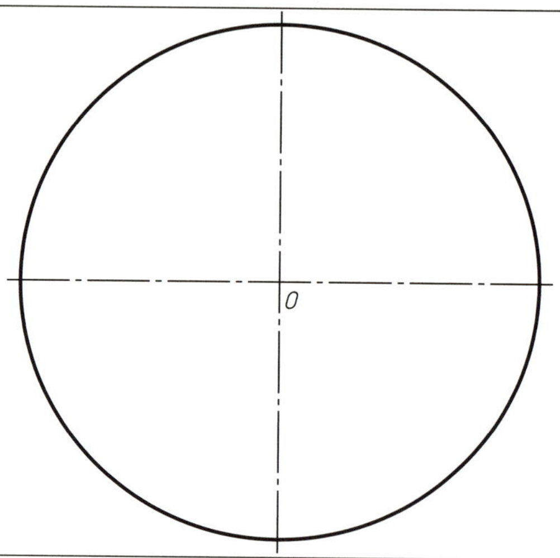 O
步骤 2	启用直线命令：输入“Line”或“L”→按“Enter”键。 捕捉两点 A、B→按“Enter”键，完成直线 AB 的绘制。 按“Enter”键重复直线命令，捕捉三点 O、C、D→按“Enter”键，完成线段的绘制	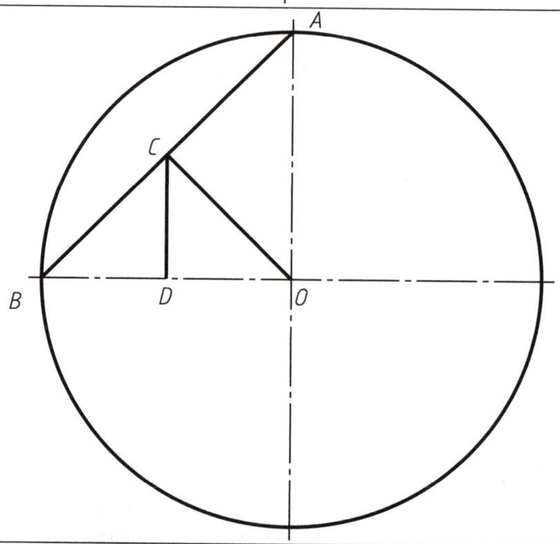 A C B D O
步骤 3	启用直线命令：输入“Line”或“L”→按“Enter”键。 捕捉三点 B、O、A→按“Enter”键，完成线段的绘制	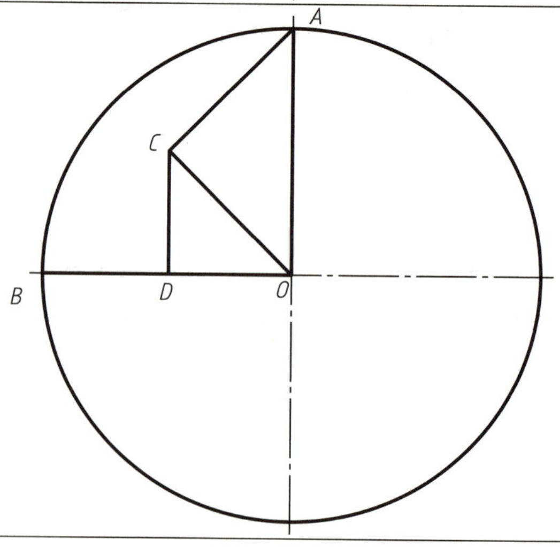 A C B D O

续表

步骤	操作过程	图解
步骤 4	启用阵列命令：输入“Array”“Arraycl”或“AR”→按“Enter”键。 选取步骤 2～3 绘制的直线→按“Enter”键，输入“po”（极轴）→按“Enter”键，捕捉圆心点 O→按“Enter”键，输入项目数“4”→按“Enter”键，输入填充角度“360”→按“Enter”键完成风车图形绘制	

任务4

绘制西瓜球、矩形齿轮平面图形

任务描述

绘制尺寸如图 1-4-1 所示的西瓜球、矩形齿轮平面图形。

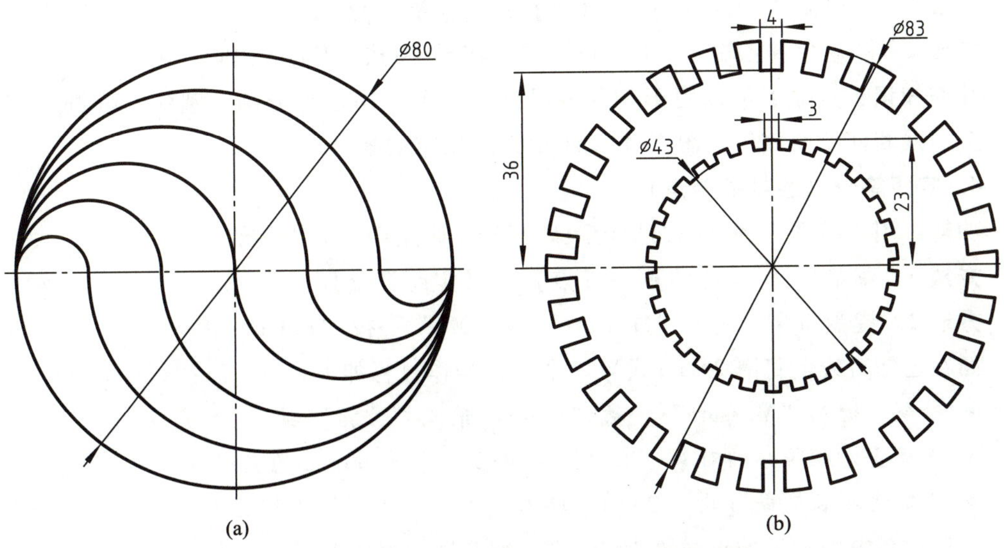

图 1-4-1　西瓜球、矩形齿轮平面图形的绘制

知识链接

1.4.1　点的绘制

点由坐标值标记，在绘图过程中可将其作为捕捉和偏移对象的节点或参考点。

1. 设置点样式

在 AutoCAD 中可根据需要设置点的形状和大小，即设置“点样式”。命令启用方法如下：

方法 1　菜单命令：【格式】→【点样式】。

方法 2　键盘命令：输入“Ddptype”→按“Enter”键。

启用命令后，系统弹出“点样式”对话框，在该对话框中共有 20 种不同类型的点样式，默认点样式为圆点。用户可以根据需要选择点的类型，设定点的大小。

提示：更改点样式后，已绘制的点样式会自动更新。

2. 绘制点

功能：用于在指定位置绘制一个或多个点。命令启用方法如下：

方法 1　菜单命令：【绘图】→【点】→【单点】或【多点】。

方法 2　工具栏：“绘图”工具栏→【点】按钮。

方法 3　键盘命令：输入“Point”或“PO”→按“Enter”键。

3. 定数等分（绘制等分点）

功能：用于将选定的对象或块沿对象的长度或周长分成指定的段数。命令启用方法如下：

方法 1　菜单命令：【绘图】→【点】→【定数等分】。

方法 2　键盘命令：输入“Divide”或“Div”→按“Enter”键。

补充知识：点除了可以用于等分线段外，还可以用于等分圆、圆弧、椭圆、椭圆弧、多段线和样条曲线等。图 1-4-2 所示为圆弧定数等分。

4. 定距等分（绘制等距点）

功能：用于将选定的对象按指定距离等分。调用命令的方法如下。

方法 1　菜单命令：【绘图】→【点】→【定距等分】。

方法 2　键盘命令：输入“Measure”或“Me”→按“Enter”键。

如在已知直线上每隔 25mm 设置一个点，操作过程如下：

- 命令：输入“Measure”→按“Enter”键或“空格”键
- 选择要定距等分的对象：选择图 1-4-3 中长为 60mm 的直线
- 指定线段长度或 [块 (B)]：输入“25”

提示：系统中默认的点样式为“·”，当点位于直线上时，该点样式与线重合，不能显示，可打开“点样式”对话框，从中选择另一种点样式，如“⊙”，即可改变点的显示方式，如图 1-4-3 所示。

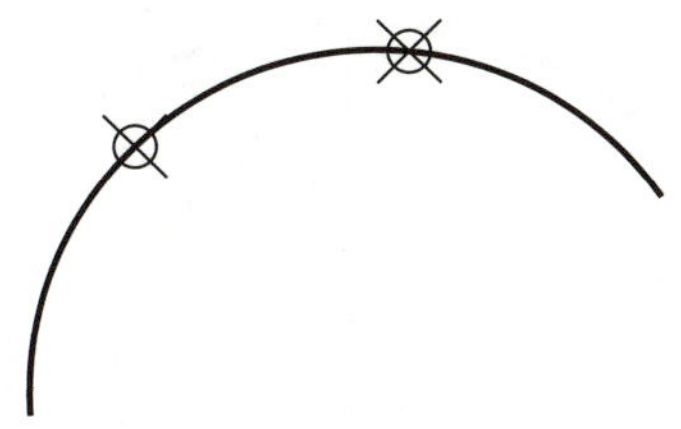

图 1-4-2　圆弧定数等分

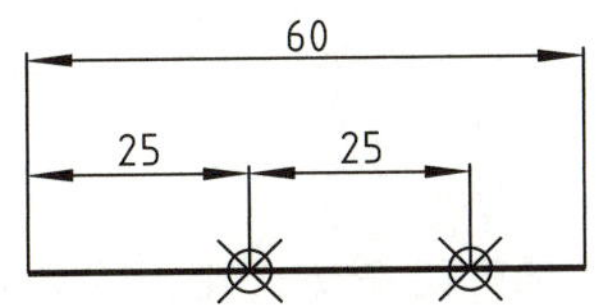

图 1-4-3　直线定距等分

1.4.2　镜像对象

镜像命令可将选中的对象沿指定的对称线进行复制，源对象可以根据需要进行删除或保留，如图 1-4-4 所示。

1. 命令启用方法

方法 1　菜单命令：【修改】→【镜像】。

方法 2　工具栏：“修改”工具栏→【镜像】按钮

方法 3　键盘命令：输入“Mirror”或“MI”→按“Enter”键。

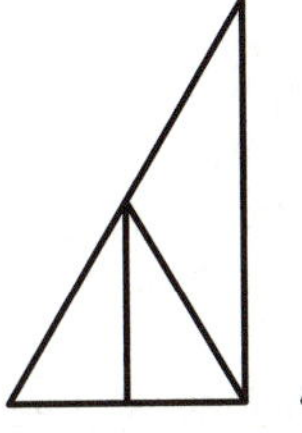
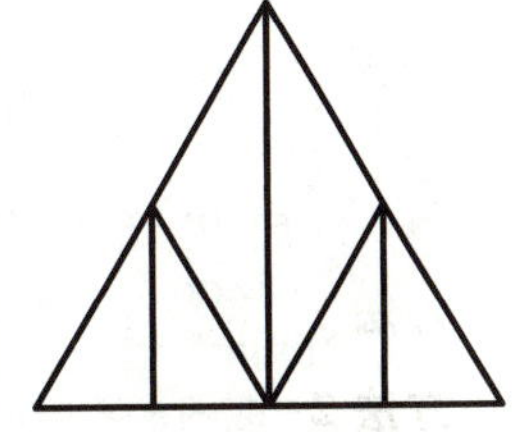

图 1-4-4　镜像对象

2. 操作过程

- 命令：输入“Mirror”→按“Enter”键（启用镜像命令）。
- 选择对象：指定对角点，找到 6 个（选择要镜像的对象后按“Enter”键）
- 指定镜像线的第一点/第二点：在镜像线上拾取两个点
- 要删除源对象吗？［是（Y）/否（N）］<N>：如果要删除源对象则输入“Y”
- 指定对角点或［栏选（F）/圈围（WP）/圈交（CP）］

提示：文字也能镜像，为防止文字被反转及倒置，“mirrtext”的默认值设置为“0”。创建对称的图形对象时，可先绘制图形的一半，然后将其镜像，这样能大大提高绘图速度。

任务实施

1. 绘制西瓜球平面图形

根据图 1-4-1（a）所示，绘制西瓜球平面图形，绘制过程见表 1-4-1。

表 1-4-1　西瓜球平面图形绘制过程

步骤	操作过程	图解
步骤 1	启用圆命令：输入“Circle”或“C”→按“Enter”键。 捕捉圆心点 A→输入半径“40”→按“Enter”键，绘制一圆	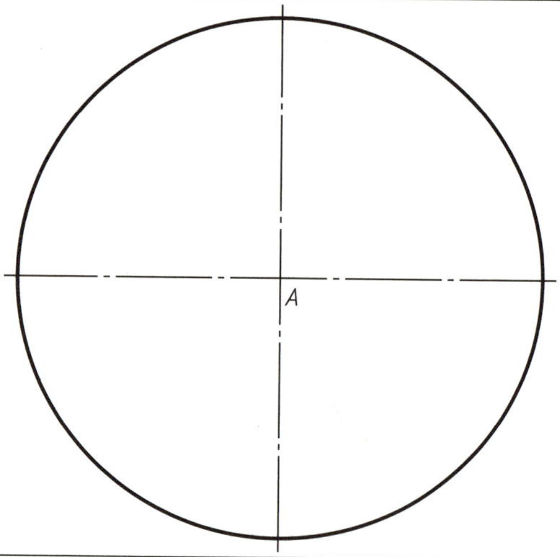 A
步骤 2	启用定数等分命令：输入“Divide”或“Div”→按“Enter”键。 选取圆水平中心线，输入线段数目“6”→按“Enter”键。 启用点样式命令：输入“Ddptype”→按“Enter”键，弹出“点样式”对话框，选取等分点形状，单击“确定”按钮。完成如图所示	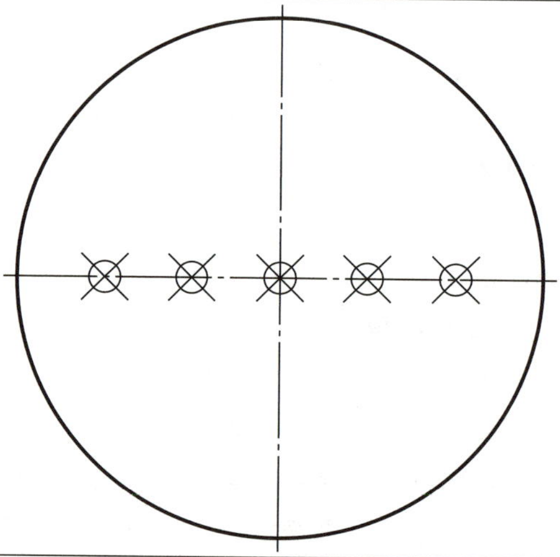
步骤 3	启用圆命令：输入“Circle”或“C”→按“Enter”键。 输入“2P”→按“Enter”键，选择两点 B、C→按“Enter”键，绘制一内切圆	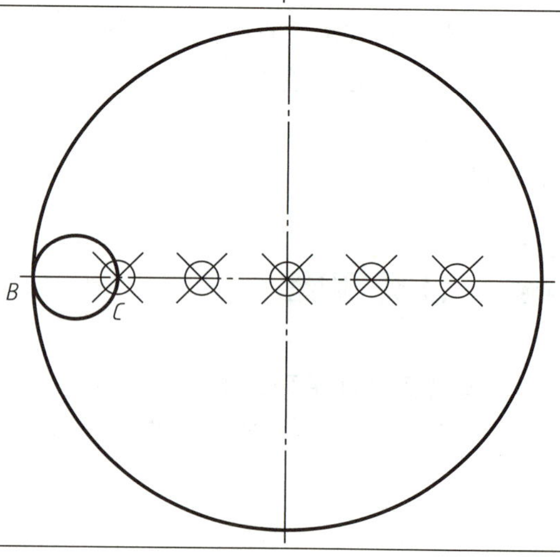 B C

续表

步骤	操作过程	图解
步骤 4	同步骤 3 方法完成等分点上内切圆的绘制	
步骤 5	启用修剪命令：输入“TR”→按“空格”键两次，选择要修剪的对象，完成内切圆的修剪	
步骤 6	启用阵列命令：输入“Array”“Arraycl”或“AR”→按“Enter”键。 选取步骤 5 修剪的圆弧→按“Enter”键，输入“po”（极轴）→按“Enter”键，捕捉圆心→按“Enter”键，输入项目数“2”→按“Enter”键，输入填充角度“360”→按“Enter”键，完成西瓜球平面图形的绘制	

2. 绘制矩形齿轮面图形

根据图 1-4-1（b）所示，绘制矩形齿轮平面图形，绘制过程见表 1-4-2。

表 1-4-2 矩形齿轮平面图形绘制过程

步骤	操作过程	图解
步骤 1	启用圆命令：输入“Circle”或“C”→按“Enter”键。 捕捉圆心点 *A*→输入半径“21.5”→按“Enter”键，绘制一圆	A
步骤 2	启用直线命令：输入“Line”或“L”→按“Enter”键。 捕捉圆心点 *A*，启用自动对象捕捉模式，输入 23→1.5→自动捕捉圆上交点→按“Enter”键。 启用镜像命令：输入“Mirror”或“MI”→按“Enter”键。 选取上步绘制的直线→按“Enter”键，选择对称线 *AB*→按“Enter”键，完成一个矩形轮廓的绘制	B A
步骤 3	启用阵列命令：输入“Array”“Arraycl”或“AR”→按“Enter”键。 选取步骤 2 绘制的矩形轮廓→按“Enter”键，输入“po”（极轴）→按“Enter”键，捕捉圆心点 *A*→按“Enter”键，输入项目数“2”→按“Enter”键，输入填充角度“12”→按“Enter”键，完成另一个矩形轮廓的绘制	A
步骤 4	启用修剪命令：输入“TR”→按“空格”键两次，选择要修剪对象，完成两个连续矩形轮廓的修剪	

续表

步骤	操作过程	图解
步骤 5	启用阵列命令：输入“Array”“Araycl”或“AR”→按“Enter”键。 选取步骤 4 绘制的轮廓→按“Enter”键，输入“po”（极轴）→按“Enter”键，捕捉圆心→按“Enter”键，输入项目数“30”→按“Enter”键，输入填充角度“360”→按“Enter”键，完成一周矩形轮廓的绘制	
步骤 6	启用圆命令：输入“Circle”或“C”→按“Enter”键。 捕捉圆心点 A→输入半径“41.5”→按“Enter”键绘制一大圆	
步骤 7	启用直线命令：输入“Line”或“L”→按“Enter”键。 捕捉圆心点 A，启用自动对象捕捉模式，输入 36→2→自动捕捉圆上交点→按“Enter”键。 启用镜像命令：输入“Mirror”或“MI”→按“Enter”键。 选取上步绘制的直线→按“Enter”键，选择对称线 AB→按“Enter”键，完成一个矩形轮廓的绘制	

续表

步骤	操作过程	图解
步骤 8	启用阵列命令：输入“Array”“Arraycl”或“AR”→按“Enter”键。 选取步骤 7 绘制的矩形轮廓→按“Enter”键，输入“po”（极轴）→按“Enter”键，捕捉圆心 *A* 点→按“Enter”键，输入项目数“2”→按“Enter”键，输入填充角度“12”→按“Enter”键，完成另一个矩形轮廓的绘制	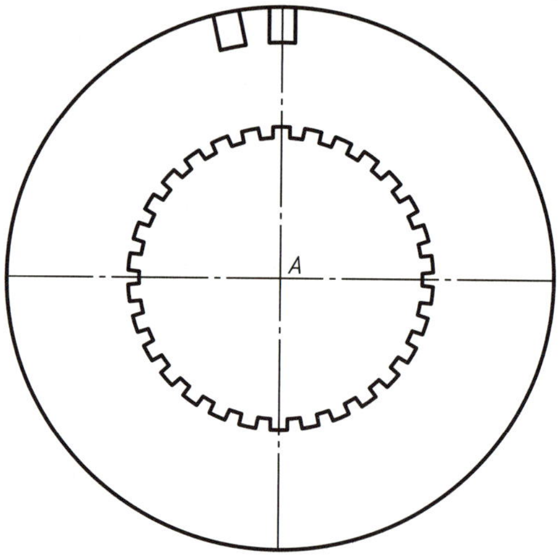 A
步骤 9	启用修剪命令：输入“TR”→按“空格”键两次，选择要修剪对象，完成两个连续矩形轮廓的修剪	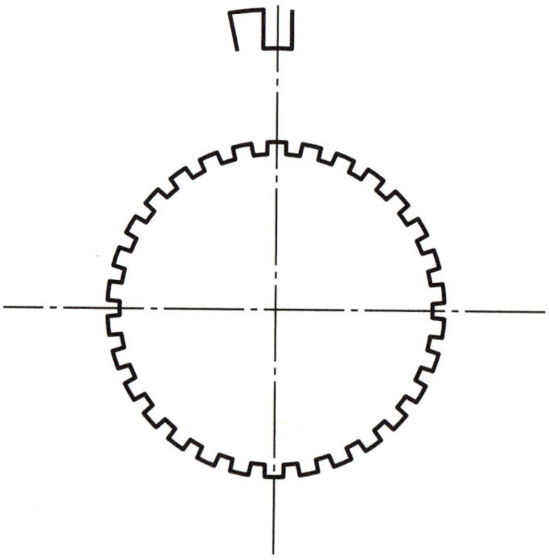
步骤 10	启用阵列命令：输入“Array”“Arraycl”或“AR”→按“Enter”键。 选取步骤 9 绘制的轮廓→按“Enter”键，输入“po”（极轴）→按“Enter”键，捕捉圆心→按“Enter”键，输入项目数“30”→按“Enter”键，输入填充角度“360”→按“Enter”键，完成矩形齿轮平面图形的绘制	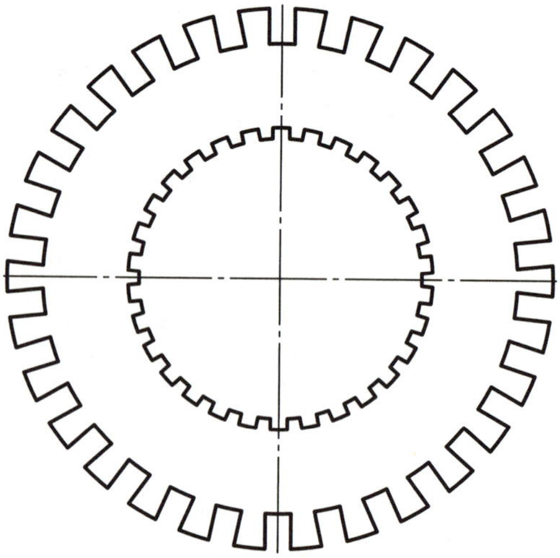

任务5
绘制间歇齿轮、七星瓢虫平面图形

任务描述

绘制尺寸如图 1-5-1 所示的间歇齿轮、七星瓢虫平面图形。

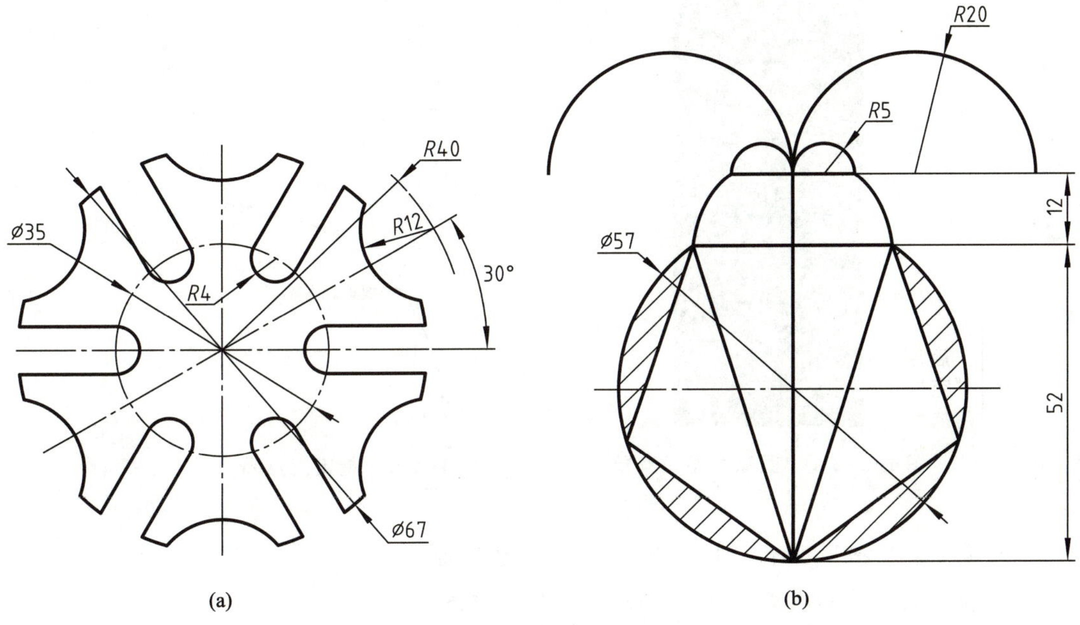

图 1-5-1　间歇齿轮、七星瓢虫平面图形的绘制

知识链接

1.5.1　圆弧的绘制

使用圆弧命令可绘制给定参数的圆弧。

1. 命令启用方法

方法 1　菜单命令:【绘图】→【圆弧】。

方法 2　工具栏:“绘图”工具栏→【圆弧】按钮。

方法 3　键盘命令:输入“Arc”或“A”→按“Enter”键。

2. 绘制方法

绘制圆弧时，可以选择不同的选项组合出 11 种不同的绘制方法，也可以直接在“圆弧”下拉菜单中选择命令来绘制圆弧，如图 1-5-2 所示。

(1) 指定三点画圆弧

使用不在一条直线上的三点绘制圆弧是默认选项，如图 1-5-3 所示。

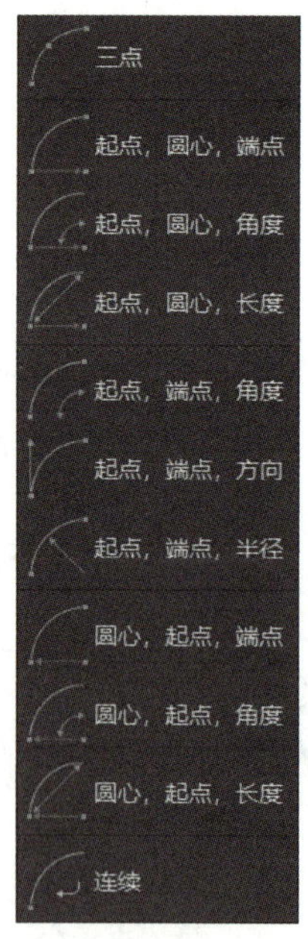

图 1-5-2　“圆弧”下拉菜单

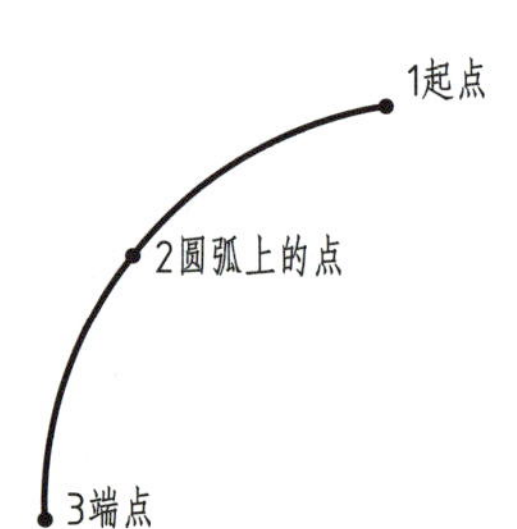

图 1-5-3　指定三点画圆弧

- 命令：“Arc” →按 “Enter” 键或 “空格” 键
- 指定圆弧的起点或［圆心（C）］：拾取起点
- 指定圆弧的第二个点或［圆心（C）/端点（E）］：拾取第二点
- 指定圆弧的端点：拾取端点

(2) 指定起点、圆心画圆弧

有“起点、圆心、端点”“起点、圆心、角度”和“起点、圆心、长度”3 种绘制圆弧的方法。

1)“起点、圆心、端点”：

已知圆弧的起点、圆心、端点绘制圆弧，如图 1-5-4 所示。操作过程如下：

- 命令：“Arc” →按 “Enter” 键或 “空格” 键
- 指定圆弧的起点或［圆心（C）］：拾取起点
- 指定圆弧的第二个点或［圆心（C）/端点（E）］：输入 “C” →按 “Enter” 键或 “空格” 键
- 指定圆弧的圆心：拾取圆心点

- 指定圆弧的端点或［角度（A）/弦长（L）］：拾取端点

提示：使用 AutoCAD 绘制圆弧时，总是从起点开始，到端点结束，并按逆时针方向绘制。

2）“起点、圆心、角度”：

已知圆弧的起点、圆心和圆弧所包含的圆心角绘制圆弧，如图 1-5-5 所示。操作过程如下：

- 命令：“Arc”→按“Enter”键或“空格”键
- 指定圆弧的起点或［圆心（C）］：拾取起点
- 指定圆弧的第二个点或［圆心（C）/端点（E）］：“C”→按“Enter”键或“空格”键
- 指定圆弧的圆心：拾取圆心点
- 指定圆弧的端点或［角度（A）/弦长（L）］：输入“A”
- 指定包含角：指定圆心角

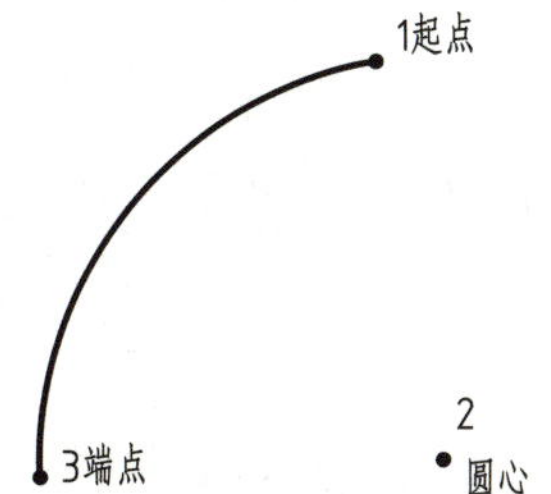

图 1-5-4 “起点、圆心、端点”画圆弧

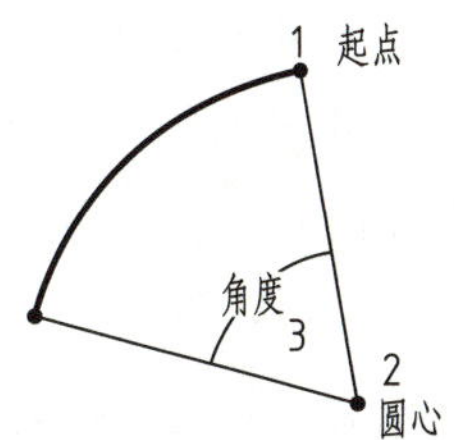

图 1-5-5 “起点、圆心、角度”画圆弧

提示：用“起点、圆心、角度”方法绘制圆弧时，若角度为正，则从起点开始按逆时针方向绘制圆弧；若角度为负，则从起点开始按顺时针方向绘制圆弧。

3）“起点、圆心、长度”：

已知圆弧的起点、圆心和圆弧的弦长绘制圆弧，如图 1-5-6 所示。若弦长为正，则绘制为小圆弧（劣弧）：若弦长为负，则绘制为大圆弧（优弧）。

（3）指定起点、端点画圆弧

有“起点、端点、角度”“起点、端点、方向”和“起点、端点、半径”3 种绘制圆弧的方法。

1）“起点、端点、角度”：

已知圆弧的起点、端点和圆弧所包含的圆心角绘制圆弧，如图 1-5-7 所示。

2）“起点、端点、方向”：

已知圆弧的起点、端点和圆弧起点的切线方向绘制圆弧，如图 1-5-8 所示。操作过程如下：

- 命令：“Arc”→按“Enter”键或“空格”键

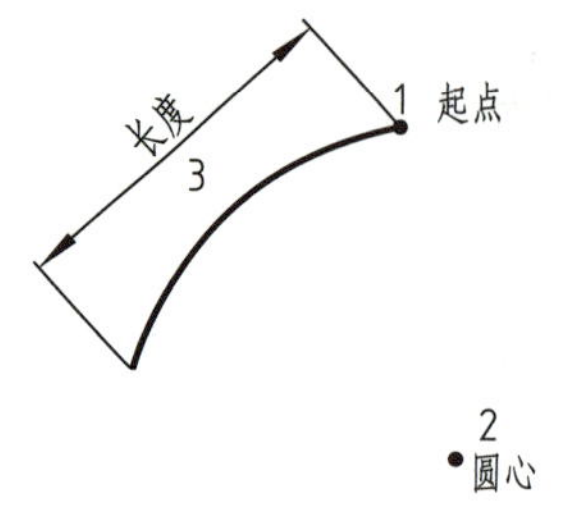

图 1-5-6　“起点、圆心、长度”画圆弧

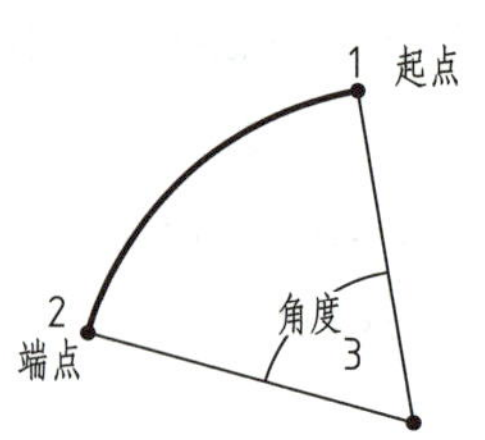

图 1-5-7　“起点、端点、角度”画圆弧

- 指定圆弧的起点或［圆心（C）］：拾取起点
- 指定圆弧的第二个点或［圆心（C）/端点（E）］：输入“E”→按“Enter”键或“空格”键
- 指定圆弧的端点：输入圆弧的端点
- 指定圆弧的圆心或［角度（A）/方向（D）/半径（R）］：输入“D”
- 指定圆弧的起点切向：指定方向

3）“起点、端点、半径”：

已知圆弧的起点、端点和圆弧的半径绘制圆弧，如图 1-5-9 所示，绘制为优弧还是劣弧由半径的正、负决定。

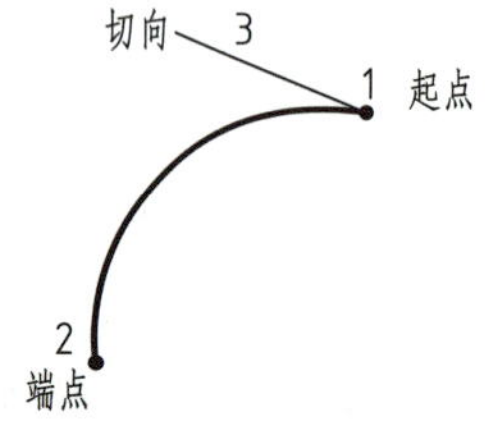

图 1-5-8　“起点、端点、方向”画圆弧

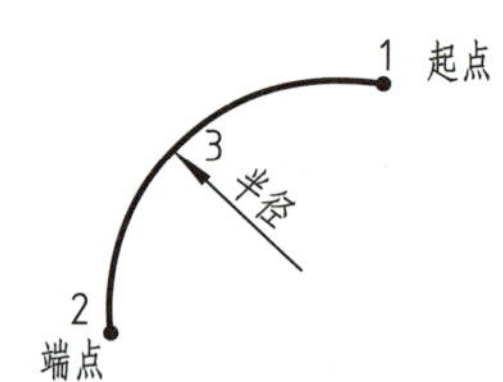

图 1-5-9　“起点、端点、半径”画圆弧

（4）指定圆心、起点画圆弧

有“圆心、起点、端点”“圆心、起点、角度”和“圆心、起点、长度”3 种绘制圆弧的方法，指定圆心、起点画圆弧的方法与上述画圆弧的方法大致相同，在此不赘述。

1.5.2　旋转命令

使用旋转命令可以使图形绕某一基准点旋转指定的角度，可以旋转移动或旋转复制。

1. 命令启用方法

方法 1　工具栏：“修改”工具栏→【旋转】按钮。

方法 2　菜单命令：【修改】→【旋转】。

方法 3　键盘命令：输入“Rotate”→按“Enter”键。

2. 系统提示及操作说明

启用命令后，系统提示如下：

- 选择对象：选择需要旋转的图形元素
- 选择对象：按“Enter”键，结束对象选择
- 指定基点：指定旋转的基准点
- 指定旋转角度或［复制（C）/参照（R）］<0>：输入角度，按“Enter”键

命令行各选项的含义如下：

“指定旋转角度”：默认选项，直接输入一个角度值。若此值为正，则逆时针方向旋转；若此值为负，则顺时针方向旋转。

“复制（C）”：在旋转的同时以源对象为样本进行复制。

“参照（R）”：该选项表示将所选对象以参照的方式旋转。执行该选项，系统提示如下：

- 指定参考角<0>：输入参考角度，一般用光标在绘图区单击参考线即可
- 指定新角度：输入新的角度

此时，图形对象绕指定基点的实际旋转角度为：实际旋转角度=新角度-参考角度。

如将图 1-5-10（a）所示的矩形旋转 90°。

操作步骤如下：

单击“修改”工具栏→【旋转】按钮启用命令。

- 选择对象：选择图 1-5-10 所示的矩形
- 选择对象：按“Enter”键，结束对象选择
- 指定基点：利用捕捉功能，选择矩形的左下角为旋转的基准点
- 指定旋转角度或［复制（C）/参照（R）］<0>：输入角度“90”，按“Enter”键，完成图形的旋转，如图 1-5-10（b）所示

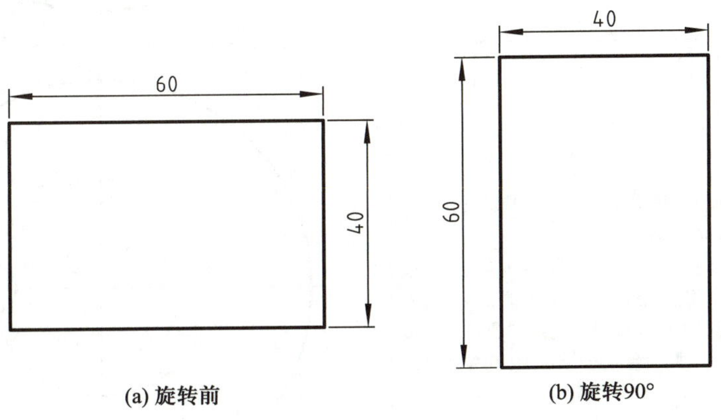

图 1-5-10　旋转实例

任务实施

1. 绘制间歇齿轮平面图形

根据图 1-5-1（a）所示，绘制间歇齿轮平面图形，绘制过程见表 1-5-1。

表 1-5-1　间歇齿轮平面图形绘制过程

步骤	操作过程	图解
步骤 1	启用圆命令：输入“Circle”或“C”→按“Enter”键。 捕捉圆心点 *A*→输入半径“17. 5”→按“Enter”键。 按“Enter”键重复圆命令，捕捉圆心点 *B*→输入半径“4”→按“Enter”键，绘制一小圆	
步骤 2	启用圆命令：输入“Circle”或“C”→按“Enter”键。 捕捉圆心点 *A*→输入半径“33. 5”→按“Enter”键，绘制一大圆。 启用直线命令：输入“Line”或“L”→按“Enter”键。 捕捉小圆的两个象限点，自动对象捕捉大圆上的交点，按“Enter”键，完成两小圆切线的绘制	
步骤 3	启用旋转命令；输入“Rotate”→按“Enter”键。 选择对象选取水平中心线→按“Enter”键，选取点 *A* 为基点→输入“复制（C）”→输入角度“30”→按“Enter”键，绘制一 30°角的中心线	

续表

步骤	操作过程	图解
步骤 4	启用圆弧命令：输入“Arc”→按“Enter”键→输入“圆心(C)”，选取点 A 为圆心，输入半径“40”，绘制一轨迹线	A
步骤 5	启用圆命令：输入“Circle”或“C”→按“Enter”键。 捕捉圆心点 C→输入半径“12”→按“Enter”键，绘制一圆	C
步骤 6	启用阵列命令：输入“Array”“Arraycl”或“AR”→按“Enter”键。 选取步骤 1、2 绘制的小圆和切线→按“Enter”键，输入“po”（极轴）→按“Enter”键，捕捉圆心点 A→按“Enter”键，输入项目数“2”→按“Enter”键，输入填充角度“60”→按“Enter”键，完成阵列	A

续表

步骤	操作过程	图解
步骤 7	启用修剪命令：输入“TR”→按“空格”键两次，选择要修剪对象，完成修剪	
步骤 8	启用阵列命令：输入“Array”“Arraycl”或“AR”→按“Enter”键。 选取步骤 7 完成的图形→按“Enter”键，输入“po”（极轴）→按“Enter”键，捕捉圆心 *A* 点→按“Enter”键，输入项目数“6”→按“Enter”键，输入填充角度“360”→按“Enter”键，完成间歇齿轮平面图形的绘制	A

2. 绘制七星瓢虫平面图形

根据图 1-5-1（b）所示，绘制七星瓢虫平面图形，绘制过程见表 1-5-2。

表 1-5-2　七星瓢虫平面图形绘制过程

步骤	操作过程	图解
步骤 1	启用圆命令：输入“Circle”或“C”→按“Enter”键。 捕捉圆心点 *A*→输入半径“28.5”→按“Enter”键，绘制一圆	A

续表

步骤	操作过程	图解
步骤 2	启用直线命令；输入“Line”或“L”→按“Enter”键。 捕捉点 B→输入“52”，自动对象捕捉到圆上交点处→按“Enter”键，绘制一 T 形线段	B
步骤 3	启用修剪命令：输入“TR”→按“空格”键两次，选择要修剪对象，完成修剪。 启用定数等分命令：输入“Divide”或“Div”→按“Enter”键。 选取修剪后的圆弧，输入线段数目“4”→按“Enter”键。 启用点样式命令：输入“Ddptype”→按“Enter”键，系统弹出“点样式”对话框，选取等分点形状，单击“确定”按钮，完成定数等分	
步骤 4	启用直线命令；输入“Line”或“L”→按“Enter”键。 捕捉点 B→C→D→E→F，按“Enter”键，完成各点连线。 按“Enter”键重复直线命令，捕捉点 G，输入 12→10，按“Enter”键，绘制两段直线	E D G F C B

续表

步骤	操作过程	图解
步骤 5	启用圆弧命令：输入“Arc”→按“Enter”键→输入“圆心(C)”，选取中点 *H* 为圆心，输入半径“5”，完成半圆绘制	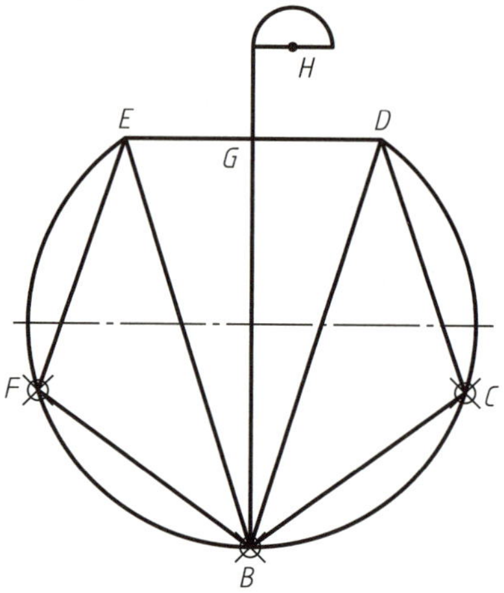 H E D G F C B
步骤 6	启用镜像命令：输入“Mirror”或“Mi”→按“Enter”键。 选取步骤 4、5 绘制的直线、圆弧→按“Enter”键，选择对称线 *GJ*→按“Enter”键完成镜像。 启用圆弧命令：输入“Arc”→按“Enter”键→选取三点 *E*、*I*、*D* 绘制圆弧，按“Enter”键，完成圆弧的绘制	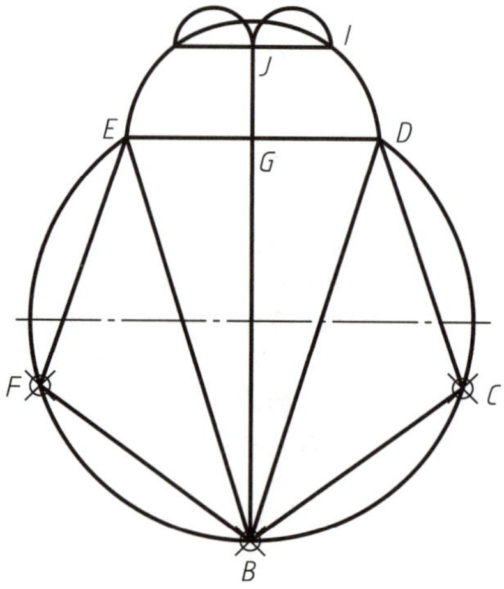 I J E D G F C B
步骤 7	启用修剪命令：输入“TR”→按“空格”键两次，选择要修剪对象，完成修剪	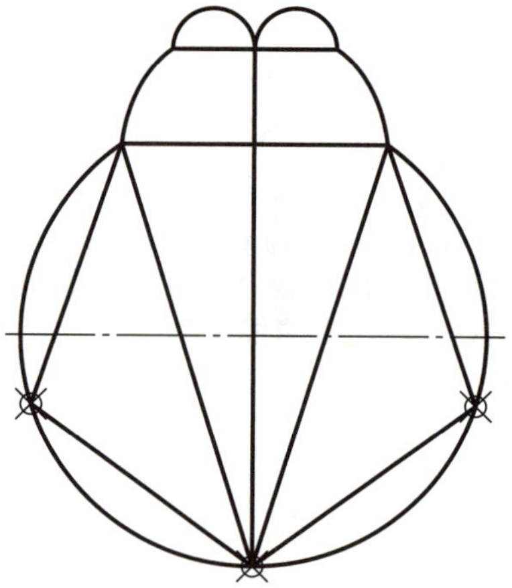

续表

步骤	操作过程	图解
步骤 8	启用圆弧命令：输入“Arc”→按“Enter”键→输入“圆心(C)”，自动对象捕捉点 *J*，输入“20”，鼠标放置水平状态，输入半径“20”，进行逆时针旋转捕捉点 *J*，绘制一圆弧	
步骤 9	启用镜像命令：输入“Mirror”或“MI”→按“Enter”键。 选取步骤 8 绘制的圆弧→按“Enter”键，选择对称线 *GJ*→按“Enter”键完成镜像。 启用图案填充命令输入“Bhatch”或“Hatch”→按“Enter”键，“图案”组：设置图案填充的类型为 ANSI31 图案，选取需要填充部分，按“Enter”键，完成七星瓢虫平面图形的绘制	

任务6 绘制正多边形平面图形

任务描述

绘制尺寸如图 1-6-1 所示的三菱标志、五边形花朵平面图形。

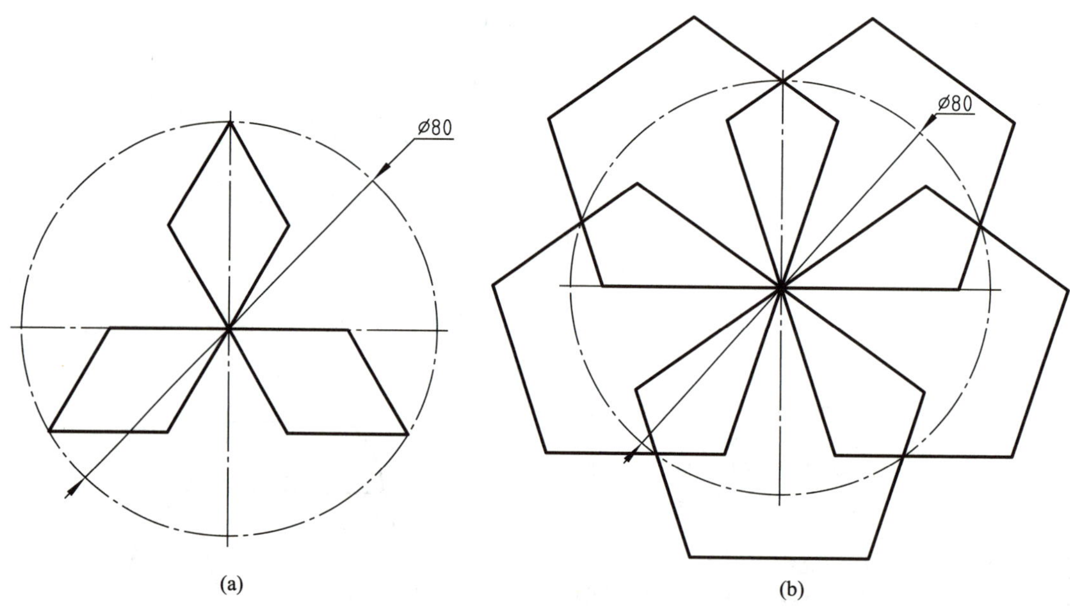

图 1-6-1　三菱标志、五边形花朵平面图形的绘制

知识链接

1.6.1　正多边形的绘制

AutoCAD 可以绘制边数为 3 ~ 1024 的正多边形。

1. 命令启用方法

方法 1　工具栏："绘图" 工具栏→【正多边形】按钮。

方法 2　菜单命令：【绘图】→【正多边形】。

方法 3　键盘命令：输入 "Polygon" 或 "Pol" →按 "Enter" 键。

2. 系统提示及操作说明

启用命令后，系统提示如下：

- 输入边的数目<4>：输入边的数目后，按“空格”键或“Enter”键
- 指定正多边形的中心点或［边（E）］：用光标在绘图区点选正多边形的中心点
- 输入选项［内接于圆（I）/外切于圆（C）］<I>：默认为“I”或键入“C”后，按“空格”键或“Enter”键
- 指定正多边形的中心点或［边（E）］：用光标在绘图区点选正多边形的中心点
- 指定圆的半径：输入半径值后，按“空格”键或“Enter”键

1.6.2 比例缩放对象

比例缩放可将选定的对象以指定的基点为中心按指定的比例放大或缩小。

1. 命令启用方法

方法1 菜单命令：【修改】→【缩放】。

方法2 工具栏：“修改”工具栏→【缩放】按钮。

方法3 键盘命令：输入“Scale”或“Sc”→按“Enter”键。

2. 系统提示及操作说明

启用命令后，系统提示如下：

- 选择对象：选择缩放对象→按“Enter”键
- 指定基点：捕捉点作为缩放中心
- 指定比例因子或［复制（C）/参照（R）］：输入比例因子

命令行中各选项的含义如下：

“指定比例因子”：大于“1”的比例因子使对象放大，介于“0”和“1”之间的比例因子使对象缩小。

“复制（C）”：保留源对象，生成一个按指定比例对源对象缩放的复制对象。

“参照（R）”：以参照方式缩放图形。输入参考长度及新长度，系统会将新长度与参考长度的比值作为缩放比例因子对图形进行缩放。

提示：“Zoom”命令与“Scale”命令都可以对图形进行放大或缩小，但“Zoom”命令只是使图形在界面上的视觉尺寸发生变化，实际尺寸没有改变；而“Scale”命令则是使图形真正放大或缩小，实际尺寸发生了改变。

1.6.3 分解命令

分解命令可将指定对象分解成组成它们的源对象，即可分解由多段线、标注、图案填充或块等合成的对象，将其转换成单个的元素。

1. 命令启用方法

方法 1　菜单命令：【修改】→【分解】。

方法 2　工具栏："修改"工具栏→【分解】按钮。

方法 3　键盘命令：输入"Explode"→按"Enter"键。

2. 操作过程

输入命令"Explode"，选择分解对象后按"Enter"键，即可将对象分解为单个的元素，再分别对其进行操作即可，如图 1-6-2 所示。

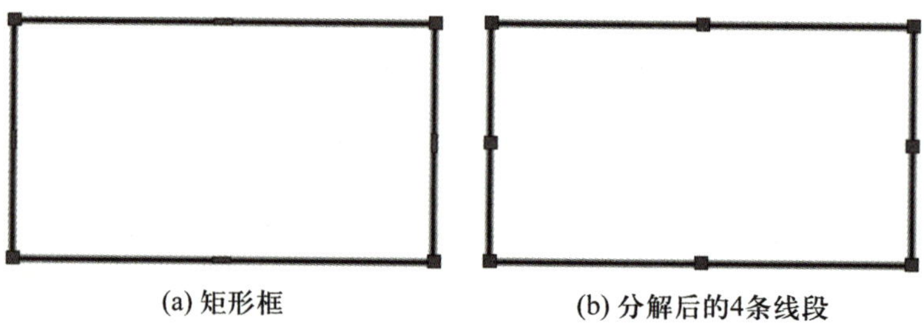

(a) 矩形框　　(b) 分解后的4条线段

图 1-6-2　分解实例

任务实施

1. 绘制三菱标志平面图形

根据图 1-6-1（a）所示，绘制三菱标志平面图形，绘制过程见表 1-6-1。

表 1-6-1　三菱标志平面图形绘制过程

步骤	操作过程	图解
步骤 1	启用圆命令：输入"Circle"或"C"→按"Enter"键。 捕捉圆心点 *A*→输入半径"40"→按"Enter"键，绘制一点画线圆	*A*

续表

步骤	操作过程	图解
步骤 2	启用正多边形命令：输入“Polygon”或“Pol”→按“Enter”键。 输入边数“3”→按“Enter”键，中心点选取为点 *A*，输入选项“内接于圆（I）”或者默认状态，输入半径选取点 *B*，→按“Enter”键，绘制一内切正三角形	
步骤 3	按“Enter”键重复正多边命令。 输入边数“3”→按“Enter”键，中心点选取为点 *A*，输入选项“内接于圆（I）”或者默认状态，输入半径：选取点 *C*，→按“Enter”键，绘制另一内切正三角形	
步骤 4	启用直线命令；输入“Line”或“L”→按“Enter”键。 捕捉点 *E*、*F*，按“Enter”键，完成直线 *EF* 的绘制。 启用阵列命令：输入“Array”“Arraycl”或“AR”→按“Enter”键。 选取直线 *EF*→按“Enter”键，输入“po”（极轴）→按“Enter”键，捕捉圆心点 *A*→按“Enter”键，输入项目数“3”→按“Enter”键，输入填充角度“360”，按“Enter”键，完成阵列	

续表

步骤	操作过程	图解
步骤 5	启用分解命令；输入“Explode”→按“Enter”键，选取全部对象→按“Enter”键。完成图形分解。 启用修剪命令；输入“TR”→按“空格”键两次，选择要修剪对象，完成三菱标志的绘制	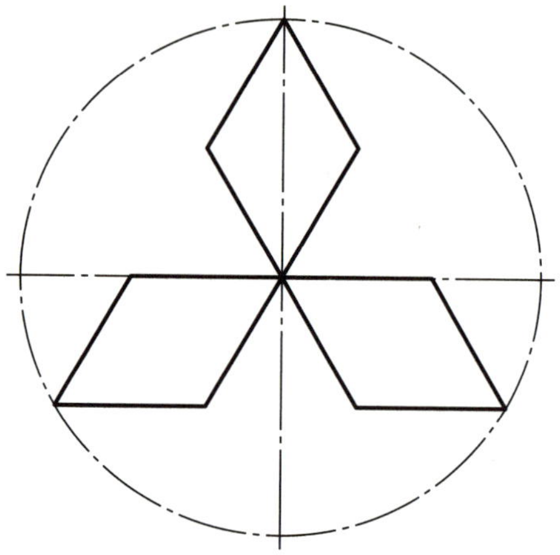

2. 绘制五边形花朵平面图形

根据图 1-6-1（b）所示，绘制五边形花朵平面图形，绘制过程见表 1-6-2。

表 1-6-2　五边形花朵平面图形绘制过程

步骤	操作过程	图解
步骤 1	启用圆命令：输入“Circle”或“C”→按“Enter”键。 捕捉圆心点 A→输入半径“40”→按“Enter”键，绘制一点画线圆	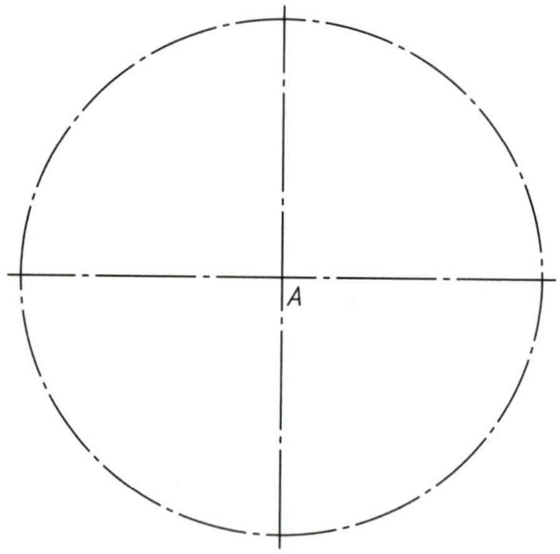 A

续表

步骤	操作过程	图解
步骤 2	启用正多边形命令：输入“Polygon”或“Pol”→按“Enter”键。 输入边数“5”→按“Enter”键，输入“E”用边长来绘制正多边形，捕捉圆心点 A，输入边长“10”→按“Enter”键，绘制一正五边形	
步骤 3	启用缩放命令：输入“Scale”或“SC”，→按“Enter”键。 选取步骤 2 绘制的正五边形→按“Enter”键，基点选取为点 A，输入“参照（R）”，选取点 A→B→C→按“Enter”键，完成正五边形的放大	
步骤 4	启用阵列命令：输入“Array”“Arraycl”或“AR”→按“Enter”键。 选取步骤 3 完成的正五边形→按“Enter”键，输入“po”（极轴）→按“Enter”键，捕捉圆心点 A→按“Enter”键，输入项目数“5”→按“Enter”键，输入填充角度“360”→按“Enter”键，完成五边形花朵平面图形的绘制	

项目总结

本项目要求掌握命令的键盘输入方法，熟记常用命令的缩写（如直线命令“Line”的缩写为“L”，圆命令“Circle”的缩写为“C”，圆弧命令“Arc”的缩写为“A”等）和功能键，尽量少用鼠标单击功能面板、工具条、下拉菜单等方法启用命令。

本项目还要求掌握基本的绘图和修改命令，能绘制简单的平面图形。绘制平面图形时，操作方法因人而异，但绘图时不要重复画线，否则会给编辑、打印图形带来麻烦，熟练使用对象捕捉等辅助工具，精确绘制图形。学会利用夹点编辑功能快速地进行移动、镜像、旋转、比例缩放、阵列等操作。

另外，要注意图层的灵活使用，以提高绘图速度。

项目 2

绘制复杂机械平面图

知识目标

- 掌握“移动”“旋转”“修剪”“延伸”命令的操作方法。
- 掌握“复制”“偏移”“镜像”和“阵列”命令的操作方法。
- 熟悉“拉伸”“拉长”“打断”“合并”和“缩放”命令的操作方法。
- 了解夹点的功能和快速修改对象属性的方法。

能力目标

- 能够灵活使用移动、旋转、修剪和延伸命令进行对象编辑。
- 能够根据要绘制图形的特点和复制类命令间的区别，选择最简单的命令进行对象编辑。
- 能够灵活使用圆角和倒角命令进行对象编辑。

素养目标

- 具备勤于思考、善于总结、勇于实践、敢于创新的工作习惯。
- 明白“实践出真知”的道理，强化动手能力，在实践中掌握扎实的专业技能。

任务 1
绘制扳手平面图形

任务描述

绘制尺寸如图 2-1-1 所示的扳手平面图形。

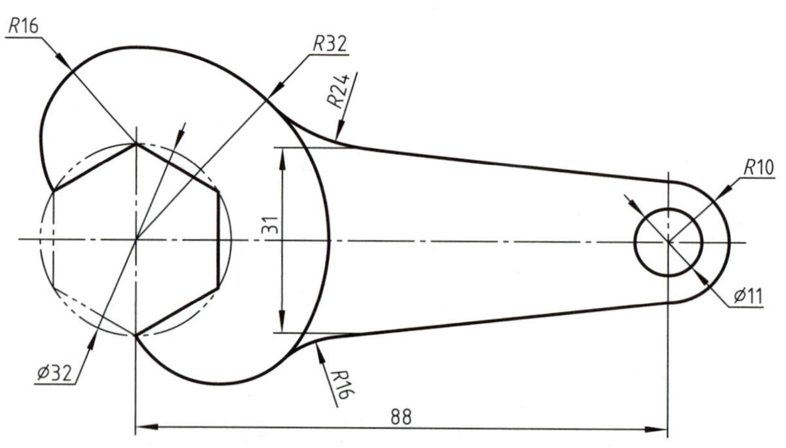

图 2-1-1　扳手平面图形的绘制

知识链接

2.1.1　图层的使用

每个图层都有名称、颜色、线型等特性。有关图层的这些信息都显示在“图层”工具栏上。创建和命名图层、指定当前图层，以及修改图层特性等设置都可在 AutoCAD 提供的“图层特性管理器”对话框中完成。

1. 图层的创建和控制

图层命令启用方法如下：

方法 1　工具栏：“格式”工具栏→【图层】按钮。

方法 2　菜单命令：【格式】→【图层】。

方法 3　键盘命令：输入“Layer”或“La”→按“Enter”键

启用命令后，系统弹出“图层特性管理器”对话框，如图 2-1-2 所示。

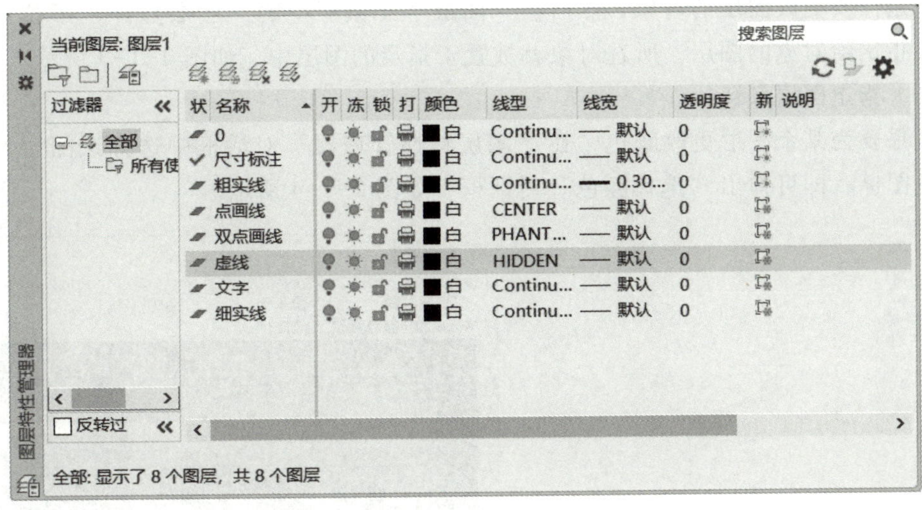

图 2-1-2 “图层特性管理器”对话框

2. 新建图层

1）在“图层特性管理器”对话框中单击【新建】按钮，图层列表中将自动添加名为“图层 n（n 为自然数）”的图层，若所添加图层被选中，则呈高亮显示状态。

2）在“名称”列为新建的图层命名。需要注意，图层名中不可包含空格。

3）如果要创建多个图层，可通过多次单击【新建】按钮，并以同样的方法为每个新建图层命名。“图层特性管理器”对话框按名称的字母顺序来排列图层。如果用户正在组织绘图中的图层方案，可仔细为图层命名。

4）设置完成后，单击【确定】按钮即可。

每个新图层的特性都被指定为默认设置：颜色默认为编号 7（白色或黑色，由背景色决定），线型默认为 Continuous，线宽为默认值，打印样式默认为普通。用户可以使用默认设置，也可以为每个图层指定新的颜色、线型、线宽和打印样式。

提示：如果在创建新图层之前选中了一个现有的图层，新建的图层将继承选定图层的特性。

3. 设置图层特性

在 AutoCAD 中，绘制的所有图形都与图层相关联。因此，通过更改图层设置和图层特性，就可以修改图层上的内容或查看组合图层的方式。

（1）重命名图层

用鼠标在需要修改的图层名称上单击，当该图层名称呈现为可输入状态时，输入图层的新名称即可。

（2）更改对象图层

如果要改变图层组织，或将对象绘制在了错误的图层上，可通过重新给对象指定图层来改变对象和图层之间的关联。

先选择要更改图层的对象，然后在“图层”工具栏中的“图层控件”下拉列表中选择要指定给对象的图层，所选对象就被置于指定的图层中，如图 2-1-3 所示。

（3）指定图层颜色

如果要为某个图层更改颜色，在“图层特性管理器”对话框中选择该图层，单击其颜色图标，即可弹出“选择颜色”对话框，如图 2-1-4 所示。

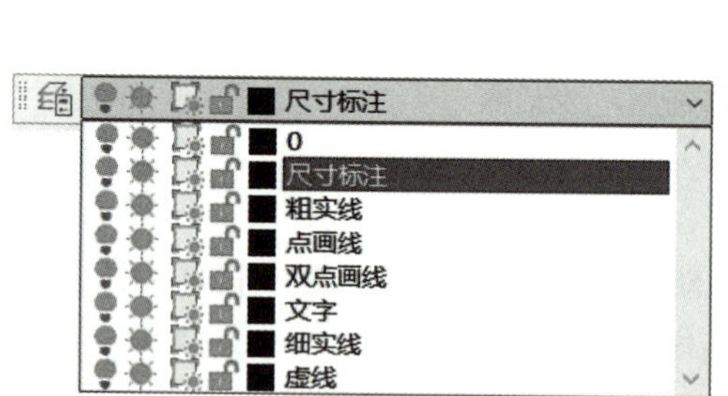

图 2-1-3　更改对象图层

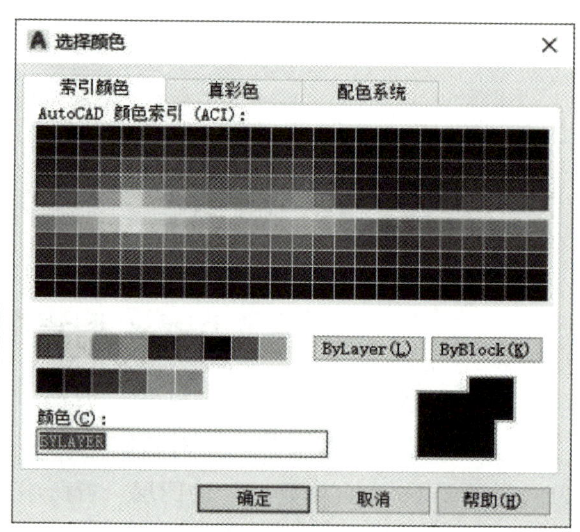

图 2-1-4　“选择颜色”对话框

在该对话框中，用户可在不同的选项卡中选择自己需要的颜色，最后单击【确定】按钮，确认所选颜色即可。

提示：图层特性（如线型和线宽）可通过“图层特性管理器”对话框和“对象特性”工具栏来设置。但重命名图层和更改图层颜色，只能在“图层特性管理器”对话框中修改，不能在“对象特性”工具栏中修改。

（4）设置线型

在图层中绘图时，使用不同的线型可以有效地传达视觉信息。线型是由直线、短横、点或空格等组合而成的不同图案。给不同图层指定不同的线型，可达到区分图线使用功能的目的。

在“图层特性管理器”对话框中先选择一个图层，然后在“线型”列单击与该图层相关联的线型，即可弹出“线型管理器”对话框，如图 2-1-5 所示。

从该对话框的列表中选择一种线型，或单击【加载】按钮，弹出“加载或重载线型”对话框，如图 2-1-6 所示。在弹出的对话框中选择要加载的线型，单击【确定】按钮，所加载的线型即可显示在“线型管理器”对话框中。用户可从中选择需要的线型，最后单击【确定】按钮完成设置。

图 2-1-5　“线型管理器”对话框

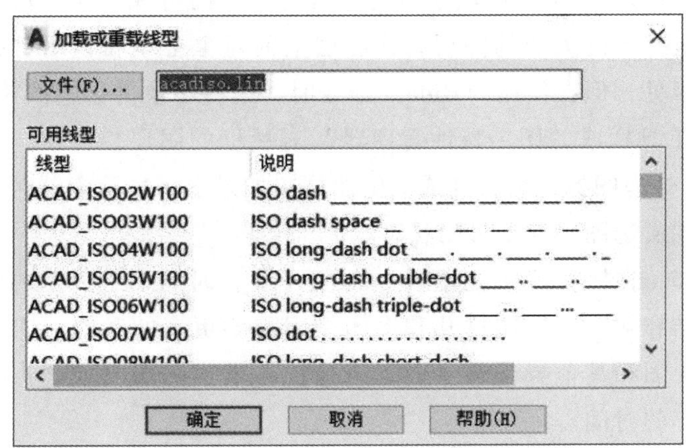

图 2-1-6　“加载或重载线型”对话框

（5）设置线宽

绘图时，可以通过更改图层和对象的线宽设置来更改对象显示于界面和图纸上的宽度特性。

在“图层特性管理器”对话框中先选择一个图层，然后在“线宽”列单击与该图层相关联的线宽，即可弹出“线宽设置”对话框，如图 2-1-7 所示。

在该对话框的“线宽”列表中选择一种合适的线宽，最后单击【确定】按钮完成设置。

（6）控制图层状态

在绘图过程中，当需要在一个无遮挡的视图中处理一些特定图层或图层组的细节

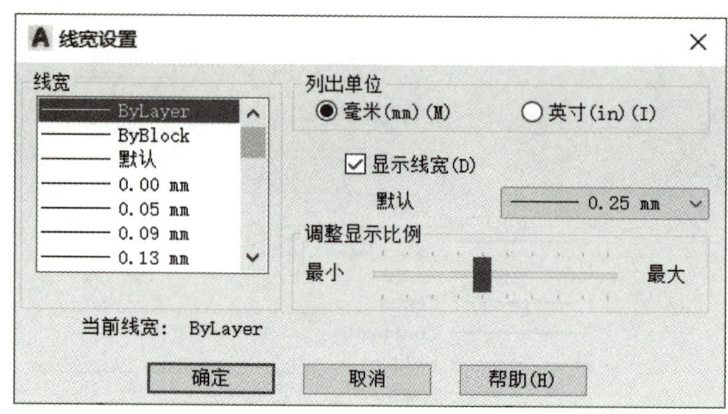

图 2-1-7　“线宽设置”对话框

时，可使用关闭或冻结图层功能。对图层进行关闭或冻结，可以隐藏该图层上的对象。关闭图层后，该图层上的图形将不能显示或打印。冻结图层后，AutoCAD 将重画该图层上的对象。解冻已冻结的图层时，AutoCAD 将重新生成图形并显示该图层上的对象。关闭而不冻结图层，可以避免每次解冻图层时重新生成图形。

1）打开或关闭图层。当某些图层需要频繁切换它的可视性时，可选择关闭该图层而不冻结。当再次打开已关闭的图层时，图层上的对象会重新显示。关闭图层可以使图层上的对象不可见，但在使用“Hide”命令时，这些对象仍会遮挡其他对象。

在“图层”工具栏或“图层特性管理器”对话框的图层控件中，单击要操作图层的“开/关图层”灯泡图标，可打开或关闭图层。如果图标显示为黄色，则所选图层处于打开状态，否则所选图层处于关闭状态。

2）冻结和解冻图层。在绘图过程中，对于一些长时间不必显示的图层，可将其冻结而非关闭。冻结和解冻图层比打开和关闭图层需要更多的时间。冻结图层可以加快缩放视图、平移视图和其他操作命令的运行速度，增强图形对象的选择性能，并减少重新生成复杂图形的时间。

在“图层”工具栏或“图层特性管理器”对话框的图层控件中，单击要操作图层的“在所有视口中冻结/解冻”图标，可冻结或解冻图层。如果该图标显示为黄色，则所选图层处于解冻状态，否则所选图层处于冻结状态。

3）锁定图层。在编辑对象的过程中，当要编辑与特殊图层相关联的对象，同时对其他图层上的对象只想查看但不编辑时，可以将不编辑的图层锁定。锁定图层时，它上面的对象均不可修改，直到该图层解锁。锁定图层可以避免意外修改该图层对象的情况。对于锁定图层上的对象仍然可以使用捕捉功能，也可以执行不修改对象的其他操作。

在“图层”工具栏或“图层特性管理器”对话框中，单击【锁定】按钮，可锁定图层。当按钮显示为打开状态时，表示该图层处于未锁定状态；当按钮显示为锁定状态时，表示该图层处于锁定状态。

2.1.2　圆角命令

使用圆角命令可将两个对象用一段指定半径的圆弧光滑地连接起来。连接的对象有直线、多段线、样条曲线、构造线、射线等。

1. 命令启用方法

方法 1　菜单命令：【修改】→【圆角】。

方法 2　工具栏："修改"工具栏→【圆角】按钮。

方法 3　键盘命令：输入"Fillet"或"F"→按"Enter"键。

2. 系统提示及操作说明

启用命令后，系统提示如下：

- 当前设置：模式＝修剪，半径＝0.0000
- 选择第一个对象或［放弃（U）/多段线（P）/半径（R）/修剪（T）/多个（M）］：选择一个对象
- 选择第二个对象，或按"Shift"键选择对象以应用角点或［半径（R）］：选中第二个对象

命令行中各选项的含义如下：

"选择第一个对象"：拾取第一个对象。此选项为默认选项。

"放弃（U）"：放弃上一次执行的操作。

"多段线（P）"：对整条多段线的各段同时进行圆角处理。

提示：对于多段线对象，其圆角的半径必须一致。当对封闭的多段线倒圆角时，其结果随多段线绘制方法的不同而不同。绘制多段线时若选择"闭合（C）"选项闭合多段线，则在每一个顶点处自动倒出圆角；若采用对象捕捉模式闭合多段线，则该多段线的第一个顶点不会被倒圆角。

"半径（R）"：确定圆角半径。AutoCAD 默认的半径是上一次设置的半径，在执行圆角命令前，应先指定圆角半径。

"修剪（T）"：用于确定倒圆角后是否修剪源对象。修剪与不修剪模式的执行结果如图 2-1-8 所示。

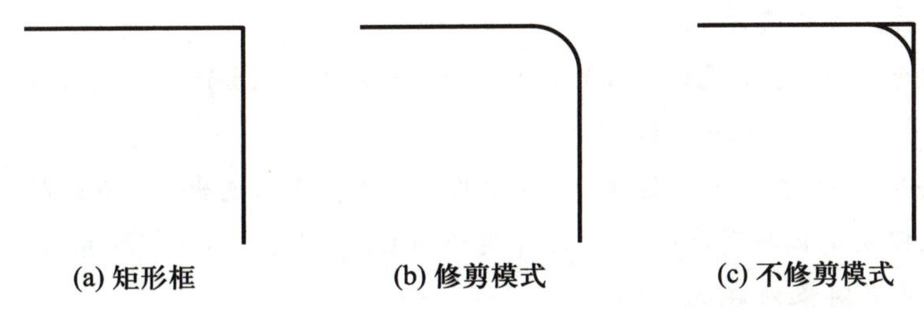

图 2-1-8　修剪与不修剪模式的执行结果

"多个（M）"：连续对多处对象进行倒圆角。

2.1.3　打断命令

打断命令可将选中的对象分解成两部分或剪去对象中的一部分。

1. 命令启用方法

方法 1　菜单命令：【修改】→【打断】。

方法 2　工具栏："修改"工具栏→【打断】按钮或【打断于点】按钮。

方法 3　键盘命令：输入"Break"或"BR"→按"Enter"键。

2. 系统提示及操作说明

启用打断命令，选择被打断的对象，系统提示如下：

- 指定第二个打断点或［第一点（F）］：在要打断的对象上指定一点

打断命令可将对象在两点之间打断，也可将对象打断于点，如图 2-1-9 所示。

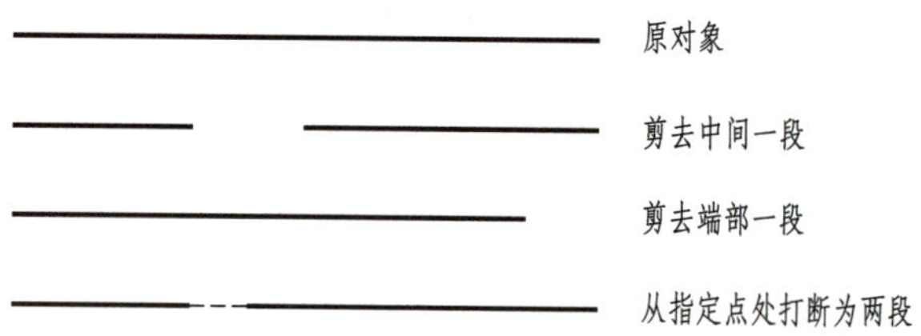

图 2-1-9　打断实例

2.1.4　偏移图形

偏移图形功能可将现有对象平移指定的距离，创建一个与源对象相同的实体，可用来绘制同心圆、平行线和平行曲线等。

1. 命令启用方法

方法 1　工具栏："修改"工具栏→【偏移】按钮。

方法 2　菜单命名：【修改】→【偏移】。

方法 3　键盘命令：输入"Offset"或"O"→按"Enter"键。

2. 系统提示及操作说明

启用命令后，系统提示如下：

- 指定偏移距离或［通过（T）/删除（E）/图层（L）］<通过>：键入偏移距离，按"空格"键或"Enter"键
- 选择要偏移的对象或［退出（E）/放弃（U）］<退出>：用光标点选对象
- 指定点以确定偏移所在一侧，或［退出（E）/多个（M）/放弃（U）］<退出>：将光标移到要放置对象所在的一侧

说明：若选择"通过（T）"选项，则表示要过已知点做偏移。选择要偏移的对象或<退出>，用光标点选图中对象即可。

如图 2-1-10 所示，将图 2-1-10（a）所示图形偏移成图 2-1-10（b）所示效果。

操作步骤如下：

- 命令：输入“O”→按“Enter”键
- 指定偏移距离或［通过（T）/删除（E）/图层（L）］<通过>：输入“5”，按“Enter”键
- 选择要偏移的对象或［退出（E）/放弃（U）］<退出>：用光标点选对象
- 指定点以确定偏移所在一侧，或［退出（E）/多个（M）/放弃（U）］<退出>：将光标移到矩形内部任意一点，单击鼠标左键确定
- 按“Esc”键结束命令

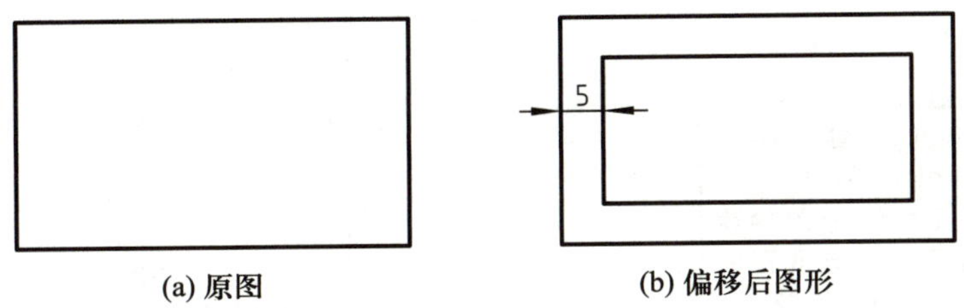

(a) 原图　　(b) 偏移后图形

图 2-1-10　偏移实例

任务实施

根据图 2-1-1 所示，绘制扳手平面图形，绘制过程见表 2-1-1。

表 2-1-1　扳手平面图形绘制过程

步骤	操作过程	图解
步骤 1	根据要求设置好图层。 启用圆命令：输入“Circle”或“C”→按“Enter”键。 捕捉圆心点 A→输入半径“16”→按“Enter”键，绘制一点画线圆	A
步骤 2	启用正多边形命令：输入“Polygon”或“Pol”→按“Enter”键。 输入边数“6”→按“Enter”键，中心点选取为点 A，输入选项“内接于圆（I）”或者默认状态，输入半径：选取点 C，→按“Enter”键，绘制一内切正六边形	B A C

续表

步骤	操作过程	图解
步骤 3	启用打断命令：输入“Break”或“br”→按“Enter”键。 选取正六边形，选取打断点为点 *B*，完成点 *B* 打断。 同上方式完成点 *C* 打断	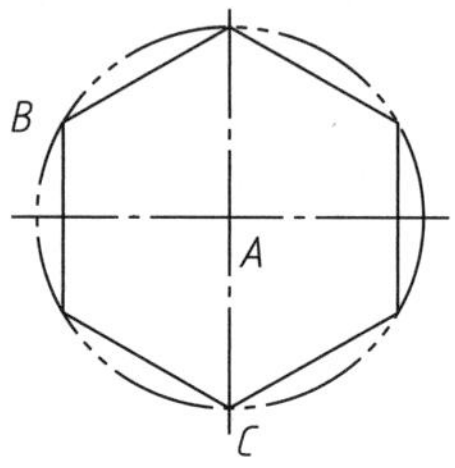 B A C
步骤 4	键盘命令：输入“Matchprop”或“MA”→按“Enter”键。 选择正六边形改为粗实线对象，再选取正六边形需要保留的对象	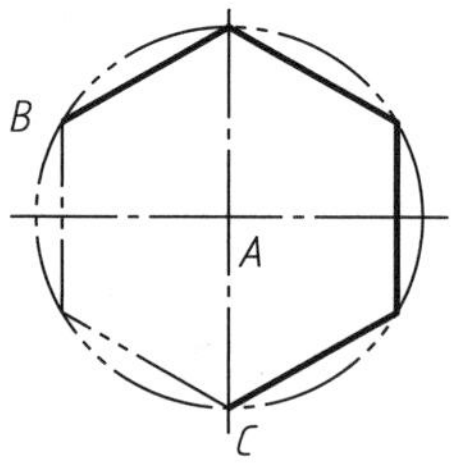 B A C
步骤 5	启用圆命令：输入“Circle”或“C”→按“Enter”键。 捕捉圆心点 *A*→输入半径“32”→按“Enter”键，绘制一大粗实线圆	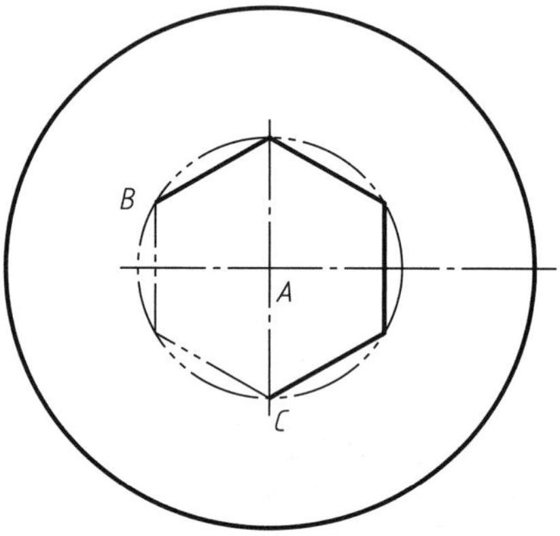 B A C
步骤 6	启用圆弧命令：输入“ARC”或“A”→按“Enter”键→输入“圆心(C)”，选取点 *A* 为圆心，选取点 *C* 为半径，绘制到点 *F*，完成圆弧的绘制。 按“Enter”键重复圆弧命令→输入“圆心(C)”，选取点 *A* 为圆心，选取点 *F* 为半径，绘制到点 *B*，另一圆弧的绘制	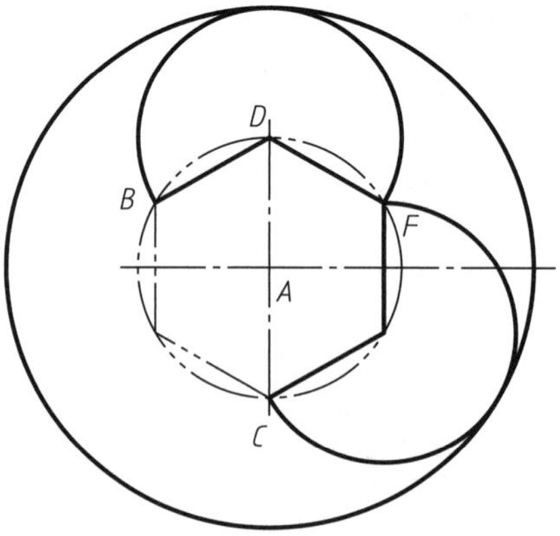 D B F A C

续表

步骤	操作过程	图解
步骤 7	启用修剪命令：输入“TR”→按“空格”键两次，选择要修剪对象，完成修剪	
步骤 8	启用偏移命令：输入“Offset”或“O”→按“Enter”键。 输入偏移距离“88”→按“Enter”键，选取直线 *CD* 为偏移对象，移动鼠标向右单击，完成直线偏移	
步骤 9	启用圆命令：输入“Circle”或“C”→按“Enter”键。 捕捉圆心点 *F*→输入半径“5. 5”→按“Enter”键，完成小圆的绘制。 按“Enter”键重复圆命令，捕捉圆心点 *F*→输入半径“10”→按“Enter”键，再绘制一同心圆	
步骤 10	启用偏移命令：输入“Offset”或“O”→按“Enter”键。 输入偏移距离“16”→按“Enter”键，选取水平中心线为偏移对象，移动鼠标向上、向下单击，完成直线偏移	

续表

步骤	操作过程	图解
步骤 11	启用圆角命令：输入“Fillet”或“F”→按“Enter”键，输入“R”→按“Enter”键。 输入半径“24”→按“Enter”键，输入修剪“T”→按“Enter”键，输入不修剪“N”→按“Enter”键，选取直线 2 和圆弧 1→按“Enter”键，完成半径 24 圆角的绘制。 同上方法完成半径 16 圆角（选取圆弧 3 和直线 4）	
步骤 12	启用直线命令：输入“Line”或“L”→按“Enter”键。 按住“Shift”键+鼠标右键，单击切点，选取半径 10 的圆→按住“Shift”键+鼠标右键，单击切点，选取半径 24 的圆弧，完成相切直线的绘制。 同上方法完成下侧相切直线的绘制，即完成扳手平面图的绘制	

任务2
绘制吊钩平面图形

任务描述

绘制尺寸如图 2-2-1 所示的吊钩平面图形。

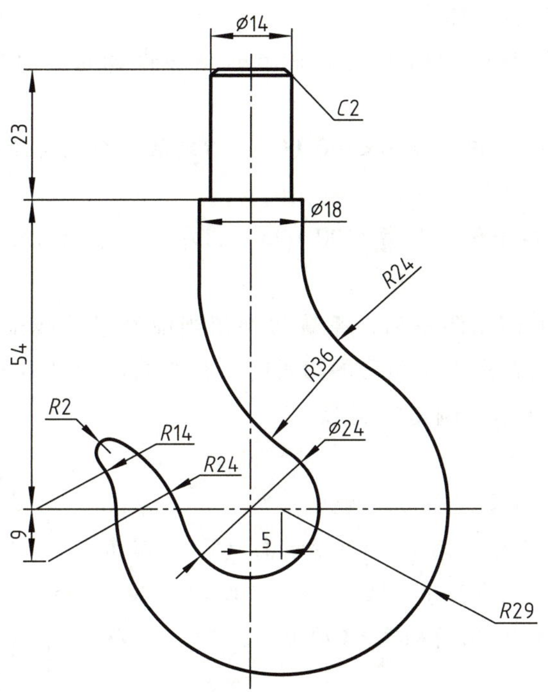

图 2-2-1　吊钩平面图形的绘制

知识链接

2.2.1　矩形的绘制

矩形由封闭的 4 条两两垂直的边组成，如果 4 条边的长度相同，则称为正方形。使用矩形命令可以绘制（带倒角或倒圆角的）矩形，并且可以改变矩形的线宽。

1. 命令启用方法

方法 1　工具栏："绘制" 工具栏→【矩形】按钮。

方法 2　菜单命令：【绘制】→【矩形】。

方法 3　键盘命令：输入 "Rectang" 或 "Rec" →按 "Enter" 键。

2. 系统提示及操作方法

启用命令后，系统提示如下：

- 命令：输入 "Rec" →按 "Enter" 键
- 指定第一个角点或 [倒角 (C) /标高 (E) /圆角 (F) /厚度 (T) /宽度 (W)]：确定矩形第一个角点的坐标，或者选择一个选项
- 指定另一个角点或 [尺寸 (D)]：确定矩形第一个角点的对角点的坐标或输入矩形的尺寸

命令行中各选项的含义如下：

“倒角（C）”：选择该选项可使绘制出的矩形带倒角。启用矩形命令后，输入“C”，命令行提示：

● 指定矩形的第一个倒角距离<100.00>：指定第一个倒角距离或按“Enter”键接受默认值

● 指定矩形的第二个倒角距离<100.00>：指定第二个倒角距离或按“Enter”键接受默认值

提示：设置矩形的倒角距离后，系统将保留当前设置的倒角距离，直到用户再次改变此值为止。当倒角距离大于矩形的边长时，绘制的矩形将不进行倒角。

绘制如图 2-2-2 所示带倒角的矩形。

操作步骤如下：

● 命令：“Rec”→按“Enter”键

● 指定第一个角点或［倒角（C）/标高（E）/圆角（F）/厚度（T）/宽度（W）］：“C”→按“Enter”键

● 指定矩形的第一个倒角距离<100.00>：“5”→按“Enter”键

● 指定矩形的第二个倒角距离<100.00>：“5”→按“Enter”键

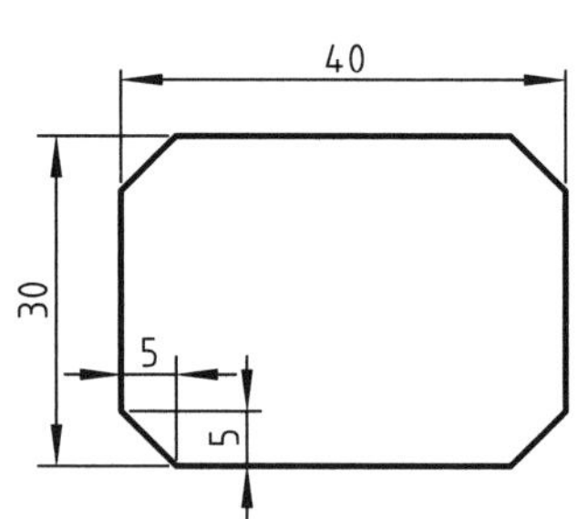

图 2-2-2　带倒角的矩形

● 指定第一个角点或［倒角（C）/标高（E）/圆角（F）/厚度（T）/宽度（W）］：“@40，30”→按“Enter”键

● 按“Esc”键结束命令

“标高（E）”：指当前图形相对于另一个平面的高度。启用矩形命令后，输入“E”命令行提示：

● 指定矩形的标高<100.00>：输入一个数值，确定矩形的标高

提示：由于标高表现方式的特殊性，所以只有在三维空间中才能观察到标高。

“圆角（F）”：选择该选项可使绘制出的矩形的四个角呈圆形。启用矩形命令后，输入“F”，命令行提示：

● 指定矩形的圆角半径<100.00>：输入一个值或按“Enter”键接受默认值

提示：设置矩形的圆角半径后，系统将保留当前设置的圆角半径，直到用户再次改变此值为止。当圆角半径大于矩形的边长时，绘制的矩形将不进行倒圆角。

“厚度（T）”：用于绘制带厚度的矩形。启用矩形命令后，输入“T”，命令行提示：

● 指定矩形的厚度<100.00>：输入一个数值，确定矩形的厚度

提示：矩形的厚度只有在三维空间才能显示。如果输入的厚度数值为正值，则矩形厚度将沿着 Z 轴正方向增长；反之，沿着 Z 轴负方向增长。

“宽度（W）”：用于控制矩形边框的宽度。启用矩形命令后，输入“W”，命令行

提示：

- 指定矩形的线宽<0.00>：输入一个数值，确定矩形的线宽

提示：设置矩形的线宽后，系统将保留当前设置的线宽，直到用户再次改变此值为止。

“尺寸（D）”：使用长和宽创建矩形。选择该选项后，命令行提示：

- 指定矩形的长度<100.00>：输入矩形的长度→按“Enter”键
- 指定矩形的宽度<100.00>：输入矩形的宽度→按“Enter”键
- 指定另一个角点或［面积（A）/尺寸（D）/旋转（R）］：确定矩形的另一个角点相对于第一个角点的定位

“面积（A）”：使用面积与长度或宽度创建矩形。选择该选项后，命令行提示：

- 输入以当前单位计算的矩形面积<100.00>：输入一个数值→按“Enter”键
- 计算矩形标注时的依据［长度（L）/宽度（W）］<长度>：输入长度数值，依据长度绘制矩形

提示：如果“倒角（C）”或“圆角（F）”选项被激活，则区域将包括倒角或圆角在矩形角点上的面积。

“旋转（R）”：按指定的旋转角度创建矩形。选择该选项后，命令行提示：

- 指定旋转角度或拾取点<P>：输入旋转角度→按“Enter”键
- 指定另一个角点或［面积（A）/尺寸（D）/旋转（R）］：确定矩形的另一个角点

2.2.2　倒角

使用倒角命令可将两直线或一多段线的相邻两段按指定长度修整成倒角。可以进行倒角的对象包括直线、多段线、矩形、多边形等。倒角是机械零件图中常见的结构。

1. 命令启用方法

方法1　菜单命令：【修改】→【倒角】。

方法2　工具栏：“修改”工具栏→【倒角】按钮。

方法3　键盘命令：输入“Chamfer”或“Cha”→按“Enter”键。

2. 系统提示及操作方法

启用命令后，系统提示如下：

- (“修剪”模式）当前倒角距离1-0.0000，距离2-0.0000
- 选择第一条直线或［放弃（U）/多段线（P）/距离（D）/角度（A）/修剪（T）/方式（E）/多个（M）］：选择一个选项

命令行中各选项的含义如下：

倒角命令与圆角命令相似，下面只对圆角命令中没有的选项进行介绍。

“距离（D）”：用来设定倒角距离。倒角距离是指倒角的两个角点与两条直线的交点之间的距离。在构造倒角时，输入“D”选择此项，重新指定倒角距离再进行倒

角，命令行提示：

- 指定第一个倒角距离 <0.0000>：输入第一个倒角距离
- 指定第二个倒角距离 <0.0000>：输入第二个倒角距离或直接按“Enter”键

提示：第一个倒角距离和第二个倒角距离可以相等，也可以不相等。如果是 45°倒角，则两者距离相等。

“角度（A）”：用于确定第一条直线的倒角距离和角度。在构造倒角时，输入“A”选择此项，来重新指定倒角距离和角度，命令行提示：

- 指定第一条直线的倒角长度 <0.0000>：输入第一条直线的倒角长度
- 指定第一条直线的倒角角度 <0>：输入第一条直线的倒角角度

“方式（E）”：用来确定按距离方式或角度方式构造倒角。输入“E”选择此项，命令行提示：

- 输入修剪方法［距离（D）/角度（A）<角度>］：选择“距离（D）”则用距离方式构造倒角，选择“角度（A）”则用角度方式构造倒角。默认设置为角度方式

提示：当倒角距离设置为零时，可使不平行的两边相交。

2.2.3　复制对象

使用复制命令可以在当前图形内复制单个或多个对象。推荐使用菜单命令操作，而不使用剪贴板操作。

1. 命令启用方法

方法 1　工具栏：“修改”工具栏→【复制】按钮。

方法 2　菜单命令：【修改】→【复制】。

方法 3　键盘命令：输入“Copy”或“CO”→按“Enter”键。

2. 系统提示及操作说明

命令启用后，系统提示如下：

- 选择对象：指定对角点，找到 4 个对角点（选择要复制的对象）→按“Enter”键
- 指定基点或位移，或者［重复（M）］：（指定基点）指定位移的第二点或<用第一点作位移>：指定目标点

复制对象效果如图 2-2-3 所示。

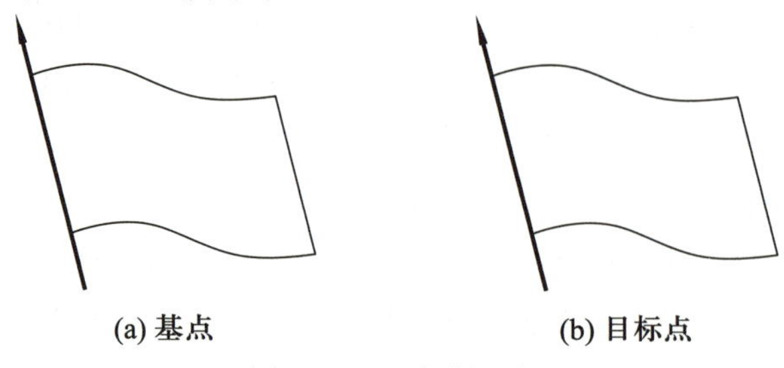

(a) 基点　　(b) 目标点

图 2-2-3　复制对象

把当前图形复制多次的操作步骤如下：

步骤 1　单击“修改”工具栏中的【复制】按钮。

步骤 2　选择要复制的对象，按“Enter”键。

步骤 3　命令行提示输入复制方式时，输入“M”，采用多重复制方式。

步骤 4　指定基点及位移点。

步骤 5　指定下一个位移点，继续复制对象。如果要结束复制，按“Enter”键退出。

整个复制过程如下：

- 命令：“Copy”→按“Enter”键
- 选择对象：指定对角点，找到 4 个对角点，按“Enter”键
- 指定基点或位移，或者［重复（M）］：输入“M”→按“Enter”键
- 指定位移的第二点或［阵列（A）］<使用第一点作为位移>：确定位移的第二点
- 指定位移的第二点或［阵列（A）/退出（E）/放弃（U）］<退出>：按“Enter”键

复制多次的效果如图 2-2-4 所示。

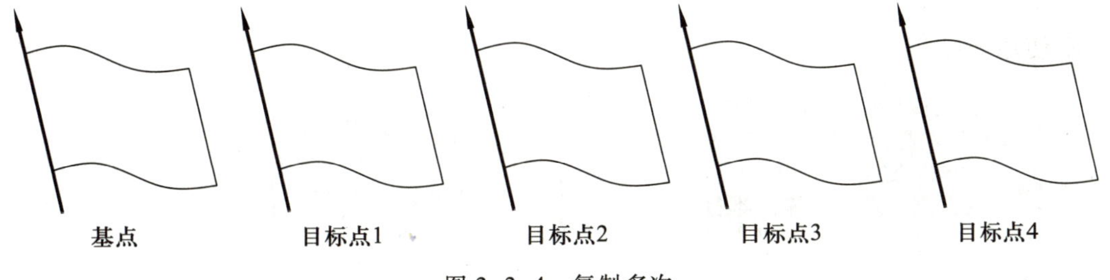

图 2-2-4　复制多次

2.2.4　移动对象

使用移动命令可将指定的对象移动到指定的位置。

1. 命令启用方法

方法 1　菜单命令：【修改】→【移动】。

方法 2　工具栏：“修改”工具栏→【移动】按钮。

方法 3　键盘命令：输入“Move”或“M”→按“Enter”键。

2. 系统提示及操作说明

命令启用后，系统提示如下：

- 选择对象：指定对角点，找到 1 个对角点（选择要移动的对象）
- 指定基点或［位移（D）］<位移>：指定基点
- 指定第二点或<使用第一个点作为位移>：指定第二点

3. 指定位移的方法

(1)“指定两点”移动对象：先指定基点，随后指定第二点，以输入的两个点来确定移动的方向和距离。

(2)“指定位移”移动对象：直接输入被移动对象的相对距离来移动对象。

命令输入后的提示与复制命令相同，这里不再介绍。使用坐标、捕捉和栅格、对象捕捉和其他工具也可以精确移动对象。

提示：移动命令和复制命令非常相似，区别为执行复制命令时，复制对象仍然存在，可实现多次复制；执行移动命令时，相当于原位置对象被删除，不能实现多次移动。

任务实施

根据图 2-2-1 所示，绘制吊钩平面图形，绘制过程见表 2-2-1。

表 2-2-1 吊钩平面图形绘制过程

步骤	操作过程	图解
步骤 1	启用圆命令：输入“Circle”或“C”→按“Enter”键。 捕捉圆心点 A→输入半径“12”→按“Enter”键，绘制一圆	A
步骤 2	启用偏移命令：输入“Offset”或“O”→按“Enter”键。 输入偏移距离“5”→按“Enter”键，选取竖直中心线，鼠标右移后单击，完成直线偏移。 启用圆弧命令：输入“ARC”或“A”→按“Enter”键→输入“圆心(C)”，选取点 B 为圆心，输入半径“29”，绘制一偏心圆弧	A B

续表

步骤	操作过程	图解
步骤 3	启用复制命令：输入“Copy”或“CO”→按“Enter”键。 选取直线 *AB* 为对象→按“Enter”键，选取点 *A* 为基点，输入“54”→按“Enter”键，输入“77”→按“Enter”键，完成水平点画线的复制	A B
步骤 4	启用矩形命令：输入“Rectang”或“Rec”→按“Enter”键。 在绘图区任意位置单击确定起点位置，输入“@ 14，23”→按“Enter”键，完成矩形的绘制	C A B

续表

步骤	操作过程	图解
步骤 5	启用移动命令：输入“Move”或“M”→按“Enter”键。 选取步骤 4 完成的矩形为对象→按“Enter”键，选取点 *C* 为基点，移动到点 *D*→按“Enter”键，完成矩形移动	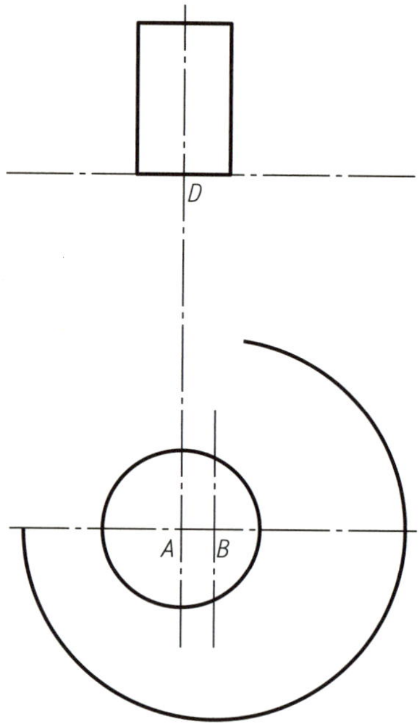 D A B
步骤 6	启用矩形命令：输入“Rectang”或“Rec”→按“Enter”键。 在屏幕任意位置单击确定起点位置，输入“@ 18，20”→按“Enter”键，完成矩形绘制	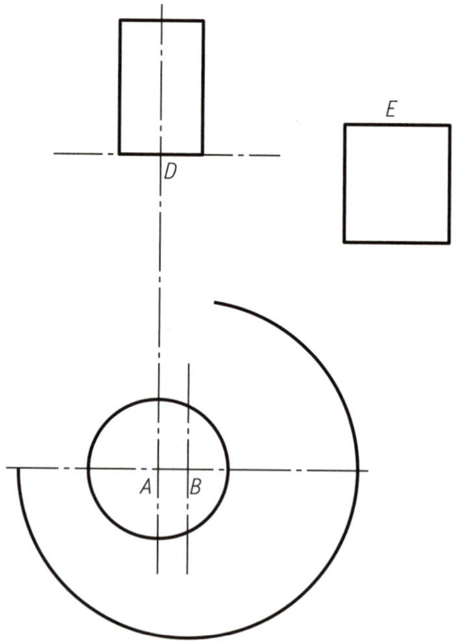 E D A B

续表

步骤	操作过程	图解
步骤 7	启用移动命令：输入“Move”或“M”→按“Enter”键。 选取步骤 6 完成的矩形为对象→按“Enter”键，选取 *E* 点为基点，移动到点 *D*→按“Enter”键，完成矩形移动	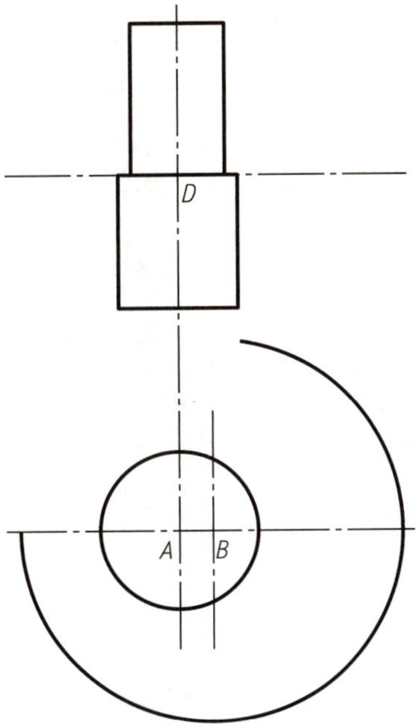
步骤 8	启用圆角命令：输入“Fillet”或“F”→按“Enter”键，输入“R”→按“Enter”键。 输入半径“24”→按“Enter”键，选取直线 1 和圆弧 2 为对象→按“Enter”键，完成 *R*24 连接圆弧的绘制	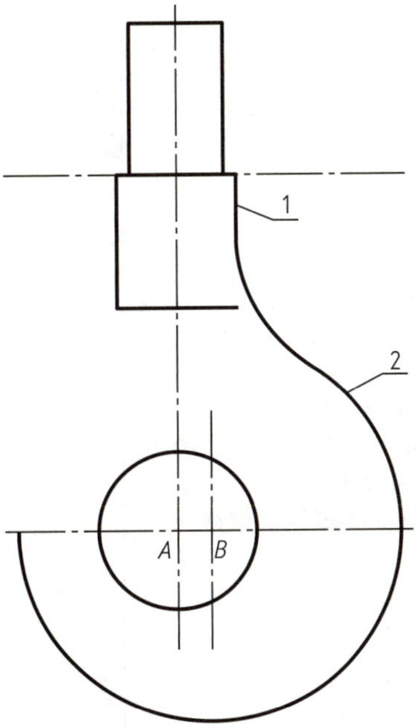

续表

步骤	操作过程	图解
步骤 9	启用圆角命令：输入“Fillet”或“F”→按“Enter”键，输入“R”→按“Enter”键。 输入半径“36”→按“Enter”键，选取直线 3 和圆 4 为对象→按“Enter”键，完成 *R*36 连接圆弧的绘制。 启用修剪命令：输入“TR”→修剪矩形下横线	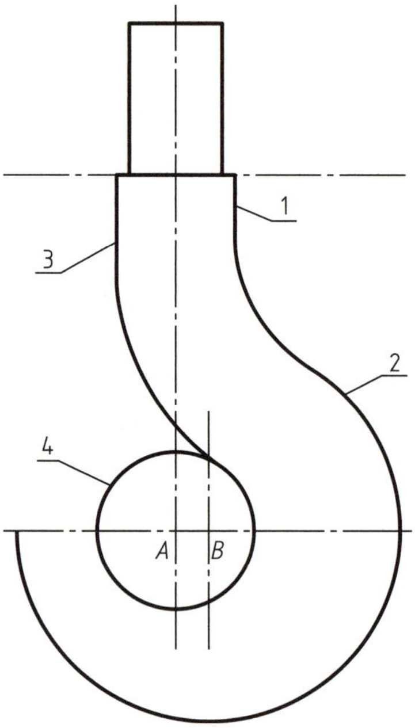
步骤 10	启用偏移命令：输入“Offset”或“O”→按“Enter”键。 输入偏移距离“14”→按“Enter”键，选取 *R*29 的圆弧为偏移对象，鼠标左移后单击，完成圆弧偏移	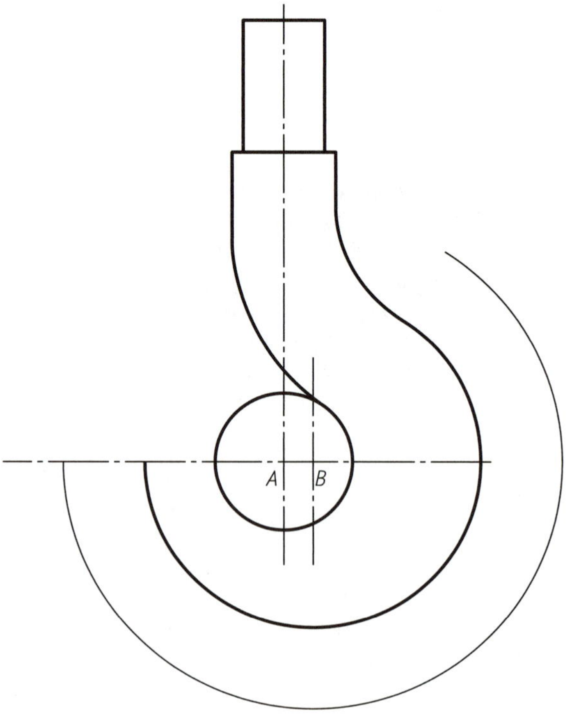

续表

步骤	操作过程	图解
步骤 11	启用圆命令：输入“Circle”或“C”→按“Enter”键。 捕捉圆心点 F→输入半径“14”→按“Enter”键，绘制一小圆	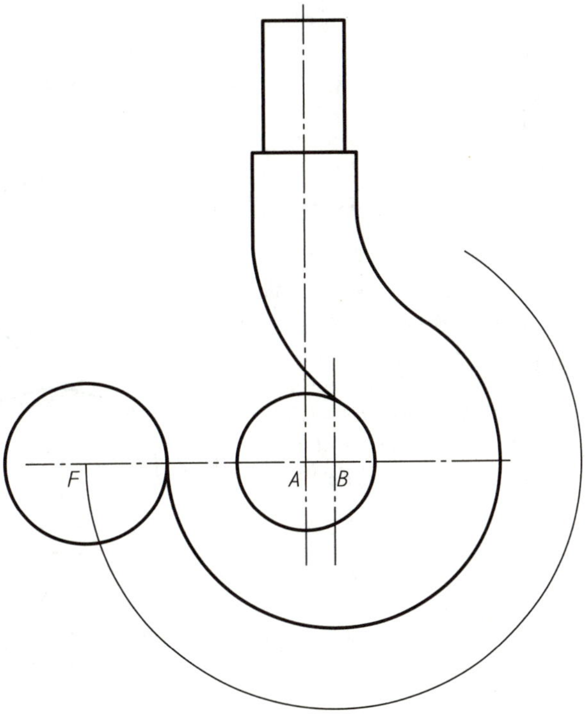
步骤 12	启用偏移命令：输入“Offset”或“O”→按“Enter”键。 输入偏移距离“9”→按“Enter”键，选取水平中心线为 AB 偏移对象，鼠标下移后单击，完成直线偏移。 按“Enter”键重复偏移命令。 输入偏移距离“24”→按“Enter”键，选取 $\phi24$ 的圆为偏移对象，鼠标左移后单击，完成圆的偏移。 启用圆命令：输入“Circle”或“C”→按“Enter”键。 捕捉圆心点 G→输入半径“24”→按“Enter”键，再绘制一圆	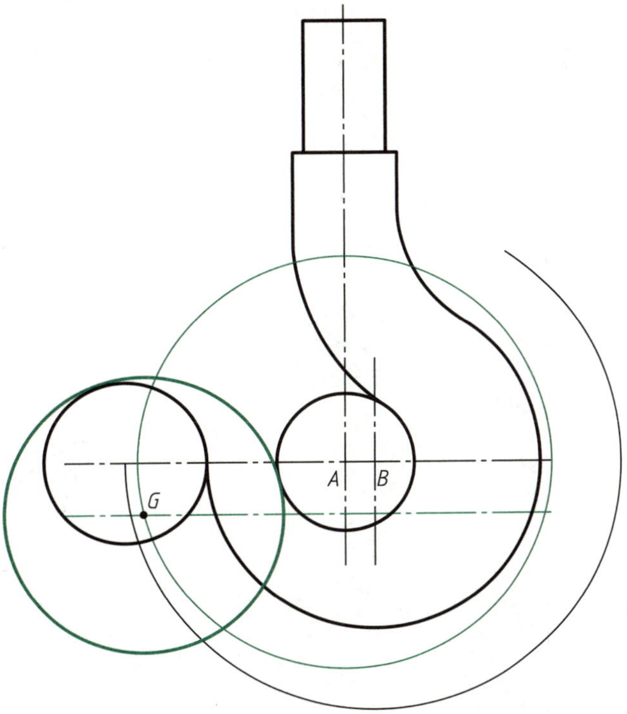

续表

步骤	操作过程	图解
步骤 13	启用圆角命令：输入“Fillet”或“F”→按“Enter”键，输入“R”→按“Enter”键。 输入半径“2”→按“Enter”键，选择 *R*14 圆和 *R*24 圆为对象→按“Enter”键，完成 *R*2 连接圆弧的绘制	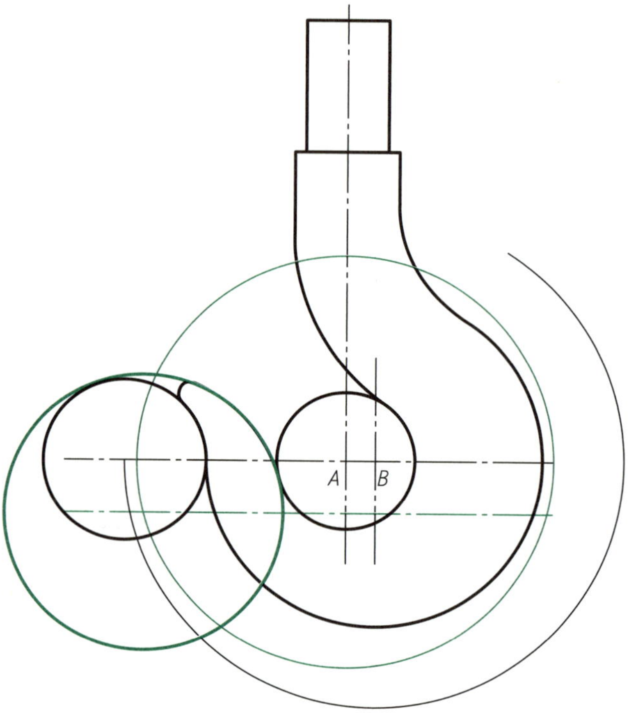 A B
步骤 14	启用修剪命令：输入“TR”→按“空格”键两次，选择要修剪对象，完成修剪	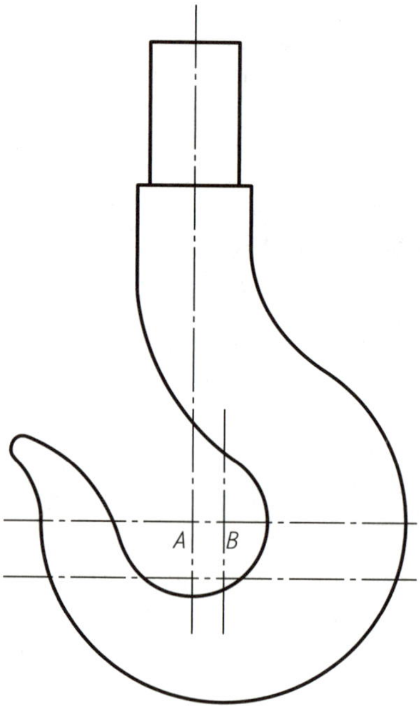 A B

续表

步骤	操作过程	图解
步骤 15	启用倒角命令：输入“Chamfer”或“Cha”→按“Enter”键。 输入“距离（D）”→按“Enter”键，输入倒角距离“2”→按“Enter”键，输入倒角第二边距离“2”→按“Enter”键，选择直线5、直线6，完成两直线倒角。 按“Enter”键重复倒角命令，选取直线6、直线7，完成两直线倒角	6 7 5 A B
步骤 16	启用直线命令：输入“Line”或“L”→按“Enter”键。 捕捉倒角处两点→按“Enter”键，完成吊钩平面图形的绘制	A B

任务3
绘制铁路标志平面图形

任务描述

绘制尺寸如图 2-3-1 所示的铁路标志平面图形。

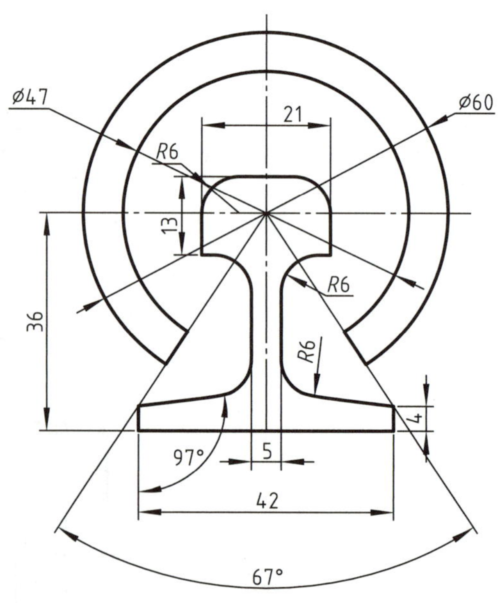

图 2-3-1　铁路标志平面图形的绘制

知识链接

2.3.1　图形显示控制

在使用 AutoCAD 绘制图形的过程中，经常要对当前图形进行缩放、移动、刷新和重生成等操作，有时还需要打开多个窗口，然后通过各个窗口观察图形的不同部分。使用图形显示控制工具，可以方便地在图形的整体和局部细节及不同图形之间切换，从而准确、高效地完成绘图。

1. 缩放命令（Zoom）

绘图时，有时需要放大图形，以便进行局部细节的观察；有时又需要缩小图形，

以便观察图形的整体效果。使用缩放命令可实现对图形的放大和缩小，缩放时图形的实际尺寸并没有改变，只是在界面上的视觉尺寸发生了变化。

（1）命令启用方法

方法 1　工具栏：“标准”工具栏→【缩放】按钮或“缩放”工具栏。

方法 2　菜单命令：【视图】→【缩放】。

方法 3　键盘命令：输入“Zoom”或“Z”→按“Enter”键。

（2）系统提示及操作说明

启用命令后，系统提示如下：

● 指定窗口的角点，输入比例因子（nX 或 mXP），或者［全部（A）/中心（C）/动态（D）/范围（E）/上一个（P）/比例（S）/窗口（W）/对象（O）］<实时>：按“Esc”键或“Enter”键退出，或单击鼠标右键显示快捷菜单

命令行中各选项的含义如下：

“全部（A）”：在绘图区显示全部图形，图形显示的尺寸由图形边界或图形范围中尺寸较大者决定。

“中心（C）”：该选项将以指定的点为中心，在绘图区显示图形，可对图形进行缩放。

● 指定中心点：指定一点或按“Enter”键保持当前的中心点不变

● 输入比例或高度< >：输入一个值或直接按“Enter”键

如果在“输入比例或高度”提示后输入的数值后面有“X”，表示输入的数值为放大倍率；如果提示后只输入数值，表示输入的数值为高度值。

“动态（D）”：缩放显示在用户设定的视图框中的图形，可以改变其大小，或使其在视图框中移动。可通过移动视图框或调整其大小，将其中的图像平移或缩放，以充满整个绘图窗口。运行动态命令后，在绘图窗口出现一个中心有“×”记号的矩形框，此为平移视图框，将其拖动到所需位置并单击，继而显示缩放视图框，位于矩形框中心的“×”记号将消失，而显示一个位于矩形框右边界的箭头标记“→”，此时拖动光标调整缩放视图框的大小，然后按“Enter”键进行缩放。

“范围（E）”：将所有图形最大限度地显示在绘图区。

“上一个（P）”：指上一个视图。可连续使用该命令，最多可恢复到此前的第 10 个视图。

“比例（S）”：以指定的比例因子缩放显示图形。

“窗口（W）”：通过指定绘图区的两个对角点，可以快速缩放图形中的某个矩形区域。

“对象（O）”：在缩放时尽可能大地显示一个或多个选定的对象，并使其位于绘图区的中心。

“实时”：通过向上或向下移动鼠标进行动态缩放。按住鼠标左键向上拖动，可以放大图形；向下拖动，则可缩小图形。此时，绘图窗口中的光标变成一个带“+”和“-”的放大镜形状。

2. 平移命令（Pan）

平移命令用于在绘图区中平移图形，以查看图形的各个部分。平移命令不改变当前视图的大小。

（1）命令启用方法

方法1　菜单命令：【视图】→【平移】。

方法2　键盘命令：输入“Pan”或“P”→按“Enter”键。

（2）操作步骤

步骤1　输入命令：输入“Pan”→按“Enter”键。

步骤2　按“Esc”键或“Enter”键退出，或单击鼠标右键显示快捷菜单。

步骤3　此时光标变为手形，按住鼠标左键可以拖动视图随光标向同一方向移动。

提示：按住鼠标滚轮并移动鼠标也可实时平移视图。

2.3.2　延伸对象

使用延伸命令可将指定对象延长到与选定的对象相交。

命令启用方法

方法1　菜单命令：【修改】→【延伸】。

方法2　工具栏：“修改”工具栏→【延伸】按钮。

方法3　键盘命令：输入“Extend”或“EX”→按“Enter”键。

其命令行各选项含义和命令执行过程与修剪命令相似，这里不再介绍。

任务实施

根据图2-3-1所示，绘制铁路标志平面图形，绘制过程见表2-3-1。

表2-3-1　铁路标志平面图形绘制过程

步骤	操作过程	图解
步骤1	启用圆命令：输入“Circle”或“C”→按“Enter”键。 捕捉圆心点 A→输入半径“30”→按“Enter”键。 按“Enter”键重复圆命令，捕捉圆心点 A→输入半径“23.5”→按“Enter”键，绘制两个同心圆	A

续表

步骤	操作过程	图解
步骤 2	启用延伸命令：输入“Extend”或“EX”→按“Enter”键。 选取 ϕ60 圆为对象→按“Enter”键，选取水平和竖直中心线→按“Enter”键，完成点画线的延伸	A
步骤 3	启用旋转命令；输入“Rotate”或“ro”→按“Enter”键。 选取竖直中心线 *AB* 为对象→按“Enter”键，选取点 *A* 为基点→输入“复制(C)”，输入角度“33. 5”→按“Enter”键。 同上方法，输入角度“−33. 5”，完成点画线 *AB* 的旋转	A B
步骤 4	启用修剪命令：输入“TR”→按“空格”键两次，选择要修剪对象，完成修剪	A B

续表

步骤	操作过程	图解
步骤 5	启用直线命令：输入“Line”或“L”→按“Enter”键。 捕捉圆心点 *B*，自动对象捕捉模式，输入 21→4→18. 5→25→8→13→10. 5→按“Enter”键，完成直线的绘制	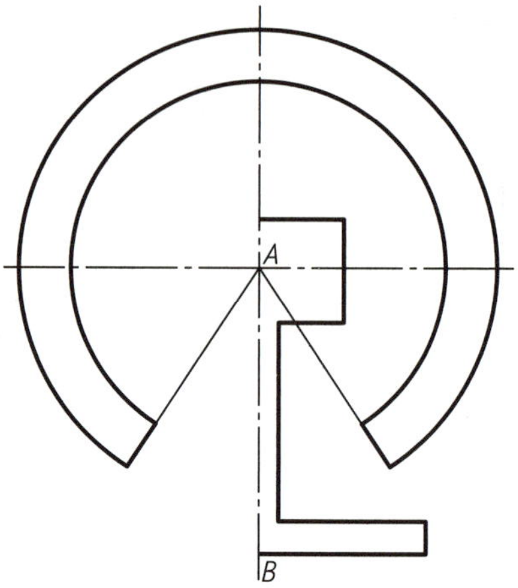 A B
步骤 6	启用圆角命令：输入“Fillet”或“F”→按“Enter”键，输入“R”→按“Enter”键。 输入半径“6”→按“Enter”键，选择步骤 5 完成直线为→按“Enter”键，完成 3 处 *R*6 圆角的绘制	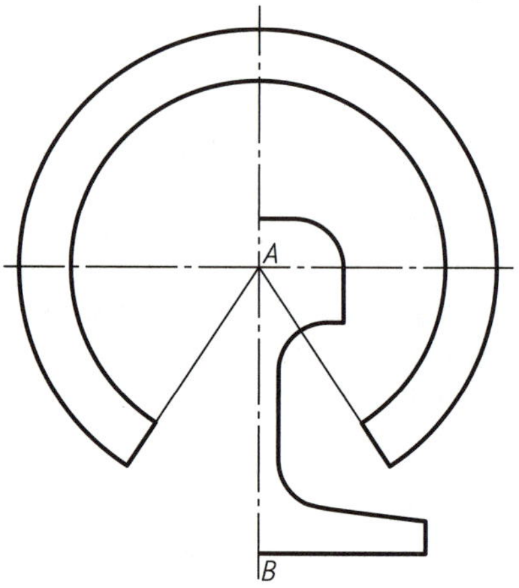 A B
步骤 7	启用镜像命令：输入“Mirror”或“MI”→按“Enter”键。 选取步骤 5、6 绘制直线→按“Enter”键，选择对称线 *AB*→按“Enter”键，完成铁路标志平面图形的绘制	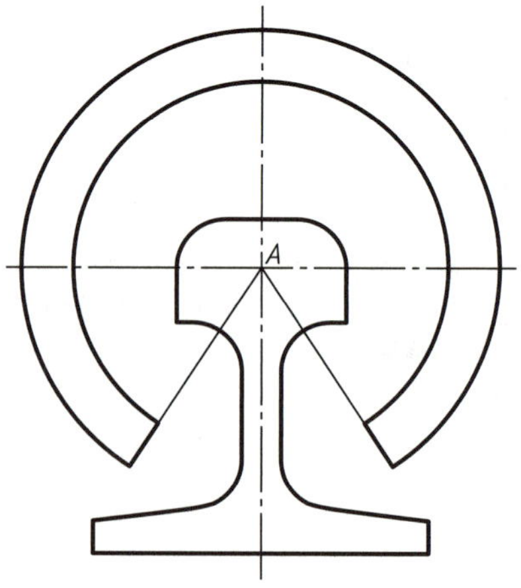 A

项目总结

本项目要求掌握绘制圆弧、圆角和倒角的方法，学会应用阵列、镜像、移动、延伸等修改命令提高绘图效率。熟练使用各种绘图和修改命令绘制较复杂的平面图形。能根据图形特点灵活应用各种方法，快速、高效地绘制图形。

知识拓展

从简单到复杂，对待每一个图形都应该抱着严谨的态度，经过认真分析再进行绘制，当遇到困难时，应当寻求团队合作、共同研讨。绘图如此，实际工作中更应积极探索，开拓进取。

我国自主建造的第一艘航空母舰——中国人民解放军海军山东舰（简称山东舰），集聚了无数人的智慧和汗水。山东舰由大连船舶重工集团有限公司建造，参研、参建、参试单位多达 500 余家。山东舰突破了船体结构、动力核心设备这两项限制我国航母事业发展的重大技术瓶颈，并在发电机组、综合电力系统、节能减排装置等船舶动力产品设计建造关键技术方面取得重要进展。山东舰的建成和入列意味着中国正式掌握了现代航母建造技术，标志着中国海军正式迎来国产航母时代。

项目 3

绘制轴测图

知识目标

- 了解轴测图的基本知识。
- 掌握轴测图的基本设置。
- 掌握轴测图绘制方法。

能力目标

- 能够读懂三视图，并根据图形的特点，选用合理轴测图类型，绘制轴测图。
- 能够根据投影图快速绘制轴测图。

素养目标

- 具备观察能力和表达能力。
- 分析投影图的特点，具备分析并解决问题的基本能力。
- 具备“精、细、准”绘图的工匠精神。

任务 1
轴测图基本设置与画法

任务描述

抄绘如图 3-1-1 所示的正等轴测图，不需要标注。

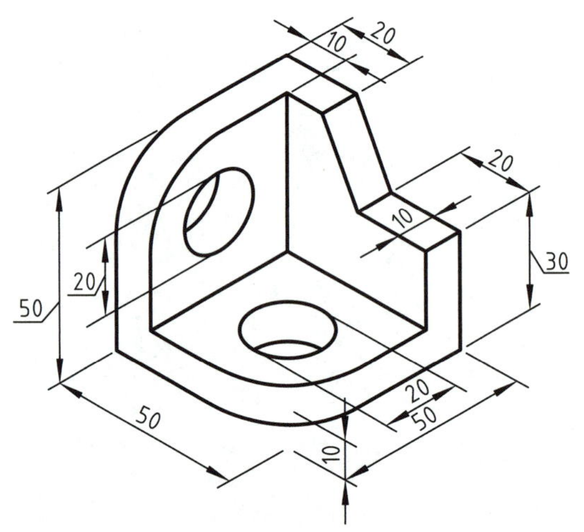

图 3-1-1 正等轴测图的绘制

知识链接

3.1.1 轴测图的基本知识

1. 轴测图的概念

将物体连同其参考直角坐标系，沿不平行于任一坐标平面的方向，用平行投影法将其投射在单一投影面上所得到的具有立体感的图形称为轴测图。

2. 轴测图的参数

画轴测图的两个主要参数分别是**轴间角**和**轴向伸缩系数**。

1）轴间角：两轴测轴之间的夹角（$\angle XOY$、$\angle XOZ$、$\angle YOZ$）称为轴间角。

2）轴向伸缩系数：轴测轴上的线段与坐标轴上对应线段长度的比值称为轴向伸缩系数。其中，用 p 表示 OX 轴的轴向伸缩系数，q 表示 OY 轴的轴向伸缩系数，r 表示

OZ 轴的轴向伸缩系数。

3. 轴测图的分类

根据投射方向与轴测投影面的相对位置，轴测图可分为**正轴测图**和**斜轴测图**两大类。

对于正轴测图和斜轴测图，按其轴向伸缩系数的不同可分为以下三种：

1）如 $p=q=r$，则称为正（或斜）等轴测图，简称正（或斜）等测。

2）如 $p=r\neq q$，则称为正（或斜）二轴测图，简称正（或斜）二测。

3）如 $p\neq q\neq r$，则称为正（或斜）三轴测图，简称正（或斜）三测。

在国家标准《机械制图》中，推荐采用正等测、正二测、斜二测三种轴测图。其中最常用的是**正等轴测图**和**斜二轴测图**。

4. 画轴测图的注意事项

（1）投影特性

画轴测图时，物体上与 *OX*、*OY*、*OZ* 三轴平行的线段的尺寸，都可以沿轴向直接量取。

（2）正等轴测图

轴间角都是 120°，即 $\angle XOY=\angle XOZ=\angle YOZ=120°$，如图 3-1-2（a）所示；其三个方向的轴向伸缩系数都是 1。

（3）斜二轴测图

轴间角分别为 $\angle XOZ=90°$，$\angle XOY=\angle YOZ=135°$，如图 3-1-2（b）所示；其 *OY* 轴的轴向伸缩系数取 0.5。

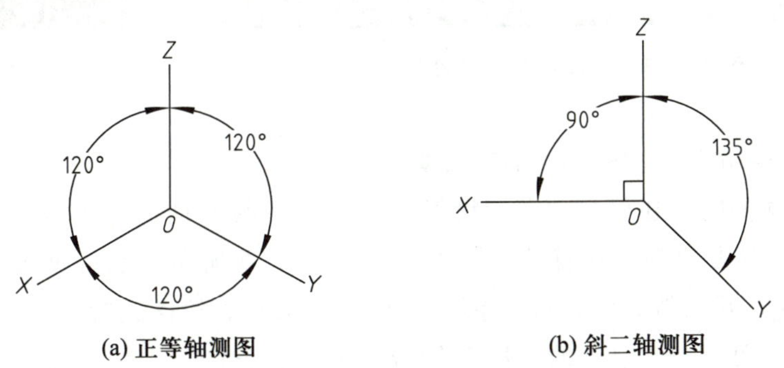

图 3-1-2　轴测图的轴间角

3.1.2　AutoCAD 绘制轴测图的基本设置

用 AutoCAD 绘制轴测图前要进行“极轴角”和“捕捉类型”等的基本设置。

1. 打开极轴追踪

单击状态栏上的【极轴追踪】按钮或按键盘“F10”功能键打开极轴追踪。

2. 绘制正等轴测图的“极轴角”设置

命令行中输入“SE”或“DS”→按“空格”键→单击“极轴追踪”选项卡，或者在状态栏上右击【极轴追踪】按钮→在弹出的右键菜单中用单击【正在追踪设置】，系统弹出如图 3-1-3 所示的“草图设置”对话框，在“极轴追踪”选项卡中将“增量角”设置为“30°”，将“对象捕捉追踪设置”设置为“用所有极轴角设置追踪”。还可以单击【极轴追踪】按钮边上的小三角形，选择 30, 60, 90, 120... 的增量角，如图 3-1-4 所示。

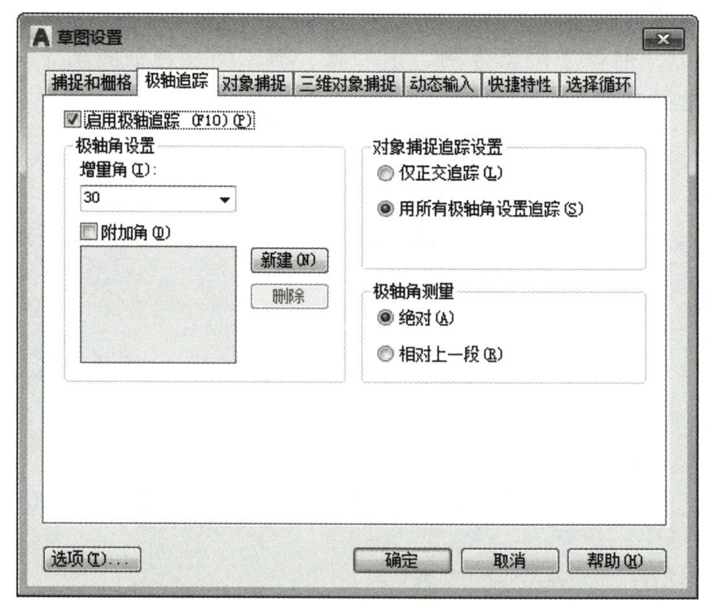

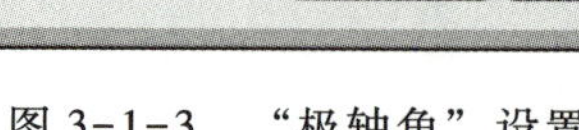

图 3-1-3　“极轴角”设置

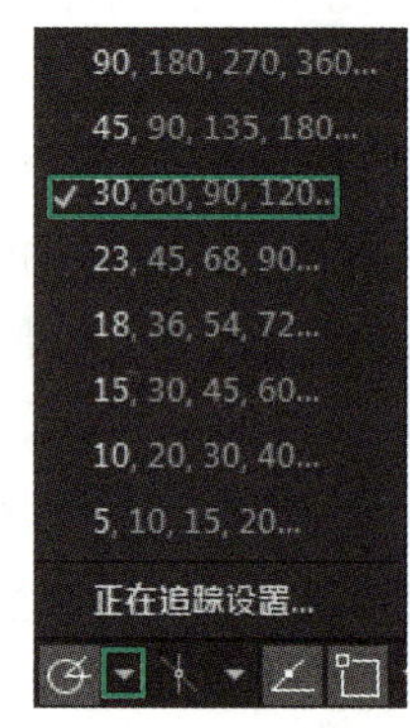

图 3-1-4　“增量角”设置

3. 绘制等轴测圆的“轴测平面”设置

绘制等轴测圆时，还要在“草图设置”对话框下的“捕捉和栅格”选项卡中，将“捕捉类型”设置为“等轴测捕捉”模式，如图 3-1-5 所示。也可直接单击【等轴测草图】按钮打开“等轴测捕捉”模式。设置完成后，绘图光标变成如图 3-1-6 所示的状态，此时可以按键盘上的“F5”键或单击“状态栏”上的【等轴测草图】按钮边上的小三角形切换“轴测平面”的状态，如图 3-1-7 所示。

将“捕捉类型”设置成“等轴测捕捉”模式后，执行椭圆命令时，命令行会多一个“等轴测圆（I）”选项，如图 3-1-8 所示，输入“I”后即可绘制等轴测圆，按“F5”键可以切换等轴测圆的状态。

4. 绘制斜二轴测图的设置

由于斜二轴测图的轴间角分别为 $\angle XOZ=90°$，$\angle XOY=\angle YOZ=135°$，因此绘制斜二轴测图时，需单击【极轴追踪】按钮边上的小三角形，选择 45, 90, 135, 180... 的增量角。

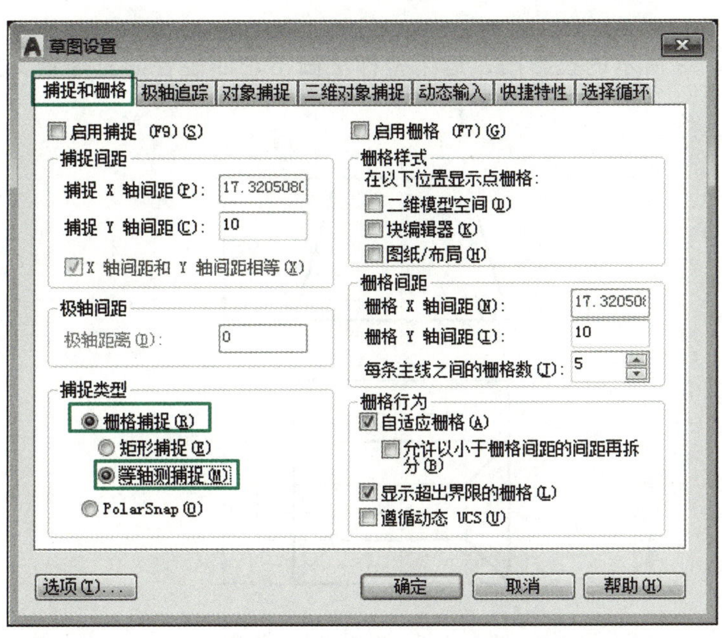

图 3-1-5　“捕捉类型”设置

图 3-1-6　“等轴测草图”光标状态　　　　图 3-1-7　“轴测平面”切换

图 3-1-8　“等轴测圆（Z）”选项

通常，两个方向上有圆时，宜采用正等轴测图的画法，一个方向上有圆时，宜采用斜二轴测图的画法。

3.1.3　轴测图的画法

根据物体的形状特点，画轴测图的方法分为坐标法、切割法和形体组合法三种。正等轴测图只要求画出可见轮廓线，不可见轮廓线一般不要求画出。

1. 坐标法

按坐标画出物体各顶点正等轴测图的方法称为坐标法，它是画平面立体的基本方法。

根据图 3-1-9 所示的投影图，运用坐标法画出正四棱台的正等轴测图，绘制过程见表 3-1-1。

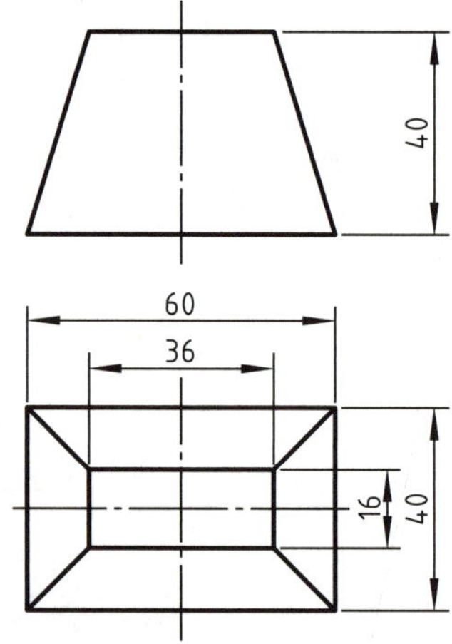

图 3-1-9　正四棱台投影图

表 3-1-1　运用坐标法画正等轴测图的绘制过程

步骤	操作过程	图解
步骤 1	单击【极轴追踪】按钮边上的小三角形，选择 30, 60, 90, 120... 的增量角	
步骤 2	启用直线（L）命令，通过 30° 极轴追踪绘制 60 × 40 的正等轴测矩形	
步骤 3	绘制正四棱台顶部正等轴测矩形定位辅助线	8 40 20 60 40
步骤 4	绘制正四棱台顶部正等轴测矩形	36 16

续表

步骤	操作过程	图解
步骤 5	将正四棱台底部与顶部正等轴测矩形 4 个角点分别连线	
步骤 6	删除中间定位辅助线，完成正四棱台正等轴测图的绘制	

2. 切割法

先将物体按完整时的形体画出，然后采用切割的方式分块画出其他部分。

根据图 3-1-10 所示的组合体投影图，运用切割法画出该组合体的正等轴测图，绘制过程见表 3-1-2。

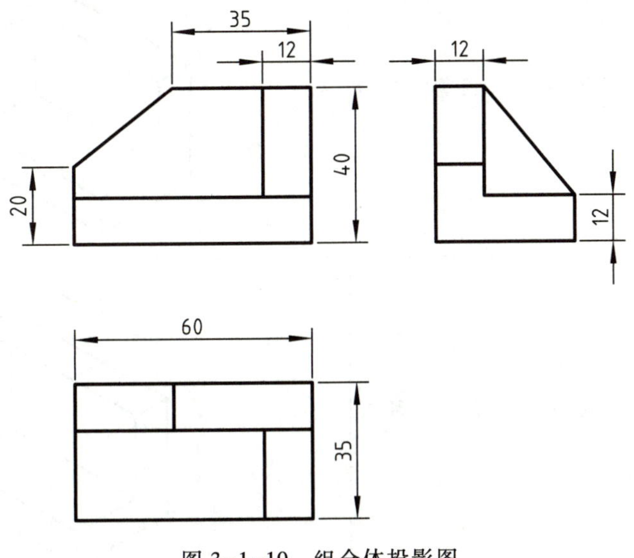

图 3-1-10　组合体投影图

表 3-1-2 运用切割法画正等轴测图的绘制过程

步骤	操作过程	图解
步骤 1	单击【极轴追踪】按钮边上的小三角形，选择✓ 30, 60, 90, 120...的增量角	
步骤 2	启用直线（L）命令，通过 30°极轴追踪绘制正等轴测长方体	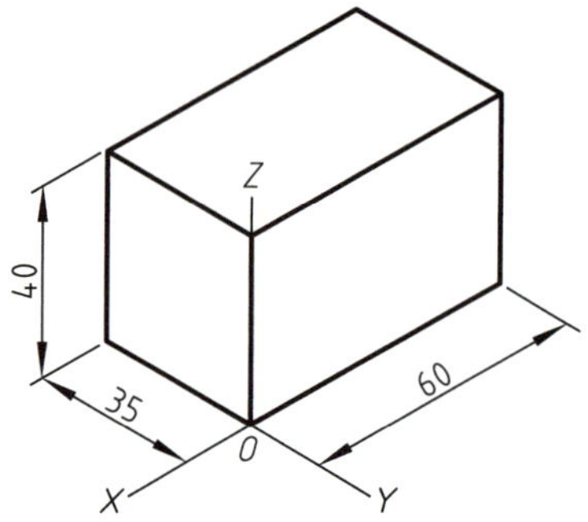 Z 40 35 60 X O Y
步骤 3	结合“极轴追踪”和“对象捕捉追踪”模式追踪绘制被切割的小长方体部分	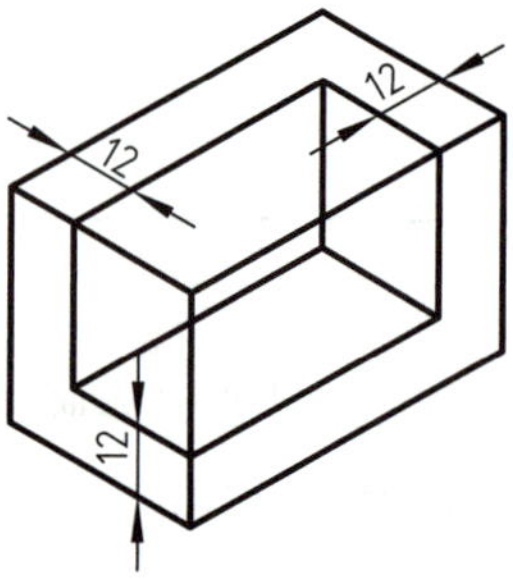 12 12 12
步骤 4	启用修剪（TR）命令，修剪多余的图线	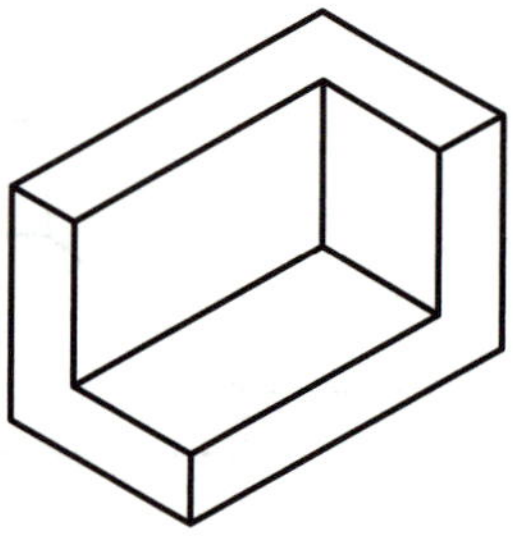
步骤 5	追踪绘制被切割两个角的 4 条直线段	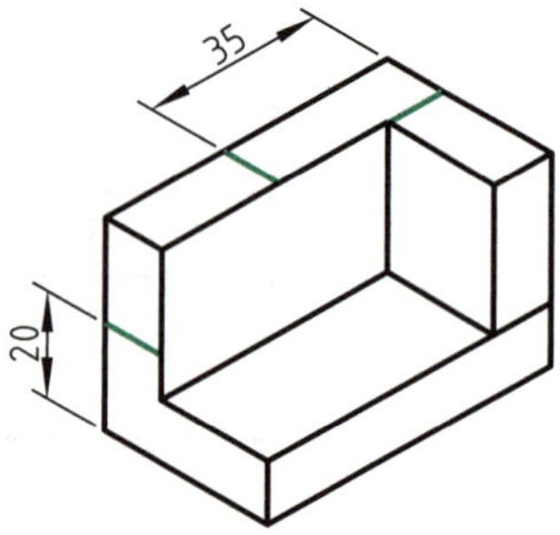 35 20

续表

步骤	操作过程	图解
步骤 6	将步骤 5 中的 4 条直线段分别连线	
步骤 7	修剪和删除多余的图线，完成组合体正等轴测图的绘制	

3. 形体组合法

按形体分析法，将物体分为几个基本形体，再按各基本形体的位置逐一叠加画出。

根据图 3-1-11 所示的组合体投影图，运用形体组合法画出该组合体的斜二轴测图，绘制过程见表 3-1-3。

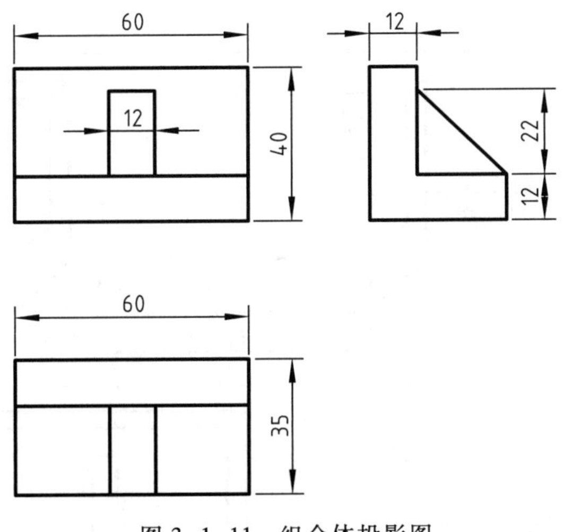

图 3-1-11　组合体投影图

表 3-1-3　运用形体组合法画斜二轴测图的绘制过程

步骤	操作过程	图解
步骤 1	单击【极轴追踪】按钮  边上的小三角形，选择 ✓ 45, 90, 135, 180... 的增量角	
步骤 2	启用直线（L）命令，通过 45° 极轴追踪绘制 L 形截面。 注意：绘制斜二轴测图时，*OY* 轴长度取原长度的 1/2	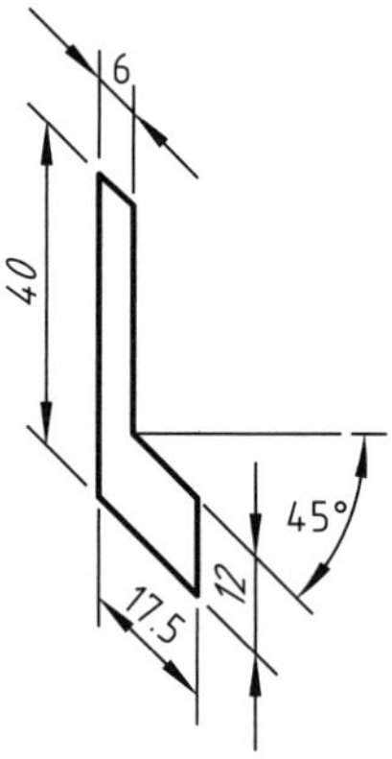 6 40 45° 12 17.5
步骤 3	追踪绘制一正面矩形	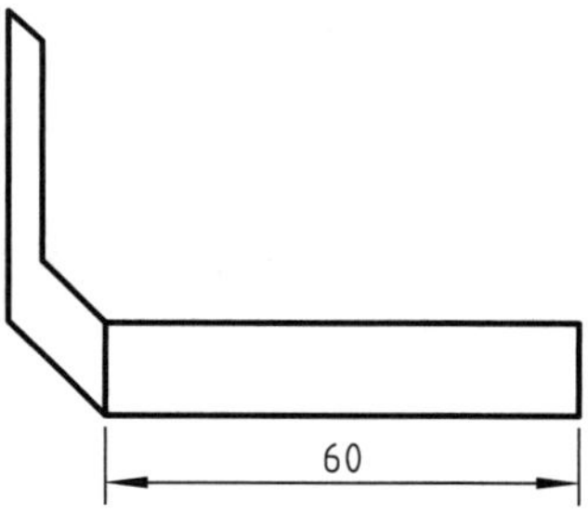 60
步骤 4	启用复制（CO）命令复制线段 1 和线段 2 到相应位置	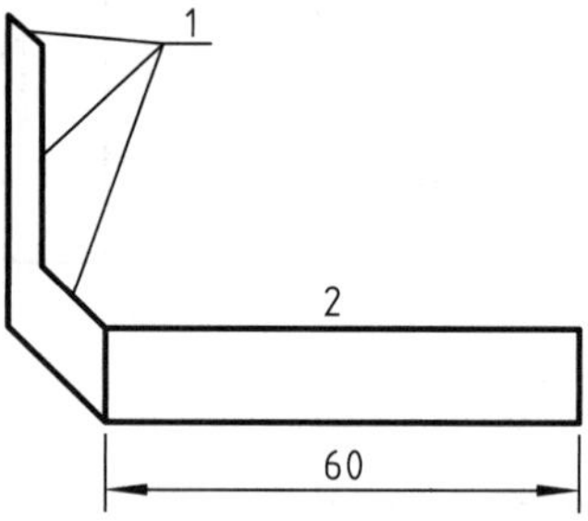 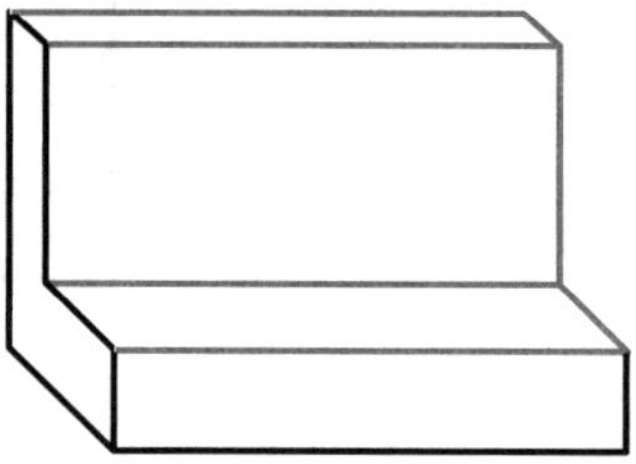 1 2 60
步骤 5	追踪绘制一三角形	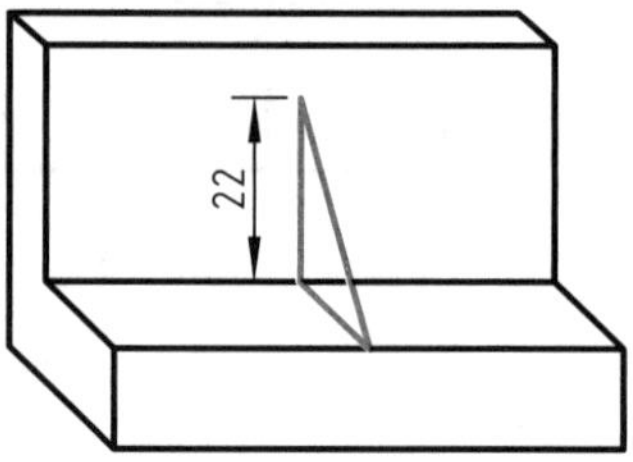 22

续表

步骤	操作过程	图解
步骤 6	启用移动（M）和复制（CO）命令，对步骤 5 绘制的三角形进行移动和复制处理，并补画一段连接直线	
步骤 7	修剪和删除多余的线段，完成组合体斜二轴测图的绘制	

任务实施

绘制图 3-1-1 所示的正等轴测图，绘制过程见表 3-1-4。

表 3-1-4　正等轴测图的绘制过程

步骤	操作过程	图解
步骤 1	单击【极轴追踪】按钮边上的小三角形，选择 ✓ 30, 60, 90, 120... 的增量角	
步骤 2	启用直线（L）命令，通过 30° 极轴追踪绘制 L 形截面	

续表

步骤	操作过程	图解
步骤 3	启用镜像(MI)命令将步骤 2 的 L 形截面镜像到右侧，再镜像到上方	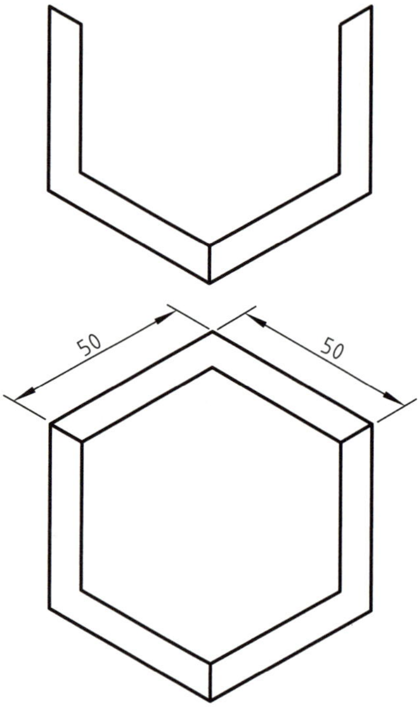 50 50
步骤 4	启用直线(L)命令，追踪绘制三条连接直线	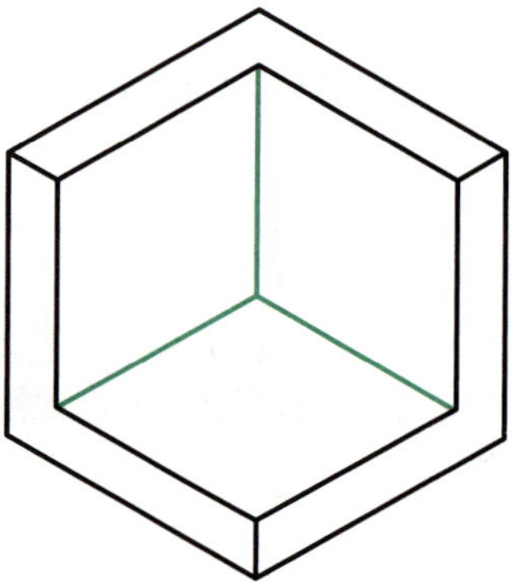
步骤 5	追踪绘制右侧的被切割部分	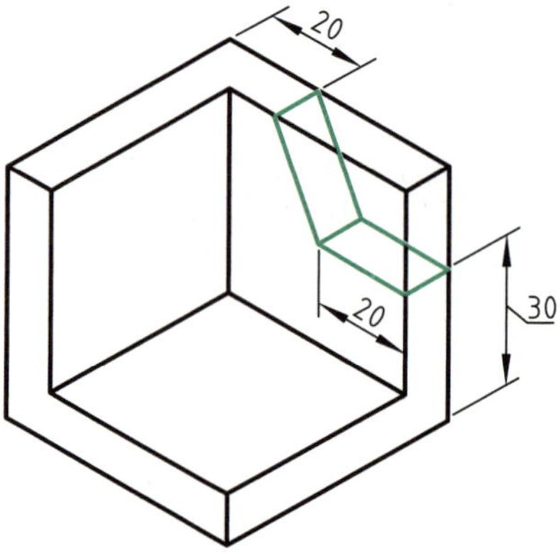 20 20 30

续表

步骤	操作过程	图解
步骤 6	修剪和删除多余的图线	
步骤 7	追踪绘制两条直线，确定正等轴测圆的定位中心	20 20
步骤 8	设置“等轴测捕捉”模式。方法如下： 命令行中输入“SE”→按“Enter”键→系统弹出“草图设置”对话框，单击“捕捉和栅格”选项卡，将“捕捉类型”设置为“等轴测捕捉”模式，或者单击【等轴测草图】按钮 打开相应的“等轴测捕捉”模式	
步骤 9	启用椭圆命令（EL），绘制两个正等轴测圆。过程如下： • 命令：输入“EL”→按“Enter”键 • 指定椭圆轴的端点或［圆弧(A)/中心点(C)/等轴测圆(I)］：输入“I”→按“空格”键，进入“等轴测圆”模式 • 指定等轴测圆的圆心：单击步骤 7 定位的交点作为椭圆的圆心，然后按“F5”键切换等轴测圆的方向 • 指定等轴测圆的半径或［直径(D)］：输入半径“20”或单击端点位置确定椭圆	

续表

步骤	操作过程	图解
步骤 10	修剪和删除多余的图线	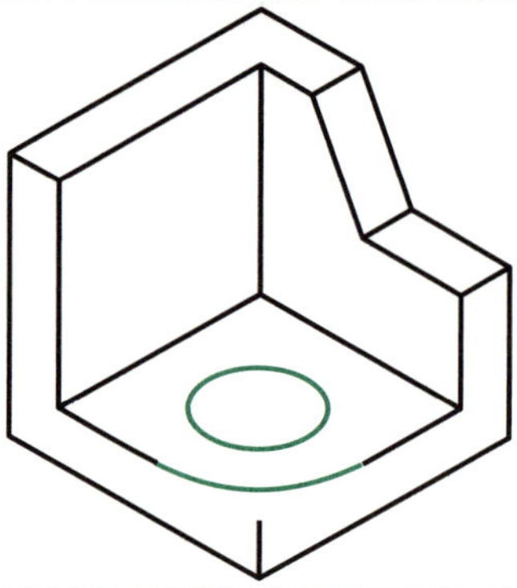
步骤 11	启用复制（CO）命令将步骤 10 所得的圆和圆弧向下复制	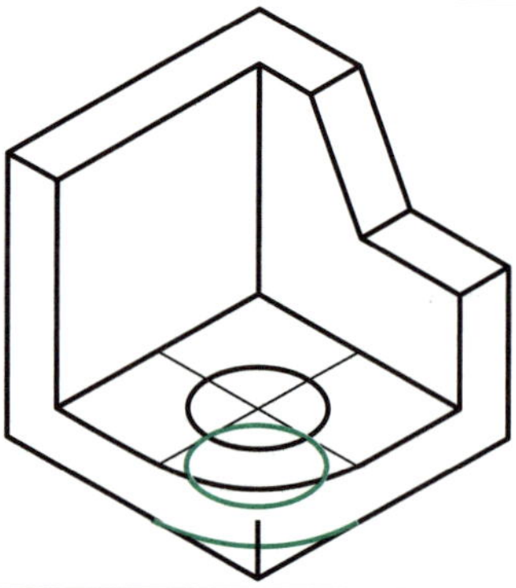
步骤 12	修剪和删除多余的图线	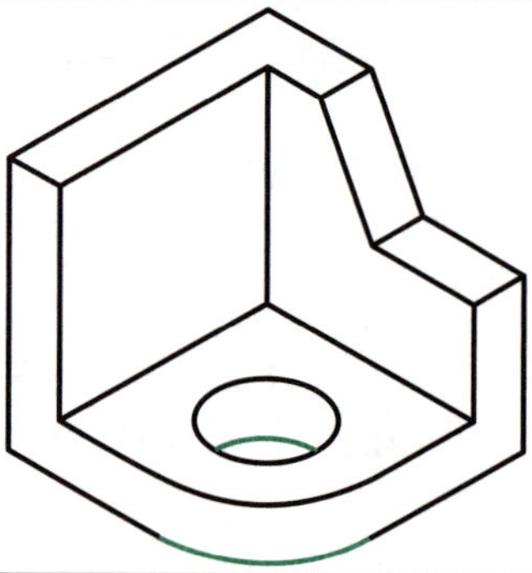
步骤 13	启用镜像（MI）命令，从右往左框选如图所示的圆和圆弧，镜像到左上角	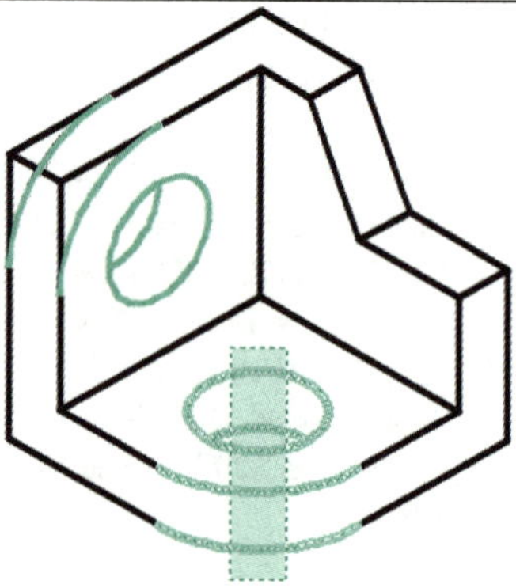

续表

步骤	操作过程	图解
步骤 14	修剪和删除多余的图线，完成正等轴测图的绘制	

任务2
根据组合体视图绘制正等轴测图

任务描述

根据图 3-2-1 所示的组合体视图，绘制其正等轴测图，不需要标注。

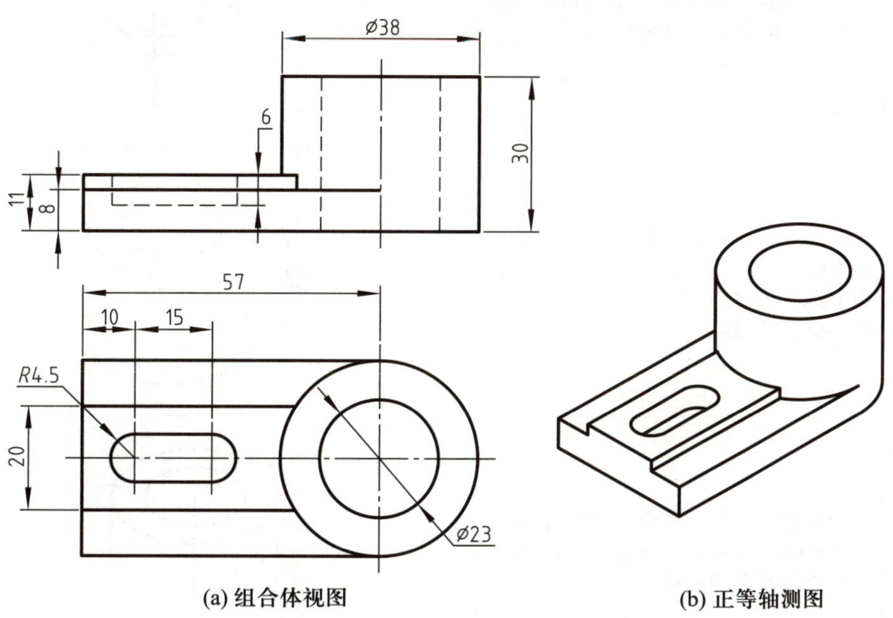

(a) 组合体视图　　(b) 正等轴测图

图 3-2-1　组合体视图及其正等轴测图

任务实施

绘制图 3-2-1 所示的正等轴测图，绘制过程见表 3-2-1。

表 3-2-1　正等轴测图的绘制过程

步骤	操作过程	图解
步骤 1	单击【极轴追踪】按钮边上的小三角形，选择 ✓ 30, 60, 90, 120... 的增量角	
步骤 2	设置“等轴测捕捉”模式。方法如下： 命令行中输入“SE”→按“Enter”键→系统弹出“草图设置”对话框，单击“捕捉和栅格”选项卡，将“捕捉类型”设置为“等轴测捕捉”模式，或者单击【等轴测草图】按钮打开相应的“等轴测捕捉”模式	
步骤 3	启用椭圆(EL)命令，绘制直径分别为 23 和 38 的正等轴测椭圆	
步骤 4	启用直线（L）命令，从椭圆中心向下绘制长度为 30 的直线；启用复制（CO）命令，将 ϕ38 椭圆向下复制到直线下端点	
步骤 5	启用直线（L）命令，连接上下椭圆的象限点；并启用修剪（TR）命令进行修剪多余的图线	

续表

步骤	操作过程	图解
步骤 6	启用直线（L）命令，捕捉图示直线的下端点，通过 30°极轴追踪到与椭圆的交点，单击确定直线的起点，并按尺寸，绘制长度为 57、38 和 11 的直线	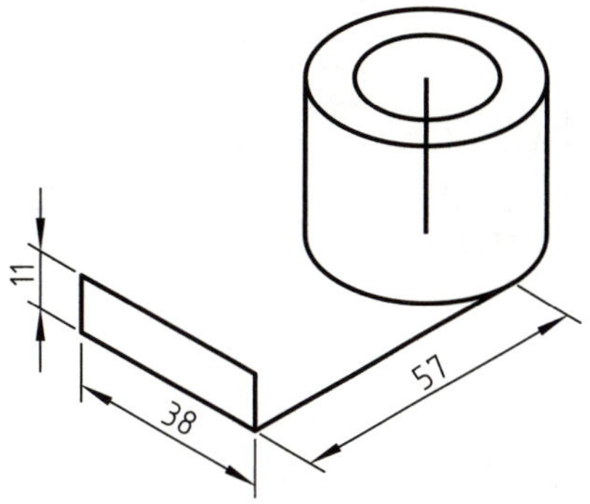
步骤 7	启用复制（CO）命令，将直线和椭圆弧 1 向上复制，并绘制直线 2	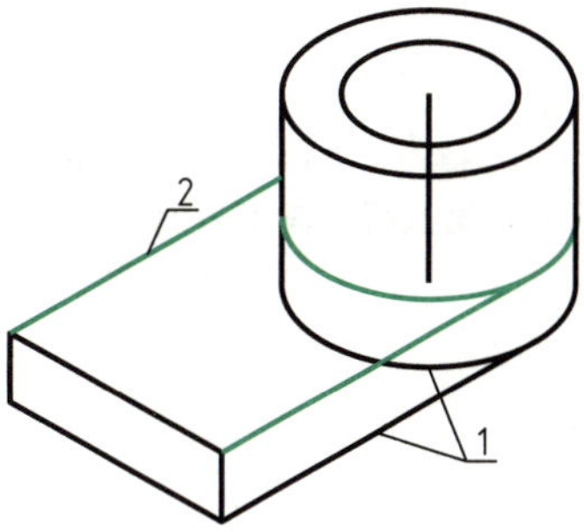
步骤 8	启用修剪（TR）命令修剪多余的图线	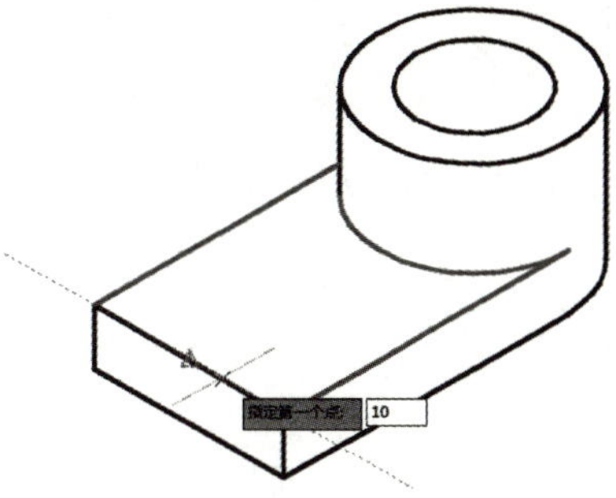
步骤 9	启用直线（L）命令，捕捉直线 3 中点向 30° 方向追踪，键盘输入“10”确定直线起点，输入 3→9，绘制一侧切口的侧面直线；同理绘制另一侧	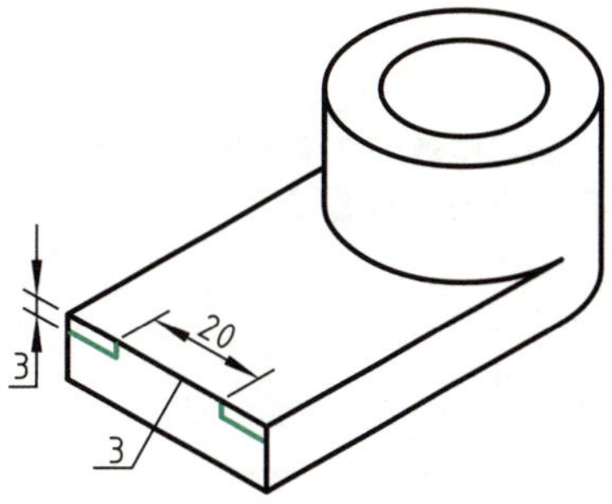

续表

步骤	操作过程	图解
步骤 10	启用直线（L）命令，绘制切口的两条直线	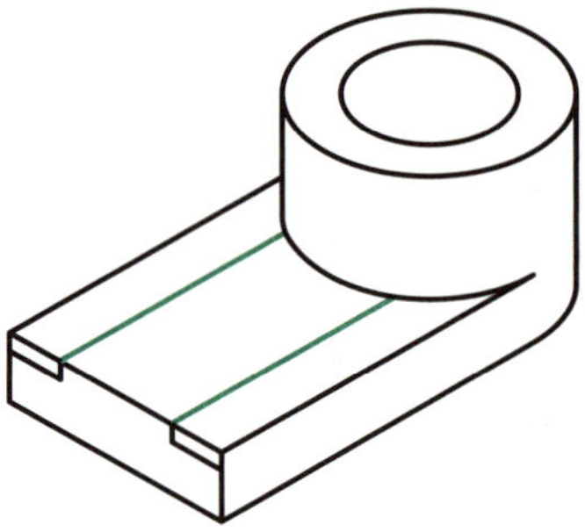
步骤 11	启用复制（CO）命令，选中图示直线和椭圆弧，向下复制（下移 3）	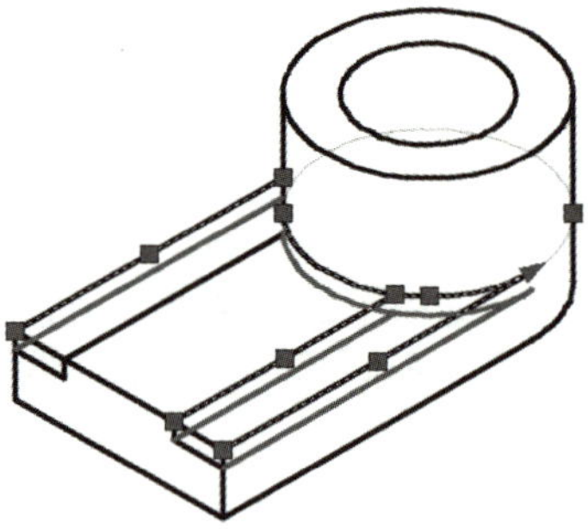
步骤 12	启用直线(L)命令，绘制直线 4	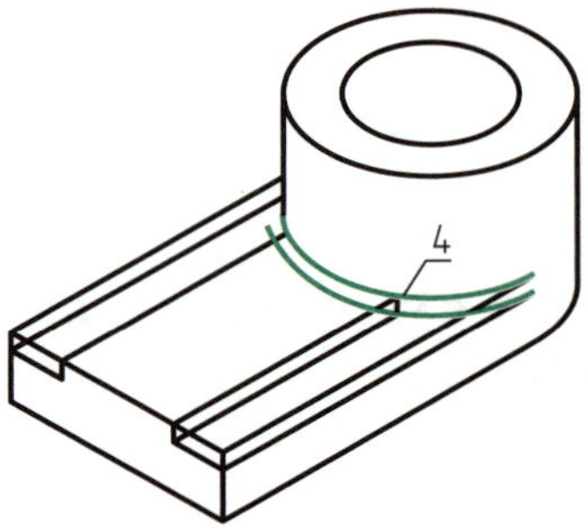 4
步骤 13	启用修剪(TR)和删除(E)命令，修剪掉直线 5 和椭圆弧 6	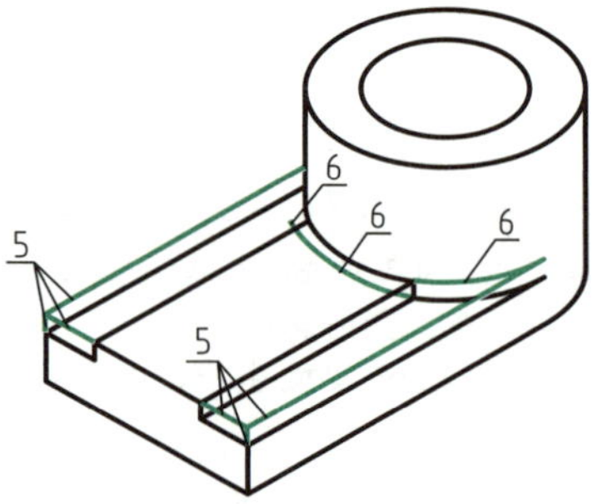 5 6 6 6 5

续表

步骤	操作过程	图解
步骤 14	启用延伸（EX）命令，将直线 7 向下延伸至与切口直线接触	
步骤 15	启用直线（L）命令，捕捉直线 3 中点向 30°方向极轴追踪，绘制距离为 10，长度为 15 的直线	
步骤 16	启用圆(C)命令，在直线 8 的两端点上绘制两个半径为 4.5 的正等轴测椭圆，并绘制两椭圆切线	
步骤 17	启用修剪(TR)和删除(E)命令去除多余的图线	

续表

步骤	操作过程	图解
步骤 18	启用复制（CO）命令，选中直线和椭圆弧 9，向下复制（下移 6）	
步骤 19	启用修剪（TR）命令进行修剪，完成组合体正等轴测图的绘制	

项目总结

本项目以实例为导向，引导学习和了解轴测图的基本知识，掌握轴测图的基本设置和绘制方法。培养能够读懂三视图，并根据图形的特点，合理选用轴测图类型，绘制轴测图的能力，即能够根据投影图快速绘制轴测图。通过项目内容、小组合作、实操训练等环节，培养自身观察能力和表达能力；通过分析投影图的特点，培养分析并解决问题的基本能力；培养“精、细、准”绘图的工匠精神。

项目 4
绘制三视图

知识目标

- 掌握绘制三视图的基本方法。
- 掌握组合体三视图的尺寸标注方法。

能力目标

- 能够高效读懂图形并快速确定绘图思路。
- 能够熟练绘制三视图并进行合理的尺寸标注。

素养目标

- 具备发现问题、分析问题、解决问题的基本能力。
- 具备学习过程中的团队协作能力。
- 具备“精、细、准”绘图的工匠精神。

任务1
绘制叠加型组合体三视图

任务描述

绘制图 4-1-1 所示叠加型组合体的三视图，并对其进行合理的尺寸标注。

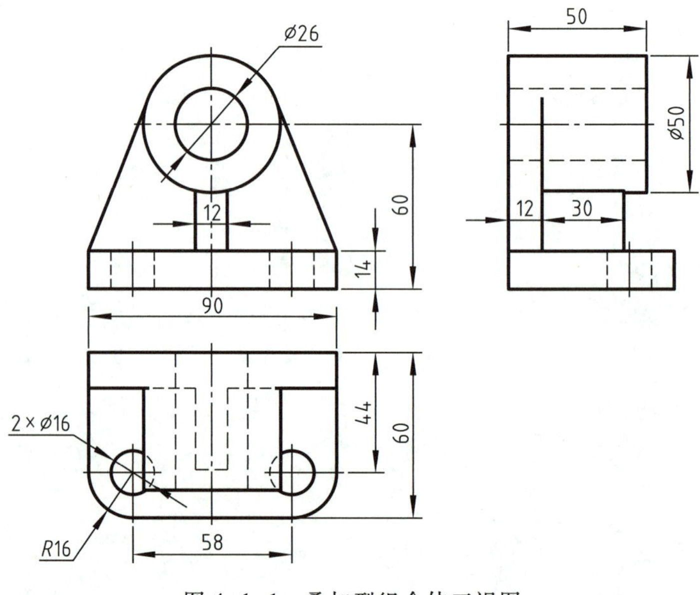

图 4-1-1　叠加型组合体三视图

知识链接

4.1.1　组合体的组合形式

组合体的组合形式通常分为叠加型、切割型和综合型三种。本任务将介绍叠加型组合体三视图的绘制步骤及其标注方法。

4.1.2　绘图先定位的原则

为了高效地绘制组合体三视图，应遵循绘图先定位的原则，即绘图前，应巧用 CAD 绘图命令绘制合理的定位中心线，并做到几个视图兼顾绘制。

任务实施

1. 绘制叠加型组合体三视图

绘制如图 4-1-1 所示的叠加型组合体三视图，绘图过程见表 4-1-1。

表 4-1-1　叠加型组合体三视图的绘图过程

步骤	操作过程	图解
步骤 1	创建图层 启用图层（LA）命令，创建并设置符合标准的图层，创建完成后，双击“中心线”图层或者选中“中心线”图层后单击，将该图层置为当前使用的图层	状态 名称 开 冻结 锁定 颜色 线型 线宽 透明度 打印 新视口冻结 说明 0 白 Continuous 默认 0 Defpoints 白 Continuous 默认 0 标注 绿 Continuous 默认 0 粗实线 白 Continuous 0.50... 0 剖面线 蓝 Continuous 默认 0 双点画线 黄 DIVIDE 默认 0 细实线 洋红 Continuous 默认 0 虚线 黄 HIDDEN 默认 0 中心线 红 CENTER 默认 0
步骤 2	绘制定位中心线 启用直线（L）命令绘制主视图圆筒的 25 和 50 的定位中心线	25 50
	用“夹点编辑”的方法，将尺寸为 25 的中心线向下加长 60，再绘制其他定位线	50 60 90 60 60

续表

步骤	操作过程	图解
步骤 3	绘制底板的三面投影 将图层切换成“粗实线”图层，启用直线（L）或矩形（REC）命令，结合“对象捕捉追踪”模式绘制底板在三个视图上的投影。 启用圆角（R）命令对底板俯视图进行倒圆角处理，圆角半径为 16	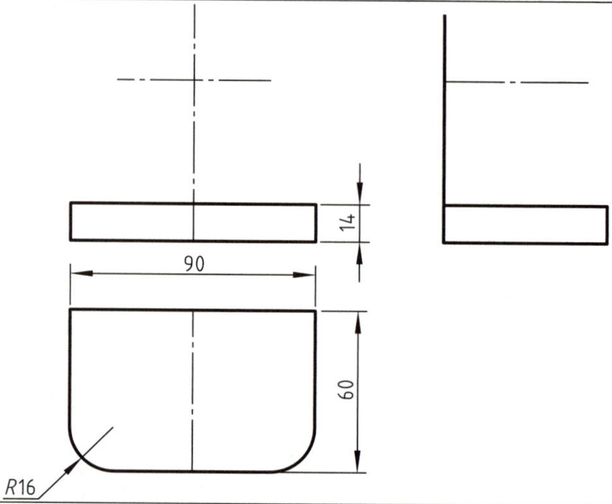 14 90 60 *R*16
步骤 4	绘制底板两个 ϕ16 圆孔在俯视图上的投影 启用圆（C）命令绘制与圆角 *R*16 同心且直径为 16 的两个圆孔，同时可以确定其位置	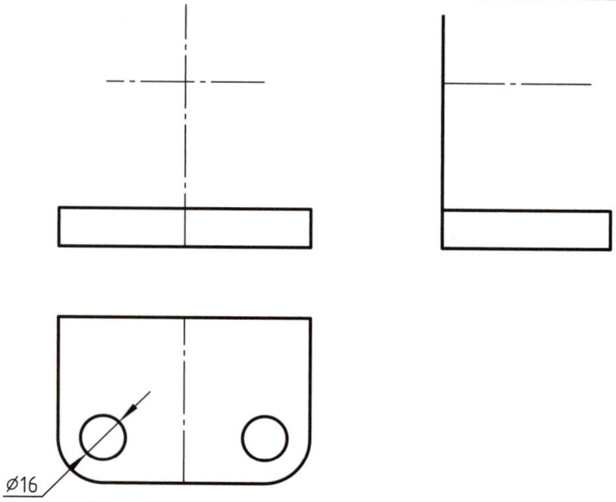 ⌀16
步骤 5	绘制底板两个 ϕ16 圆孔在主、左视图上的投影 启用直线（L）命令和“对象捕捉追踪”模式，结合镜像（MI）和复制（CO）等命令，绘制两个 ϕ16 圆孔的中心线及其在主、左视图上的投影，并将图线指定到相应的图层	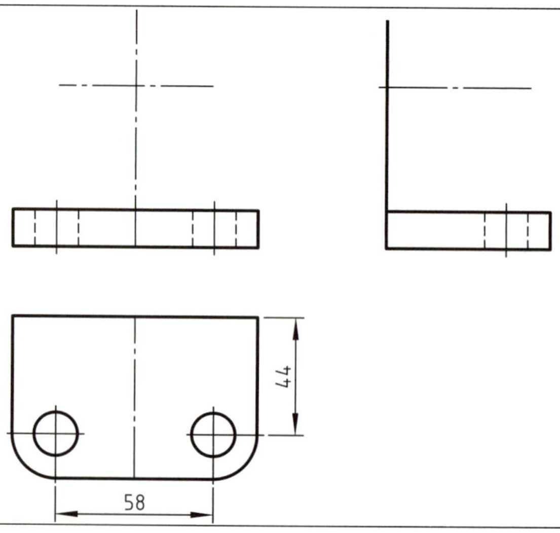 44 58

续表

步骤	操作过程	图解
步骤 6	绘制圆筒的三面投影 先启用圆(C)命令绘制主视图直径为 50 和 26 的两个圆，再启用直线(L)命令，结合“对象捕捉追踪”模式绘制圆筒在俯、左视图上的投影，并将俯视图中被圆筒遮挡部分的图线改为“虚线”图层	Ø26 50 Ø50 对被圆筒遮挡部分的图线改为“虚线”图层
步骤 7	绘制支承板的三面投影 启用直线（L）命令绘制支承板与圆筒相切的轮廓线，再利用“长对正、高平齐、宽相等”的原则，通过“对象捕捉追踪”模式绘制支承板另两面投影。 此处要注意可见与不可见的处理细节	12 对被圆筒遮挡部分的图线改为“虚线”图层 注意此处可见、不可见的处理细节
步骤 8	绘制肋板的三面投影 启用直线(L)命令和“对象捕捉追踪”模式，先绘制主视图中肋板宽度为 12 的投影，再利用“长对正、高平齐、宽相等”的原则，绘制俯、左视图中的投影，并将俯视图中间的线段做修剪处理，并将相应的不可见图线改为“虚线”图层	12 30 注意此处做修剪处理

续表

步骤	操作过程	图解
步骤 9	对中心线进行拉长处理 启用拉长（LEN）命令中的“增量（DE）”选项，对中心线做超出轮廓线 2～3mm 处理，完成叠加型组合体三视图的绘制	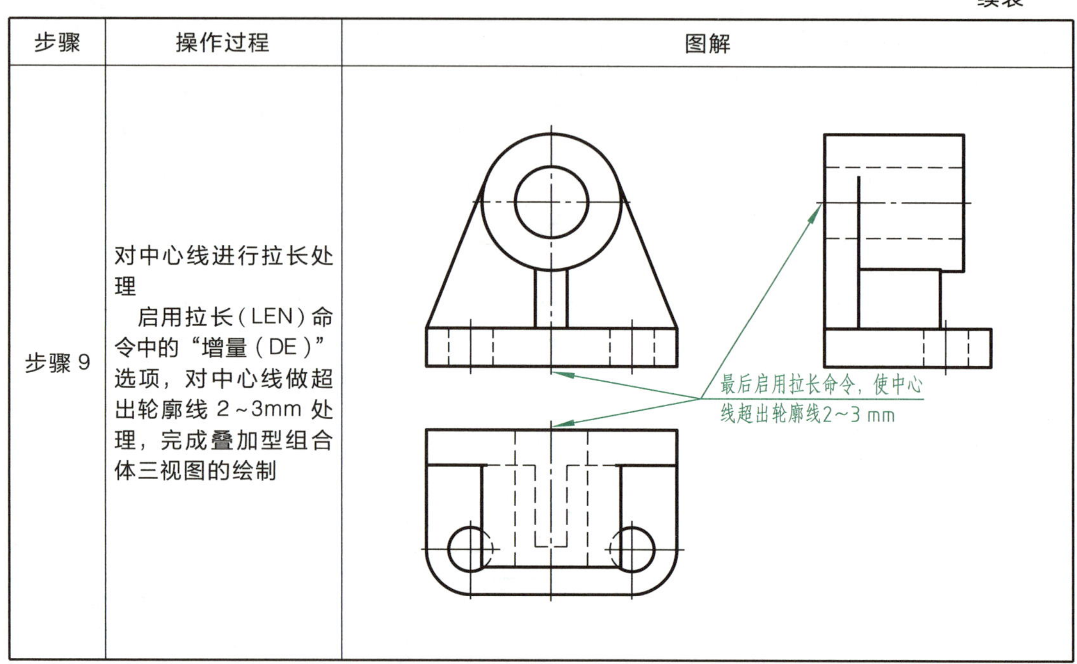

2. 标注叠加型组合体三视图

标注如图 4-1-1 所示的叠加型组合体三视图，尺寸标注过程见表 4-1-2。

表 4-1-2 叠加型组合体三视图的尺寸标注过程

步骤	操作过程	图解
步骤 1	合理布局三视图 启用移动（M）命令，将三视图进行合理的布局，以便于标注尺寸	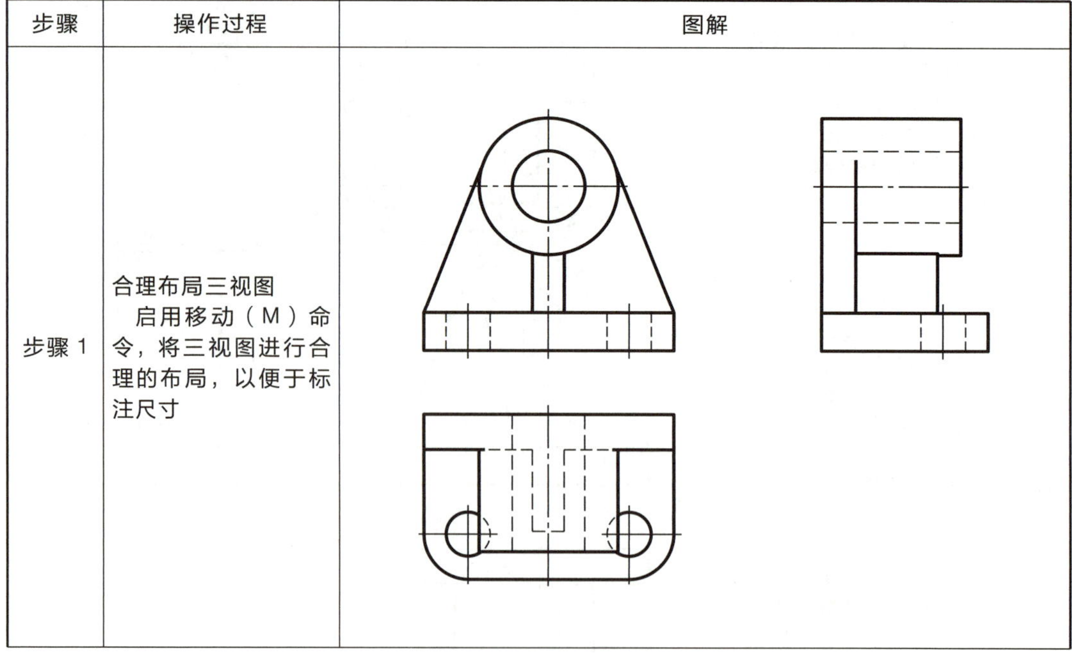

续表

步骤	操作过程	图解
步骤 2	合理设置标注样式 启用标注样式(D)命令，设置合理的标注样式。 合理标注底板的尺寸 启用线性（DLI）、半径（DRA）和直径（DDI）命令，标注底板的定形尺寸 90、60、14，以及底板两个圆孔的定位尺寸 58、44 和定形尺寸 R16、2×ϕ16	14 90 44 60 2×Ø16 R16 58
步骤 3	合理标注圆筒的尺寸 启用线性（DLI）和直径（DDI）命令，合理地标注圆筒的定位和定形尺寸	Ø26 50 Ø50 60 14 90 44 60 2×Ø16 R16 58

续表

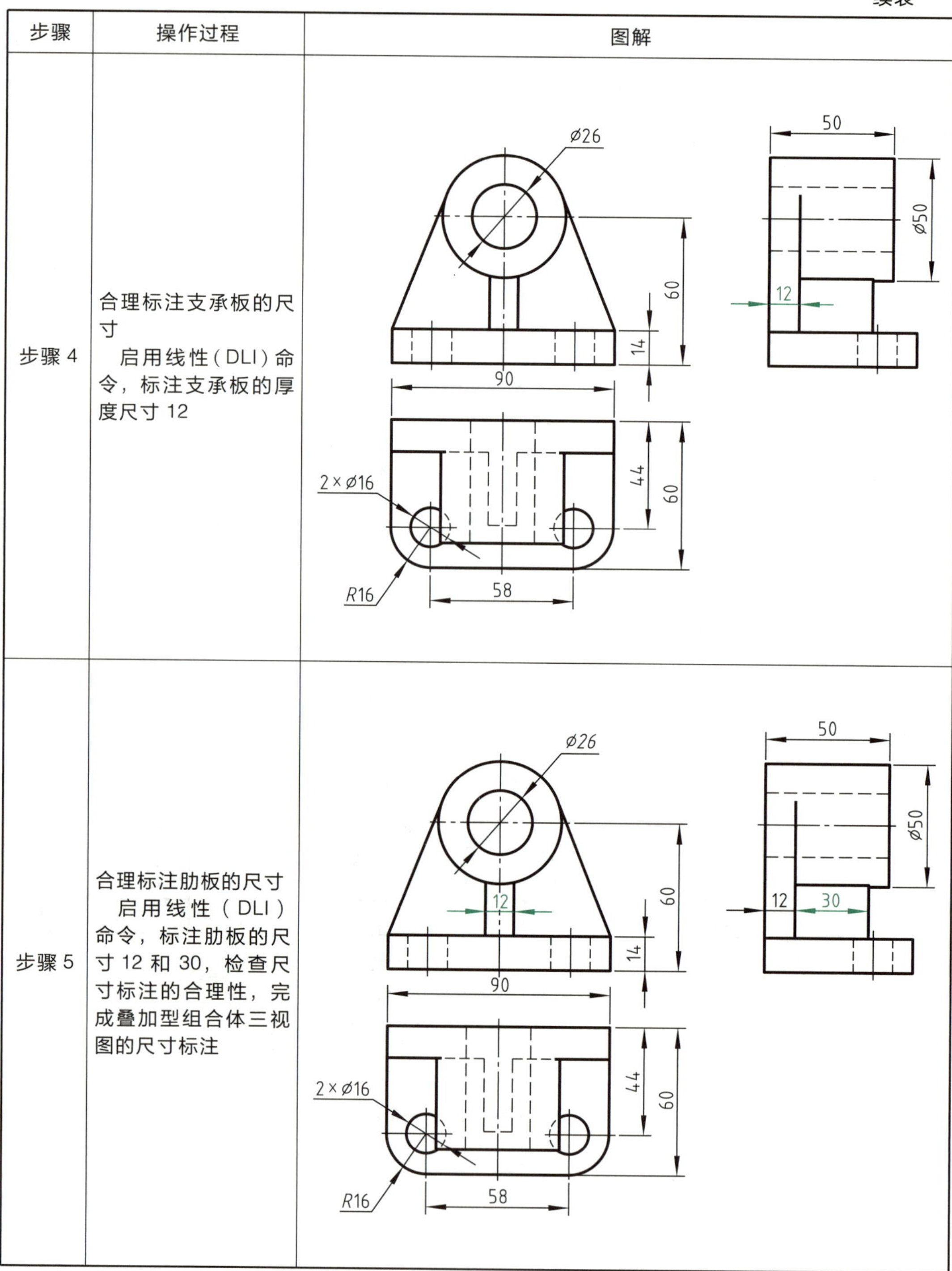

步骤	操作过程	图解
步骤 4	合理标注支承板的尺寸 启用线性（DLI）命令，标注支承板的厚度尺寸 12	
步骤 5	合理标注肋板的尺寸 启用线性（DLI）命令，标注肋板的尺寸 12 和 30，检查尺寸标注的合理性，完成叠加型组合体三视图的尺寸标注	

任务2
绘制切割型组合体三视图

任务描述

绘制如图 4-2-1 所示切割型组合体的三视图，并对其进行合理的尺寸标注。

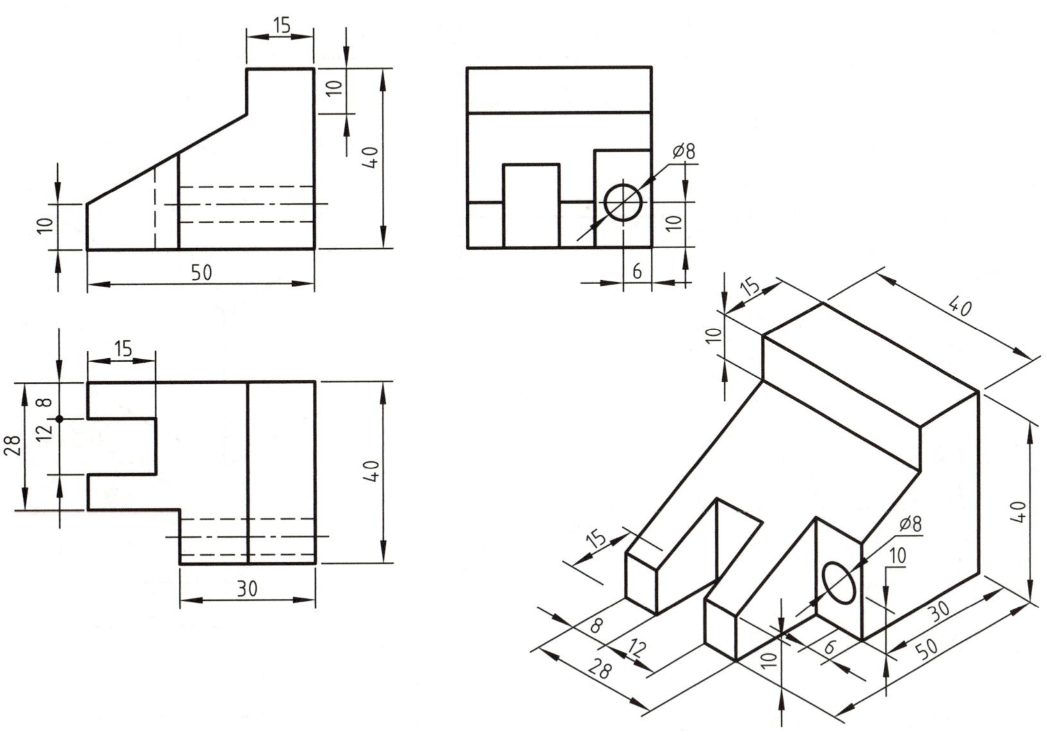

图 4-2-1　切割型组合体三视图

本任务将介绍切割型组合体三视图的绘制步骤及其尺寸标注方法，为提升制图能力、空间想象能力和逻辑清晰的绘图能力，本任务将采用“**轴测图与三视图同步绘制**”的思路展开介绍，这里的轴测图需要根据项目三所学的方法自行绘制。

任务实施

1. 绘制切割型组合体三视图

绘制如图 4-2-1 所示的切割型组合体三视图，绘图过程见表 4-2-1。

表 4-2-1　切割型组合体三视图的绘图过程

步骤	操作过程	图解
步骤 1	切换图层 将图层切换为“粗实线”图层	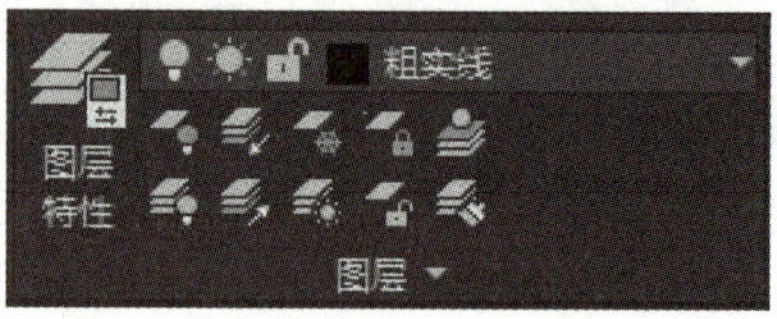 粗实线 图层特性 图层
步骤 2	绘制长方体的三面投影 启用矩形（REC）命令，结合“对象捕捉追踪”模式绘制长方体的三面投影	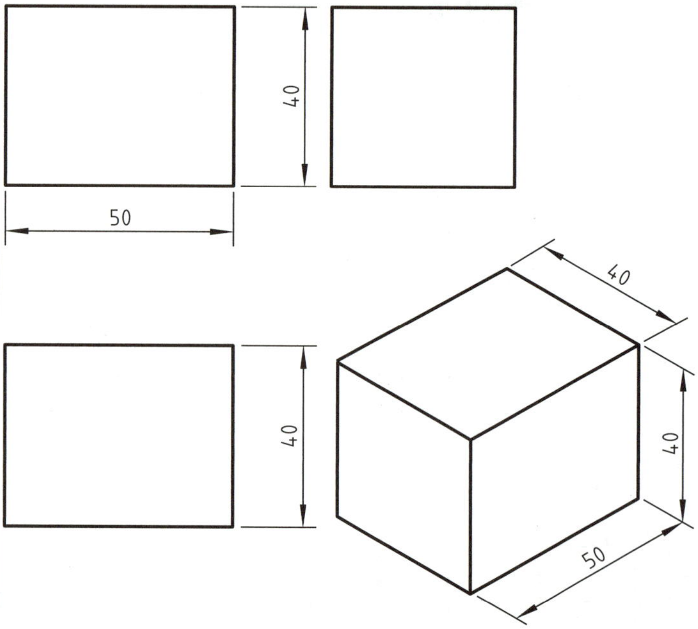 40　50　40　40　40　50
步骤 3	绘制左上角切口的三面投影 启用直线(L)命令，结合“对象捕捉追踪”模式绘制组合体左上角切口在主视图上的投影，再根据投影规律绘制其在俯、左视图上的投影	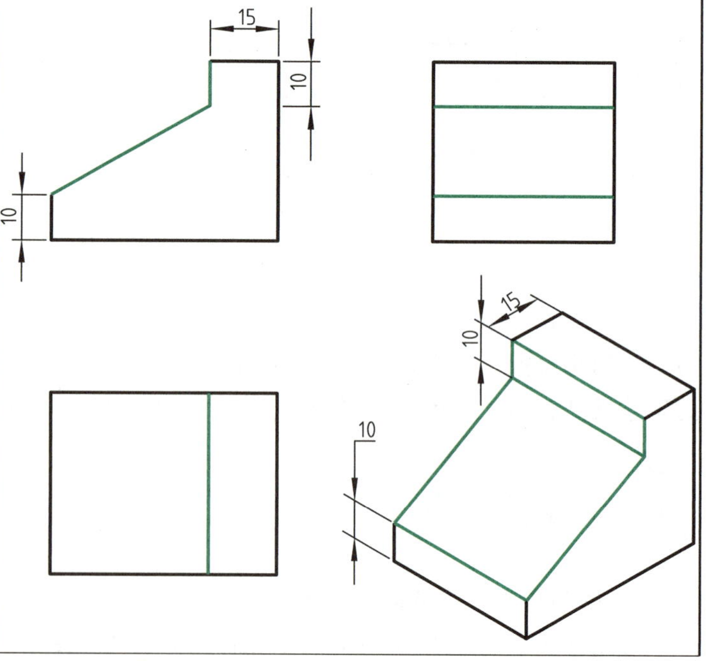 15　10　10　15　10　10

续表

步骤	操作过程	图解
步骤 4	绘制左后方切口的三面投影 启用直线（L）命令，结合“对象捕捉追踪”模式绘制左后方切口在俯视图上的投影，再根据投影规律绘制其在主、左视图上的投影	
步骤 5	绘制左前方切口的三面投影 启用直线(L)命令，结合“对象捕捉追踪”模式，绘制左前方切口在俯视图上的投影，再根据投影规律绘制其在主、左视图上的投影	

续表

步骤	操作过程	图解
步骤 6	绘制圆孔的三面投影 通过直角坐标输入方式，确定圆的中心，启用圆(C)命令绘制直径为 8 的圆，再启用直线（L）命令，绘制中心线并修改其图层为“中心线”图层；再根据投影规律绘制圆孔在主视图上的投影并修改图层为“虚线”图层，最后启用复制（CO）命令将主视图上圆孔投影线复制到俯视图中正确的位置，完成切割型组合体三视图及轴测图的绘制	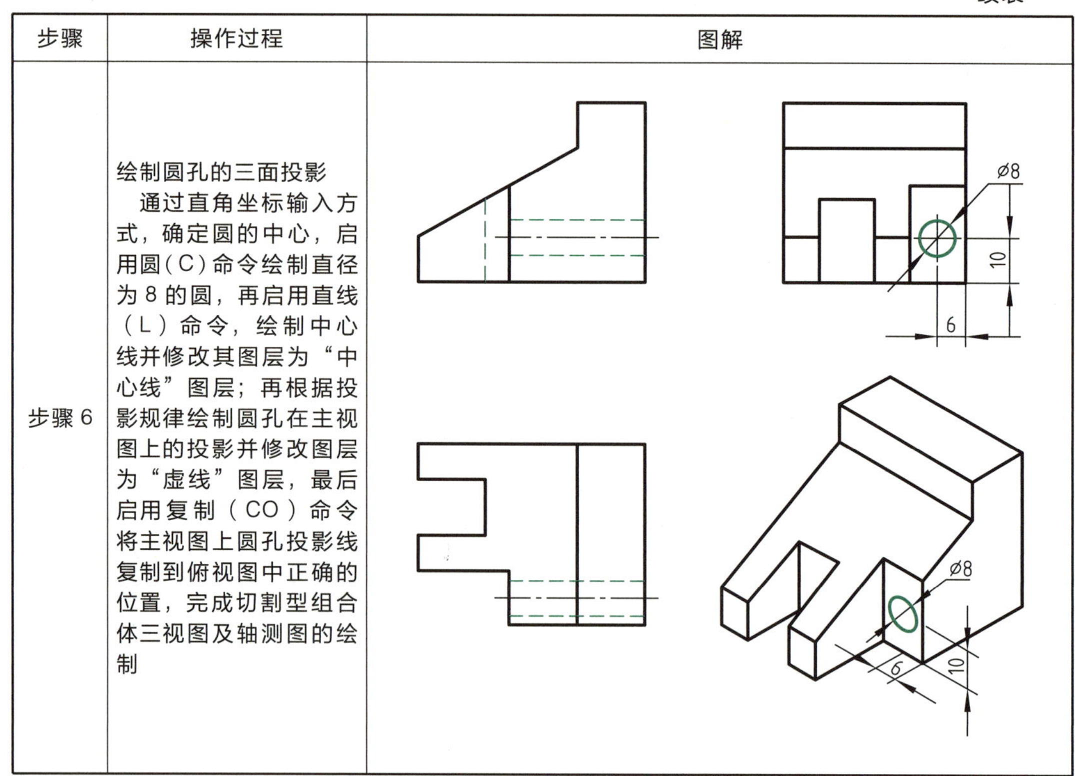

2. 标注切割型组合体三视图

标注如图 4-2-1 所示的切割型组合体三视图，尺寸标注过程见表 4-2-2。

表 4-2-2　切割型组合体三视图的尺寸标注过程

步骤	操作过程	图解
步骤 1	合理布局三视图 启用移动（M）命令，将三视图进行合理的布局，以便于标注尺寸	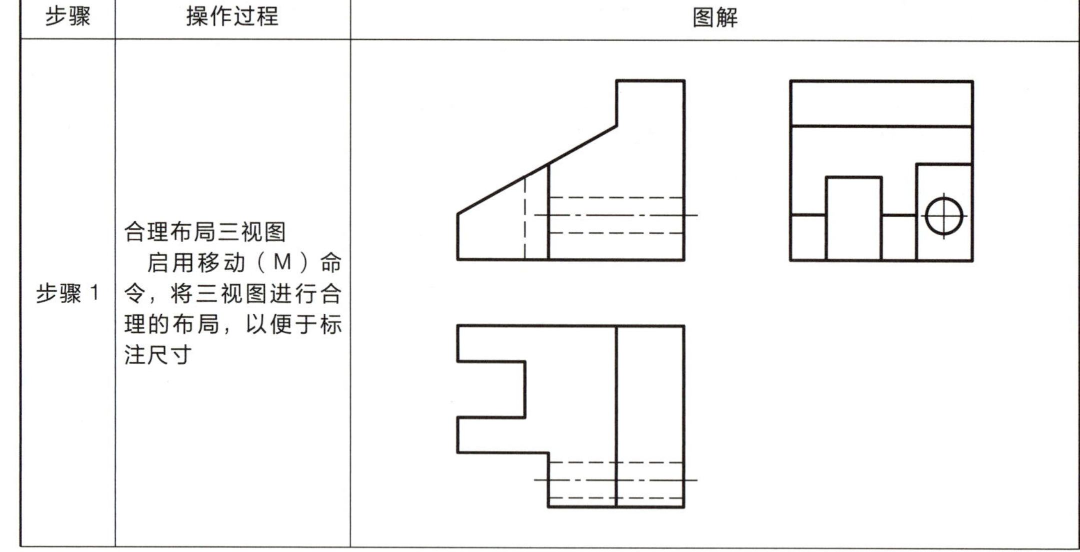

续表

步骤	操作过程	图解
步骤 2	标注长方体的外形尺寸 启用线性（DLI）命令标注长方体的外形尺寸	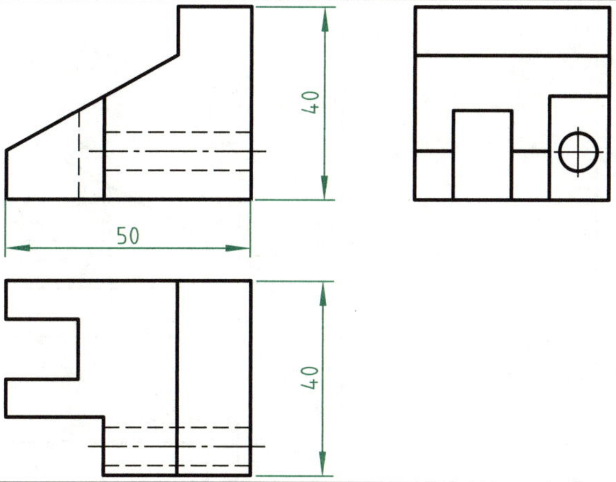
步骤 3	标注左上角切口的 3 个尺寸	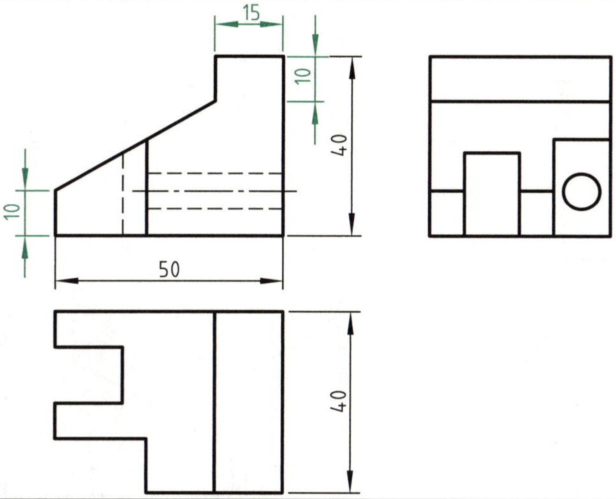
步骤 4	标注左后方切口的 3 个尺寸	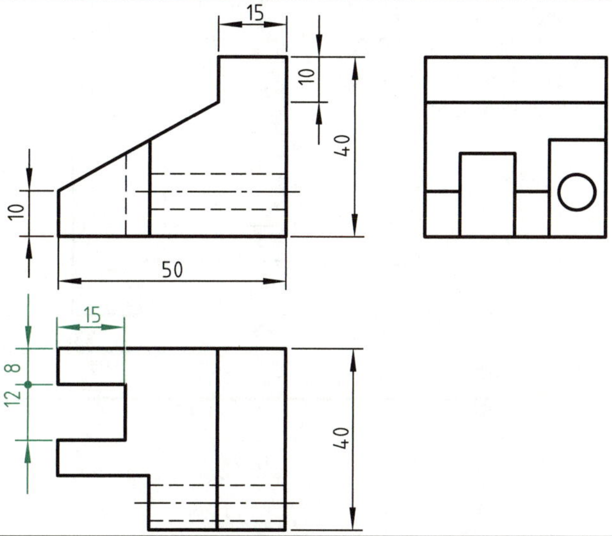

续表

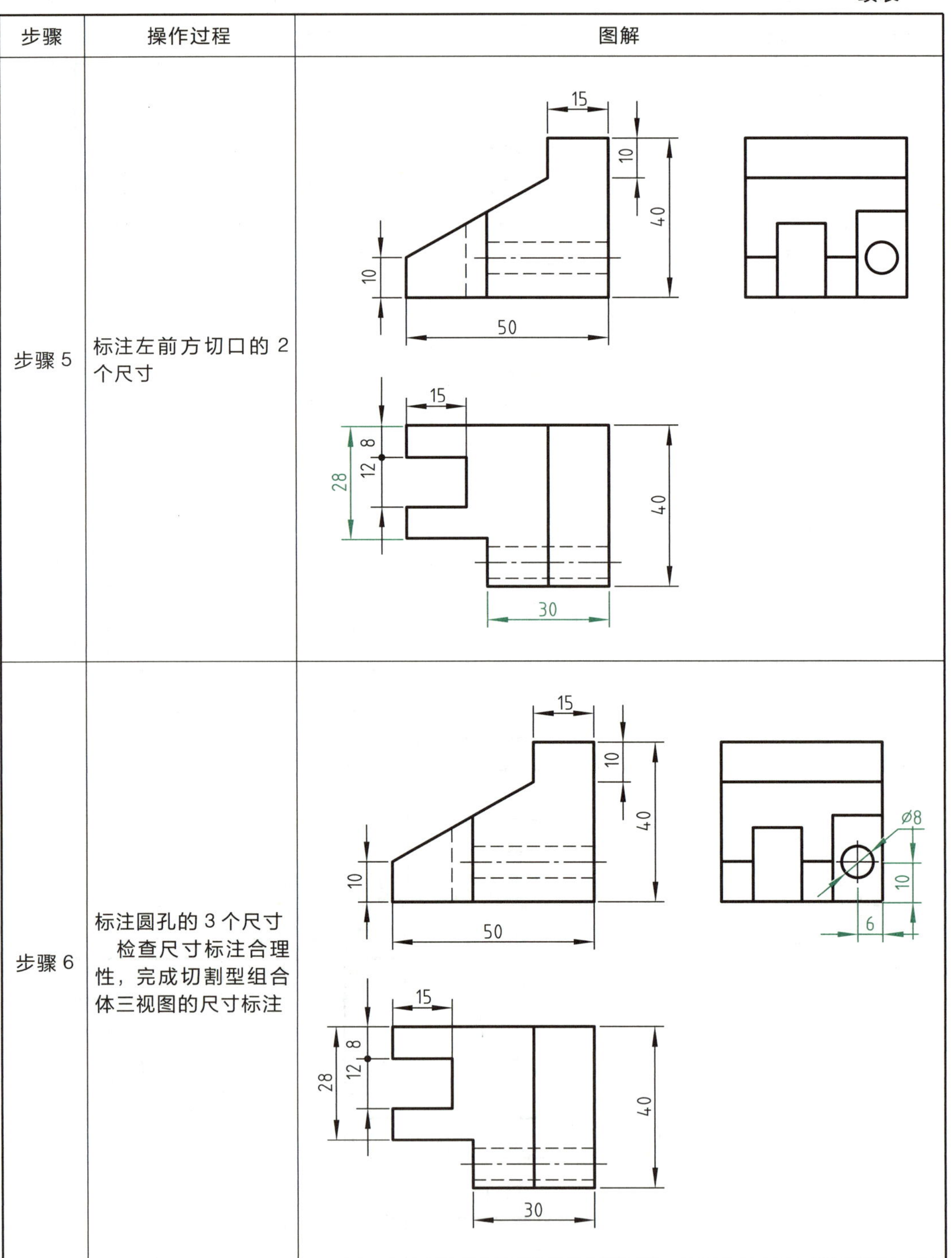

步骤	操作过程	图解
步骤 5	标注左前方切口的 2 个尺寸	
步骤 6	标注圆孔的 3 个尺寸 检查尺寸标注合理性，完成切割型组合体三视图的尺寸标注	

任务3
绘制综合型组合体三视图

任务描述

读懂并绘制如图 4-3-1 所示综合型组合体的三视图，并对其进行合理的尺寸标注。

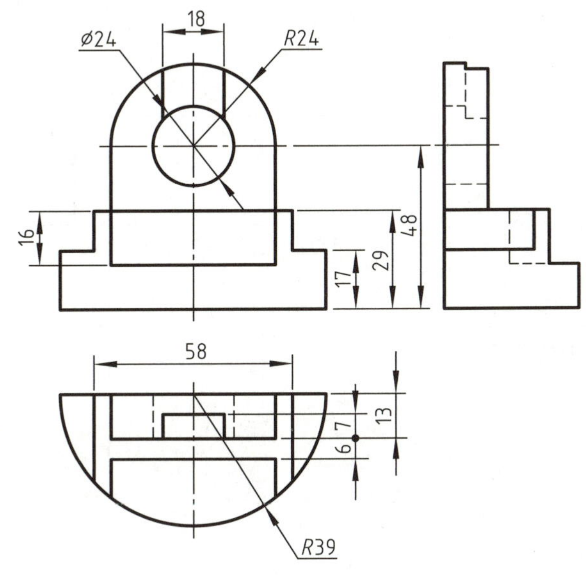

图 4-3-1　综合型组合体三视图

任务实施

1. 绘制综合型组合体三视图

读懂并绘制如图 4-3-1 所示综合型组合体的三视图，绘图过程见表 4-3-1。

表 4-3-1　综合型组合体三视图的绘图过程

步骤	操作过程	图解
步骤 1	切换图层 将图层切换为“中心线”图层	

续表

步骤	操作过程	图解
步骤 2	绘制定位中心线 启用直线（L）命令绘制主、俯视图中的定位中心线	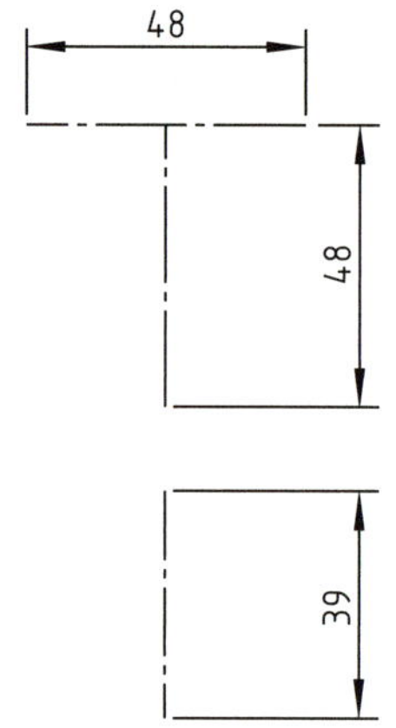 48 48 39
	用“夹点编辑”的方法，将主视图中的竖直中心线向上加长 24	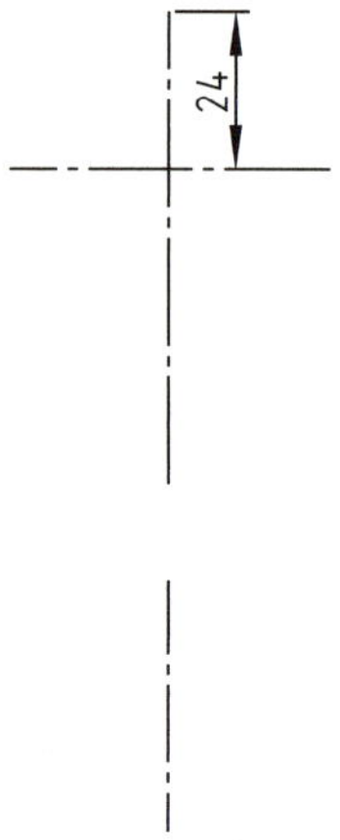 24
步骤 3	绘制底座半圆柱的三面投影 启用直线（L）和圆弧（A）命令绘制俯视图上的直线及半圆。 启用矩形（REC）命令，通过“对象捕捉追踪”模式和“相对直角坐标输入”的方式绘制主、左视图中的矩形	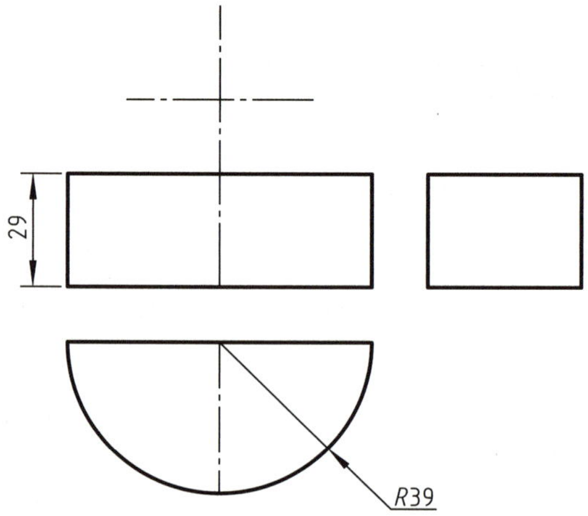 29 R39

续表

步骤	操作过程	图解
步骤 4	绘制立板的正面投影 启用圆（C）命令绘制半径为 24 和直径为 24 的同心圆，启用直线（L）命令绘制两侧的竖直切线	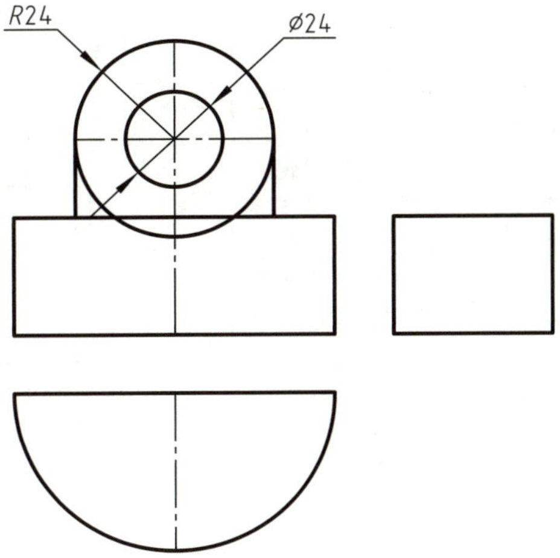
	启用修剪（TR）命令修剪多余的图线，得到立板的正面投影	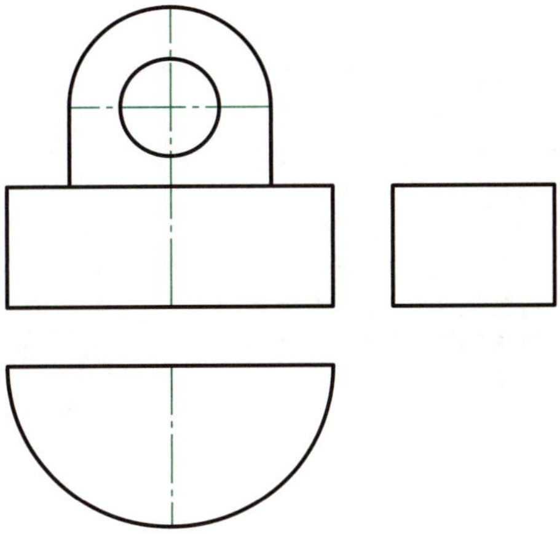
步骤 5	绘制立板的水平投影 启用直线（L）命令和“对象捕捉追踪”模式绘制厚度为 13 的立板水平投影，再绘制孔的轮廓线并将其改为“虚线”图层	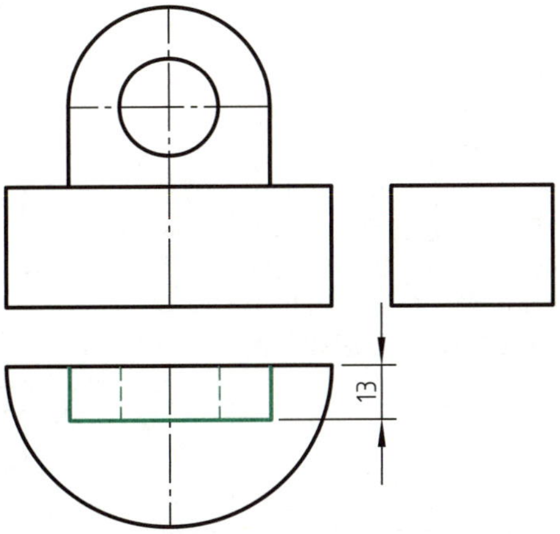

续表

<table>
<tr><th>步骤</th><th>操作过程</th><th>图解</th></tr>
<tr><td>步骤 6</td><td>绘制立板的侧面投影
启用分解（X）命令将半圆柱的侧面投影的矩形分解后，用“夹点编辑”的方式将直线加长至与主视图的最高点平齐，再启用直线（L）命令继续绘制厚度为 13 的立板的侧面投影，再绘制孔的中心线和轮廓线，并用“特性匹配”命令（MA）将它们放至相应的图层</td><td> 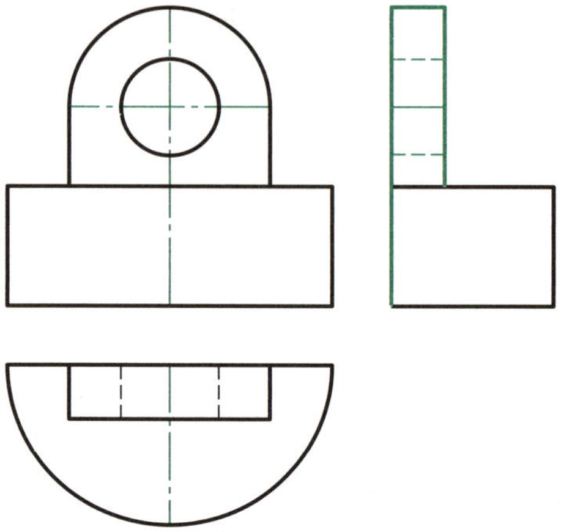</td></tr>
<tr><td rowspan="2">步骤 7</td><td>绘制半圆柱前端的切口
启用偏移（O）命令将立板水平投影的水平直线向下偏移 6，再用直线（L）命令绘制两端竖直直线段；用“夹点编辑”的方式将主视图中立板的两竖直直线向下加长 16，并闭合连接</td><td> 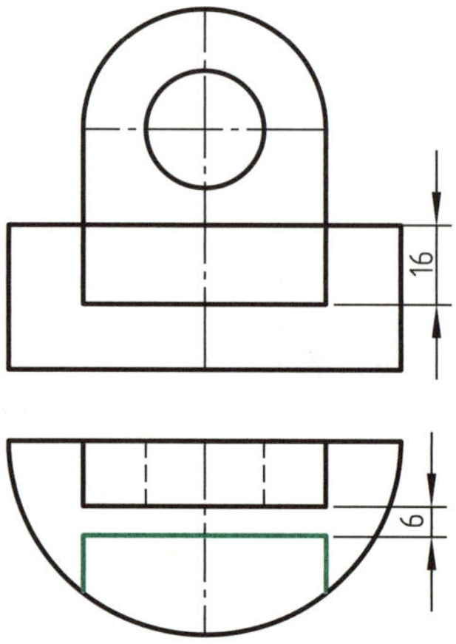16
6</td></tr>
<tr><td>结合“对象捕捉追踪”模式和“极轴追踪”功能绘制一条倾斜 45°的辅助线，用于保证俯、左视图投影的“宽相等”，然后通过该辅助线绘制切口的侧面投影，并将不可见部分的图线改为“虚线”图层</td><td> 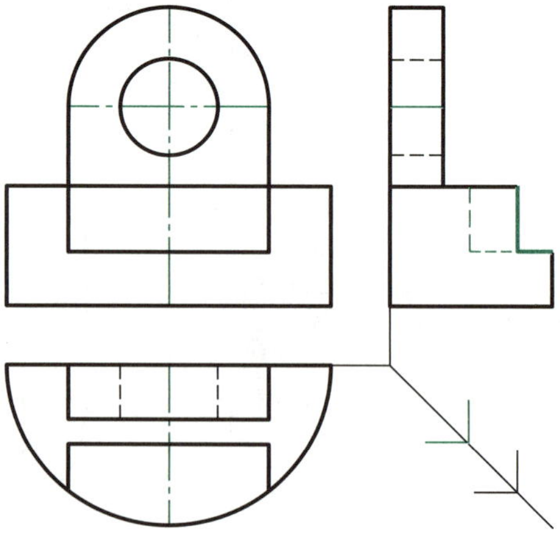</td></tr>
</table>

续表

步骤	操作过程	图解
步骤 8	绘制半圆柱左、右的切口 启用偏移（O）命令将立板水平投影的左侧竖直直线向左偏移 5，再启用直线（L）命令，通过“对象捕捉追踪”模式，依据“长对正”原则绘制左侧切口在主视图中的投影，深度为 12	5
	启用镜像（MI）命令完成另一边的切口投影，启用修剪（TR）命令修剪切掉的投影线 借助 45° 辅助线，利用“高平齐”和“宽相等”的原则绘制切口在左视图中的投影	
步骤 9	绘制立板上宽度 18，深度 7 的切口 启用直线（L）命令通过“对象捕捉追踪”模式，从主视图孔的圆心向左追踪 9，确定直线第一点，再向上画直线，绘至立板外轮廓；然后再通过“对象捕捉追踪”模式向俯视图追踪确定直线第一点，再向后绘制深度为 7 的线段	9 7

续表

步骤	操作过程	图解
步骤 9	启用直线（L）、镜像（MI）和修剪（TR）等命令完成切口在主、俯视图上的投影的绘制	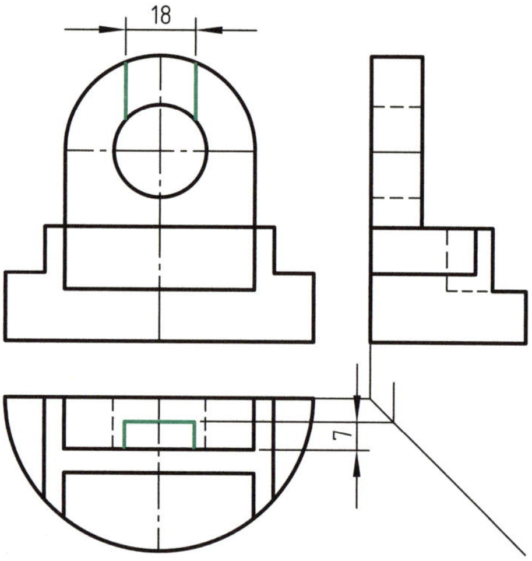 18 7
	借助 45°辅助线，根据“高平齐”和“宽相等”的原则绘制立板切口在左视图上的投影	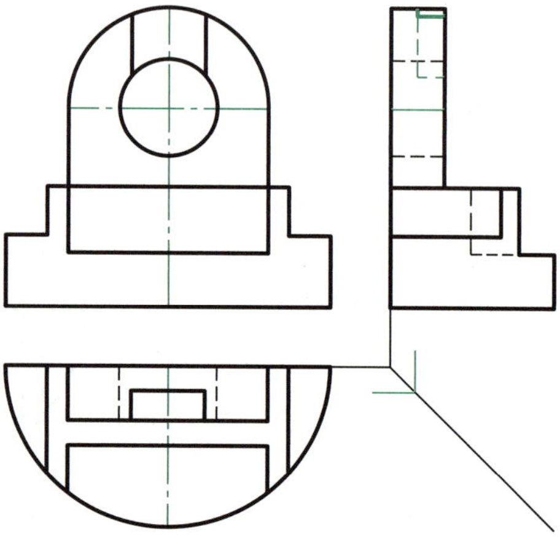
	启用修剪（TR）命令修剪多余的图线	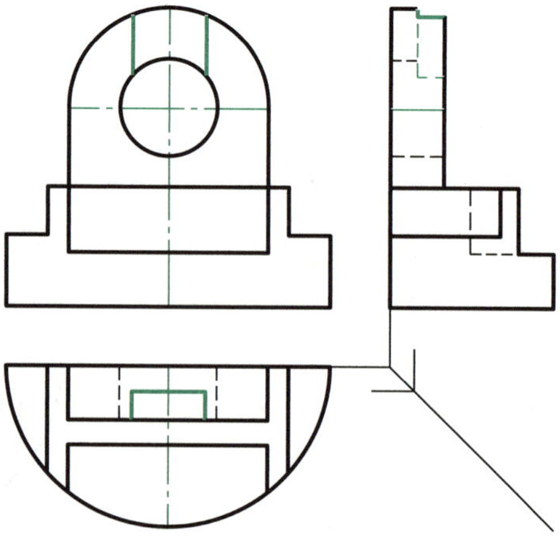

续表

步骤	操作过程	图解
步骤 10	对中心线进行拉长处理 启用拉长（LEN）命令中的“增量（DE）”选项，将增量值设置为 3，把所有的中心线向外延长 3mm，完成综合型组合体三视图的绘制	

2. 标注综合型组合体三视图

标注如图 4-3-1 所示的综合型组合体三视图，尺寸标注过程见表 4-3-2。

表 4-3-2 综合型组合体三视图的尺寸标注过程

步骤	操作过程	图解
步骤 1	合理布局三视图 启用移动（M）命令，将三视图进行合理的布局，以便于标注尺寸	

续表

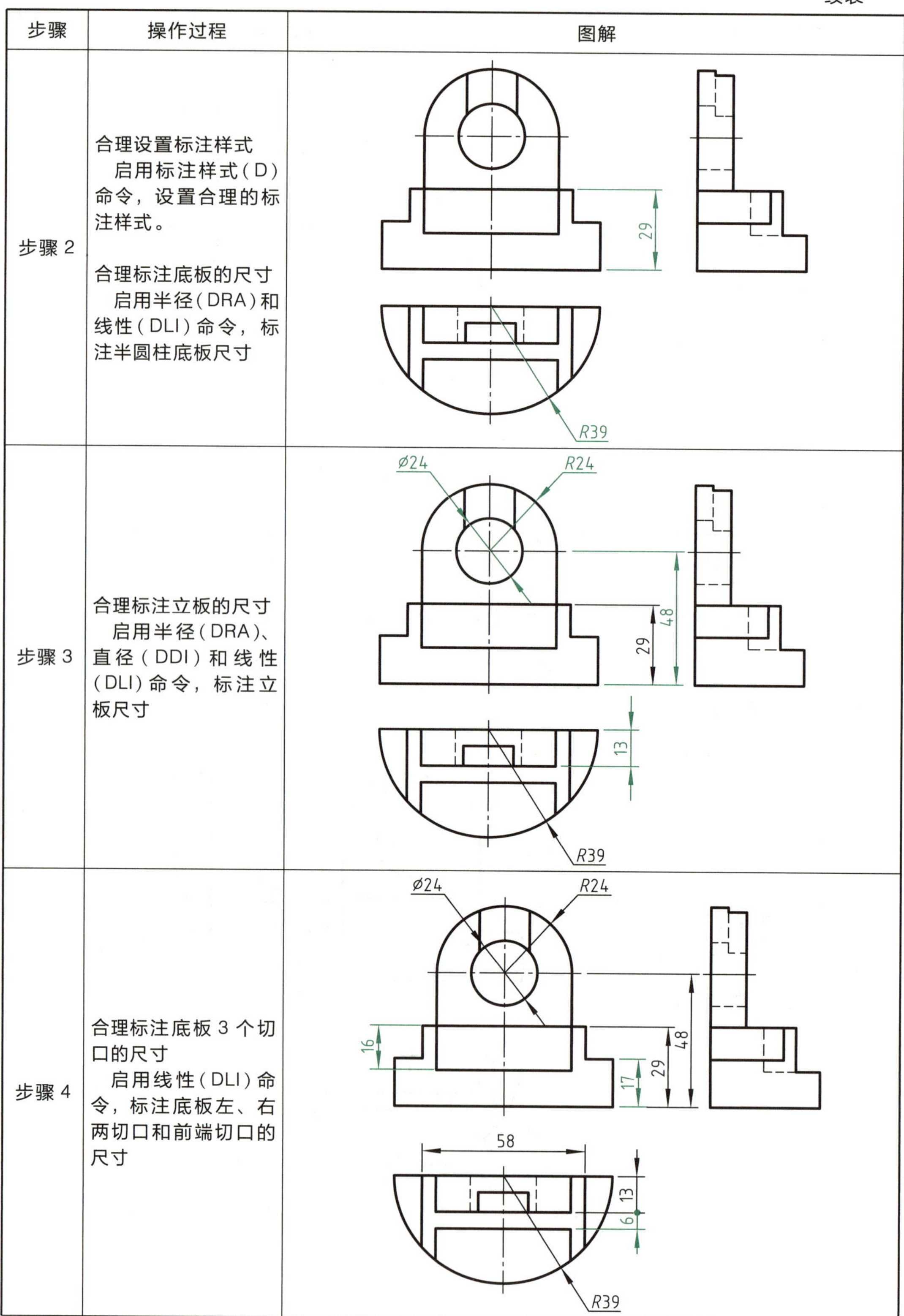

步骤	操作过程	图解
步骤 2	合理设置标注样式 启用标注样式（D）命令，设置合理的标注样式。 合理标注底板的尺寸 启用半径（DRA）和线性（DLI）命令，标注半圆柱底板尺寸	29 R39
步骤 3	合理标注立板的尺寸 启用半径（DRA）、直径（DDI）和线性（DLI）命令，标注立板尺寸	⌀24 R24 48 29 13 R39
步骤 4	合理标注底板 3 个切口的尺寸 启用线性（DLI）命令，标注底板左、右两切口和前端切口的尺寸	⌀24 R24 16 48 29 17 58 13 6 R39

续表

步骤	操作过程	图解
步骤 5	合理标注立板切口的尺寸 启用线性（DLI）命令，标注立板切口尺寸。 检查尺寸标注的合理性，完成综合型组合体三视图的尺寸标注	

项目总结

本项目以实例为导向，引导学习和掌握绘制和尺寸标注三视图的基本方法，培养高效读懂图形并快速确定绘图思路和熟练绘制三视图并进行合理的尺寸标注的能力。通过团结合作、小组讨论、实操训练等环节，培养分析、发现并解决问题的基本能力以及在学习过程中的团队协作能力。

项目 5

绘制零件图

知识目标

- 掌握图块的创建、属性定义及插入使用。
- 掌握图框及标题栏的绘制。
- 掌握零件图样板的创建和使用。
- 掌握表面粗糙度、几何公差、极限公差尺寸的标注。
- 掌握绘制零件图的基本步骤和技巧。

能力目标

- 能根据需要灵活使用图块相关功能绘图。
- 能根据零件选用合适的图框并绘制。
- 能正确使用样板文件。
- 能正确表达零件视图。
- 能根据零件制造工艺正确进行零件图尺寸标注。

素养目标

- 具备自学能力和大局观思维。
- 具备认真负责的工作态度和严谨细致的工作作风。
- 强化科学精神、工程素养教育，启发创新意识和团队协作精神，激发科技强国的家国情怀和使命担当。

任务 1
创建零件图绘图样板文件

任务描述

创建如图 5-1-1 所示零件图绘图样板文件。

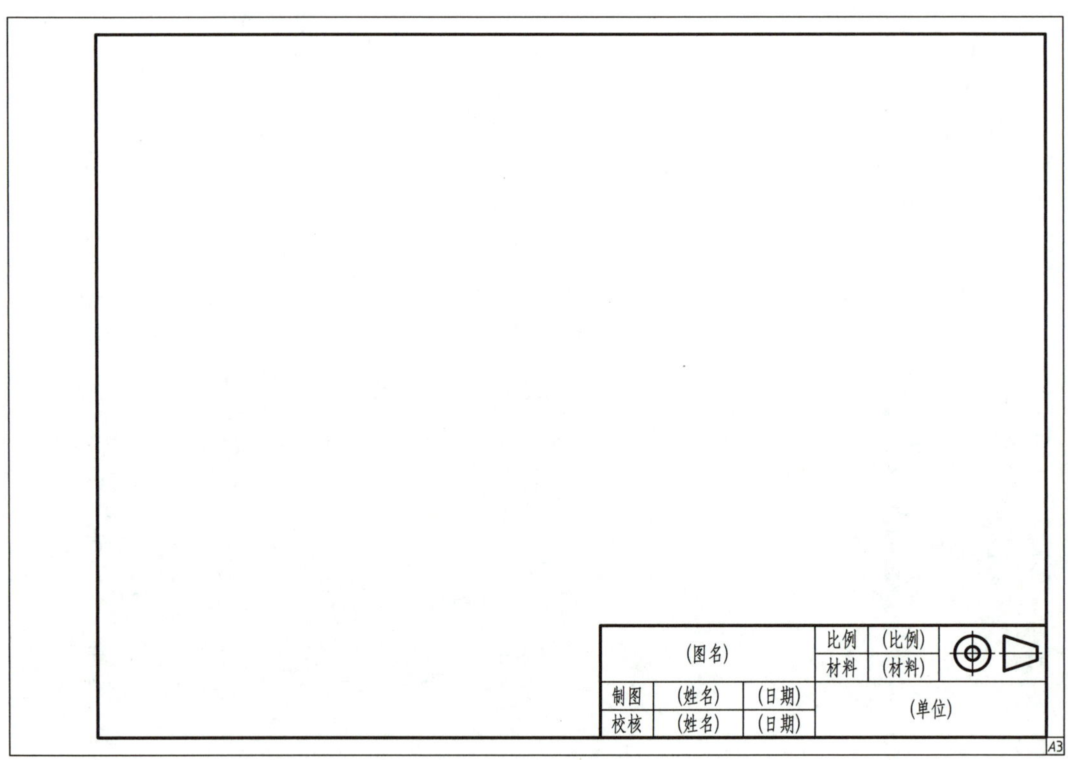

图 5-1-1　零件图绘图样板文件

知识链接

5.1.1　样板文件的概念

在绘制不同的零件图时，有很多操作都在重复进行，诸如绘图环境设置，表面粗度符号、基准符号、图框和标题栏的绘制等。因此，为了提高绘图效率，可以将重复操作部分进行统一绘制，并另存为 dwt 格式的 CAD 文件，以便绘制零件图时调用。这种根据零件图绘图需要而设定的，并且可以重复调用的 dwt 格式的 CAD 文件即为零件图绘图样板文件。

5.1.2　样板文件的绘制

在绘制不同零件图的过程中，需要多次重复绘制或设置的操作，均可以根据需要纳入零件图绘图样板文件中。本任务中的样板文件主要包括图层设置、文字样式设置、标注样式设置、图框图块、基准符号图块、表面粗糙度符号图块、标题栏图块等。

任务实施

1. 绘图环境设置

设置如图 5-1-1 所示的零件图绘图样板文件绘图环境，具体步骤见表 5-1-1。

表 5-1-1　零件图绘图样板文件绘图环境设置步骤

步骤	操作过程	图解
步骤 1	状态栏设置 启用新建命令，单击【打开】按钮完成新建文件。 按“F7”键，关闭栅格，单击状态栏 按钮，打开“线宽显示”。设置好的状态栏如图所示。 如果系统卡顿，建议单击状态栏 按钮，关闭“动态输入”	模型 1:1
步骤 2	图层设置 输入“LA”→按“空格”键，打开“图层特性管理器”对话框，单击 按钮新建图层，按如图所示新建并设置各图层名称、颜色、线型和线宽	状 名称 开 冻 锁 打... 颜色 线型 线宽 0 白 Continuous 默认 尺寸标注 绿 Continuous 默认 粗实线 白 Continuous 0.50 毫米 文字及其他 洋红 Continuous 默认 细实线 白 Continuous 默认 虚线 蓝 HIDDEN 默认 中心线 红 CENTER2 默认

续表

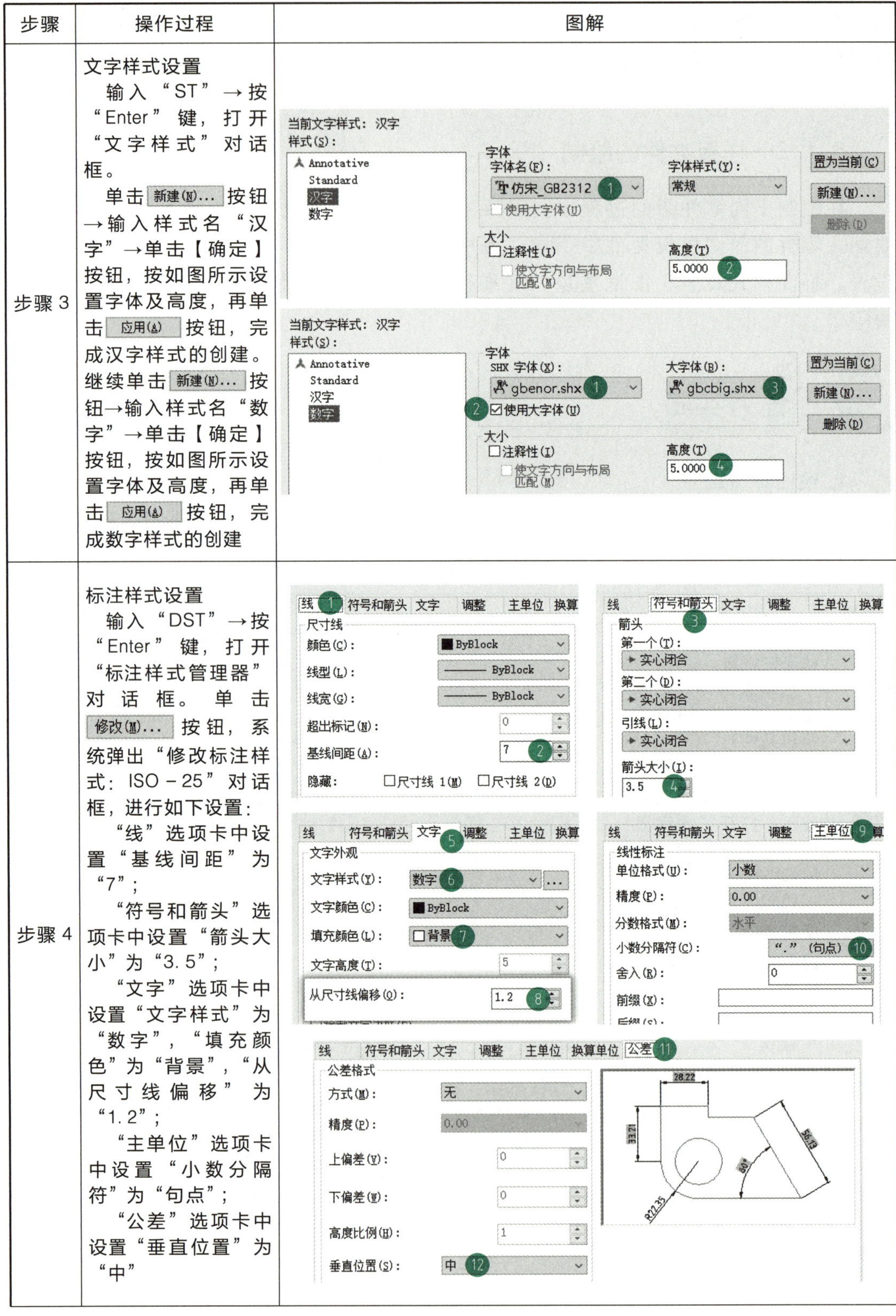

步骤	操作过程	图解
步骤 3	文字样式设置 输入“ST”→按“Enter”键，打开“文字样式”对话框。 单击 新建(N)... 按钮→输入样式名“汉字”→单击【确定】按钮，按如图所示设置字体及高度，再单击 应用(A) 按钮，完成汉字样式的创建。继续单击 新建(N)... 按钮→输入样式名“数字”→单击【确定】按钮，按如图所示设置字体及高度，再单击 应用(A) 按钮，完成数字样式的创建	
步骤 4	标注样式设置 输入“DST”→按“Enter”键，打开“标注样式管理器”对话框。单击 修改(M)... 按钮，系统弹出“修改标注样式：ISO－25”对话框，进行如下设置： “线”选项卡中设置“基线间距”为“7”； “符号和箭头”选项卡中设置“箭头大小”为“3.5”； “文字”选项卡中设置“文字样式”为“数字”，“填充颜色”为“背景”，“从尺寸线偏移”为“1.2”； “主单位”选项卡中设置“小数分隔符”为“句点”； “公差”选项卡中设置“垂直位置”为“中”	

续表

步骤	操作过程	图解
步骤 4	继续单击“新建”按钮，系统弹出“创建新标注样式”对话框，将“用于”设定为“角度标注”→单击“继续”按钮→在对话框中切换到“主单位”选项卡，将“角度标注”的“精度”设置为“0.00”，将“消零”设置为“后续”。 继续新建用于“直径标注”和“半径标注”的子标注样式，在对话框中切换到“文字”选项卡，将“文字对齐”设置为“ISO 标准”	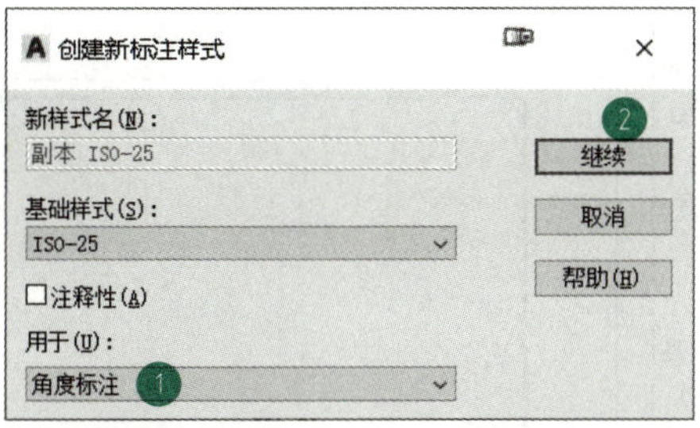 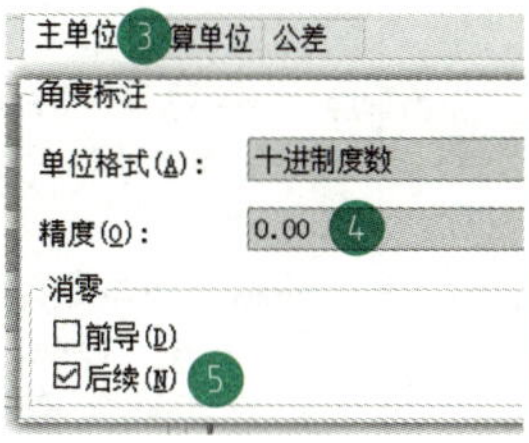 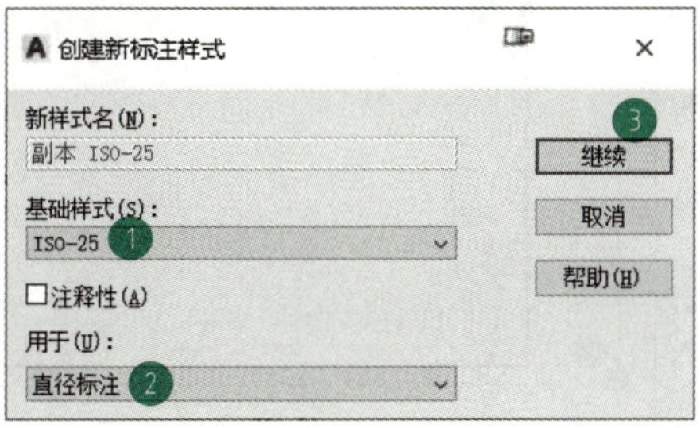 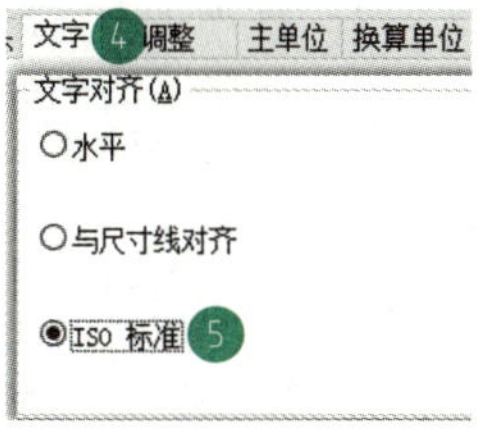
步骤 5	多线样式设置 输入“MLST”→按“Enter”键，打开“多线样式”对话框。单击 修改(M)... 按钮→弹出“修改多线样式：STANDARD”对话框，选中“直线”后的“起点”和“端点”→单击【确定】按钮	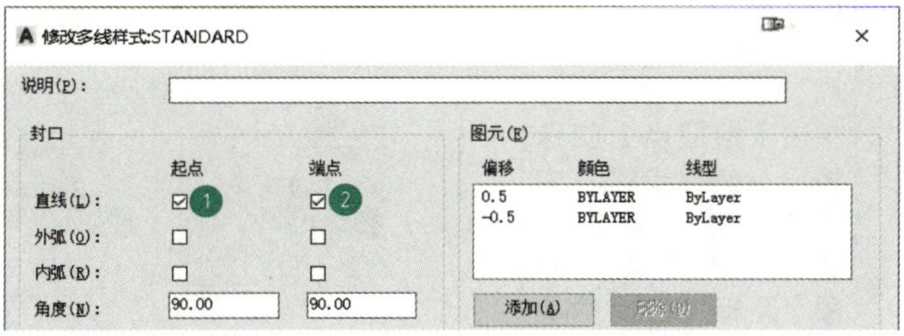

2. 图框图块的创建

创建如图 5-1-1 所示的零件图绘图样板文件中包含的常用 A4、A3 图框，具体步骤见表 5-1-2。

表 5-1-2　零件图绘图样板文件中图框图块的创建步骤

步骤	操作过程	图解
步骤 1	A4 图框绘制 启用矩形命令：输入“REC”→按“Enter”键→在绘图区任意指定第一个角点①→输入“297，210”确定另一个角点②。 启用偏移命令：输入“O”→按“Enter”键→指定偏移距离输入“5”→点选矩形→在矩形内部单击。 选中内部矩形→单击③附近的夹点→水平向右移动鼠标→输入距离“20”。 将外框放入“细实线”图层，内框放入“粗实线”图层。具体参考尺寸如图所示，正式绘制时无须标注尺寸	
步骤 2	A4 图框写块 启用块定义命令：输入“B”→按“Enter”键，打开“块定义”对话框→在“名称”处输入“A4”；单击【拾取点】图标按钮→捕捉步骤 1 中所绘外框右下角点④；单击【选择对象】图标按钮→拾取图框所有对象→将“对象”下的选项设置为“删除”，单击【确定】按钮后，系统建立块的同时会删除现有的图框要素。 重复步骤 1 和步骤 2，完成 A3 图框图块的创建	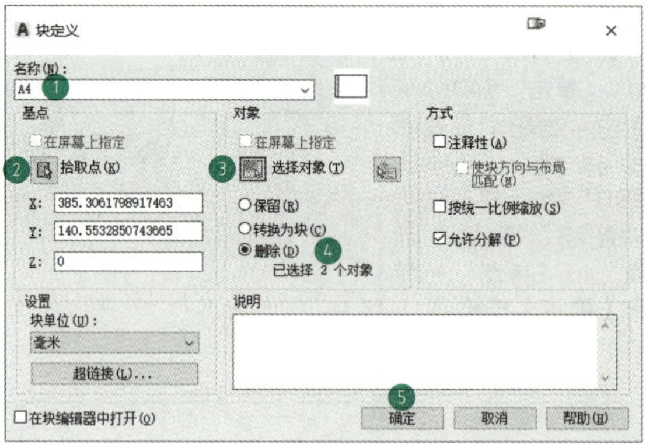

3. 基准符号图块的创建

创建如图 5-1-1 所示的零件图绘图样板文件中包含的常用基准符号图块，具体步骤见表 5-1-3。

表 5-1-3 零件图绘图样板文件中基准符号图块的创建步骤

步骤	操作过程	图解
步骤 1	绘制基准符号 启用多段线命令：输入“PL”→按“Enter”键→在绘图区任意指定起点①→输入“W”→指定起点宽度为“4”，指定端点宽度为“0”→移动鼠标追踪到①的正下方输入“3”（得到②的位置），继续向正下方追踪，输入“4”（得到③的位置）。 启用矩形命令：输入“REC”→按“Enter”键→在绘图区任意指定起点④→输入“7，7”→按“Enter”键。 启用移动命令：输入“M”→按“Enter”键→选择矩形→捕捉矩形顶边中点⑤为指定基点→捕捉点③（即③与⑤重合）。 具体参考尺寸如图所示，正式绘制时无须标注尺寸	
步骤 2	属性定义 启用属性定义命令：输入“ATT”→按“Enter”键，打开“属性定义”对话框→在“标记”“提示”“默认”文本框中分别输入“A”“输入基准号”“A”；在“对正”“文字样式”下拉列表中分别选择“正中”“数字”→单击【确定】按钮→捕捉放置在正方形的几何中心。具体设置及结果如图所示。 将基准符号全选放入“尺寸标注”图层	
步骤 3	基准符号写块 启用定义块命令：输入“B”→按“Enter”键，打开“块定义”对话框→在“名称”处输入“基准”；单击【拾取点】图标按钮→捕捉步骤 1 绘制基准符号过程中的点①；单击【选择对象】图标按钮→拾取基准符号所有对象→将“对象”下的选项设置为“删除”，单击【确定】按钮后，系统建立块的同时会删除现有的基准符号要素	

4. 表面粗糙度符号图块的创建

创建如图 5-1-1 所示的零件图绘图样板文件中包含的常用表面粗糙度符号图块，具体步骤见表 5-1-4。

表 5-1-4 零件图绘图样板文件中表面粗糙度符号图块的创建步骤

步骤	操作过程	图解
步骤 1	绘制表面粗糙度符号 将当前图层切换到“尺寸标注”图层。 启用多边形命令：输入“POL”→按“Enter”键→输入边数“3”→输入“E”→指定任意点①作为起点→移动鼠标追踪到①的正左方→输入“3.5”（得到②的位置）。 启用分解命令：输入“X”→按“Enter”键→选择等边三角形→按“Enter”键。 启用直线命令：输入“L”→按“Enter”键→追踪点②，并向正上方移动鼠标，输入“3.5”→向正右方追踪，输入“15”→按“Enter”键，得到直线③。 启用延伸命令：输入“EX”→按“Enter”键→单击直线④，将其延长到与直线③相交；按住“Shift”键，单击直线③左端，将其修剪到与直线④的交点处。 启用多行文字命令：输入“T”→按“Enter”键，捕捉点⑤，鼠标向右下角移动，任意指定第二点→在“文字编辑器”选项卡中，将“文字样式”选为“数字”，字高输入“3.5”→按“Enter”键→输入“Ra”→单击✔按钮	3.5 60° 15 3.5 Ra
步骤 2	添加属性数字 启用定义属性命令：输入“ATT”→按“Enter”键，打开“属性定义”对话框→在“标记”“提示”“默认”文本框分别输入“6.4”“输入粗糙度值”“3.2”，在“对正”“文字样式”下拉列表中分别选择“左上”“数字”→单击【确定】按钮→捕捉步骤 1 中的点⑥（中点）为放置点。具体设置及结果如图所示。 选择“6.4”→按“Ctrl+1”键→将文字高度改为“3.5”。 将表面粗糙度符号全选放入“尺寸标注”图层	属性定义 模式 □不可见(I) □固定(C) □验证(V) □预设(P) ☑锁定位置(K) □多行(U) 插入点 ☑在屏幕上指定(O) X: 0 Y: 0 Z: 0 属性 标记(T): 6.4 提示(M): 输入粗糙度值 默认(L): 3.2 文字设置 对正(J): 左上 文字样式(S): 数字 □注释性(N) 文字高度(E): 5 旋转(R): 0 边界宽度(W): 0 □在上一个属性定义下对齐(A) 确定 取消 帮助(H) Ra 6.4

续表

步骤	操作过程	图解
步骤 3	表面粗糙度符号写块 启用块定义命令：输入“B”→按“Enter”键，打开“块定义”对话框→在“名称”处输入“粗糙度”；单击【拾取点】图标按钮→捕捉三角形下顶点；单击【选择对象】图标按钮→拾取表面粗糙度符号所有对象→按“Enter”键→将对象下的选项设置为“删除”，单击【确定】按钮后，系统建立块的同时会删除现有的表面粗糙度符号要素	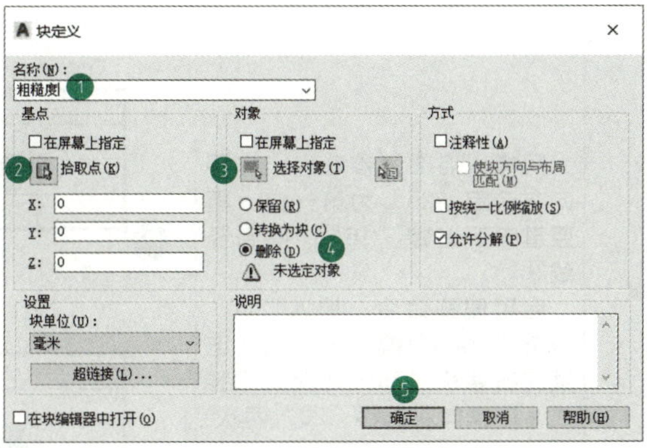

5. 标题栏图块的创建

创建如图 5-1-1 所示的零件图绘图样板文件中包含的常用标题栏图块，具体步骤见表 5-1-5。

表 5-1-5　零件图绘图样板文件中标题栏图块的创建步骤

步骤	操作过程	图解
步骤 1	绘制标题栏 启用矩形命令：输入“REC”→按“Enter”键→在绘图区任意指定第一个角点①→输入“135，32”，确定另一个角点②；并将矩形放入“粗实线”图层。 启用直线命令：输入“L”→按“Enter”键→从点①向正上方追踪，输入“8”→按“Enter”键，指定第一个点③→移动鼠标水平向右追踪，输入“135”→按“Enter”键，得到直线④。 启用偏移命令：输入“O”→按“Enter”键→输入“8”→选择直线④→向上偏移，得到直线⑤→选择直线⑤→向上偏移，得到直线⑥。 启用直线命令：输入“L”→按“Enter”键→从点①向正右方追踪，输入“20”→按“Enter”键，指定第一个点⑦→移动鼠标竖直向上追踪，输入“16”→按“Enter”键，得到竖线⑧。	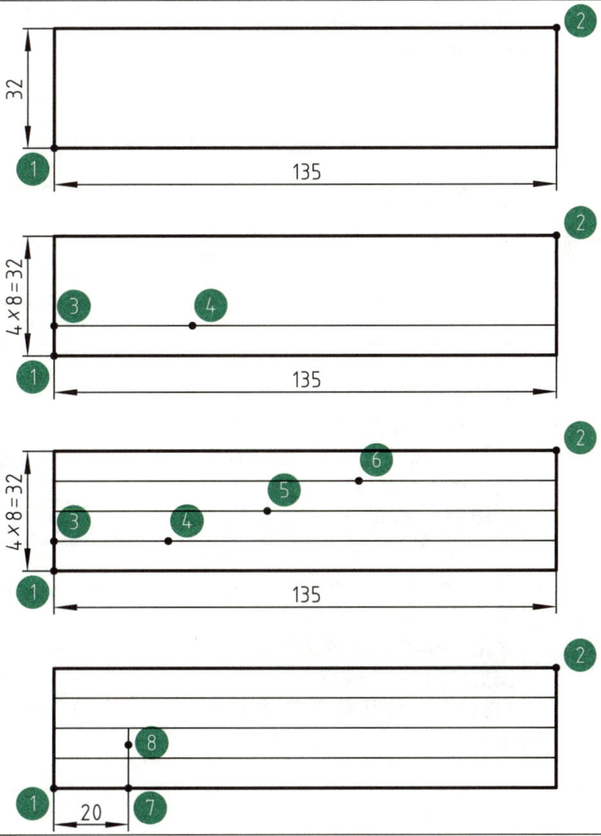

续表

步骤	操作过程	图解
步骤 1	同样以点②为参考点，水平向左追踪“25”为第一点，再竖直向下追踪“16”，得到竖线⑨。 启用偏移命令：输入“O”→按“Enter”键，将竖线⑧连续向右偏移“25”两次；将竖线⑨连续向左偏移“20”两次	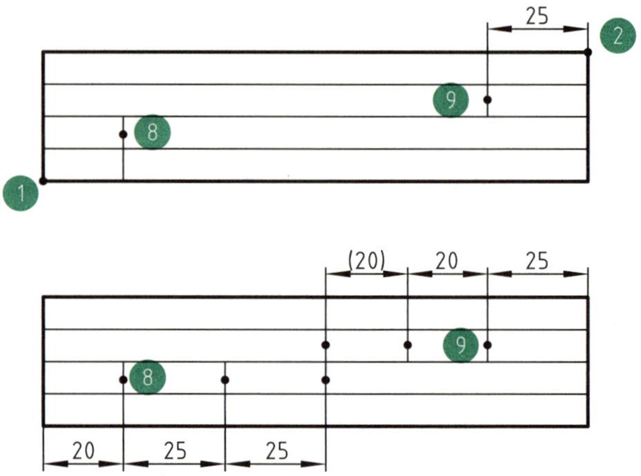25 2 9 8 1 (20) 20 25 9 8 20 25 25
步骤 2	修剪多余图线 启用修剪命令：输入“TR”→按“Enter”键→分别在需要修剪的线条上单击，完成标题栏线框的绘制	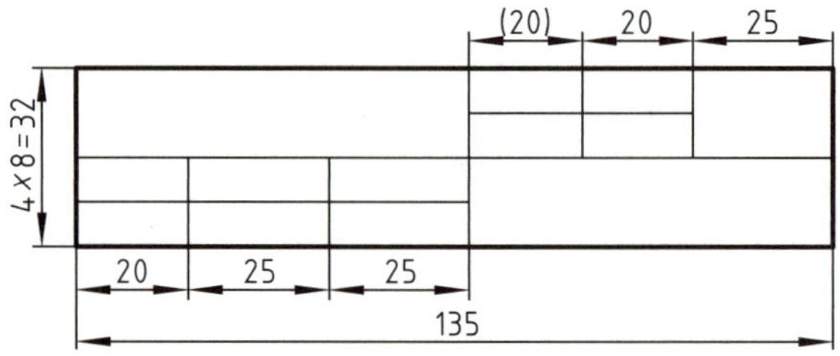(20) 20 25 4×8=32 20 25 25 135
步骤 3	绘制投影类型 启用直线命令（L）、圆命令（C）等，在右上角内部中心位置，绘制第一角画法识别符号	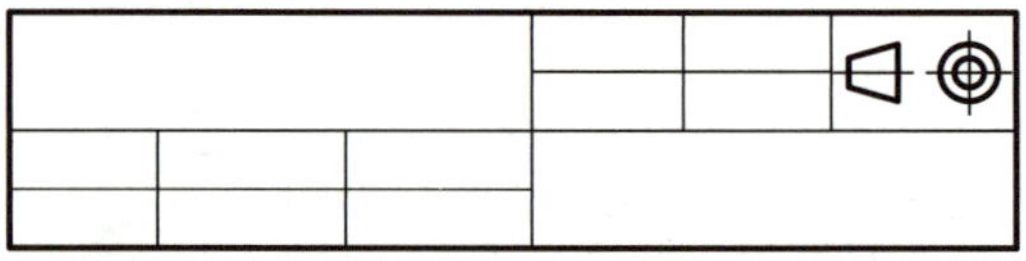
步骤 4	添加多行文字 启用多行文字命令：输入“T”→按“Enter”键→分别捕捉点①和点②，打开“文字编辑器”选项卡→在选项卡中，设置文字样式为“汉字”，对正为“正中”→键盘输入“制图”→单击✔按钮。 采用同样的方法分别在③④⑤图框内输入“校核”“比例”“材料”（也可复制文字再修改）	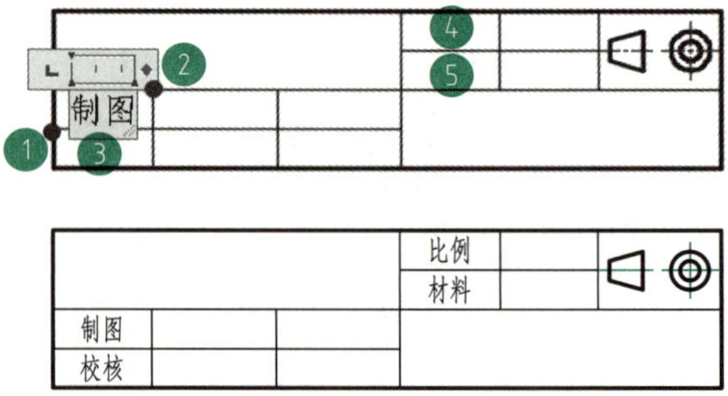4 5 2 制图 1 3 比例 材料 制图 校核

续表

步骤	操作过程	图解
步骤 5	添加属性文字 启用直线命令：输入“L”，在空白单元格中绘制对角线作为辅助线，该辅助线中点即为下文中所指的对角线中点，如图所示。 启用属性定义命令：输入“ATT”→按“Enter”键→打开“属性定义”对话框→在“标记”文本框输入“（图名）”，在“提示”文本框中输入“输入零件图名称”，在“默认”文本框中输入“输出轴”，在“对正”下拉列表中选择“正中”，在“文字样式”下拉列表中选择“汉字”→单击 确定 按钮→捕捉对角线中点①放置。 启用复制命令：输入“CO”→按“Enter”键→选择文字“（图名）”为复制对象→捕捉该单元格对角线中点①为基点→依次捕捉其他对角线中点复制对象。 启用删除命令：输入“E”→按“Enter”键→选择所有对角线→按“Enter”键，删除对角线。 双击②处的属性文字“（图名）”→打开“编辑属性定义”对话框→依次将“标记”“提示”“默认”改为“（姓名）”“输入制图人姓名”“张三”→单击 确定 按钮。依次将其他属性文字根据标题栏各单元格对应的内容进行修改。修改完成后的标题栏如图所示	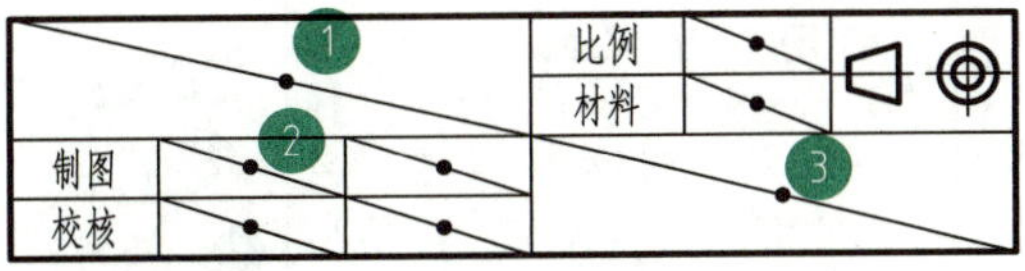 比例 材料 制图 校核 属性定义 模式 不可见(I) 固定(C) 验证(V) 预设(P) 锁定位置(K) 多行(U) 属性 标记(T)：(图名) 提示(M)：输入零件图名称 默认(L)：输出轴 插入点 在屏幕上指定(O) X: 0 Y: 0 Z: 0 文字设置 对正(J)：正中 文字样式(S)：汉字 注释性(N) 文字高度(E)：5 旋转(R)：0 边界宽度(W)：0 在上一个属性定义下对齐(A) 确定 取消 帮助(H) (图名) 比例 (图名) 材料 (图名) 制图 (图名) (图名) 校核 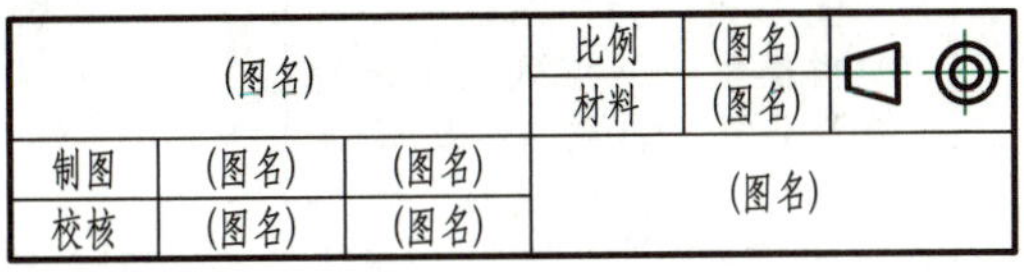 (图名) (图名) (图名) 编辑属性定义 标记：(姓名) 提示：输入制图人姓名 默认：张三 确定 取消 帮助(H) 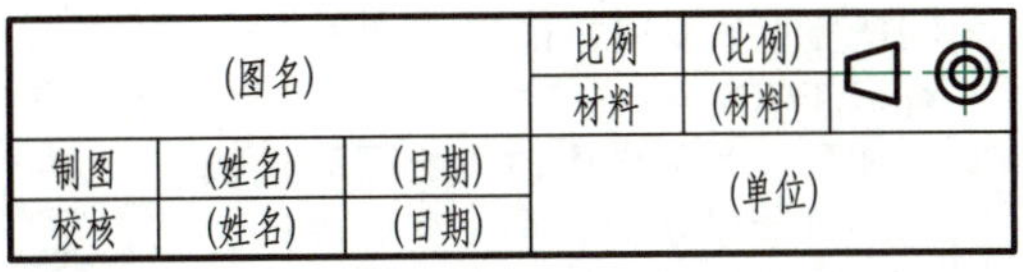 (图名) 比例 (比例) 材料 (材料) 制图 (姓名) (日期) 校核 (姓名) (日期) (单位)

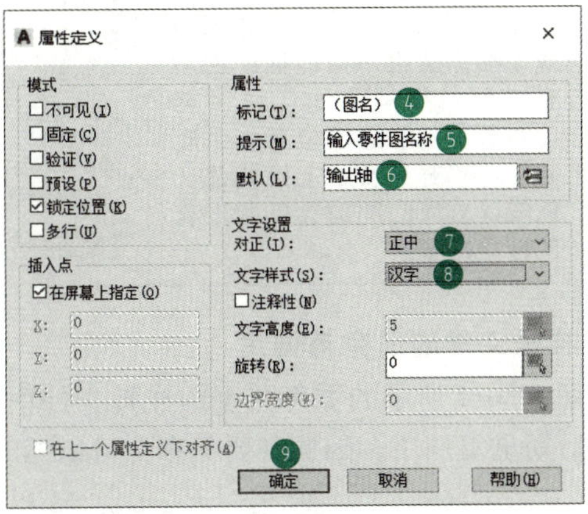

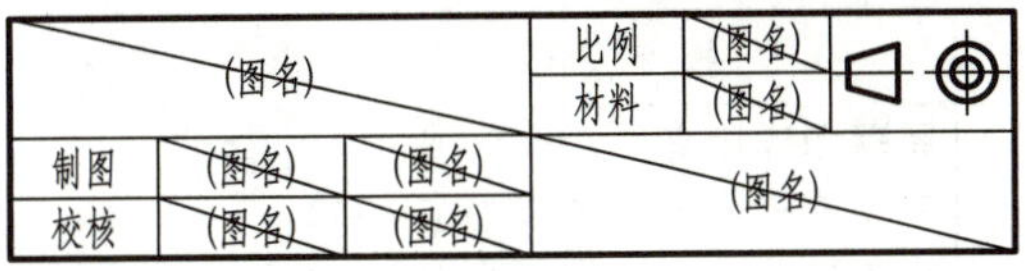

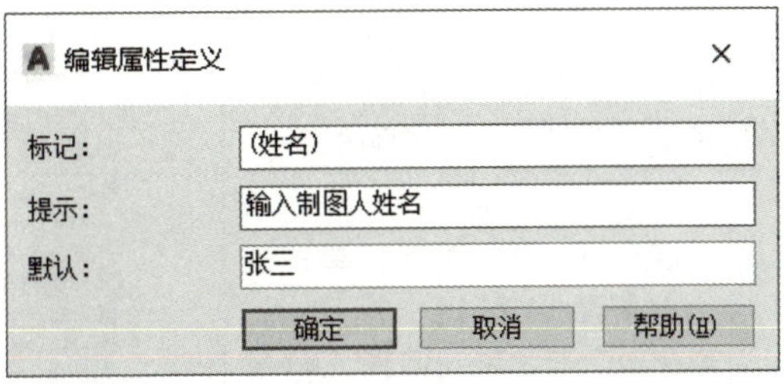

续表

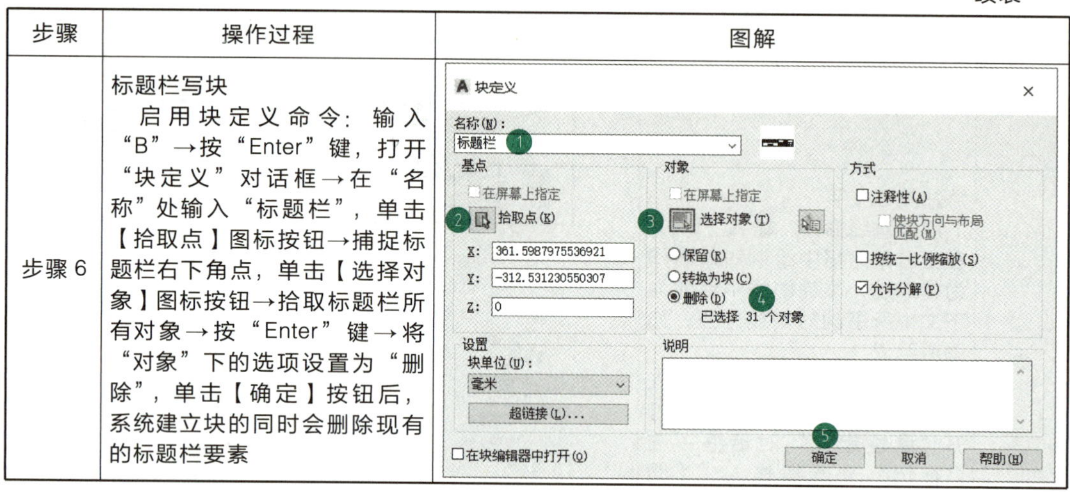

步骤	操作过程	图解
步骤 6	标题栏写块 启用块定义命令：输入“B”→按“Enter”键，打开“块定义”对话框→在“名称”处输入“标题栏”，单击【拾取点】图标按钮→捕捉标题栏右下角点，单击【选择对象】图标按钮→拾取标题栏所有对象→按“Enter”键→将“对象”下的选项设置为“删除”，单击【确定】按钮后，系统建立块的同时会删除现有的标题栏要素	

6. 样板文件的保存与调用

如图 5-1-1 所示的零件图绘图样板文件中包含常用绘图环境设置及图块，主要是为了方便后期重复调用，因此需要保存为可以随时调用的样板文件，具体步骤见表 5-1-6。

表 5-1-6　零件图绘图样板文件的保存与调用步骤

步骤	操作过程	图解
步骤 1	另存为样板文件 单击左上角 A 图标按钮→单击【另存为】按钮 另存为，打开“图形另存为”对话框→在“文件类型”下拉列表中选择“AutoCAD 图形样板（*.dwt）”，在“文件名”处输入“aa 零件图样板”→单击 保存(S) 按钮，打开“样板选项”对话框→在“说明”文本框中可以备注样板文件包含内容→单击 确定 按钮即可保存	
步骤 2	样板文件的调用 启动 AutoCAD 后，单击左上角新建 按钮→打开“选择样板”对话框，选择“aa 零件图样本 .dwt”→单击 打开(O) 按钮，即可完成从样板新建文件。 注意：保存样板时，绘图区应没有任何其他图素；本项目后续案例均默认从该样板新建文件；样板内容可以根据需要进行更新	

任务2 绘制输出轴零件图

任务描述

绘制如图 5-2-1 所示输出轴零件图，并对其进行合理的标注。

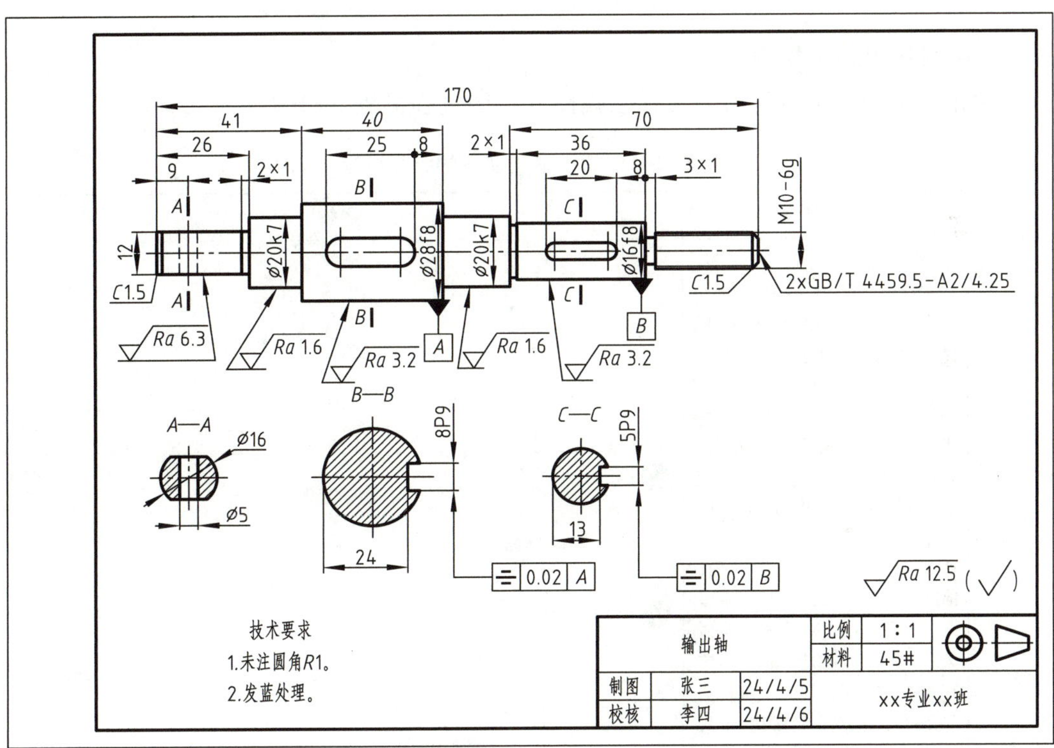

图 5-2-1　输出轴零件图

知识链接

5.2.1　样板文件的调用

零件图中常用的设置及图块已经通过样板文件保存，每次绘制零件图时可以直接进行调用，调用方法如下：

启用新建命令：输入“QN”→按“Enter”键，打开“选择样板”对话框，选择“aa 零件图样板 . dwt”，单击“打开”按钮，即可从所选的样板文件调用已有的设置及图块。这样新建的 dwg 文件中就已经包含样板文件中的绘图设置和图块了。

5.2.2　零件图的绘制步骤

零件图的绘制主要包括视图表达的绘制、尺寸标注、公差标注、表面粗糙度标注、图框和标题栏的添加等。详细实施过程请参考任务实施。

任务实施

1. 绘制输出轴主视图

绘制如图 5-2-1 所示的输出轴主视图，绘图过程见表 5-2-1。

表 5-2-1　输出轴主视图的绘图过程

步骤	操作过程	图解
步骤 1	绘制各轴段 输入“L”→按“Enter”键→在绘图区任意指定一点①→向右移动鼠标，捕捉到点①的正右方→输入“170”，得到直线①②。将该直线移入“中心线”图层，再将当前图层改为“粗实线”图层。 输入“ML”→按“Enter”键→输入“J”→输入“Z”→输入“S”→输入“12”→捕捉点①→向正右方追踪，输入“26”，即到点③处→按“Enter”键，得到轴段①③。 输入“ML”→按“Enter”键→输入“S”→输入“20”→捕捉点③→向正右方追踪，输入“15”（41-26），即到点④处→按“Enter”键，得到直径为 20 长为 15 的轴段③④。 以相同方式完成剩余轴段的绘制	170 ① ② 26 ③ 12 ① 41 26 (15) ④ ⌀20 ③

续表

步骤	操作过程	图解
步骤 2	绘制键槽特征 输入“C”→以点①为基点，移动鼠标向正左方追踪，输入“12”（4＋8），确定圆心②→输入半径“4”→得到圆②。 输入“M”→选择圆②→绘图区任意点，移动鼠标向正左方追踪，输入“17”（25–8）→得到圆③。 输入“L”→分别连接圆②和圆③的上象限点和下象限点。输入“TR”→分别修剪圆②的左半圆和圆③的右半圆，完成 ϕ28t8 轴段上键槽的绘制 重复以上步骤，根据尺寸绘制 ϕ16f8 轴段上的键槽，参考尺寸如图所示	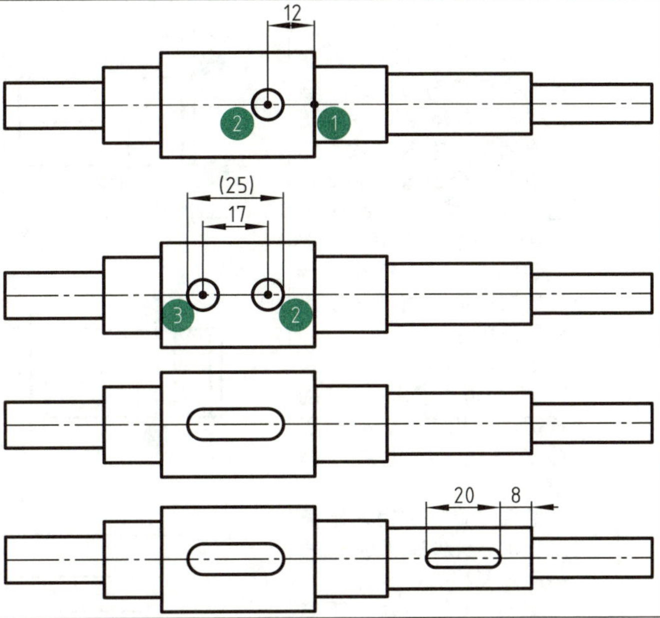 12 2 1 (25) 17 3 2 20 8
步骤 3	绘制砂轮越程槽特征 输入“ML”→输入“S”→输入“8”（10–1–1）→捕捉①点为起点，向正右方追踪，输入“3”为终点②→按“Enter”键。 输入“ML”→输入“S”→输入“14”（16–1–1）→捕捉③点为起点，向正右方追踪，输入“2”为终点④→按“Enter”键。 输入“X”→选择以上两段多线分解。 输入“EX”→分别将②、④所在竖线两端延伸，与轴段母线交点分别为⑤、⑥、⑦、⑧。 输入“TR”→分别将点⑤、⑥、⑦、⑧左侧的轴段母线修剪掉。 输入“L”→以⑨为参考点，向正左方追踪，输入“2”为起点⑩→向正下方追踪，输入“12”	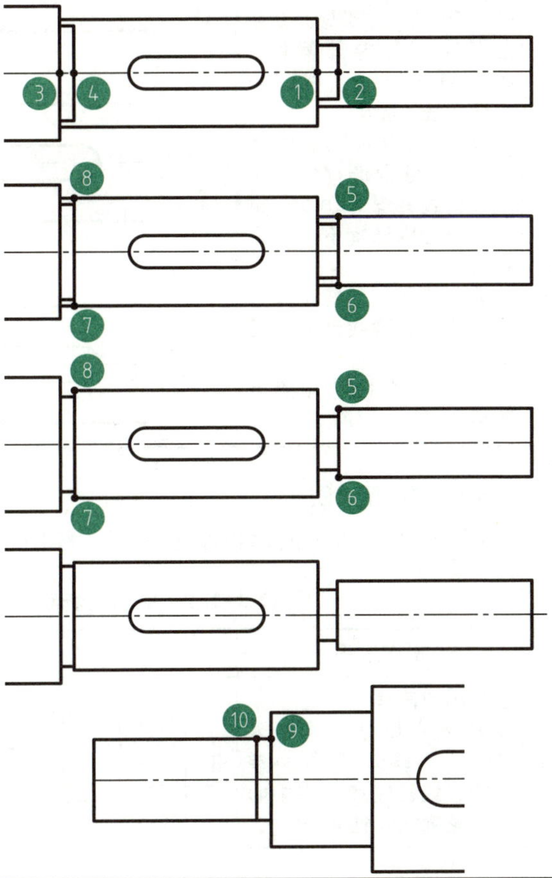 3 4 1 2 8 5 6 7 8 5 6 7 10 9

续表

步骤	操作过程	图解
步骤 4	绘制螺纹、倒角及孔特征 输入“L”→以①为参考点，向正右方追踪，输入“9”为起点②→向正上方追踪，输入“12”为终点③，得到直线②③。选中直线②③将其移入“中心线”图层→按“Ctrl+1”键，打开“特性”对话框→将“线型比例”设置为“0.5”。 输入“ML”→输入“S”→输入“5”→分别捕捉点②和点③，并将所绘多线移入“虚线”图层。 输入“O”→输入距离“1.5”→选择①④直线→向右偏移。 输入“O”→输入距离“0.75”→选择⑤、⑥所在直线→向内部偏移。并将偏移所得图线移入“细实线”图层。 输入“CHA”→输入“D”→分别选择⑤、⑦所在直线→按“Enter”键两次→分别选择⑥、⑦所在线段。 输入“TR”→将细实线右端超出轮廓线部分修剪掉。 输入“L”→连接点⑧和点⑨	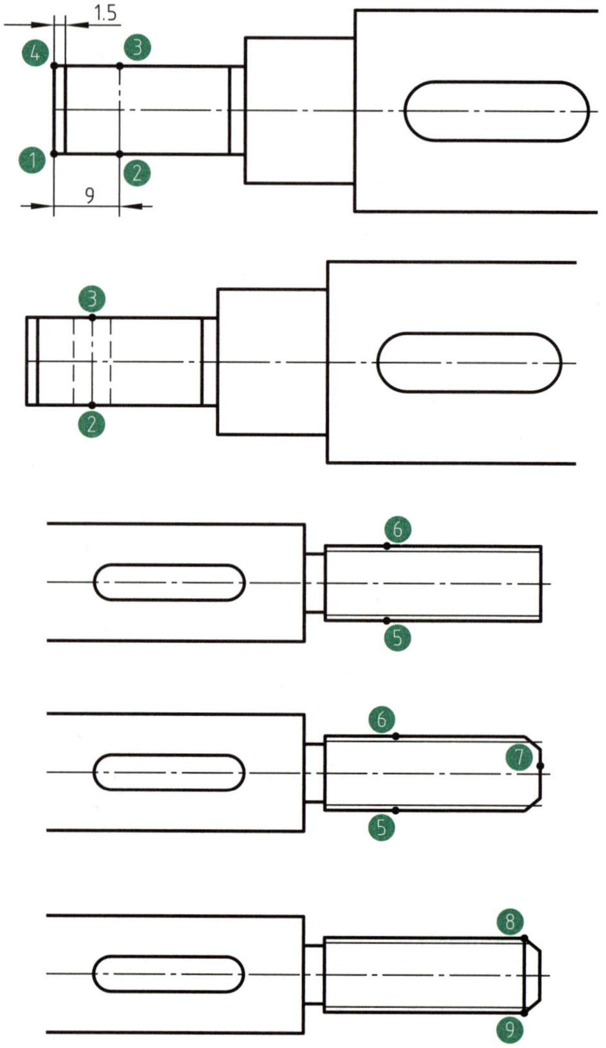

2. 绘制输出轴断面图

绘制如图 5-2-1 所示的输出轴断面图，绘图过程见表 5-2-2。

表 5-2-2　输出轴断面图的绘图过程

步骤	操作过程	图解
步骤 1	绘制剖切符号 输入“LEN”→输入“DE”→输入“3”→单击中心线各端点，将中心线向轮廓线外延伸 3mm。	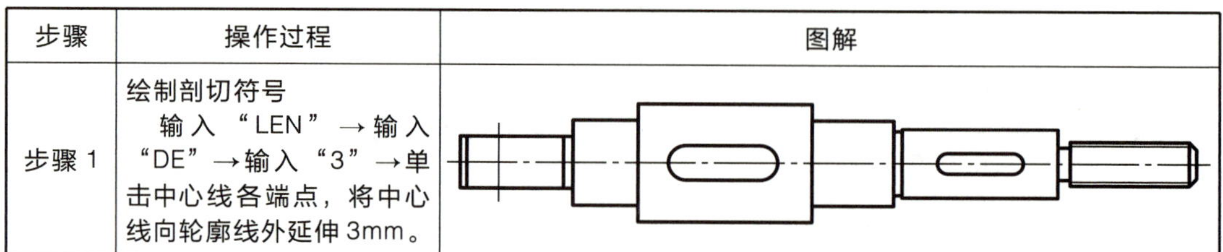

续表

步骤	操作过程	图解
步骤 1	输入“L”→以①为参考点，向正下方追踪，输入“2”为起点②，→继续向正下方追踪输入“5”为终点③，得到剖切位置线②③。 输入“DT”→在直线②③正左侧指定起始点→输入“A”。 输入“CO”→选择直线②③和字母 A→捕捉点①为基点→依次捕捉点④和点⑤→双击点④和点⑤处的字母“A”，分别改为“B”和“C”。 输入“MI”→选择三处剖切位置线和字母→分别捕捉点⑥和点⑦为镜像线→按“Enter”键。结果如图所示	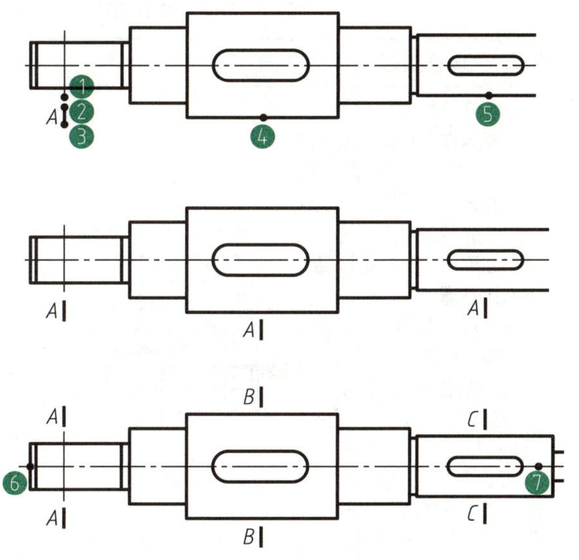
步骤 2	绘制断面图 输入“C”→以①为参考点，向正下方追踪，输入“50”为圆心②→输入“D”→输入直径“16”。 输入“C”→以②为参考点，向正右方追踪，以③为参考点，向正下方追踪，捕捉交点即为圆心④→输入“D”→输入直径“28”。以同样方式绘制 *C—C* 截面 $\phi 16$ 的圆。 输入“L”→通过捕捉象限点，为三个圆分别添加中心线。输入“LEN”→将中心线末端外延 3mm。 启用直线（L）、修剪（TR）、填充（H）命令完成截面细节的绘制。参考尺寸及结果如图所示。 输入“DT”→在截面图上方任意指定一点→按“Enter”键→输入“*A—A*”。 输入“CO”→选中 *A—A*→分别放在另外两个断面图正上方，双击文字分别修改为“*B—B*”和“*C—C*”。结果如图所示	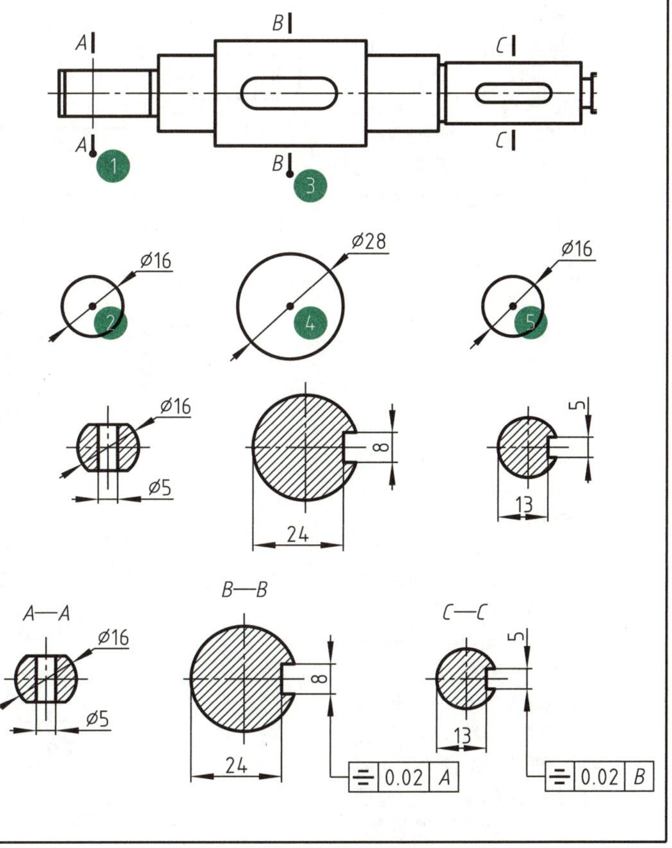

3. 输出轴零件图尺寸标注

标注如图 5-2-1 所示的输出轴零件图尺寸，标注过程见表 5-2-3。

表 5-2-3 输出轴零件图尺寸标注过程

步骤	操作过程	图解
步骤 1	几何尺寸标注 将当前图层切换到“尺寸标注”图层。 输入“DLI”→分别捕捉点①和点②→拖动尺寸在合适位置单击放置。 输入“DBA”→依次捕捉点③、④、⑤，结果如图所示。 输入“DLI”→分别捕捉点⑥和点③→输入“T”→输入“2×1”→捕捉到尺寸“9”的尺寸线放置，对齐放置。 以同样方式，利用线性标注“DLI”将包括直径、螺纹在内的几何尺寸标注完整。其中直径符号输入“%%c”，直径和螺纹尺寸的公差配合代号也要一并利用标注过程中的文字进行添加。结果如图所示	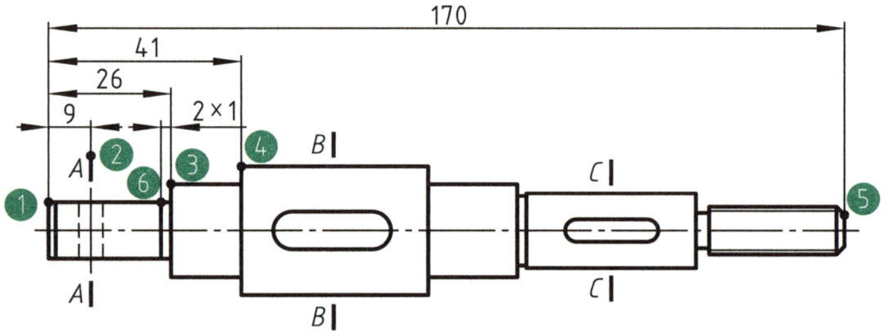 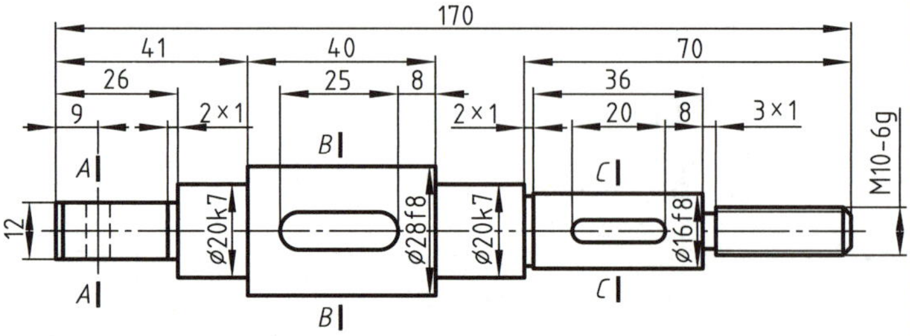
步骤 2	引线标注 输入“Q”→输入“S”→打开“引线设置”对话框，在“附着”选项卡中勾选“最后一行加下划线”→单击【确定】按钮→捕捉点①、②、③→按“Enter”键→输入“2×GB/T 4459.5—A2/4.25”→按“Enter”键两次。 输入“Q”→输入“S”→打开“引线设置”对话框，将“引线和箭头”选项卡中“箭头”设置为	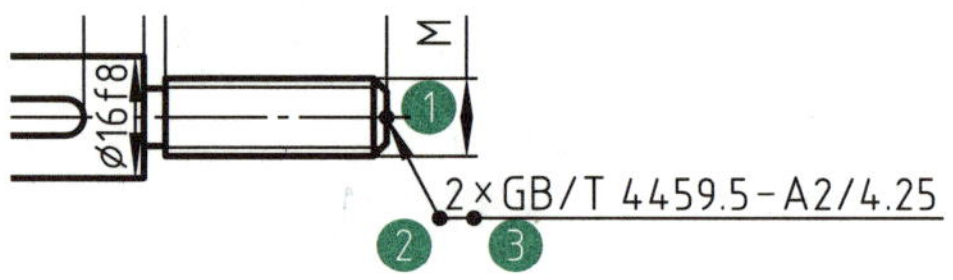 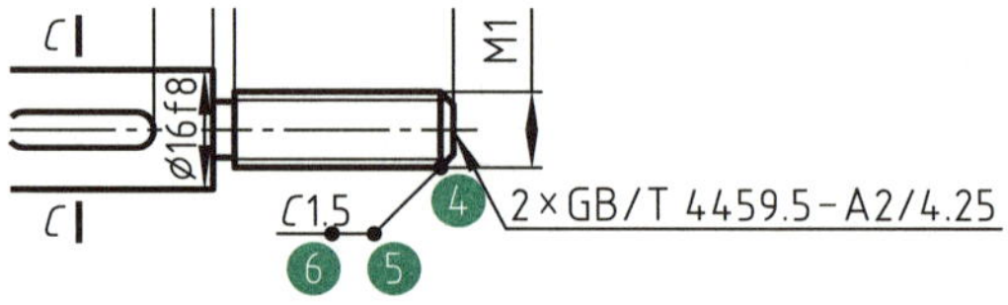 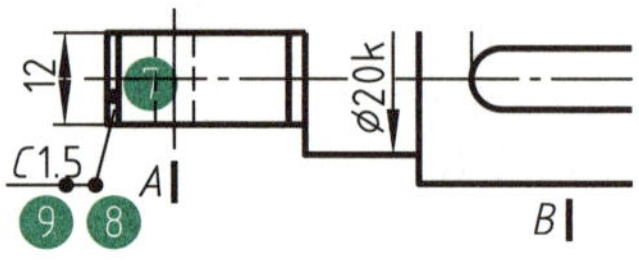

续表

步骤	操作过程	图解
步骤 2	“无”→单击【确定】按钮→捕捉点④、⑤、⑥→按“Enter”键→输入“C1.5”→按“Enter”键两次。 输入“Q”→输入“S”→打开“引线设置”对话框，将“引线和箭头”选项卡中“箭头”设置为“小点”→单击【确定】按钮→捕捉点⑦、⑧、⑨→按“Enter”键→输入“C1.5”→按“Enter”键两次。结果如图所示	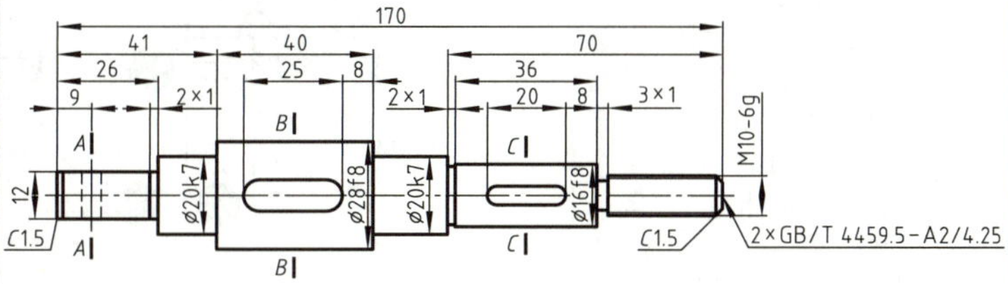 170 41　40　70 26　25　8　36 9　2×1　2×1　20　8　3×1 A　B　C 12　ø20k7　ø28f8　ø20k7　ø16f8　M10-6g C1.5　C1.5　2×GB/T 4459.5-A2/4.25
步骤 3	基准插入 输入“I”→打开“块”对话框→选择“基准”块→捕捉点①为基准点→打开“编辑属性”对话框→输入基准号“A”→单击【确定】按钮。 输入“I”→打开“块”对话框→选择“基准”块→捕捉点②为基准点→打开“编辑属性”对话框→输入基准号“B”→单击【确定】按钮	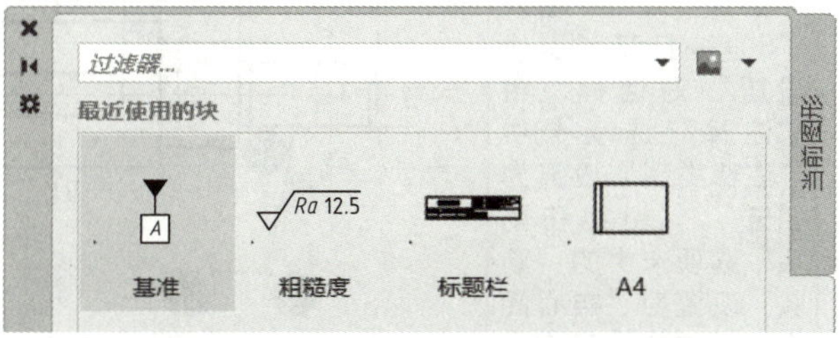 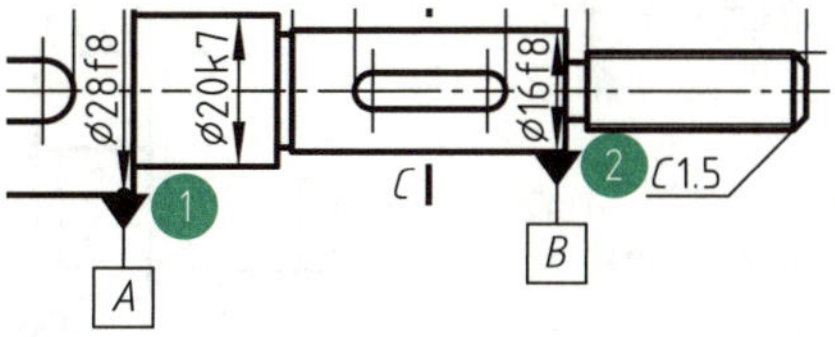 过滤器... 最近使用的块 基准　粗糙度　标题栏　A4 当前图形 ø28f8　ø20k7　ø16f8　C1.5 A　B
步骤 4	几何公差标注 输入“Q”→输入“S”→打开“引线设置”对话框，将“注释”选项卡中“注释类型”设置为“公差”，“引线和箭头”选项卡中的“箭头”设置为“实心闭合”→单击【确定】按钮→捕捉点①、②、③→打开“形位公差”对话框→参考图中设置→单击【确定】按钮	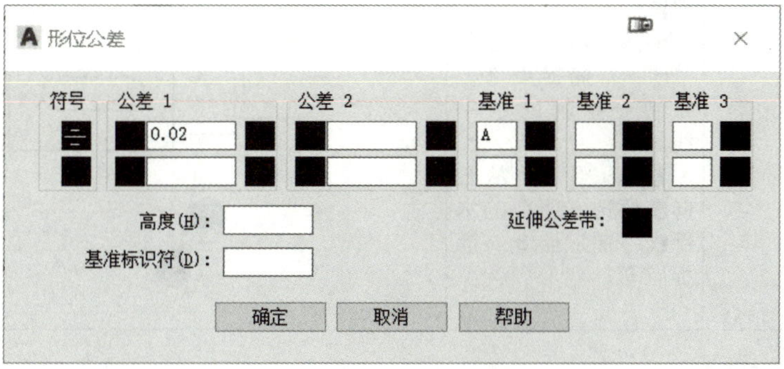 形位公差 符号　公差 1　公差 2　基准 1　基准 2　基准 3 0.02　A 高度(H)：　延伸公差带： 基准标识符(D)： 确定　取消　帮助

续表

步骤	操作过程	图解
步骤 4	输入“Q”→输入“S”→打开“引线设置”对话框，将“注释”选项卡中“注释类型”设置为“公差”，“引线和箭头”选项卡中的“箭头”设置为“实心闭合”→单击【确定】按钮→捕捉点④、⑤、⑥→打开“形位公差”对话框→参考图中设置→单击【确定】按钮	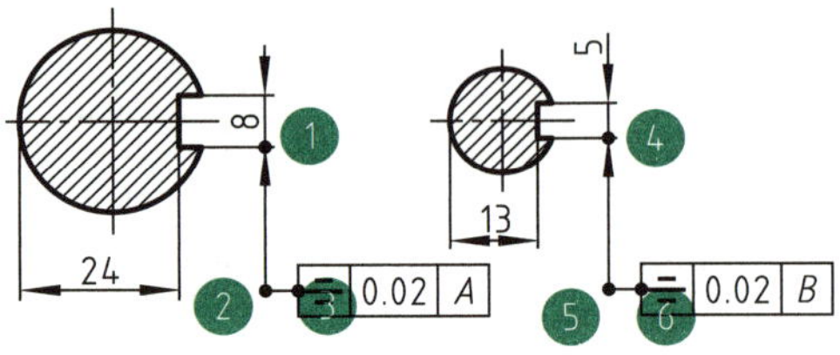
步骤 5	表面粗糙度标注 输入“Q”→输入“S”→打开“引线设置”对话框，将“注释”选项卡中“注释类型”设置为“无”，“引线和箭头”选项卡中的“箭头”设置为“实心闭合”→单击【确定】按钮→捕捉点①、②、③，得到一个标注引线。 输入“CO”→选择刚得到绘制的标注引线→捕捉点①为基准点→分别捕捉点④、⑤、⑥、⑦进行放置。 输入“XL”→输入“H”→捕捉点②，绘制一条辅助水平线。 输入“S”→从右向左框选⑧所在的水平线→捕捉点⑧→捕捉点⑨。	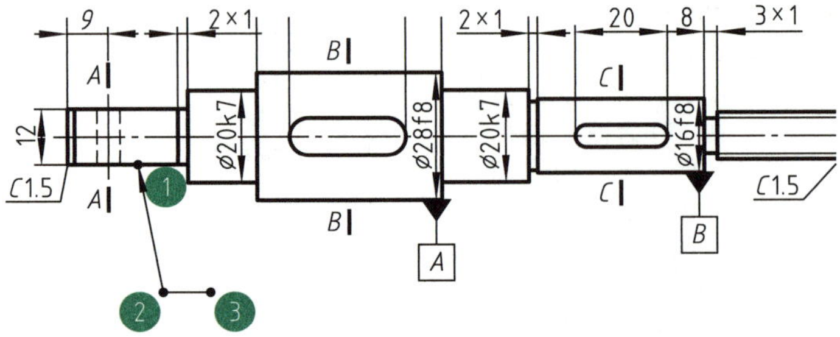 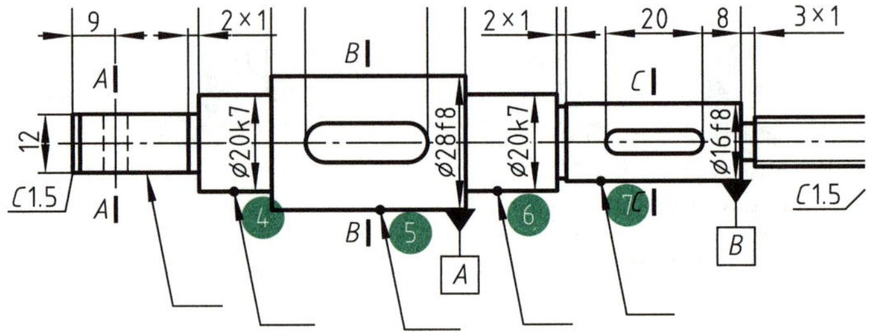 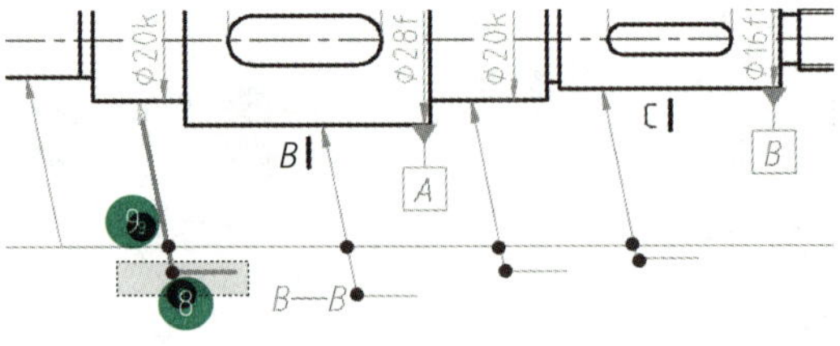

续表

步骤	操作过程	图解
步骤 5	以相同的方法将其他标注引线的水平线段拉伸到同一水平位置，并删除辅助水平线。 输入“I”→打开“块”对话框→选择“粗糙度”块→捕捉各引线标注的水平线→打开“编辑属性”对话框→输入粗糙度值→单击【确定】按钮。 输入“M”→选择与其他图素相交的粗糙度符号图块及相应的标注引线→根据需要进行左右平移，使图线间不相交。结果如图所示	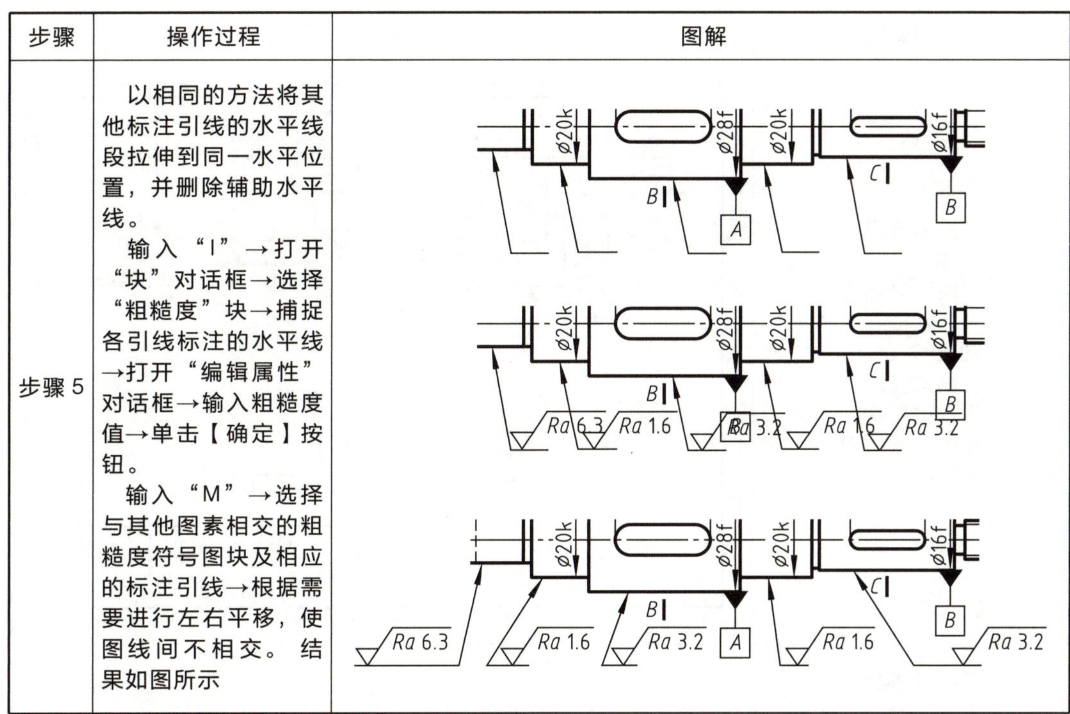

4. 插入输出轴零件图图框和标题栏

插入如图 5-2-1 所示的输出轴零件图图框和标题栏，插入过程见表 5-2-4。

表 5-2-4　输出轴零件图图框和标题栏插入过程

步骤	操作过程	图解
步骤 1	插入图框 输入“I”→打开“块”对话框→选择“A4”块→移动鼠标，将零件图置于图框中间偏上	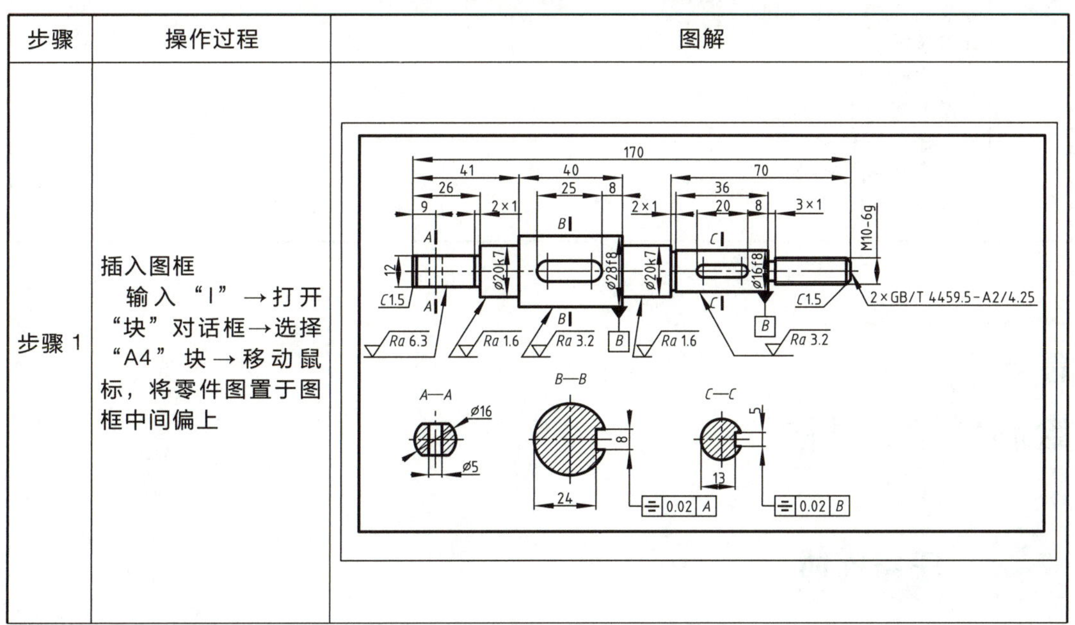

续表

步骤	操作过程	图解
步骤 2	插入标题栏 输入“I”→打开“块”对话框→选择“标题栏”块→捕捉图框角点①→打开“编辑属性”对话框，根据提示输入相应的内容→单击【确定】按钮	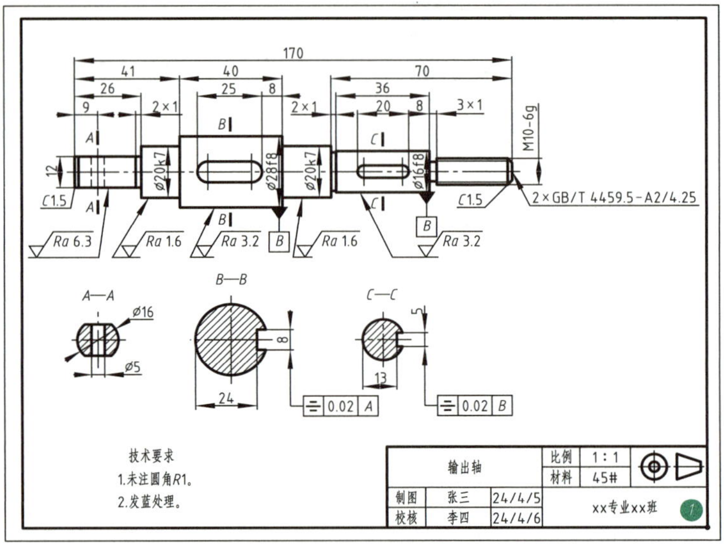
步骤 3	书写技术要求及保存文件 将当前文字样式切换到“汉字”。 输入“T”→在标题栏左侧或者上方空白位置，单击两点，定义输入框→输入具体的技术要求内容。 单击按钮→打开“图形另存为”对话框，输入文件名“输出轴零件图”→单击 保存(S) 按钮	图 5-2-1

任务3
绘制塔轮零件图

任务描述

读懂并绘制如图 5-3-1 所示塔轮零件图，并对其进行合理的标注。

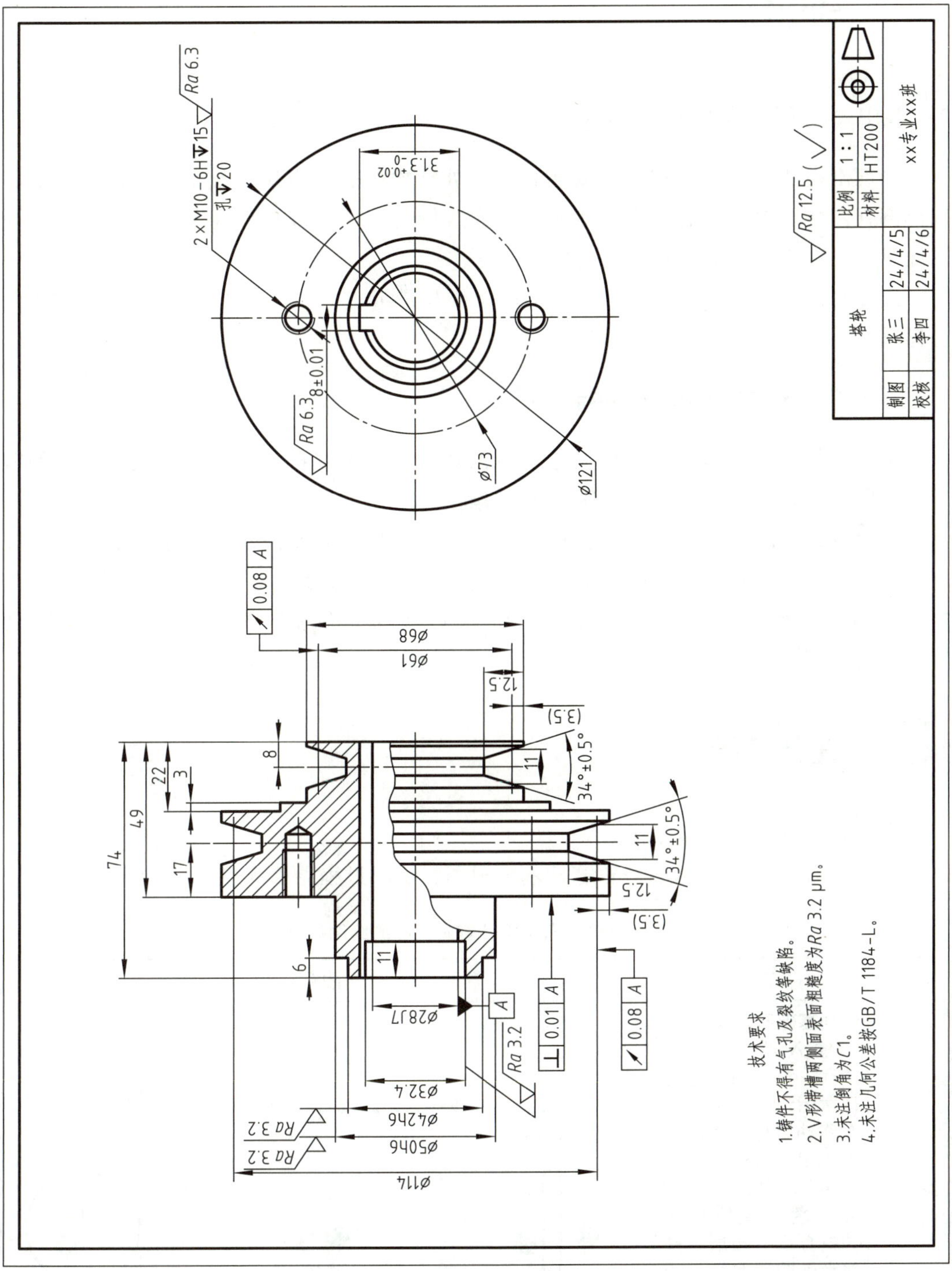

技术要求

1.铸件不得有气孔及裂纹等缺陷。

2.V形带槽两侧面表面粗糙度为Ra 3.2 μm。

3.未注倒角为C1。

4.未注几何公差按GB/T 1184-L。

塔轮			比例	1:1	
			材料	HT200	
制图	张三	24/4/5			xx专业xx班
校核	李四	24/4/6			

图 5-3-1　塔轮零件图

知识链接

5.3.1 局部剖视的表达

局部剖视图是一种比较灵活的兼顾内、外结构的表达方法，且不受条件限制。在局部剖视图中，剖与不剖部分用细波浪线或双折线分界，该分界线不应和图样上其他图线重合，也不应穿空或超出视图的轮廓线。

绘图时，可以利用样条曲线（SPL）命令与最近点（NEA）命令相结合的方式画分界线。

5.3.2 尺寸极限偏差的标注

偏差是某一尺寸减去其公称尺寸所得的代数差。偏差可以为正、负或零值。偏差有上极限偏差和下极限偏差，统称为极限偏差。

绘图时，可以先正常标注出公称尺寸，再选择某个需要添加极限偏差的尺寸，按“Ctrl+1”键打开“特性”对话框，滚动到“公差”部分，将“显示公差”设置为“极限偏差”，然后分别输入“公差下偏差”和“公差上偏差”具体值，并将“公差文字高度”设置为“0.7”即可。

任务实施

1. 绘制塔轮零件基本视图

绘制如图5-3-1所示的塔轮零件基本视图，绘图过程见表5-3-1。

表5-3-1 塔轮零件基本视图的绘图过程

步骤	操作过程	图解
步骤1	绘制基础形体视图 输入“L”→按“Enter”键→绘图区任意指定一点①→向右移动鼠标，捕捉到点①正右方→输入“74”，得到直线①②。将该直线移入“中心线”图层，并将当前图层改为“粗实线”图层。 输入“ML”→按“Enter”键→输入	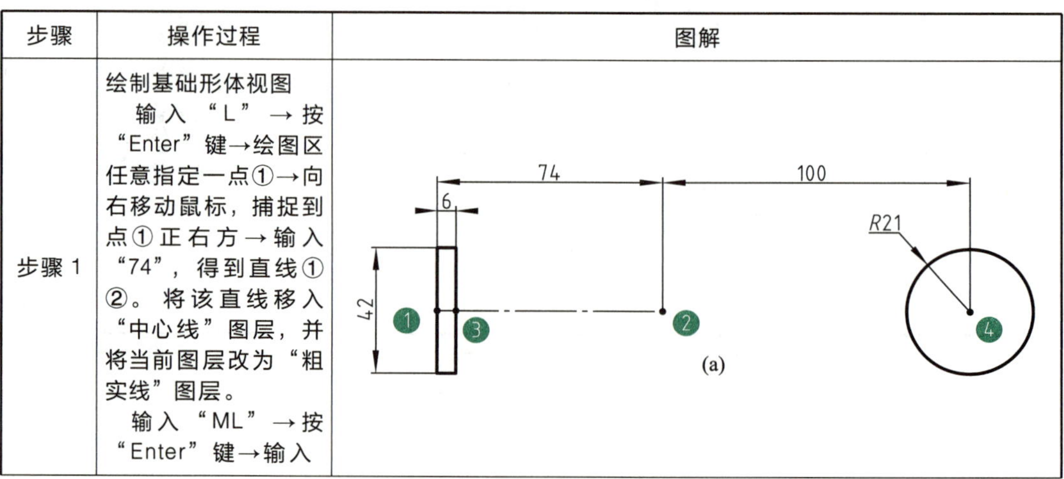 (a)

续表

步骤	操作过程	图解
步骤 1	“J”→输入“Z”→输入“S”→输入“42”→捕捉点①→向正右方追踪，输入“6”，即到点③处→按“Enter”键。输入“C”→从点②向正右方追踪 100，以点④为圆心→输入半径“21”。结果如图(a)所示。 输入“ML”→按“Enter”键→输入“S”→输入“50”→捕捉点③→向正右方追踪，输入“19”，即到点⑤处→按“Enter”键。输入“C”→捕捉点④为圆心→输入半径“25”。结果如图(b)所示。 输入“ML”→按“Enter”键→输入“S”→输入“121”→捕捉点⑤→向正右方追踪，输入“27”，即到点⑥处→按“Enter”键。输入“C”→捕捉点④为圆心→输入半径“60.5”。结果如图(c)所示。 以相同方式完成基础形体剩余部分的绘制，结果如图(d)所示	19　50　3　5　R25　4 (b) 27　121　5　6　R60.5　4 (c) (d)
步骤 2	绘制带槽 输入“O”→输入距离“17”→选择点①所在直线→向右侧偏移。并将偏移得到的线移入“中心线”图层。	

续表

步骤	操作过程	图解
步骤 2	输入“O”→输入距离“57”（114/2）→选择点②所在中心线→向下偏移。 输入“L”→以③为参考点，水平向右追踪，输入“5.5”为起点→向正上方追踪，输入“12.5”→向正左方追踪，输入“5.5”，得到直线④和直线⑤。 输入“RO”→选择直线④→捕捉点⑥为基点→输入旋转角度“17°”。 输入“EX”→将直线④上端延长到直线⑤，将直线④下端延长到轮廓线→按住“Shift”键→选择直线⑤，修剪右侧。 输入“MI”→框选直线④和⑤→指定竖直中心线上的两点→按“Enter”键。输入“TR”→将水平中心线两侧多余部分修剪掉。即可得到带槽轮廓，如图（a）所示。 输入“MI”→框选带槽轮廓→指定水平轴线上的两点→完成镜像。输入“TR ”→修剪带槽V形轮廓内的线段。输入“C”→在左视图作带槽底圆柱面的投影圆→放入“虚线”图层。结果如图（b）所示。 输入“O”→输入偏移距离“8”→将右端面轮廓线向左偏移，并放入“中心线”图层。	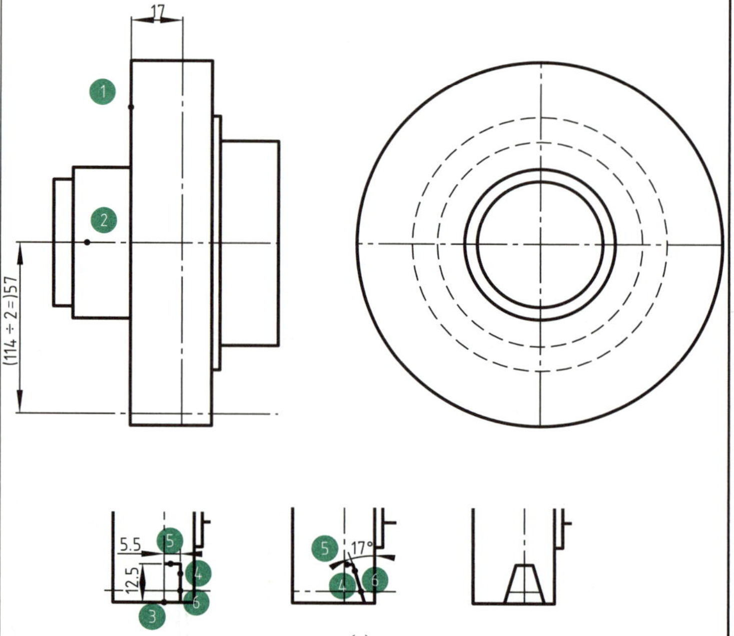 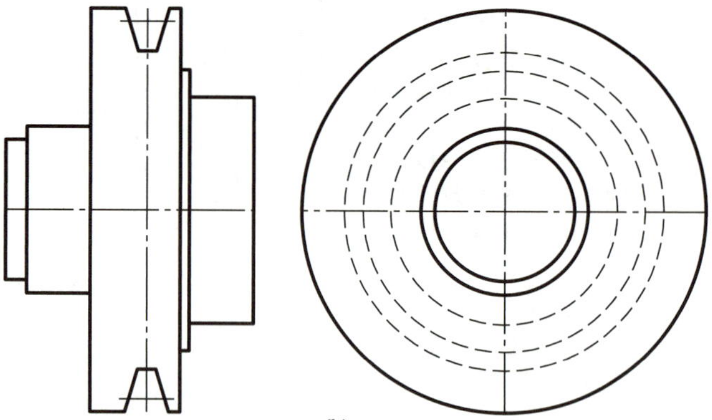 17 1 2 (114÷2=)57 5.5 12.5 17° (a) (b)

续表

步骤	操作过程	图解
步骤 2	输入“CO”→框选带槽轮廓→捕捉点③为基点→捕捉点⑦为放置点。 利用对象特性（MO）、修剪（TR）、圆（C）等命令完成剩余带槽的镜像和投影，如图（c）所示。 利用直线（L）命令，将主视图上下对称转折点以直线相连；利用拉长（LEN）命令将所有中心线向轮廓线外延长3mm，完成塔轮的基本投影绘制，结果如图（d）所示	⑦ 8 ③ (c) (d)
步骤 3	绘制轴孔及键槽特征 输入“ML”→输入“S”→输入“32.4”→捕捉①点为起点，向正右方追踪，输入“11”，即到点②处→按“Enter”键。 输入“ML”→输入“S”→输入“28”→捕捉②点为起点，向正右方追踪，捕捉到点③→按“Enter”键。	① ② ③ (a)

续表

步骤	操作过程	图解
步骤3	输入“X”→选择以上两段多线进行分解，并放入“虚线”图层。 输入“C”→在左视图分别做 ϕ32.4 和 ϕ28 的同心圆。结果如图(a)所示。 输入“L”→以④为参考点向正上方追踪→输入“31.3”为起点→向右追踪→输入“4”→竖直向下捕捉到与 ϕ28 圆的交点。结果如图(b)所示。 输入“MI”→框选刚绘制的线段→以竖直中心线为对称线→完成镜像。输入“TR”→将键槽轮廓内部的圆弧剪掉。结果如图(c)所示。 输入“XL”→输入“H”→分别过点⑤、⑥、⑦画水平射线。结果如图(d)所示。 输入“L”→分别连接点⑧和点⑨→再分别连接点⑩、⑪、⑫、⑬。 输入“E”→交选三条水平射线→进行删除。 输入“E”→框选直线⑧⑨、⑩⑪⑫⑬范围内的虚线→进行删除。 输入“TR”→输入“T”→选择直线⑫⑬→点选点⑫上方的虚线进行修剪。 框选直线⑧⑨、⑩⑪、⑫⑬→放入“虚线”图层。结果如图(e)所示	4 ϕ28 31.3 (b) 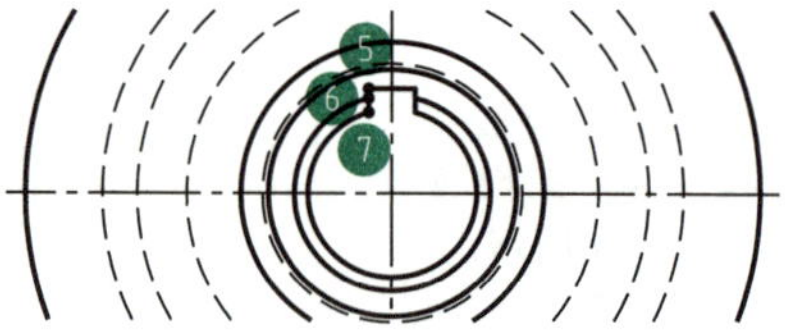 (c) 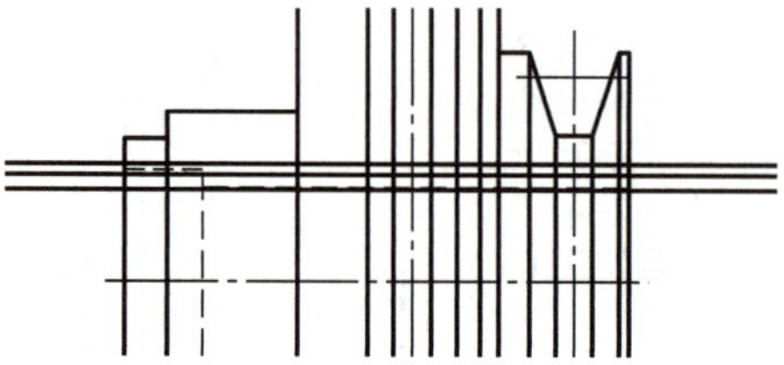 (d) 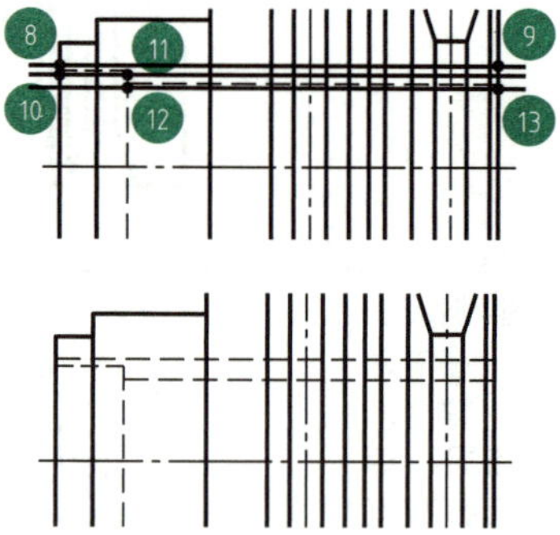 (e)

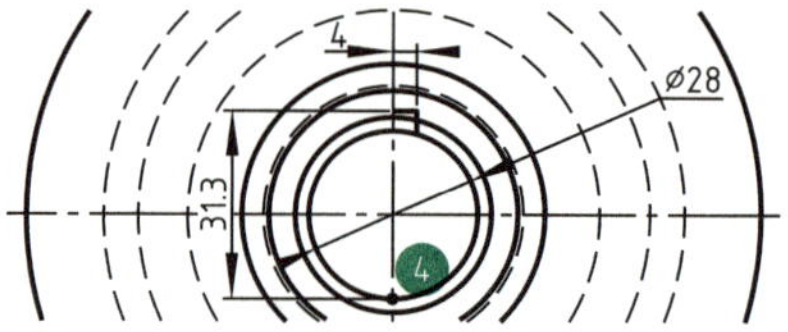

2. 塔轮零件视图优化表达

优化表 5-3-1 所绘的塔轮零件基本视图表达方案，绘图过程见表 5-3-2。

表 5-3-2　塔轮零件视图优化表达的绘图过程

步骤	操作过程	图解
步骤 1	局部剖视图 输入“SPL”→依次指定 5~8 个点→完成主视图局部剖分界线的绘制，并将绘制好的样条曲线放入“细实线”图层。结果如图(a)所示。 输入“TR”→以样条曲线为界线，将上半部分外部结构实线轮廓线进行修剪，并将样条曲线穿过虚线的右侧全部修剪。 将主视图剩余虚线全部移入“粗实线”图层。将左视图中虚线全部删除。结果如图(b)所示	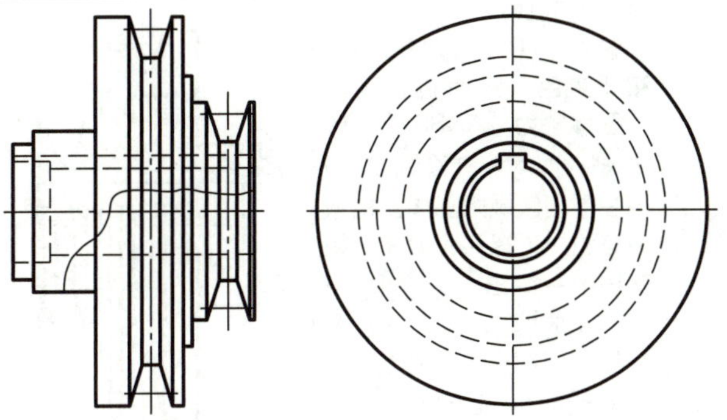 (a) 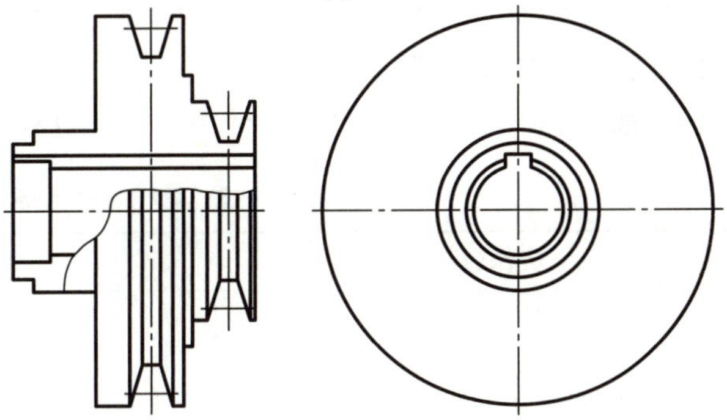 (b)
步骤 2	绘制螺孔 输入“O”→输入“36.5”→选择主视图水平中心线→上、下各偏移一次。 输入“C”→捕捉左视图中心→输入“D”→输入“73”，并将该圆放入“中心线”图层。结果如图(a)所示。 利用多线（ML）、直线（L）、圆（C）、修剪（TR）等命令，绘制上半部分 M10 螺孔剖视轮廓线及其在左视图上的投影。 利用修剪（TR）、拉长（LEN）等命令，将多余中心线进行修剪后，再将中心线向轮廓线外延长 3mm。结果如图（b）所示	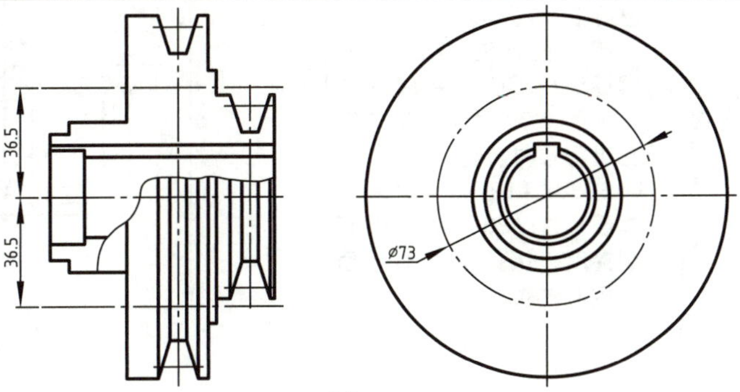 (a) 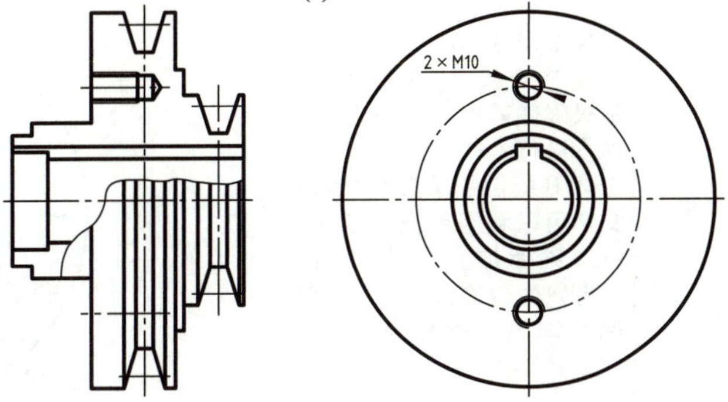 (b)

续表

步骤	操作过程	图解
步骤 3	填充剖面线 输入“H”→打开“填充和渐变色”对话框，设置“图案”为“ANS31”，单击 添加:拾取点(K) 图标按钮→在剖切区域内部单击拾取填充边界（螺孔应填充到粗实线）→单击 确定 按钮，完成填充。将填充图线移入“细实线”图层。 最终的视图表达如图所示	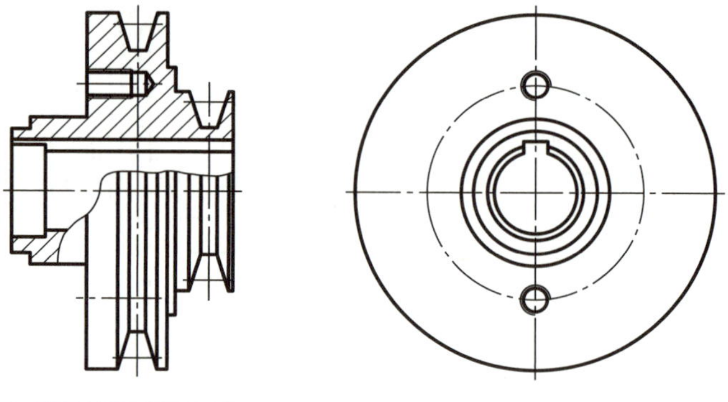

（3）标注塔轮零件图

标注如图 5-3-1 所示的塔轮零件图，标注过程见表 5-3-3。

表 5-3-3 塔轮零件图标注过程

步骤	操作过程	图解
步骤 1	主视图尺寸标注 将当前图层设置到“尺寸标注”图层。 用线性标注（DLI）、连续标注（DCO）、基线标注（DBA）命令，结合制造工艺进行尺寸标注。 ϕ28J7 和 ϕ32.4 之间因需要标注 ϕ28J7 孔的表面粗糙度，因此需要提前预留相应的位置	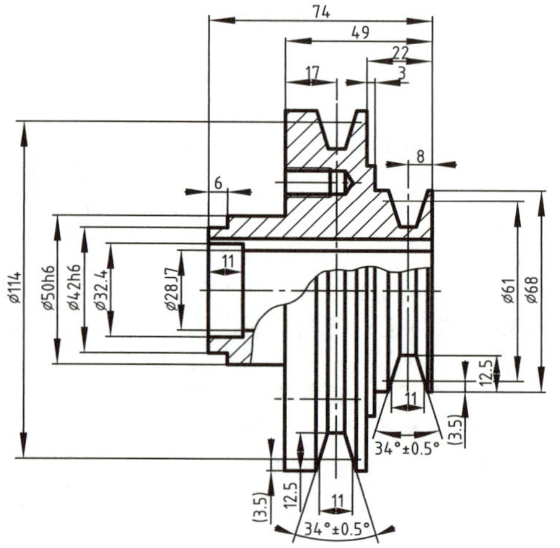
步骤 2	左视图尺寸标注 尺寸 8 和 31.1 的上、下极限偏差可以通过属性命令进行添加。 M10 标注的第二行孔深文字可以利用单行文字进行单独添加。孔深符号 ↧ 可以通过输入“x”，再选中字符，将字体改为“gdt”来实现	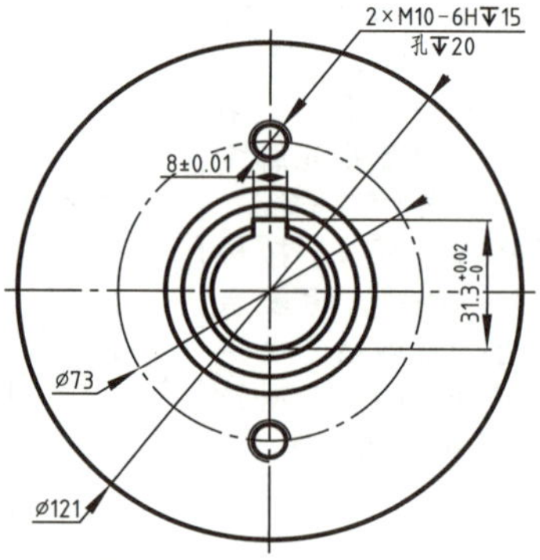

续表

步骤	操作过程	图解
步骤 3	基准及几何公差标注 利用插入块(I)命令，在 ϕ28J7 下端尺寸箭头处插入“基准 *A*”符号。 利用区域覆盖(WI)命令，围绕“基准 *A*”符号绘制一个封闭区域，再选中“基准 *A*”右击选择“绘图次序-前置”，并将区域边线颜色改为“白色”。 利用快速引线(Q)命令，标注几何公差	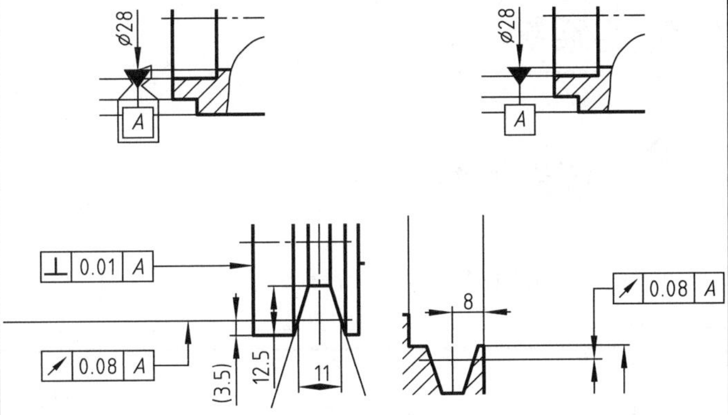
步骤 4	表面粗糙度标注 利用插入块(I)命令，插入“粗糙度”属性块，并输入对应的表面粗糙度值；并将所有表面粗糙度标注水平对齐，标注结果如图所示	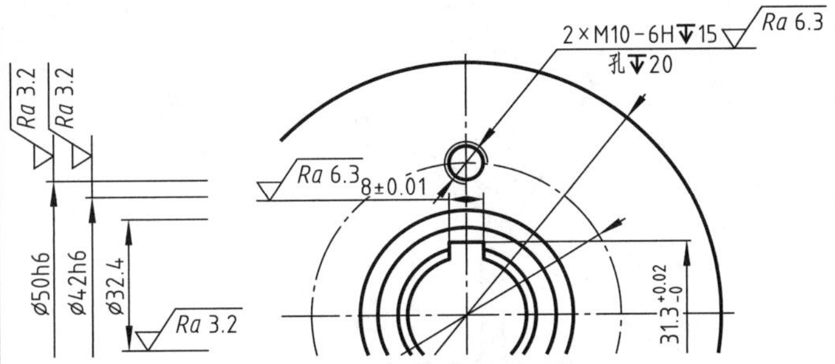
步骤 5	插入图框、标题栏和技术要求 利用插入块(I)命令，插入 A3 图框后，将图框移动到合适位置，让零件视图位于图框正中间；再插入“粗糙度”属性块，根据提示输入对象的属性文字。 利用多行文字(T)命令，在合适位置输入技术要求，完成塔轮零件图的绘制并保存为 dwg 文件	图 5-3-1

任务4
绘制支架零件图

任务描述

读懂并绘制如图 5-4-1 所示支架零件图，并对其进行合理的标注。

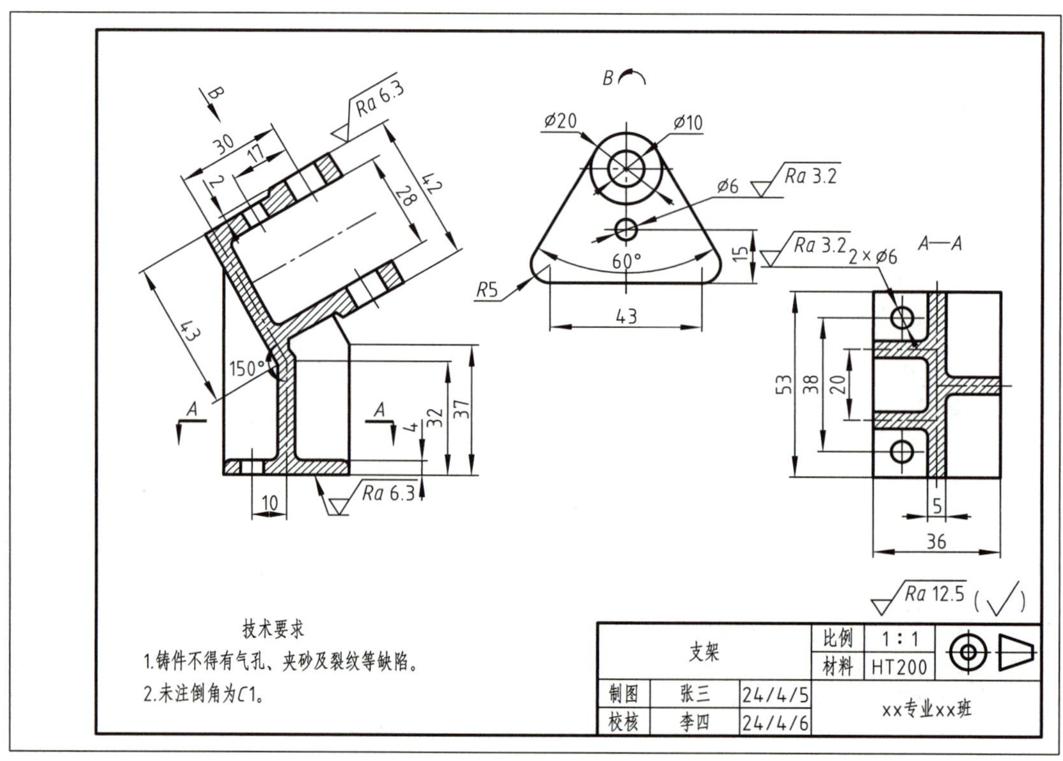

图 5-4-1　支架零件图

知识链接

5.4.1　零件图的表达

该支架为前后对称结构，而底座和上部连接头有一定夹角，且底座与连接头由三块肋板加强。零件图表达方案采用主视图全剖表达，但要注意剖切到的肋板按不剖表达；连接头采用向视图表达；底板采用 *A—A* 剖视图表达，此时肋板要作剖切处理。

任务实施

1. 绘制支架零件各视图

绘制如图 5-4-1 所示的支架零件各视图，绘图过程见表 5-4-1。

表 5-4-1　支架零件各视图的绘图过程

步骤	操作过程	图解
步骤 1	绘制全剖主视图 利用直线（L）、旋转（RO）、圆（C）、偏移（O）、修剪（TR）、填充（H）、拉长（LEN）等命令，按照全剖投影，绘制支架的主视图。 添加 *A—A* 剖切符号及 *B* 向视图符号，并将不同的线型放入相应的图层，绘制结果如图所示	
步骤 2	绘制 *A—A* 剖视图 根据 *A—A* 剖切位置，绘制剖切后的视图	
	绘制 *B* 向视图 *B* 向视图指向连接头的顶面，且该面为独立封闭区域，可以直接按旋转摆正后的形状绘制，在视图名称旁应配上旋转符号	

（2）标注支架零件图

标注如图 5-4-1 所示的支架零件图，标注过程见表 5-4-2。

表 5-4-2　支架零件图标注过程

步骤	操作过程	图解
步骤 1	主视图尺寸标注 将当前层设置到“尺寸标注”图层。 利用线性标注（DLI）、对齐标注（DAL）、角度标注（DAN）、基线标注（DBA）命令，结合制造工艺进行尺寸标注	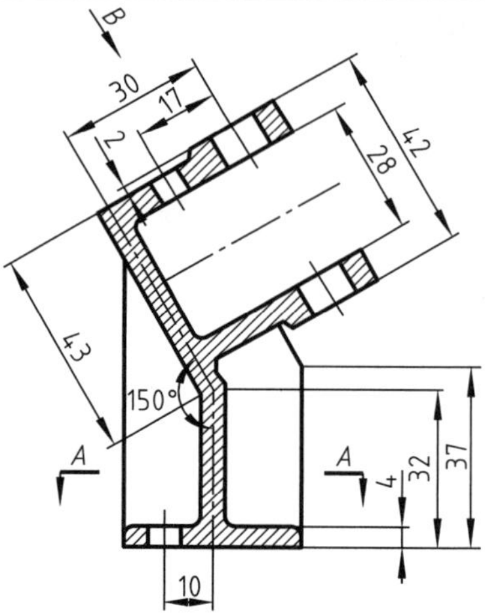
步骤 2	*A*—*A* 剖视图及 *B* 向视图尺寸标注 利用线性标注（DLI）、直径标注（DDI）命令，结合制造工艺进行尺寸标注	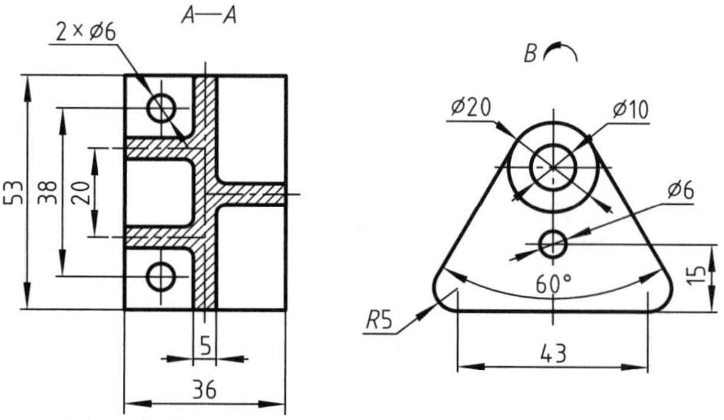
步骤 3	表面粗糙度标注 利用插入块（I）命令，插入“粗糙度”属性块，并输入对应的表面粗糙度值。标注结果如图所示	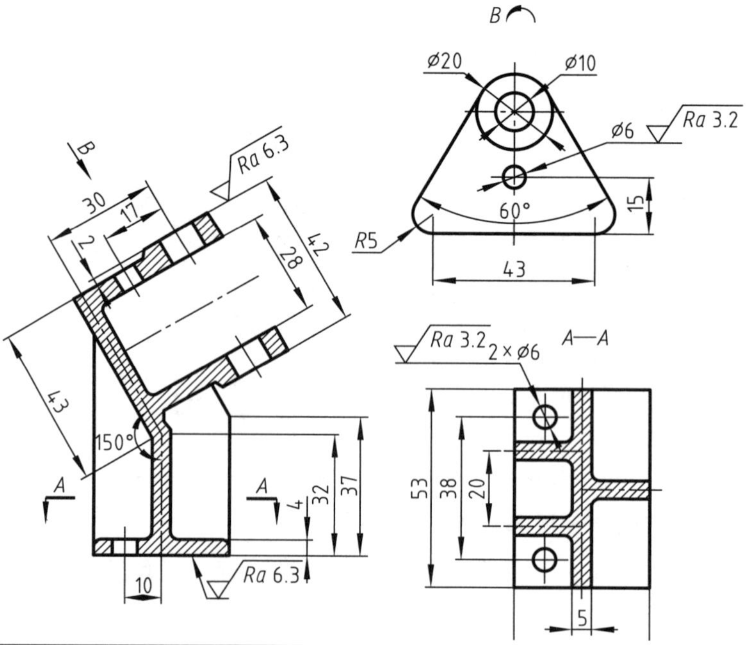

续表

步骤	操作过程	图解
步骤 4	插入图框、标题栏和技术要求 利用插入块(I)命令，插入 A4 图框后，将图框移动到合适位置，让零件视图位于图框正中间；再插入“粗糙度”属性块，根据提示输入对象的属性文字。 利用多行文字(T)命令，在合适位置输入技术要求，完成支架零件图的绘制并保存为 dwg 文件	图 5-4-1

项目总结

零件图上的尺寸标注，除了要正确、完整、清晰外，还要考虑合理性，既要满足设计要求，又要便于加工和测量。

学会图块操作，可节省绘图时间。

熟练掌握零件图上常见孔的尺寸标注、表面粗糙度的标注、公差及配合尺寸的标注和几何公差的标注。

注意图层的灵活使用，能对零件图中线型、尺寸标注、表面粗糙度标注、技术要求注写等进行全面把控。

知识拓展

在设计机械结构时要尽量采用标准件和标准尺寸，这样做一方面可以降低设计的劳动强度，同时也便于加工和采购，提高工作效率；另一方面标准件具有较好的互换性，更换时无须做过多的处理，可使后期维护省时省力。

项目 6
三维实体造型

知识目标

- 掌握三维实体的观察方法和用户坐标系的创建方法。
- 掌握创建基本三维实体的方法及基本参数的设置。
- 掌握通过二维图形创建三维实体的方法。
- 掌握通过布尔运算创建复杂三维实体的方法。
- 掌握三维实体的编辑方法。

能力目标

- 能配合三维实体观察方法灵活地进行用户坐标系的创建，能绘制由基本体组合的三维实体。
- 能综合运用多种建模方法创建较复杂的三维实体。
- 能灵活运用布尔运算进行三维实体绘图。
- 能熟练运用三维实体编辑命令。

素养目标

- 具备与时俱进、努力奋斗的意识。
- 树立终身学习的观念，养成终身学习的习惯。

任务 1
支架三维实体建模

任务描述

创建如图 6-1-1 所示的支架三维实体。

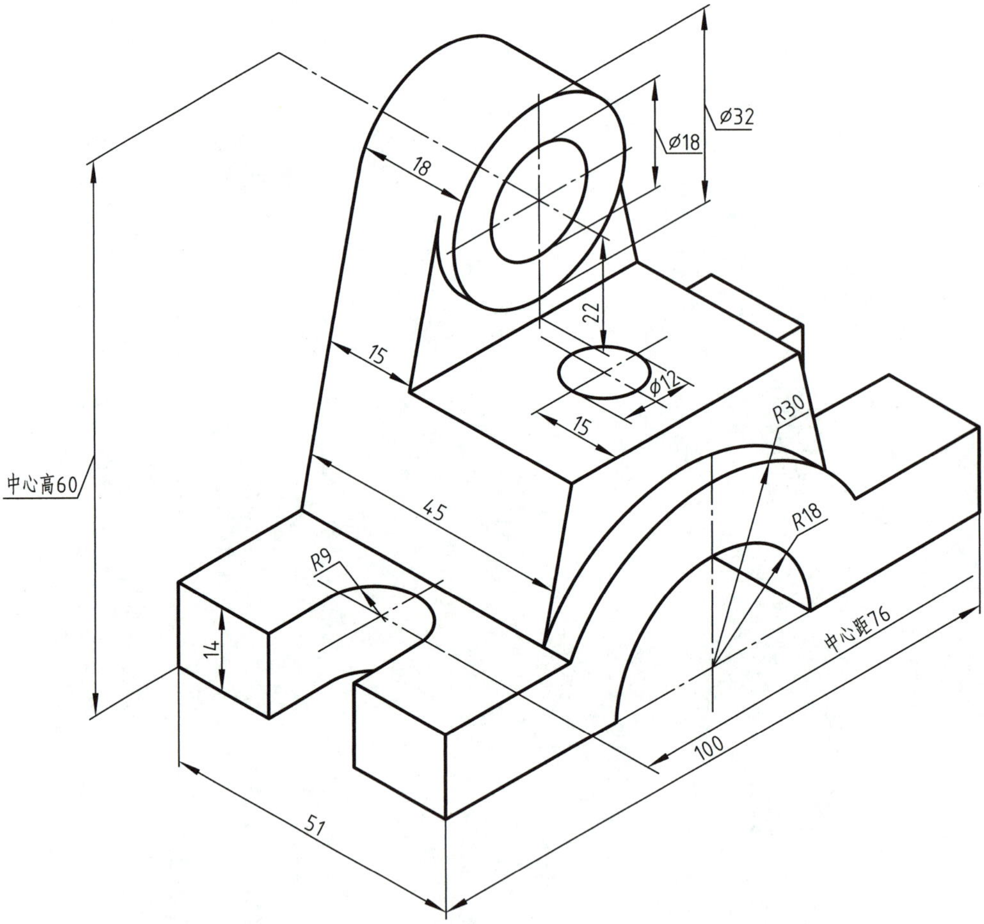

图 6-1-1　支架三维实体

知识链接

6.1.1　三维观察

1. 快速设置三维视图

命令启用方法如下：

方法 1　工具栏：单击“视图”工具栏中的图标按钮，如图 6-1-2 所示。“视图”工具栏中有 10 个图标，即俯视、仰视、左视、右视、前视、后视、西南等轴测、东南等轴测、西北等轴测、东北等轴测。

图 6-1-2　“视图”工具栏

方法 2　菜单命令：【视图】→【三维视图】，如图 6-1-3 所示。

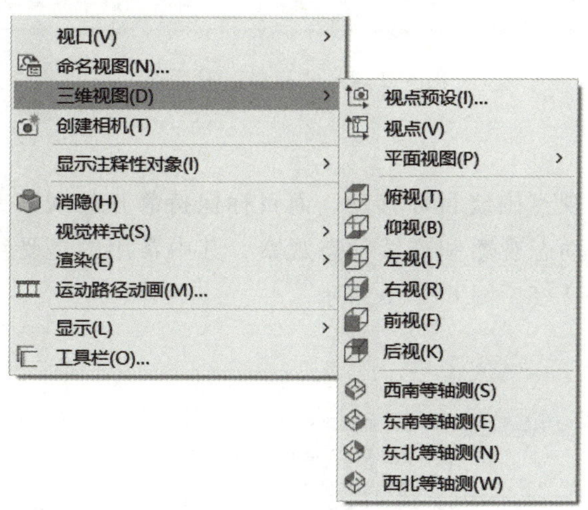

图 6-1-3　“三维视图”子菜单

方法 3　键盘命令：输入“View”→按“Enter”键。

2. 视口命令

启用视口命令可以建立多个绘图区。各视口可采用三维视图命令设置同一模型的不同视点视图。

命令启用方法如下：

方法 1　工具栏：“视口”工具栏→【新建视口】按钮。

方法 2　菜单命令：【视图】→【视口】→【新建视口】。

方法 3　键盘命令：输入“Vports”→按“Enter”键。

命令启用后，系统弹出“视口”对话框，如图 6-1-4 所示。

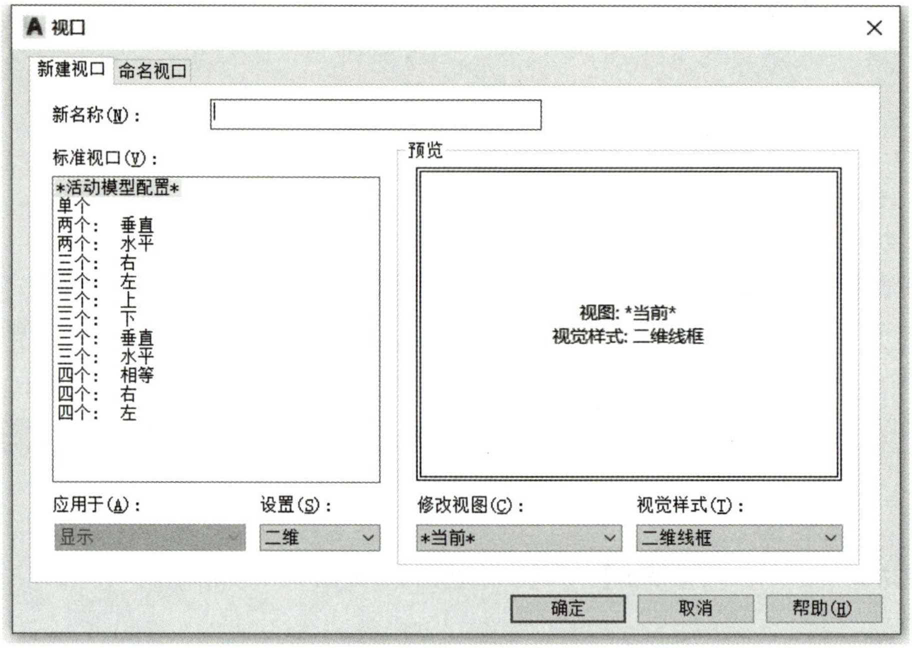

图 6-1-4　“视口”对话框

3. 动态观察

三维动态观察是视点围绕目标移动，而目标保持静止的观察方式。它包括：受约束的动态观察、自由动态观察和连续动态观察，其中常用的是受约束的动态观察、自由动态观察，如图 6-1-5、图 6-1-6 所示。

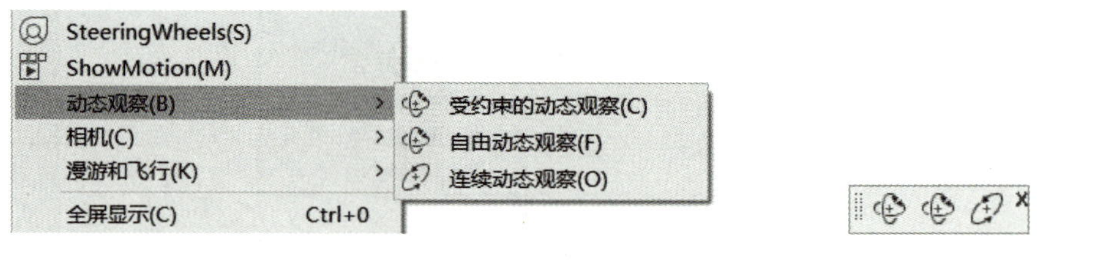

图 6-1-5　“动态观察”子菜单　　图 6-1-6　“动态观察器”工具栏

（1）受约束的动态观察

拖动光标来控制观察三维视图。命令启用方法如下：

方法 1　工具栏：“动态观察”工具栏→【受约束的动态观察】按钮。

方法 2　菜单命令：【视图】→【动态观察】→【受约束的动态观察】。

方法 3　键盘命令：输入“3DORBIT”→按“Enter”键。

命令启用后，将对三维视图沿 *XY* 平面或 *Z* 轴进行约束。

（2）自由动态观察

用导航球来控制三维视图。命令启用方法如下：

方法 1　工具栏："动态观察" 工具栏→【自由动态观察】按钮。

方法 2　菜单命令：【视图】→【动态观察】→【自由动态观察】。

方法 3　键盘命令：输入 "3DFORBIT" →按 "Enter" 键。

命令启用后，可对三维视图在任意方向上进行三维动态观察。

6.1.2　用户坐标系（UCS）

在使用 AutoCAD 进行三维绘图时，用户坐标系（UCS）的原点位置、*X* 轴、*Y* 轴和 *Z* 轴的角度可以任意调整，这样绘制三维实体将更便捷。UCS 命令用于建立、管理和使用用户坐标系。

1. 命令启用方法

方法 1　工具栏："动态观察" 工具栏→【UCS】按钮。

方法 2　菜单命令：【工具】→【新建 UCS】。

方法 3　键盘命令：输入 "UCS" →按 "Enter" 键。

2. 系统提示及操作方法

启用命令后，命令行提示如下：

- 指定 UCS 原点或 [面（F）/命名（NA）/对象（OB）/上一个（P）/视图（V）/世界（W）/X/Y/Z/Z 轴（ZA）] <世界>:

命令行中各选项含义如下：

"指定 UCS 原点"：使用一点、两点或三点定义一个新的 UCS。如果指定单个点，当前 UCS 的原点将会移动而不会改变 *X*、*Y*、*Z* 轴的方向。

"面（F）"：将 UCS 与三维实体的选定面对齐。

"命名（NA）"：按名称保存并恢复常用的 UCS 方向。

"对象（OB）"：根据选定的三维对象定义新的坐标系。新建坐标系的拉伸方向（即 *Z* 轴正方向）与选定对象的拉伸方向相同。

"上一个（P）"：恢复上一个 UCS。

"视图（V）"：以垂直于观察方向的平面为 *XY* 平面，建立新的坐标系。UCS 原点保持不变。

"世界（W）"：将当前用户坐标系设置为世界坐标系。

"X/Y/Z"：绕指定轴旋转当前坐标系。

"Z 轴（ZA）"：用指定的 *Z* 轴正半轴定义 UCS。

6.1.3　通过拉伸创建实体

拉伸是通过沿指定的方向将二维封闭的图形对象拉伸指定距离来创建三维实体或曲面的方法。

1. 命令启用方法

方法 1　工具栏：单击“建模”→“拉伸”。

方法 2　菜单命令：单击【绘图】→【建模】→【拉伸】。

方法 3　键盘命令：输入“EXTRUDE”→按“Enter”键。

2. 系统提示及操作方法

启用命令后，命令行提示如下：

- 当前线框密度：ISOLINES = 当前值
- 选择要拉伸的对象：选定要拉伸的对象后，按 Enter”键
- 指定拉伸的高度或［方向（D）/路径（P）/倾斜角（T）］：

命令行中各选项含义如下：

“指定拉伸的高度”：此为默认选项，设定拉伸的高度值按“Enter”键，如图 6-1-7 所示。

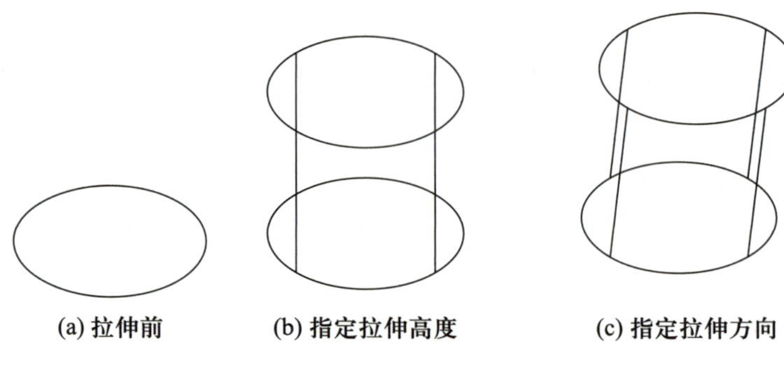

(a) 拉伸前　(b) 指定拉伸高度　(c) 指定拉伸方向

图 6-1-7　拉伸实体

“方向（D）”：指定两点间的长度和方向以确定拉伸体的长度和方向。

“路径（P）”：选择指定路线作为拉伸路径，该路径将作为三维实体的中心，如图 6-1-8 所示。

“倾斜角（T）”：按一定的倾斜角度拉伸对象，如图 6-1-9 所示。

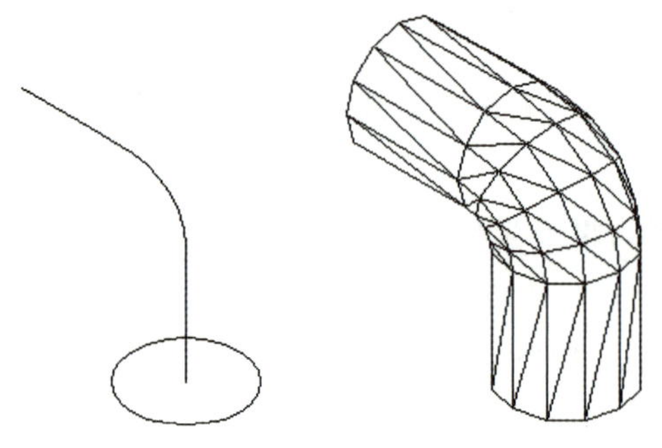

图 6-1-8　沿路径拉伸对象

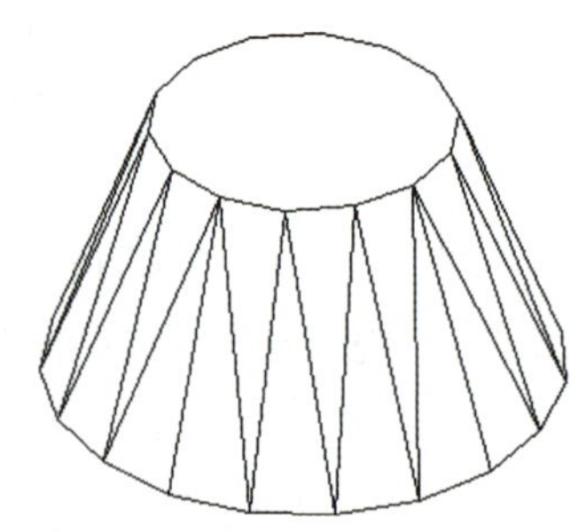

图 6-1-9　指定倾斜角度拉伸对象

6.1.4　布尔运算

三维实体的布尔运算是通过实体的相加、相减、相交来创建复杂实体的过程。

1. 并集运算

并集运算是指实体相加，即通过加法操作合并选定的三维实体和面域。

(1) 命令启用方法

方法 1　工具栏："建模"工具栏→【并集】按钮。

方法 2　菜单命令：【修改】→【实体编辑】→【并集】。

方法 3　键盘命令：输入"Union"→按"Enter"键。

(2) 系统提示及操作方法

启用命令后，命令行提示如下：

- 选择对象：选中对象，按"Enter"键

此时两对象求和，如图 6-1-10 所示。

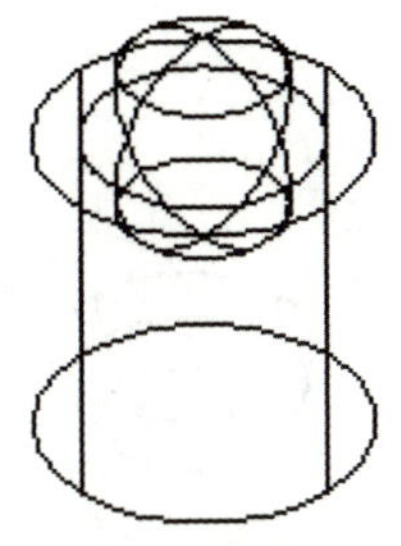
(a) 实体并集运算前

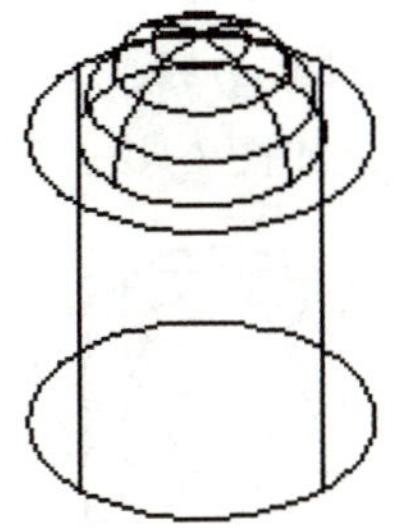
(b) 实体并集运算后

图 6-1-10　实体并集运算

2. 差集运算

差集运算是指实体相减，即从一个实体中删除与另一个实体的公共部分。

(1) 命令启用方法

方法 1　工具栏："建模"工具栏→【差集】按钮。

方法 2　菜单命令：【修改】→【实体编辑】→【差集】。

方法 3　键盘命令：输入"Subtract"→按"Enter"键。

(2) 系统提示及操作方法

启用命令后，命令行提示如下：

- 选择要从中减去的实体或面域：选中实体 1，按"Enter"键
- 选择要减去的实体或面域：选中实体 2，按"Enter"键

此时，从实体 1 中减去实体 2，如图 6-1-11 所示。

3. 交集运算

交集运算是指保留实体相交的部分，即两个或两个以上实体的公共部分。

(1) 命令启用方法

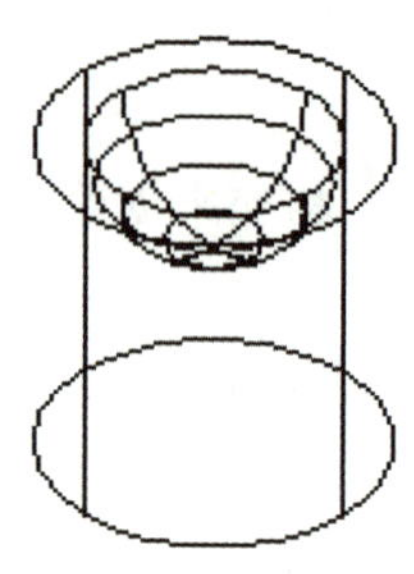

(a) 实体差集运算前

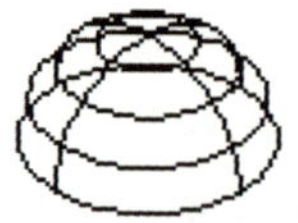

(b) 实体差集运算后

图 6-1-11　实体差集运算

方法 1　工具栏："建模" 工具栏→【交集】按钮。

方法 2　菜单命令：【修改】→【实体编辑】→【交集】。

（2）系统提示及操作方法

启用命令后，命令行提示如下：

- 选择对象：选中对象后按 "Enter" 键

此时两对象求交集，如图 6-1-12 所示。

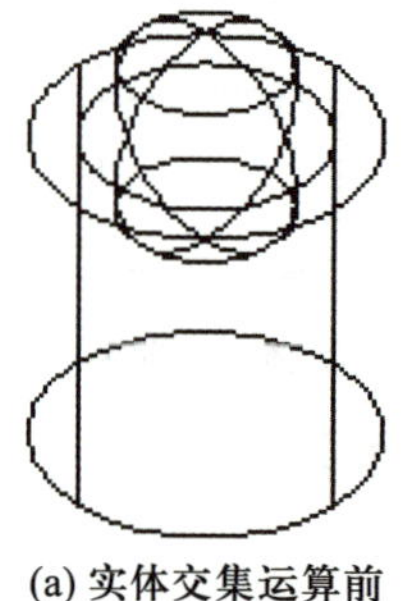

(a) 实体交集运算前

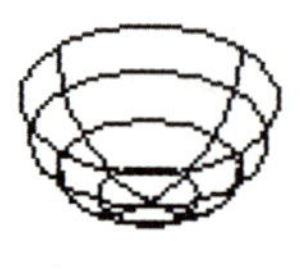

(b) 实体交集运算后

图 6-1-12　实体交集运算

6.1.5　长方体的绘制

长方体命令主要用于创建指定尺寸的三维实体长方体。

1. 命令启用方法

方法 1　工具栏："建模" 工具栏→【长方体】按钮。

方法 2　菜单命令：【绘图】→【建模】→【长方体】。

方法 3　键盘命令：输入 "Box" →按 "Enter" 键。

2. 系统提示及操作方法

启用命令后，命令行提示如下：

- 指定第一个角点或 [中心（C）]：

命令行中各选项含义如下：

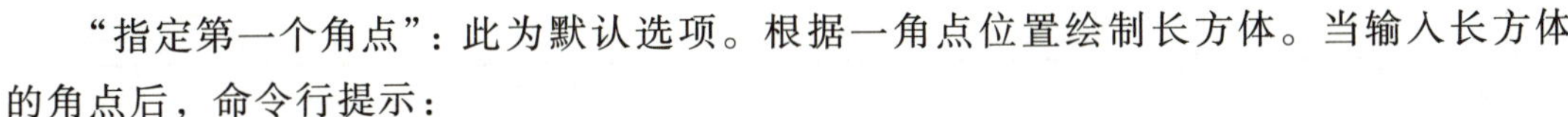

“指定第一个角点”：此为默认选项。根据一角点位置绘制长方体。当输入长方体的角点后，命令行提示：

- 指定其他角点或［立方体（C）/长度（L）］：

“指定其他角点”：输入另一角点的坐标绘制长方体。这个长方体的各边与当前 UCS 的 *X*、*Y* 和 *Z* 轴平行。

“立方体（C）”：创建一个立方体。输入“C”后，命令行提示：指定长度：直接输入长方体的长度即可。

“长度（L）”：按指定长、宽、高绘制长方体。此时长方体在长、宽、高的方向分别与当前 UCS 的 *X*、*Y* 和 *Z* 轴平行。

“中心（C）”：使用指定的圆心创建长方体。选择此项后，命令行提示：

- 指定中心：直接输入长方体的中心点坐标
- 指定角点或［立方体（C）/长度（L）］：

各选项含义同上。

任务实施

根据图 6-1-1 所示，创建支架三维实体，建模过程见表 6-1-1。

表 6-1-1　支架三维实体建模过程

步骤	操作过程	图解
步骤 1	新建一个图形文件，启用菜单命令：【格式】→【图层】，打开“图层特性管理器”对话框，按要求新建图层	
步骤 2	打开“图层特性管理器”对话框，将“底板”图层设置为当前层。单击“视图”工具栏中的【前视图】按钮，绘制如图(a)所示图形。启用菜单命令：【视图】→【三维视图】→【西南等轴测】，将绘图环境转化为三维绘图空间，结果如图(b)所示	R30 R18 14 100 (a)　(b)

续表

步骤	操作过程	图解
步骤 3	单击“绘图”工具栏中【面域】按钮，选取步骤2 绘制的对象→按“Enter”键退出命令。再单击“建模”工具栏中【拉伸】按钮，选取上步面域的对象，输入拉伸距离“51”→按“Enter”键，结果如图所示	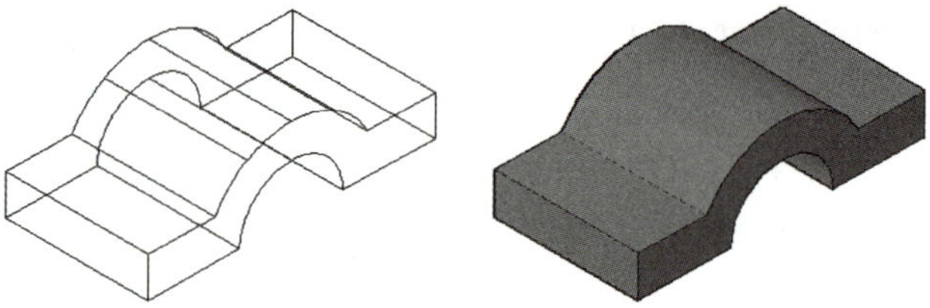
步骤 4	打开“图层特性管理器”对话框，将“连接板”图层设置为当前层。单击“视图”工具栏中的【俯视图】按钮，绘制结果如图（a）所示图形。启用菜单命令：【视图】→【三维视图】→【西南等轴测】，将绘图环境转化为三维绘图空间，结果如图(b)所示	(a) 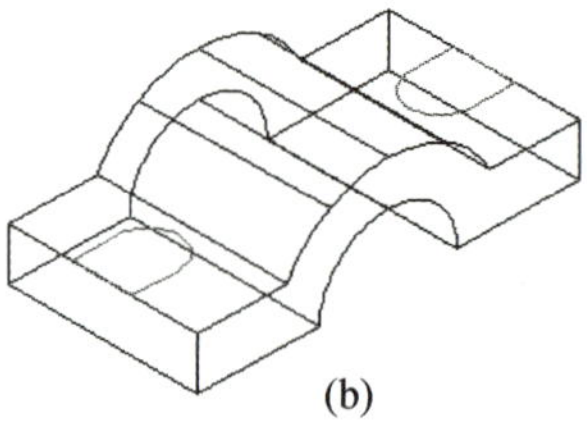 (b)
步骤 5	单击“绘图”工具栏中【面域】按钮，选取步骤4 绘制的 2 个对象→按“Enter”键退出命令。再单击“建模”工具栏中【拉伸】按钮，选取上步面域的 2 个对象，输入拉伸距离“-20”→按“Enter”键，结果如图所示	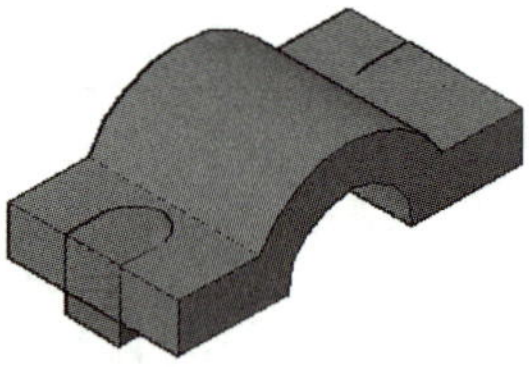
步骤 6	单击“实体编辑”工具栏中【差集】按钮，选取大的对象 1→按“Enter”键，选取小的对象 2、3→按“Enter”键，结果如图所示	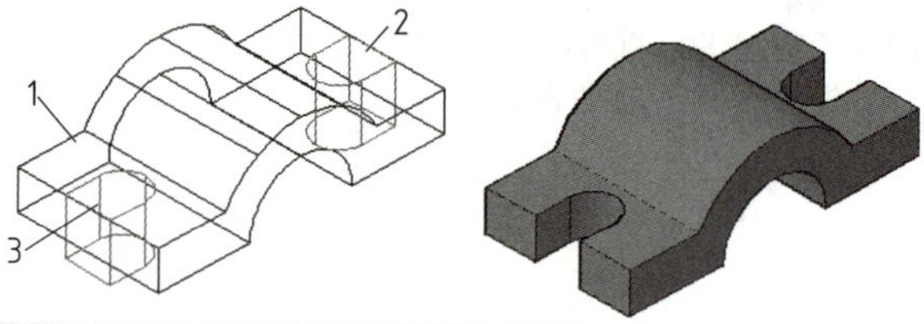
步骤 7	打开“图层特性管理器”对话框，将“支承板”层设置为当前层。单击“视图”工具栏中的【前视图】按钮，结果如图所示	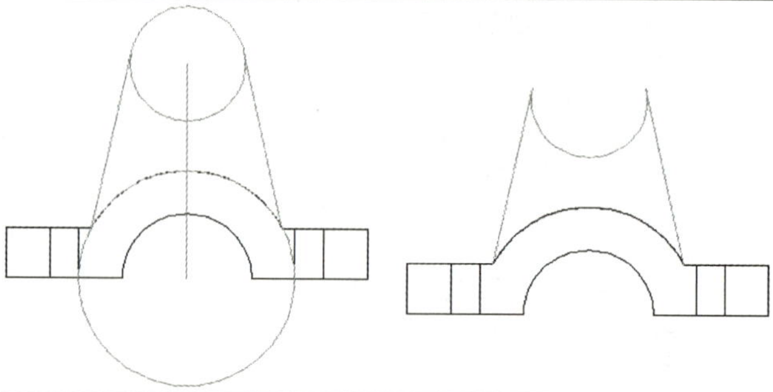

续表

步骤	操作过程	图解
步骤 8	启用菜单命令：【视图】→【三维视图】→【西南等轴测】，将绘图环境转化为三维绘图空间，结果如图所示	
步骤 9	单击“绘图”工具栏中【面域】按钮，选取步骤9 绘制的对象→按“Enter”键退出命令。再单击“建模”工具栏中【拉伸】按钮，选取上步面域的对象，输入拉伸距离“15”→按“Enter”键，结果如图所示。	
步骤 10	打开“图层特性管理器”对话框，将“圆柱体”图层设置为当前层。单击“视图”工具栏中的【前视图】按钮，绘制 ϕ18、ϕ32 两圆心圆。启用菜单命令：【视图】→【三维视图】→【西南等轴测】，将绘图环境转化为三维绘图空间。 单击“绘图”工具栏中【面域】按钮，选取上步绘制的对象→按“Enter”键退出命名。再单击“建模”工具栏中【拉伸】按钮，选取上步面域的对象，输入拉伸距离“18”，按“Enter”键，结果如图所示	
步骤 11	单击“实体编辑”工具栏中【差集】按钮，选取大的对象：ϕ32 圆柱→按“Enter”键，选取小的对象：ϕ18 圆柱→按“Enter”键，结果如图所示	

续表

步骤	操作过程	图解
步骤 12	打开“图层特性管理器”对话框，将“连接板”图层设置为当前层。单击“视图”工具栏中的【前视图】按钮，绘制如图所示图形	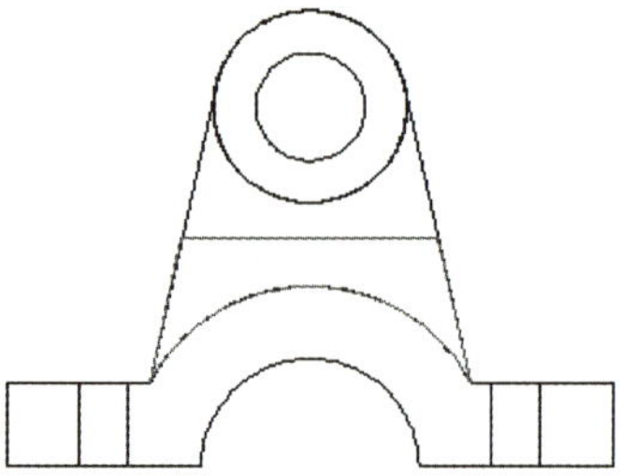
步骤 13	启用菜单命令：【视图】→【三维视图】→【西南等轴测】，将绘图环境转化为三维绘图空间。单击“绘图”工具栏中【面域】按钮，选取步骤 12 绘制的对象→按“Enter”键退出命令。再单击“建模”工具栏中【拉伸】按钮，选取上步面域的对象，输入拉伸距离“45”→按“Enter”键，结果如图所示	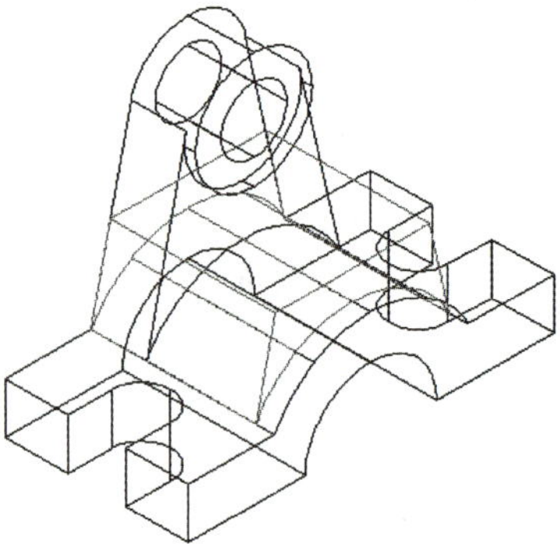
步骤 14	单击“实体编辑”工具栏中【并集】按钮，选取所有对象→按“Enter”键，结果如图所示	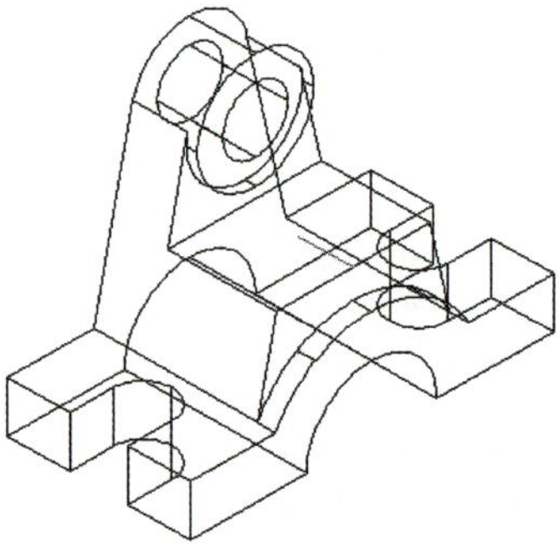
步骤 15	单击“视图”工具栏中的【俯视图】按钮，绘制 $\phi 12$ 圆。启用菜单命令：【视图】→【三维视图】→【西南等轴测】，将绘图环境转化为三维绘图空间,结果如图所示	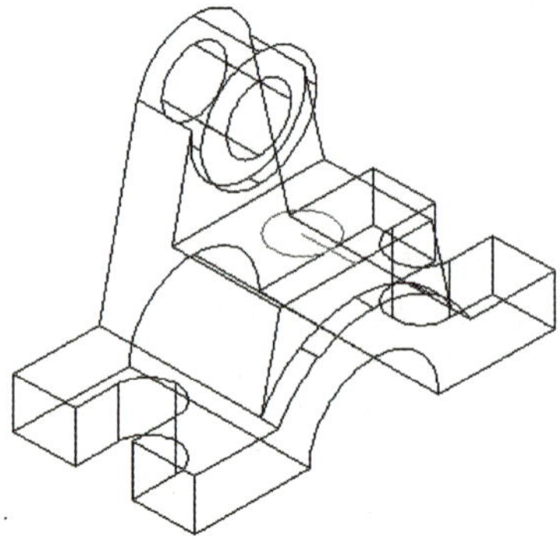

续表

步骤	操作过程	图解
步骤 16	单击“建模”工具栏中【拉伸】按钮，选取步骤15 绘制的 $\phi16$ 圆对象，输入拉伸距离“-50”→按“Enter”键，结果如图所示	
步骤 17	单击“实体编辑”工具栏中【差集】按钮，选取大的对象→按“Enter”键，选取小的对象：$\phi16$ 圆柱→按“Enter”键，完成支架三维实体的创建	

任务2 鼓风机外壳建模

任务描述

创建如图 6-2-1 所示的鼓风机外壳。

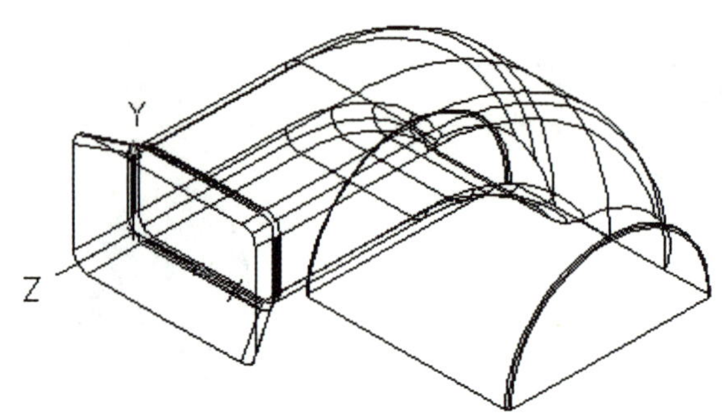

图 6-2-1　鼓风机外壳

知识链接

6.2.1　剖切

1. 命令启用方法

方法 1　菜单命令:【修改】→【三维操作】→【剖切】。

方法 2　键盘命令:输入“Slice”→按“Enter”键。

2. 系统提示及操作方法

启用命令后，命令行提示如下:

- 选择要剖切的对象:选中对象后按“Enter”键
- 指定切面的起点或［平面对象（O）/曲面（S）/Z 轴（Z）/视图（V）/XY（XY）/YZ（YZ）/ZX（ZX）/三点（3）］:

命令行中各选项含义如下:

“指定切面的起点”:用指定的两点确定剖切平面位置进行剖切。

“平面对象（O）”:将指定对象所在平面作为剖切平面进行剖切。

“曲面（S）”:将绘制的曲面作为剖切面进行剖切。

“Z 轴（Z）”:通过在平面上指定的一点和在平面的法线方向上指定的另一点来确定剖切平面进行剖切。

“视图（V）”:将当前视口的视图平面作为剖切平面进行剖切。

“XY（XY）”:剖切平面将通过指定点且与当前用户坐标系的 *XY* 平面平行。

“YZ（YZ）”:剖切平面将通过指定点且与当前用户坐标系的 *YZ* 平面平行。

“ZX（ZX）”:剖切平面将通过指定点且与当前用户坐标系的 *ZX* 平面平行。

“三点（3）”:用指定的三点来确定剖切平面进行剖切。

将图 6-2-2（a）所示圆柱体沿 *XY* 平面剖切为半个圆柱体的过程如下。

启用命令后，命令行提示如下:

- 选择要剖切的对象:选中对象后按“Enter”键

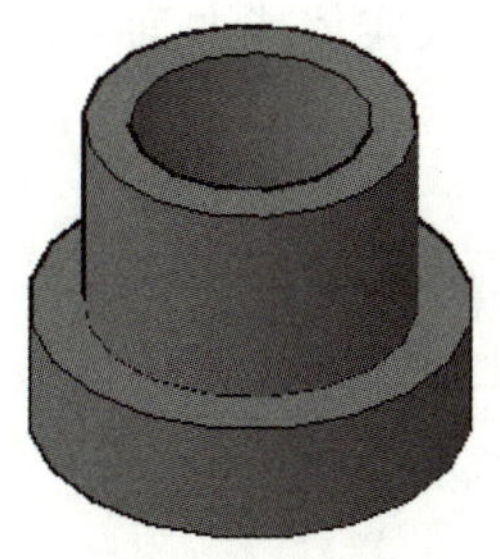

(a) 实体剖切前

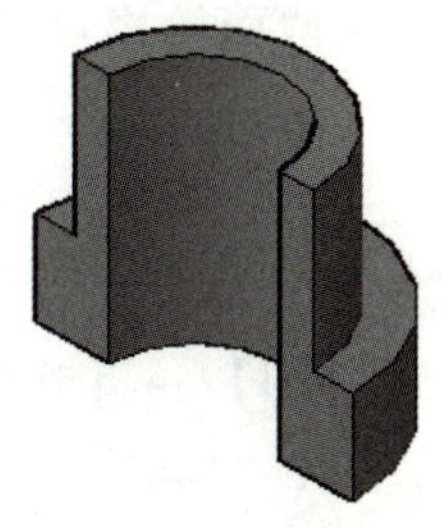

(b) 实体沿ZX平面剖切后

图 6-2-2　实体剖切

• 指定切面的起点或［平面对象（O）/曲面（S）/Z轴（Z）/视图（V）/XY（XY）/YZ（YZ）/ZX（ZX）/三点（3）］：输入“ZX”，按“Enter”键

• 指定 ZX 平面上的点：指定圆柱体顶面的圆心

• 在所需的侧面上指定点或［保留两个侧面（B）］：选择圆柱体右侧面上的任意点，按“Enter”键

剖切效果如图 6-2-2（b）所示。

6.2.2　圆柱体

圆柱体命令用于创建指定尺寸的三维实体圆柱体和椭圆柱体。

1. 命令启用方法

方法 1　工具栏：“建模”工具栏→【圆柱体】按钮。

方法 2　菜单命令：【绘图】→【建模】→【圆柱体】。

方法 3　键盘命令：输入“Cylinder”→按“Enter”键。

2. 系统提示及操作方法

启用命令后，命令行提示如下：

• 指定底面的中心点或［三点（3P）/两点（2P）/切点、切点、半径（T）/椭圆（E）］：

命令行中各选项含义如下：

“指定底面的中心点”：此为默认选项。通过指定圆柱的圆心、底面半径和高度创建圆柱体。

“三点（3P）”：通过指定三个点来定义圆柱体的底面直径。

“两点（2P）”：通过指定两个点来定义圆柱体的底面直径。

“切点、切点、半径（T）”：定义具有指定半径，且与两个对象相切的圆柱体底面。

“椭圆（E）”：指定椭圆柱体的椭圆底面。

6.2.3　放样

“放样”命令用于通过在包含两个或更多横截面轮廓的一组轮廓中对轮廓进行放样

来创建三维实体或曲面。横截面轮廓可定义完成实体或曲面对象的形状。必须至少指定两个横截面轮廓。

1. 命令启用方法

方法 1　工具栏：“建模”工具栏→【放样】按钮。

方法 2　菜单命令：【绘图】→【建模】→【放样】。

方法 3　键盘命令：输入“Loft”→按“Enter”键。

2. 系统提示及操作方法

启用命令后，在绘图区选择横截面轮廓并按“Enter”键（按照新三维对象通过横截面的顺序选择这些轮廓）。系统弹出“放样设置”对话框，如图 6-2-3 所示。

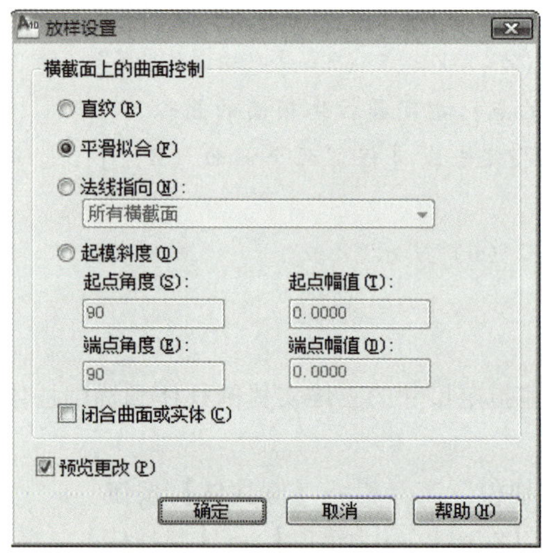

图 6-2-3　“放样设置”对话框

对话框中各项含义如下：

“直纹”：指定实体或曲面在横截面之间为直纹（直的），并且在横截面处具有鲜明边界。

“平滑拟合”：在横截面之间绘制平滑实体或曲面，并且在起点和终点横截面处具有鲜明边界。

“法线指向”：控制实体或曲面在其横截面处的曲面法线。

起点横截面：指定曲面法线为起点横截面的法向。

终点横截面：指定曲面法线为端点横截面的法向。

起点和终点横截面：指定曲面法线为起点和终点横截面的法向。

所有横截面：指定曲面法线为所有横截面的法向。

“起模斜度”：控制放样实体或曲面的第一个和最后一个横截面的起模斜度和幅值。起模斜度为曲面的开始方向。0 定义为从曲线所在平面向外。

“闭合曲面或实体”：闭合和开放曲面或实体。勾选该复选框时，横截面应该形成

圆环形图案，以便放样曲面或实体可以形成闭合的圆管。

6.2.4　扫掠

扫掠命令可以通过沿路径扫掠平面曲线（轮廓）来创建新实体或曲面，也可通过沿指定路径拉伸轮廓形状（扫掠对象）来绘制实体或曲面对象。沿路径扫掠时，轮廓将被移动并与路径法向（垂直）对齐。如果沿一条路径扫掠闭合的曲线，则将生成实体；如果沿一条路径扫掠开放的曲线，则将生成曲面，如图 6-2-4 所示。

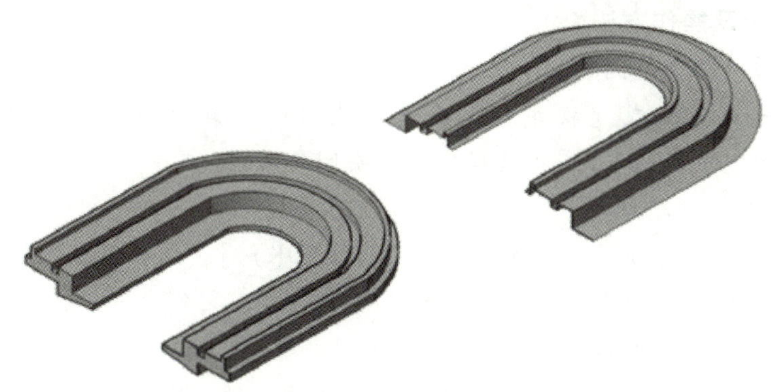

图 6-2-4　扫掠

1. 命令启用方法

方法 1　工具栏：单击“建模”→“扫掠”。

方法 2　菜单命令：单击【绘图】→【建模】→【扫掠】。

方法 3　键盘命令：输入“Sweep”→按“Enter”键。

2. 系统提示及操作方法

启用命令后，命令行提示如下：

- 选择要扫掠的对象：
- 选择扫掠路径：

利用扫掠命令扫掠图 6-2-5（a）所示弹簧，结果如图 6-2-5（b）所示。

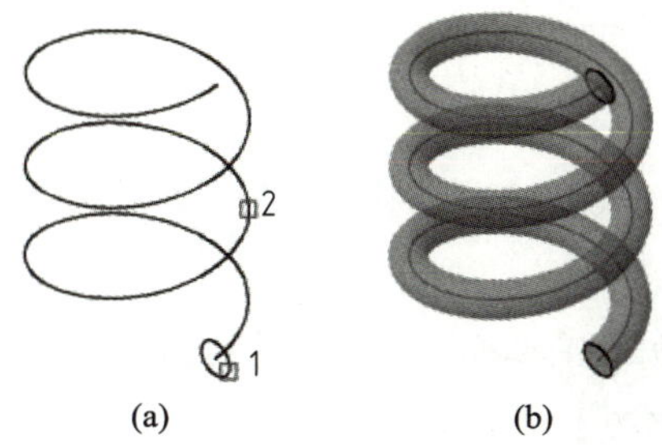

图 6-2-5　扫掠弹簧

6.2.5 三维倒角

三维倒角命令用于对三维实体进行倒角。

1. 命令启用方法

方法 1 工具栏：“修改”工具栏→【倒角】按钮。

方法 2 菜单命令：【修改】→【倒角】。

方法 3 键盘命令：输入“Chamfer”→按“Enter”键。

2. 系统提示及操作方法

启用命令后，命令行提示如下：

- 选择第一条直线或［放弃（U）/多段线（P）/距离（D）/角度（A）/修剪（T）/方式（E）/多个（M）］：选择实体上要倒角的边
- 基面选择…
- 输入曲面选择选项［下一个（N）/当前（OK）］：选择用于倒角的基面
- 指定基面的倒角距离：输入倒角距离
- 指定其他曲面的倒角距离：输入倒角距离
- 选择边或［环（L）］；选择基面上的一条边，按“Enter”键

利用倒角命令完成图 6-2-6（a）所示长方体左端面倒角，结果如图 6-2-6（b）所示。

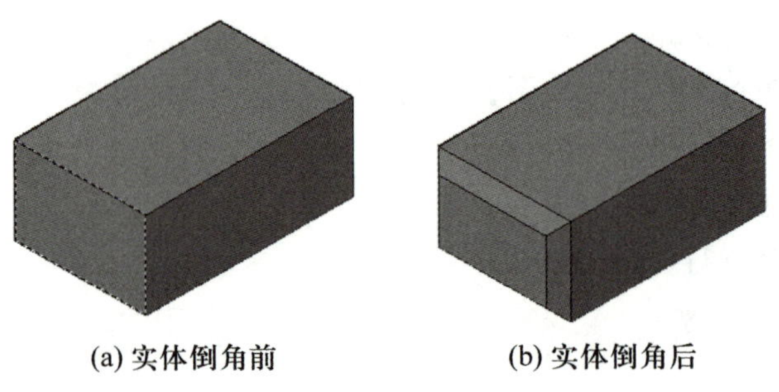

(a) 实体倒角前　(b) 实体倒角后

图 6-2-6 实体倒角

6.2.6 三维倒圆

三维倒圆命令用于对三维实体进行倒圆。

1. 命令启用方法

方法 1 工具栏：“修改”工具栏→【倒圆】按钮。

方法 2 菜单命令：【修改】→【倒圆】。

方法 3 键盘命令：输入“Fillet”→按“Enter”键。

2. 系统提示及操作方法

启用命令后，命令行提示如下：

- 选择第一个对象或［放弃（U）/多段线（P）/半径（R）/修剪（T）/多个（M）］：选择实体上要倒圆的边
- 输入圆角半径：输入圆角半径
- 选择边或［链（C）/半径（R）］：选择基面上的一条边

对图 6-2-7（a）所示的长方体执行倒圆命令后的实体如图 6-2-7（b）所示。

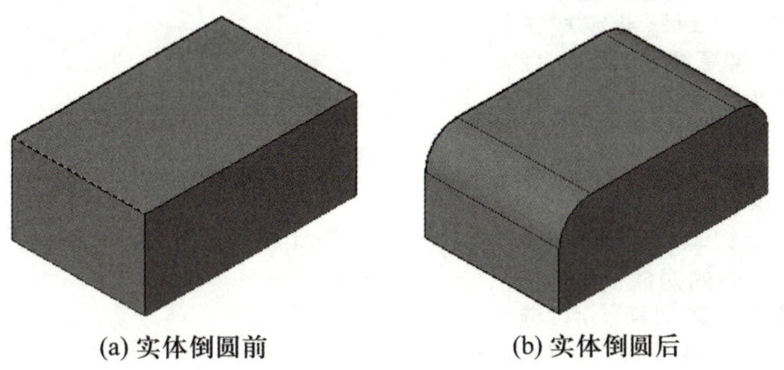

(a) 实体倒圆前　　(b) 实体倒圆后

图 6-2-7　实体倒圆

任务实施

根据图 6-2-1 所示，创建鼓风机外壳，建模过程见表 6-2-1。

表 6-2-1　鼓风机外壳建模过程

步骤	操作过程	图解
步骤 1	打开“图层特性管理器”对话框，将“轮廓线”图层设置为当前层。单击“视图”工具栏中的【前视图】→“西南等轴测”按钮，将绘图环境转化为三维绘图空间。结果如图所示	Y X Z
步骤 2	单击“建模”工具栏中【圆柱体】按钮，指定底面的中心点“0，0”，指定底面半径“200”，指定高度“-200”，按“Enter”键，结果如图所示	Z

续表

步骤	操作过程	图解
步骤 3	单击“实体编辑”工具栏中【拉伸面】按钮，选取平面2，输入“R”→按“Enter”键，选取要删除的面：选取平面1→按“Enter”键完成选取，指定拉伸高度“200”，指定拉伸的倾斜角度“0”→按“Enter”键退出命令	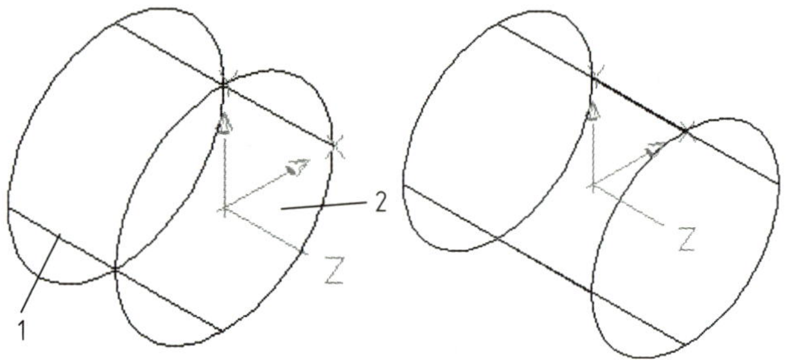
步骤 4	启用菜单命令：【修改】→【三维操作】→【剖切】，选取步骤3绘制的对象，输入3点剖切实体，选取第一点：选取圆心1，选取第二点：选取象限点2，选取第三点：选取圆心3，选取保留对象：选取圆柱上部对象→按“Enter”键，结果如图所示	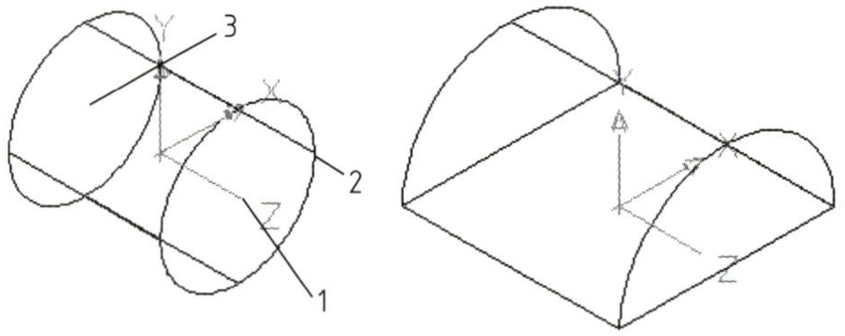
步骤 5	单击“绘图”工具栏中【直线】按钮，输入“0，0”→按“Enter”键，输入“300”→按“Enter”键，结果如图所示。再单击“绘图”工具栏中【圆】按钮，绘制一 $\phi500$ 圆，结果如图所示	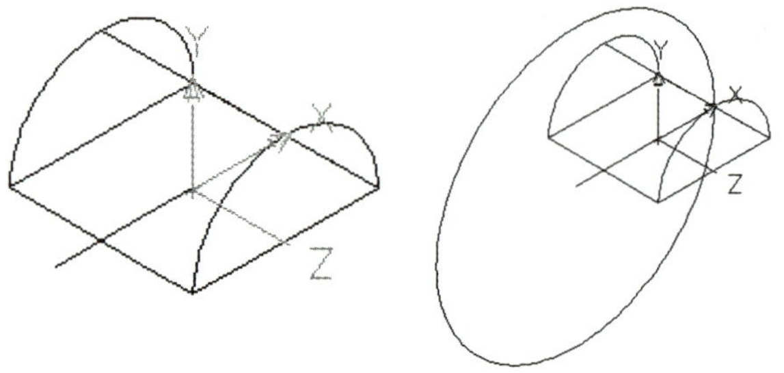
步骤 6	单击“修改”工具栏中【修剪】按钮，修剪如图所示。单击“视图”工具栏中的【俯视图】→【西南等轴测】按钮，将绘图环境转化为三维绘图空间	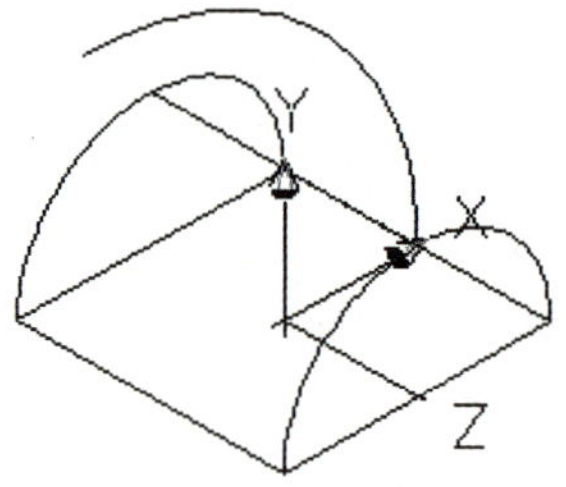
步骤 7	输入“PE”→按“Enter”键，选取曲线1→按“Enter”键，输入“J”合并→按“Enter”键，选取曲线1、2→按“Enter”键退出命令，将曲线1、2进行合并，结果如图所示	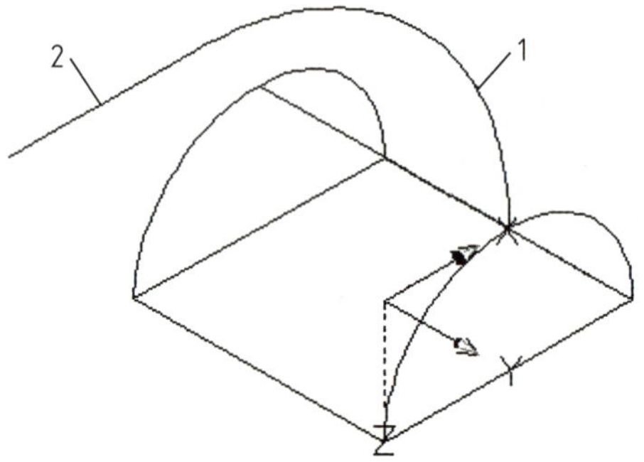

续表

步骤	操作过程	图解
步骤 8	单击“绘图”工具栏中【矩形】按钮，绘制一个 280 × 160 矩形，结果如图所示	
步骤 9	单击“建模”工具栏中【扫掠】按钮，选择要扫掠的对象：选取矩形 1→按“Enter”键，选取扫掠路径：选取曲线 2→按“Enter”键完成扫掠	
步骤 10	输入“UCS”→按“Enter”键，输入 3 点定坐标系：选取点 *a*、*b*、*c*。单击“绘图”工具栏中【矩形】按钮，在当前坐标系绘制一个 280 × 160 矩形	
步骤 11	单击“修改”工具栏中【偏移】按钮，指定偏移距离“40”→按“Enter”键，选取步骤 10 所绘矩形为偏移对象→按“Enter”键完成偏移。单击“修改”工具栏中【移动】按钮，选取上步偏移对象，输入移动距离“80”，沿 *Z* 轴方向→按“Enter”键完成移动，结果如图所示	

续表

步骤	操作过程	图解
步骤 12	单击“建模”工具栏中【放样】按钮，放样次序选择横截面，选取矩形截面 1、2→按“Enter”键完成放样实体建模。再单击“实体编辑”工具栏中【并集】按钮，选取所有对象，按“Enter”键，结果如图所示	
步骤 13	单击“修改”工具栏中【倒圆】按钮，输入半径“R”→按“Enter”键，指定圆角半径“40”，选取 1、4→按“Enter”键完成倒圆。右击继续倒圆命令，输入半径“R”→按“Enter”键，指定圆角半径“30”，选取边 2、3→按“Enter”键完成倒圆。	
	单击“实体编辑”工具栏中【并集】按钮，选取所有对象→按“Enter”键，完成鼓风机外壳的创建	

任务3

足球三维实体建模

任务描述

创建如图 6-3-1 所示的足球三维实体。

图 6-3-1　足球三维实体

知识链接

6.3.1　球体

球体命令主要用于创建指定尺寸的三维实体球体。

1. 命令启用方法

方法 1　工具栏："建模"工具栏→【球体】。

方法 2　菜单命令：【绘图】→【建模】→【球体】。

方法 3　键盘命令：输入"Sphere"→按"Enter"键。

2. 系统提示及操作方法

启用命令后，命令行提示如下：

- 指定中心点或［三点（3P）/两点（2P）/切点、切点、半径（T）］：

命令行中各选项含义如下：

"指定中心点"；此为默认选项。通过指定球体的圆心和半径创建球体。

"三点（3P）"：通过指定三个点来定义球体的圆周。

"两点（2P）"：通过指定两个点来定义球体的圆周。

"切点、切点、半径（T）"：定义具有指定半径，且与两个对象相切的球体。

6.3.2　通过旋转创建实体

旋转命令可通过绕轴旋转二维封闭图形对象来创建三维实体或曲面。

1. 命令启用方法

方法 1 工具栏："建模"工具栏→【旋转】按钮。

方法 2 菜单命令；【绘图】→【建模】→【旋转】。

方法 3 键盘命令：输入"Revolve"→按"Enter"键。

2. 系统提示及操作方法

启用命令后，命令行提示如下：

- 当前线框密度：ISOLINES＝当前值
- 选择要旋转的对象：选定要旋转的对象后，按"Enter"键
- 指定轴起点或根据以下选项之一定义轴［对象（O）/X/Y/Z］：

命令行中各选项含义如下：

"指定轴起点"：此为默认选项。通过设定旋转轴的起点、终点和旋转角度来创建三维实体，如图 6-3-2（b）所示。

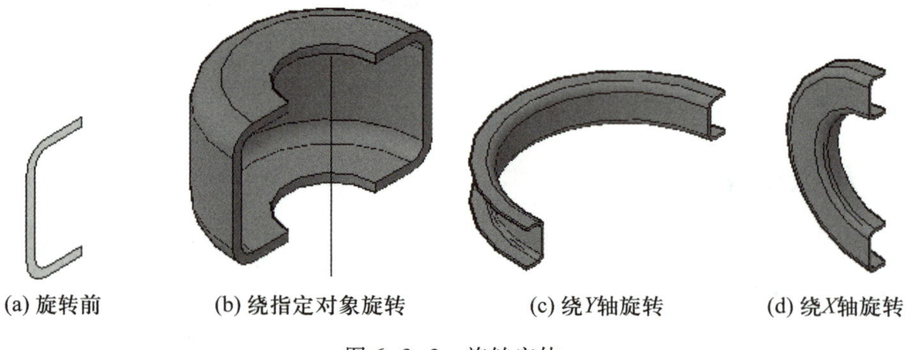

图 6-3-2 旋转实体

"对象（O）"：通过设定已经存在的直线作为旋转轴线，输入旋转角度来创建三维实体。

"X/Y/Z"：将选定对象分别绕 X 轴、Y 轴或 Z 轴旋转指定角度来创建三维实体，图 6-3-2（c）所示为绕 Y 轴旋转 180°，图 6-3-2（d）所示为绕 X 轴旋转 180°。

6.3.3 三维镜像

三维镜像命令可通过指定镜像平面构成三维实体。

1. 命令启用方法

方法 1 菜单命令：【修改】→【三维操作】→【三维镜像】。

方法 2 键盘命令：输入"Mirror3d"→按"Enter"键。

2. 操作过程

启用命令后，命令行提示如下：

- 选择对象：选中要镜像的三维实体对象后按"Enter"键
- 指定镜像平面（三点）的第一个点或［对象（O）/最近的（L）/Z 轴（Z）/

视图（V）/XY 平面（XY）/YZ 平面（YZ）/ZX 平面（ZX）/三点（3）]：

命令行中各选项含义如下：

“指定镜像平面（三点）的第一个点”：用指定的三点确定镜像平面位置进行镜像。

“对象（O）”：将指定对象所在平面作为镜像平面进行镜像。

“最近的（L）”：将最后定义的平面作为镜像平面进行镜像。

“Z 轴（Z）”：通过在平面上指定一点和在平面的法线方向上指定另一点来确定镜像平面进行镜像。

“视图（V）”：将当前视口的视图平面作为镜像平面进行镜像。

“XY 平面（XY）”：镜像平面将通过指定点且与当前用户坐标系的 *XY* 平面平行。

“YZ 平面（YZ）”：镜像平面将通过指定点且与当前用户坐标系的 *YZ* 平面平行。

“ZX 平面（ZX）”：镜像平面将通过指定点且与当前用户坐标系的 *ZX* 平面平行。

“三点（3）”：用指定的三点来确定镜像平面进行镜像。

将图 6-3-3（a）所示半圆柱体镜像为整个圆柱体的过程如下。

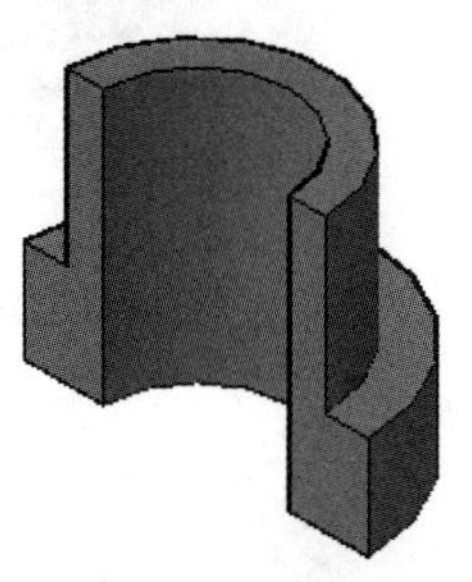

(a) 实体镜像前

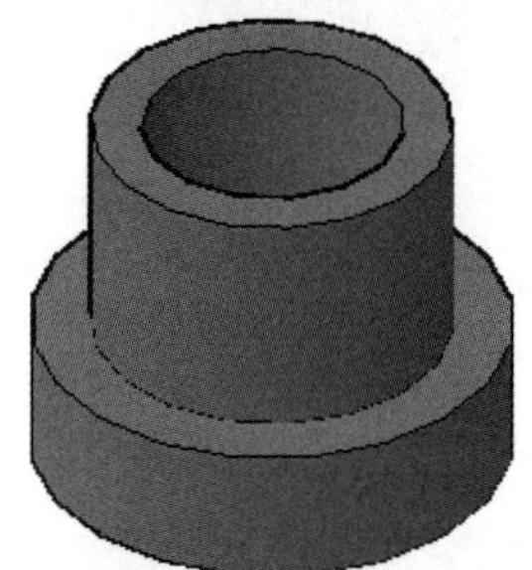

(b) 沿*ZX*平面镜像后

图 6-3-3　实体镜像

启用三维镜像命令后，命令行提示如下：

- 选择对象：选中要镜像的三维实体对象后按“Enter”键
- 指定镜像平面（三点）的第一个点或［对象（O）/最近的（L）/Z 轴（Z）/视图（V）/XY 平面（XY）/YZ 平面（YZ）/ZX 平面（ZX）/三点（3）]：输入“YZ”，按“Enter”键
- 指定 YZ 平面上的点：指定点的坐标
- 是否删除源对象？[是（Y）/否（N）]：输入“N”，按“Enter”键

镜像效果如图 6-3-3（b）所示。

6.3.4　三维旋转

三维旋转命令可将选定的三维实体以指定的基点绕指定的轴旋转指定的角度。

1. 命令启用方法

方法 1　菜单命令：【修改】→【三维操作】→【三维旋转】。

方法 2　键盘命令：输入“3Drotate”→按“Enter”键。

2. 系统提示及操作方法

启用命令后，命令行提示如下：

- 选择对象：选中要旋转的三维实体对象后按“Enter”键
- 指定基点：选中基点
- 拾取旋转轴：指定旋转轴
- 指定角的起点或输入角度：输入角度，按“Enter”键

利用实体旋转命令沿长边 90°旋转图 6-3-4（a）所示长方体，效果如图 6-3-4（b）所示。

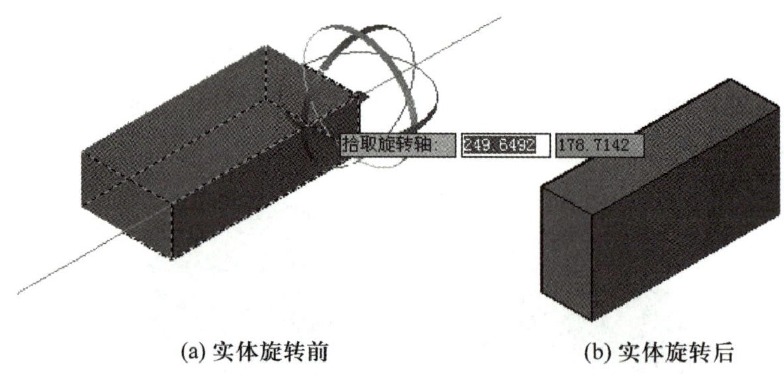

(a) 实体旋转前　　(b) 实体旋转后

图 6-3-4　实体旋转

6.3.5　三维阵列

利用三维阵列命令可在三维空间创建对象的矩形阵列或环形阵列。

1. 命令启用方法

方法 1　菜单命令：【修改】→【三维操作】→【三维阵列】。

方法 2　键盘命令：输入“3Darray”→按“Enter”键。

2. 系统提示及操作方法

启用命令后，命令行提示如下：

- 选择对象：选中要阵列的三维实体对象后按“Enter”键
- 输入阵列类型［矩形（R）/环形（P）］：

命令行中各选项含义如下：

“矩形（R）”：按指定矩形参数阵列对象。

利用三维阵列命令矩形阵列图 6-3-5（a）所示长方体上圆柱孔。

- 选择对象：选中圆柱孔，按“Enter”键。
- 输入阵列类型［矩形（R）/环形（P）］：输入“R”，按“Enter”键
- 输入行数（---）〈1〉：输入“2”，按“Enter”键
- 输入列数（|||）〈1〉：输入“2”，按“Enter”键

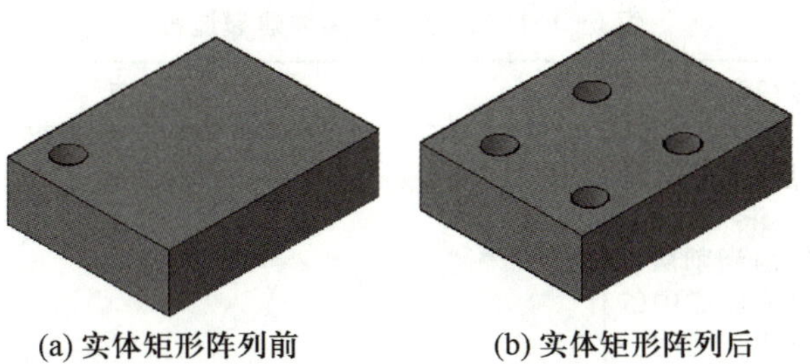

(a) 实体矩形阵列前 (b) 实体矩形阵列后

图 6-3-5 实体矩形阵列

- 输入层数（。。。）〈1〉：输入“1”，按“Enter”键
- 指定行间距（---）：输入“-180”，按“Enter”键
- 指定列间距（|||）：输入“200”，按“Enter”键

矩形阵列后的效果如图 6-3-5（b）所示。

“环形（P）”：按指定环形参数阵列对象。

利用三维阵列命令环形阵列图 6-3-6 所示圆筒上圆柱孔。

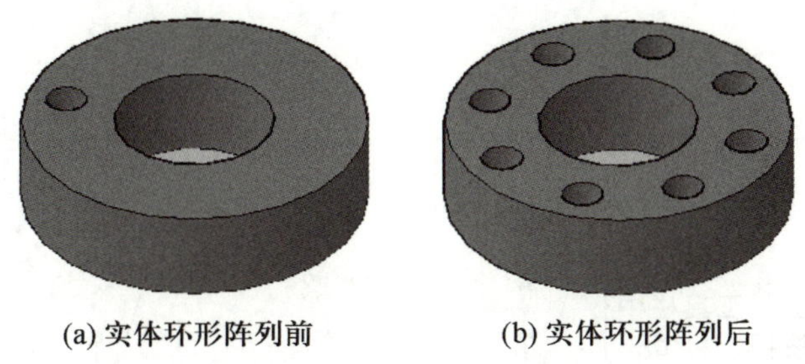

(a) 实体环形阵列前 (b) 实体环形阵列后

图 6-3-6 实体环形阵列

- 选择对象：选中圆柱孔，按“Enter”键
- 输入阵列类型［矩形（R）/环形（P）］：输入“P”，按“Enter”键
- 输入阵列中的项目数目：输入“8”，按“Enter”键
- 指定要填充的角度（+=逆时针，-=顺时针）<360>：按“Enter”键
- 旋转阵列对象？［是（Y）/否（N）］<是>：按“Enter”键
- 指定阵列的中心点：选择圆筒顶面圆心，按“Enter”键
- 指定旋转轴上的第二点：选择圆筒底面圆心，按“Enter”键

环形阵列后的效果如图 6-3-6（b）所示。

任务实施

根据图 6-3-1 所示，创建足球三维实体，建模过程见表 6-3-1。

表 6-3-1 足球三维实体建模过程

步骤	操作过程	图解
步骤 1	打开“图层特性管理器”对话框，将“五边形”图层设置为当前层。单击“视图”工具栏中的【俯视图】按钮，绘制一个边长为 50 的正五边形，如图所示	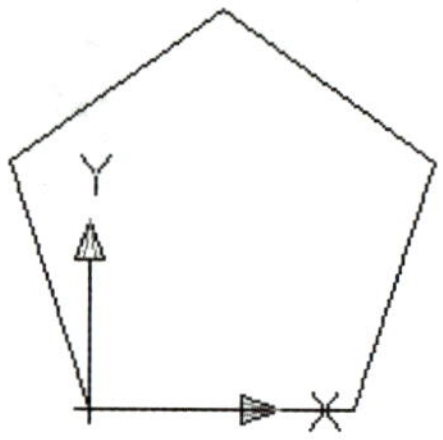
步骤 2	单击“绘图”工具栏中的【复制】按钮，将直线 *bc*、*ac* 向右、向下延长复制	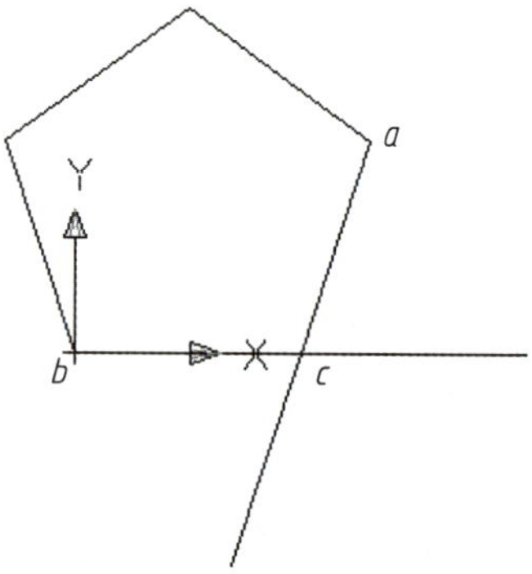
步骤 3	单击“绘图”工具栏中的【旋转】按钮，将 *cf*、*cg* 分别旋转 120°、−120° 得到 *ce*、*cd*。连接 *gd*、*ef*，结果如图所示	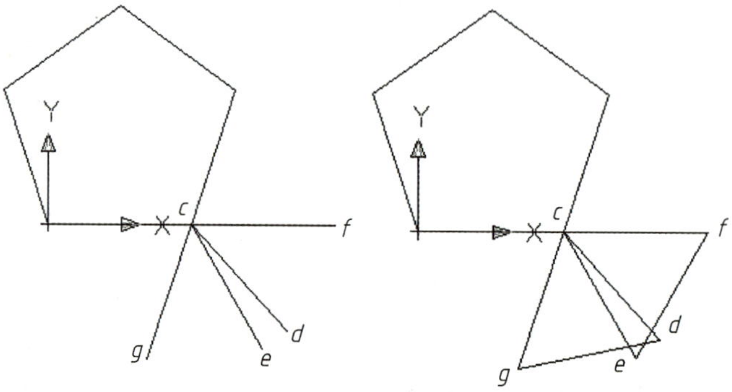
步骤 4	单击“绘图”工具栏中【面域】按钮，选取步骤 3 绘制的 2 个三角形→按“Enter”键退出命令。单击“建模”工具栏中【旋转】按钮，选取上步面域对象，分别以 *cf*、*cg* 为旋转轴，按“Enter”键旋转对象，结果如图所示	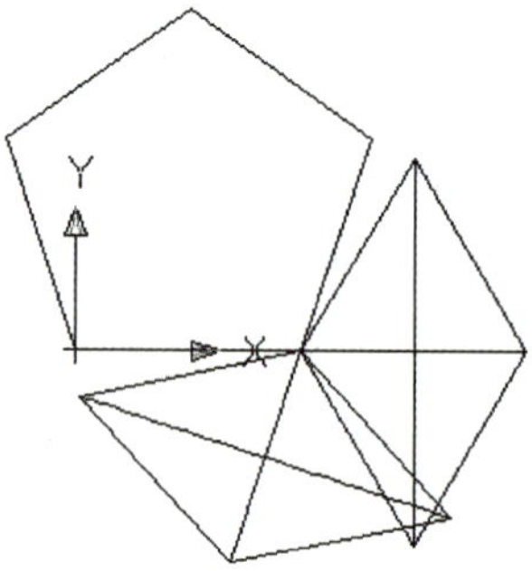

续表

步骤	操作过程	图解
步骤 5	启用菜单命令：【视图】→【三维视图】→【西南等轴测】，将绘图环境转化为三维绘图空间。 单击“实体编辑”工具栏中【并集】按钮，选取对象 1、2，按“Enter”键，结果如图所示	
步骤 6	打开“图层特性管理器”对话框，将“六边形”图层设置为当前层。再单击“绘图”工具栏中【直线】按钮，将 *mn* 连接起来，结果如图所示	
步骤 7	单击“修改”工具栏中【删除】按钮，将并集的对象删除，结果如图所示	
步骤 8	单击“修改”工具栏中【镜像】按钮，将步骤 7 绘制的直线进行镜像，结果如图所示	
步骤 9	单击“修改”工具栏中【镜像】按钮，将步骤 8 绘制的六边形三条直线进行镜像，结果如图所示	

续表

步骤	操作过程	图解
步骤 10	单击“绘图”工具栏中【直线】按钮，将六边形的对角线连接起来，结果如图(a)所示。右击继续执行直线命令，捕捉六边形的中点，输入“@ 0，0，130”→按“Enter”键退出命令。再单击“修改”工具栏中【删除】按钮，将对角线删除，结果如图(b)所示	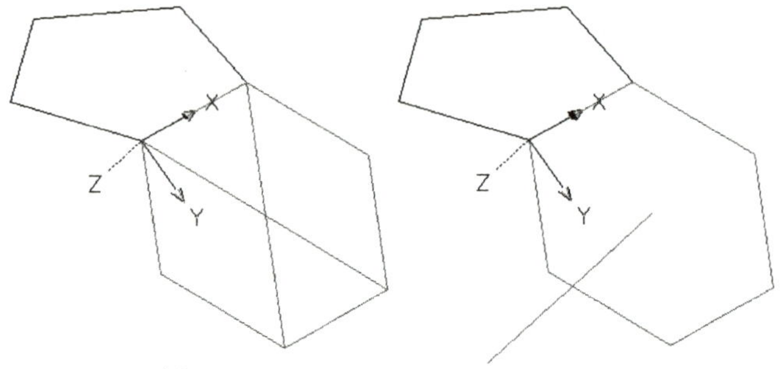 (a) (b)
步骤 11	单击“绘图”工具栏中【直线】按钮，将五边形的对角线连接起来，结果如图(a)所示。输入“UCS”→按“Enter”键，输入“3”→按“Enter”键，指定点 *O* 为原点，点 1 为 *X* 轴，点 2 为 *Y* 轴，自定义图(b)所示坐标系	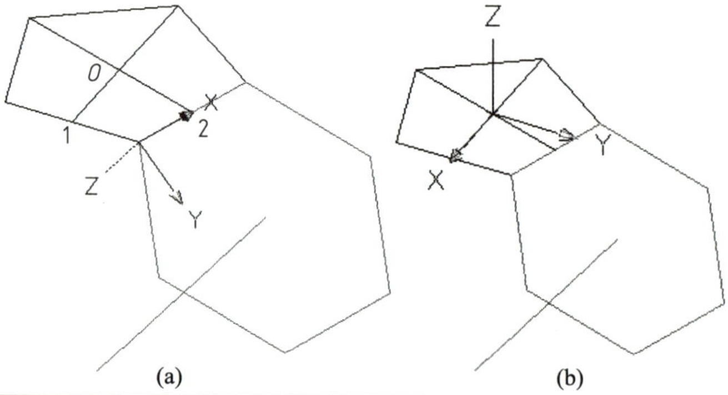 (a) (b)
步骤 12	单击“绘图”工具栏中【直线】按钮，捕捉五边形的点 *O*，输入“@ 0，0，130”→按“Enter”键退出命令。再单击“修改”工具栏中【删除】按钮，将步骤 11 绘制的两对角线删除，结果如图(a)所示。输入“UCS”→按“Enter”键，输入“3”→按“Enter”键，指定两直线的交点为原点，六边形中点为 *X* 轴，五边形中点为 *Y* 轴，自定义图(b)所示坐标系	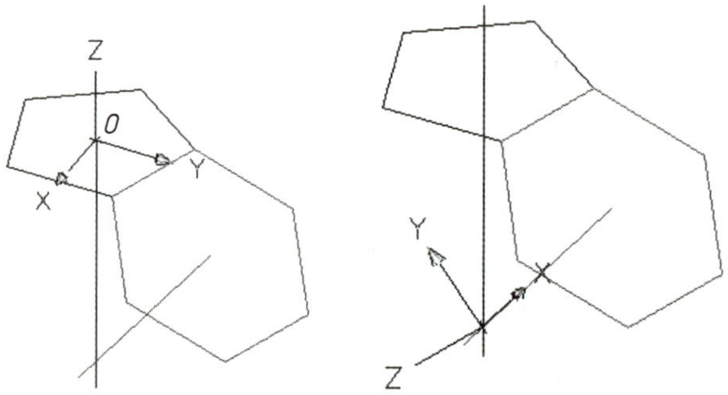 (a) (b)
步骤 13	单击“修改”工具栏中【删除】按钮，将步骤 12 绘制的两直线相交后多余的线段删除。打开“图层特性管理器”对话框，将“五边形”图层设置为当前层。将“六边形”图层关闭。结果如图所示	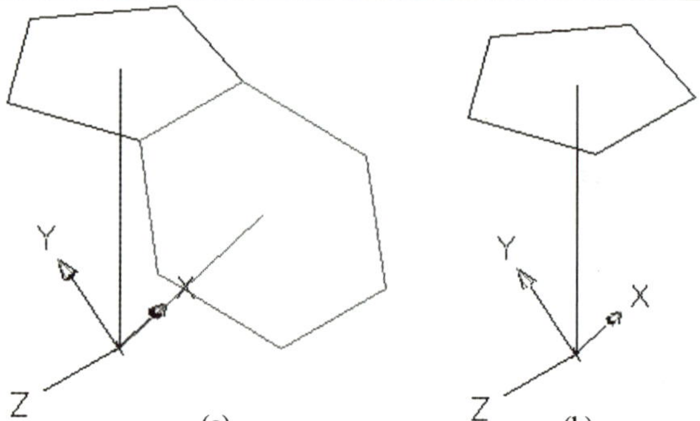 (a) (b)

续表

步骤	操作过程	图解
步骤 14	单击“建模”工具栏中【拉伸】按钮，选取五边形为对象，输入拉伸距离“30”→按“Enter”键，结果如图（a）所示。 单击“建模”工具栏中【球体】按钮，指定中心点、原点，指定半径、捕捉五边形的任意一点→按“Enter”键，结果如图（b）所示	 (a)　(b)
步骤 15	单击“实体编辑”工具栏中【差集】按钮，选取大的对象：选取五棱柱→按“Enter”键，选取小的对象：选取球体→按“Enter”键，结果如图(a)所示。单击“建模”工具栏中【球体】按钮，指定中心点：原点，输入半径“130”→按“Enter”键，结果如图(b)所示	 (a)　(b)
步骤 16	单击“实体编辑”工具栏中【并集】按钮，选取五棱柱、球体→按“Enter”键，结果如图(a)所示。打开图层特性管理器对话框，将“六边形”图层设置为当前层，将“五边形”图层关闭，结果如图（b）所示	 (a)　(b)
步骤 17	单击“建模”工具栏中【拉伸】按钮，选取六边形为对象，输入拉伸距离“30”→按“Enter”键，结果如图所示	

续表

步骤	操作过程	图解
步骤 18	单击“建模”工具栏中【球体】按钮，指定中心点：原点，指定半径：捕捉六边形的任意一点→按“Enter”键，结果如图所示	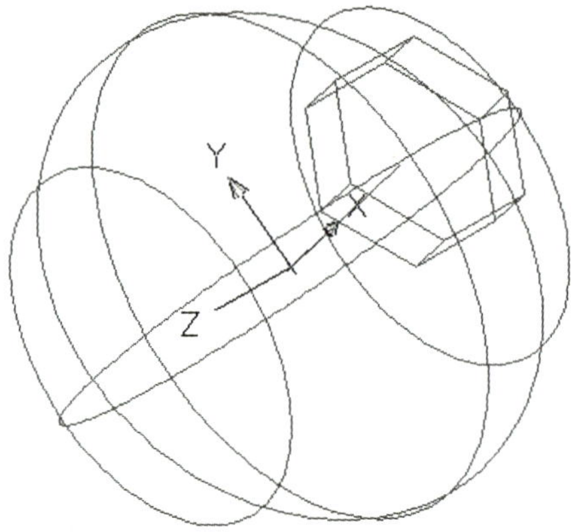 Y X Z
步骤 19	单击“实体编辑”工具栏中【差集】按钮，选取大的对象：选取六棱柱→按“Enter”键，选取小的对象：选取球体→按“Enter”键，结果如图所示	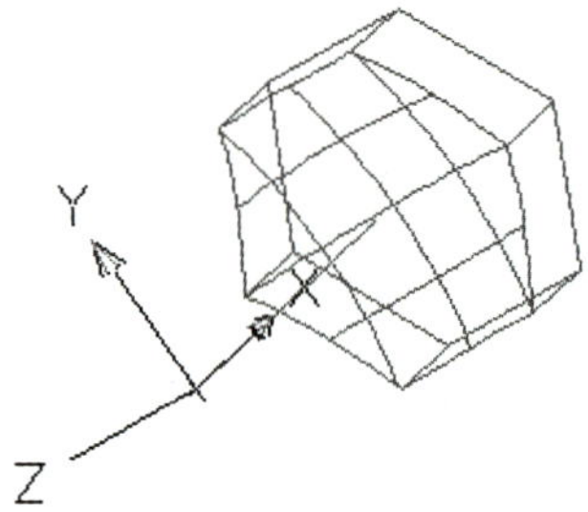 Y X Z
步骤 20	单击“建模”工具栏中【球体】按钮，指定中心点为原点，输入半径“130”→按“Enter”键，结果如图所示	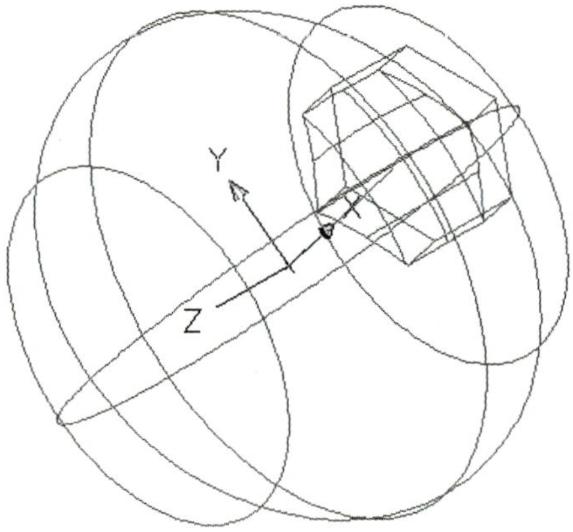 Y X Z
步骤 21	单击“实体编辑”工具栏中【并集】按钮，选取六棱柱、球体→按“Enter”键，结果如图所示	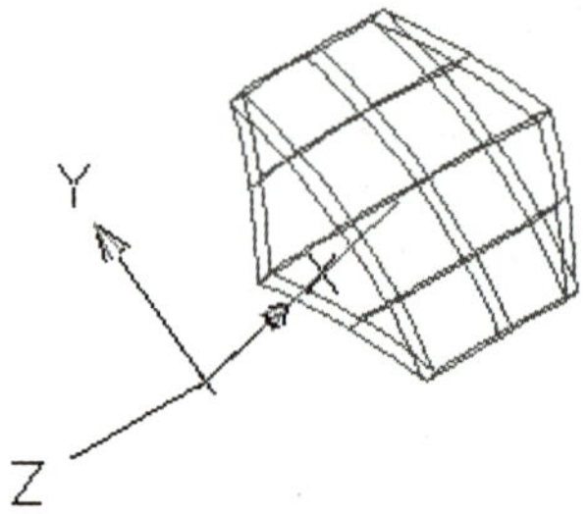 Y X Z

续表

步骤	操作过程	图解
步骤 22	启用菜单命令：【格式】→【图层】，打开“图层特性管理器”对话框，将“六边形”图层打开，结果如图所示	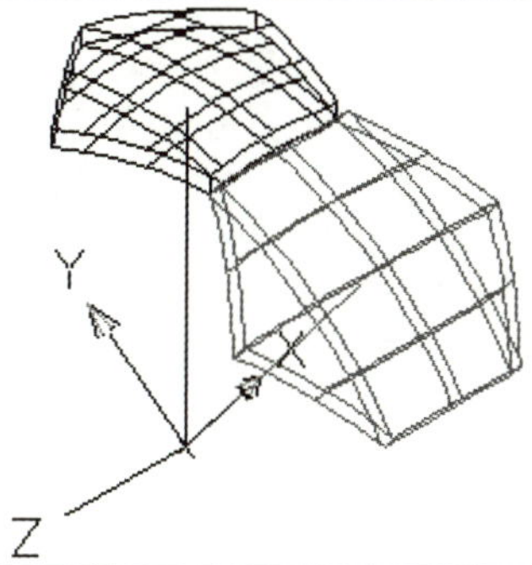
步骤 23	启用菜单命令：【修改】→【三维操作】→【三维阵列】，选取五边形和五边形中间的一根直线→按“Enter”键，输入阵列类型“P”（环形阵列）→按“Enter”键，输入阵列中的项目数目“5”，指定要填充的角度“360”，指定阵列的中心点“0，0”，指定第二点：捕捉点 *x*→按“Enter”键，结果如图所示	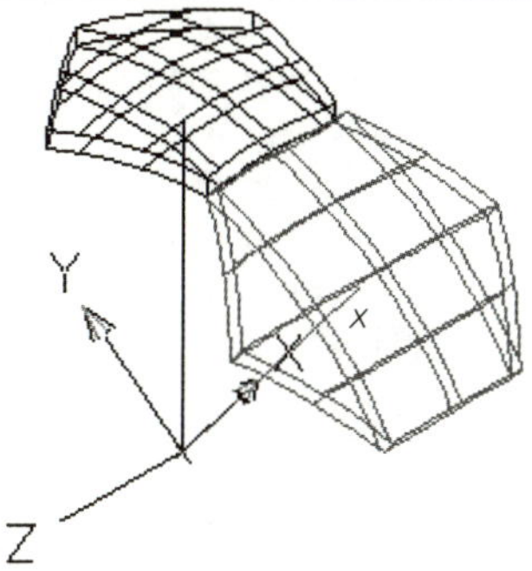 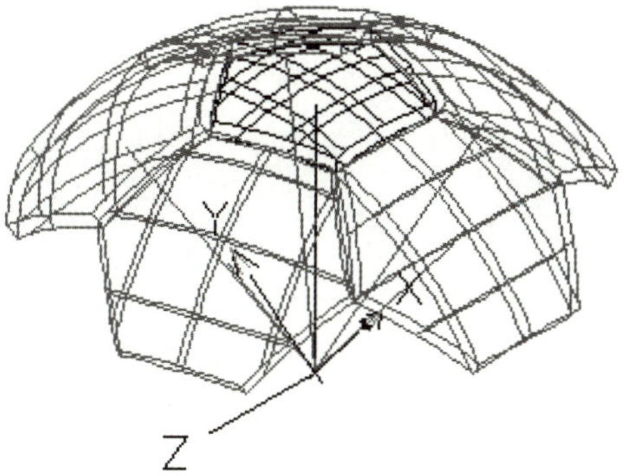
步骤 24	启用菜单命令：【修改】→【三维操作】→【三维阵列】，选取五边形和五边形中间的一根直线→按“Enter”键，输入阵列类型“P”（环形阵列）→按“Enter”键，输入阵列中的项目数目“3”，指定要填充的角度“360”，指定阵列的中心点“0，0”，指定第二点：捕捉点 *y*，按“Enter”键，结果如图所示。 单击“修改”工具栏中【删除】按钮，将上步阵列 1、2 的对象删除	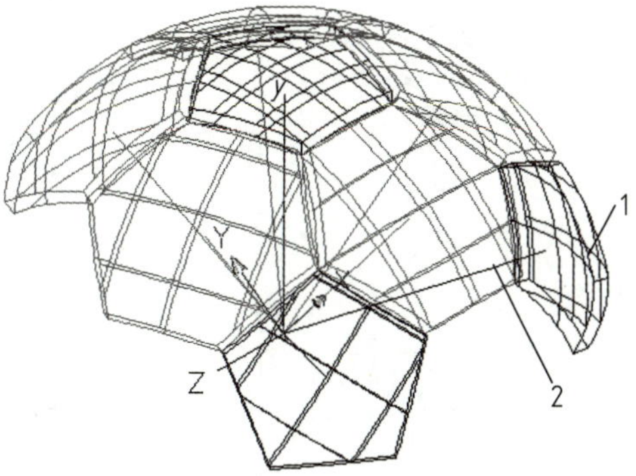

续表

步骤	操作过程	图解
步骤 25	单击“修改”工具栏中【阵列】按钮，选取环形阵列，选取对象 4、5，输入阵列中的项目数目“5”，指定要填充的角度“360”→按“Enter”键，结果如图所示	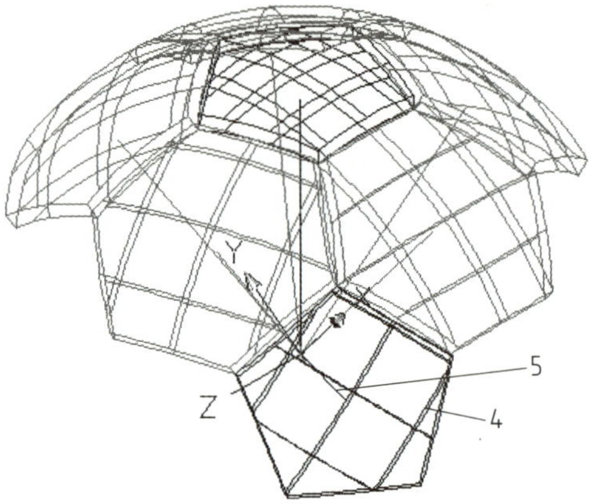 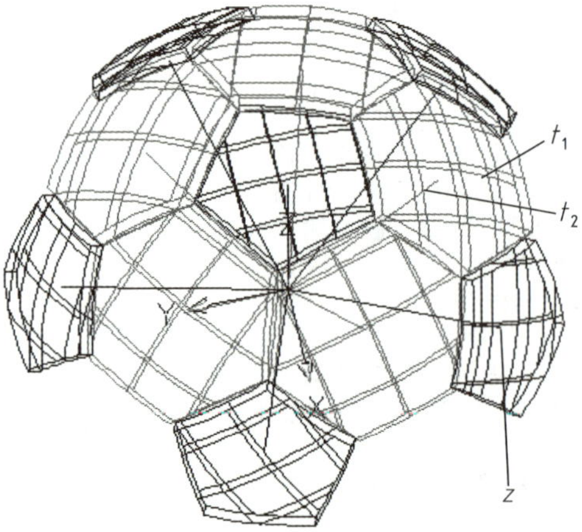
步骤 26	单击“修改”工具栏中【删除】按钮，将步骤 25 对象 t_1、t_2 删除	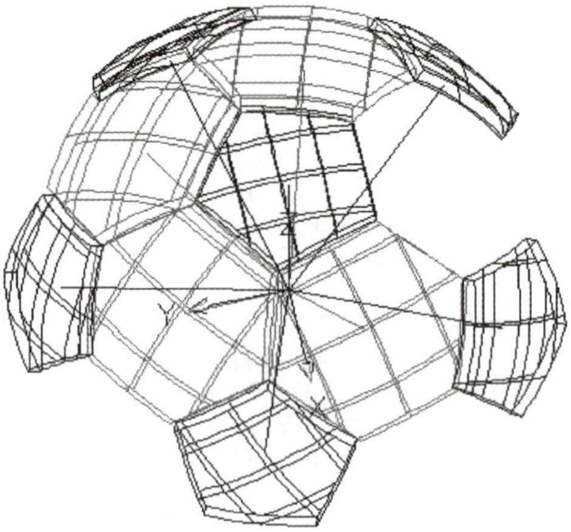

续表

步骤	操作过程	图解
步骤 27	启用菜单命令：【修改】→【三维操作】→【三维阵列】，选取五边形和五边形中间的一根直线→按“Enter”键；输入阵列类型“P”，输入阵列中的项目数目“5”，指定要填充的角度“360”，指定阵列的中心点“0，0”，指定第二点：捕捉步骤 25 中点 z→按“Enter”键，结果如图所示	
步骤 28	单击“修改”工具栏中【删除】按钮，将对象 t_3 删除	
步骤 29	单击“修改”工具栏中【阵列】按钮，选取环形阵列，选取步骤 28 中 t_4 为对象，输入阵列中的项目数目“5”，指定要填充的角度“360”→按“Enter”键，结果如图所示	

续表

步骤	操作过程	图解
步骤 30	同理重复阵列，完成足球三维实体的创建	

项目总结

本项目介绍了三维实体的绘制和编辑方法，其中，三维实体的绘制方法包括三维视图显示、基本体造型和通过二维图形创建三维实体等；编辑方法包括阵列、旋转、剖切、镜像等。通过本项目的学习，应熟练掌握绘制和编辑三维实体的方法。

知识拓展

三十多年前，2B 铅笔、丁字尺是一个机械设计师的标配；二十多年前，会使用二维制图工具是成为机械工程师的基本要求；十多年前，三维设计工具的应用使机械设计师的设计思维发生巨大的改变。时代在不断前行，技术在不断进步。

项目 7

绘制装配图

知识目标

- 掌握创建表格的方法。
- 掌握设计中心的使用。
- 掌握机械样板文件的创建和调用方法。
- 掌握装配图的绘制方法。

能力目标

- 能建立符合《机械制图》国家标准的机械样板文件。
- 能由零件图拼画装配图。
- 能正确运用表格绘制和填写标题栏及明细栏。

素养目标

- 具备观察能力、分析能力和表达能力。
- 具备热爱祖国、热爱人民、热爱学习的思想。

任务 1 绘制滑轮装配图

装配图是用来表达机器或部件的工作原理、结构性能和零件间装配连接关系等内容的图样，是制订装配工艺规程和进行装配、检验、安装及维修的技术文件。设计新产品时，先画装配图，再由装配图拆画零件图；测绘机器时，先画零件图，再由零件图来拼画装配图。

装配图包含以下内容：一组视图、必要的尺寸、技术要求、零（组）件序号、标题栏和明细栏。

在 AutoCAD 中装配图的绘制方法主要包括：零件图块插入、零件图形文件插入、利用设计中心拼画装配图等。

任务描述

绘制尺寸如图 7-1-1 所示的滑轮装配图。

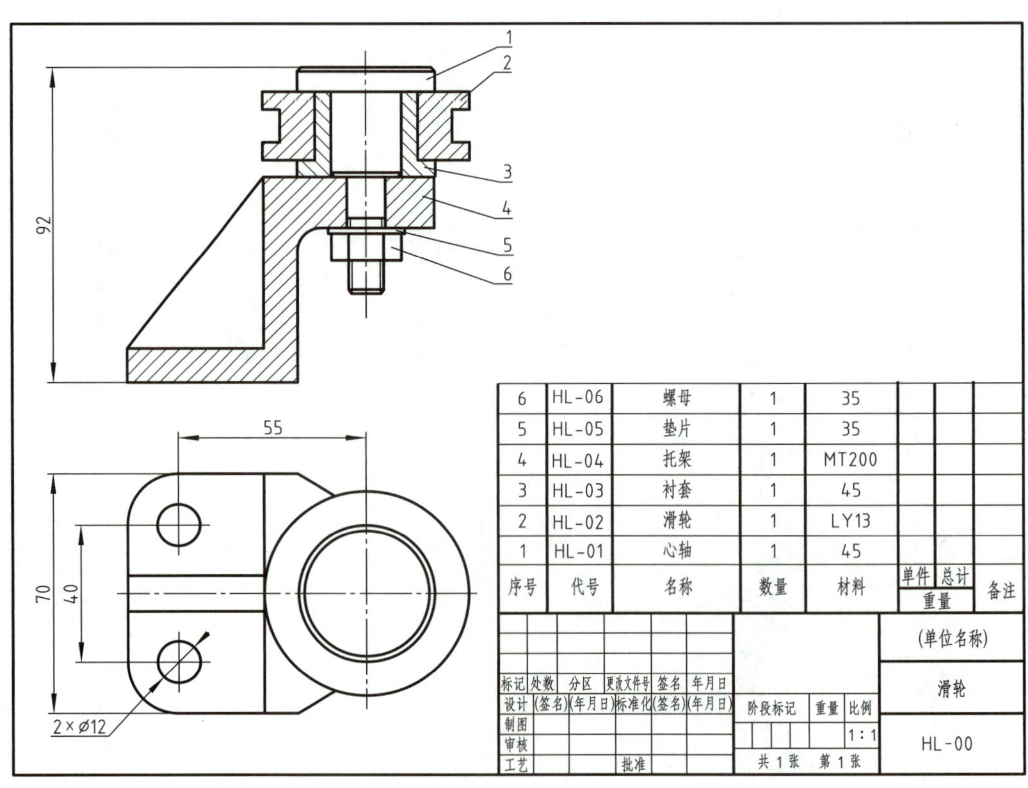

图 7-1-1 滑轮装配图

知识链接

7.1.1　新建表格样式

1. 命令启用方法

方法 1　工具栏："格式"工具栏→【表格样式】按钮。

方法 2　菜单命令：【格式】→【表格样式】。

方法 3　键盘命令：输入"Tablestyle"→按"Enter"键。

2. 操作方法

（1）表格样式

启用命令后，系统弹出"表格样式"对话框，如图 7-1-2 所示，其各选项的功能如下。

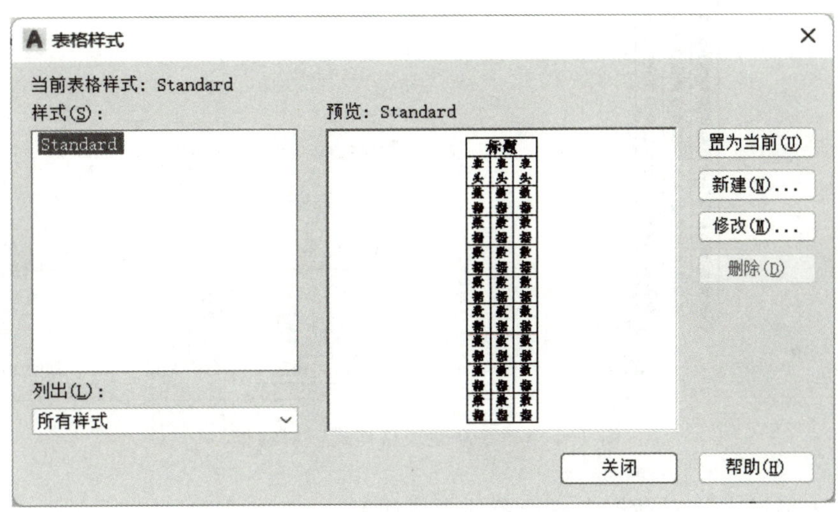

图 7-1-2　"表格样式"对话框

"当前表格样式"：显示当前的表格样式，系统默认的表格样式为 Standard。

【置为当前】按钮：将"样式"列表中被选中的样式设置为当前样式。

【新建】按钮：用于新建表格样式。

【修改】按钮：用于对"样式"列表中被选中的样式进行样式修改设置。

（2）新建表格样式

单击"表格样式"对话框中的【新建】按钮，系统弹出"创建新的表格样式"对话框，如图 7-1-3 所示，在"新样式名"文本框中输入新建的表格样式名后，单击【继续】按钮，系统弹出"新建表格样式"对话框，如图 7-1-4 所示。

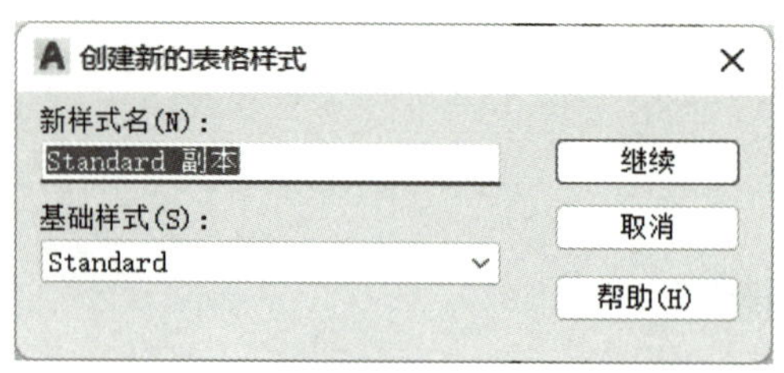

图 7-1-3 “创建新的表格样式”对话框

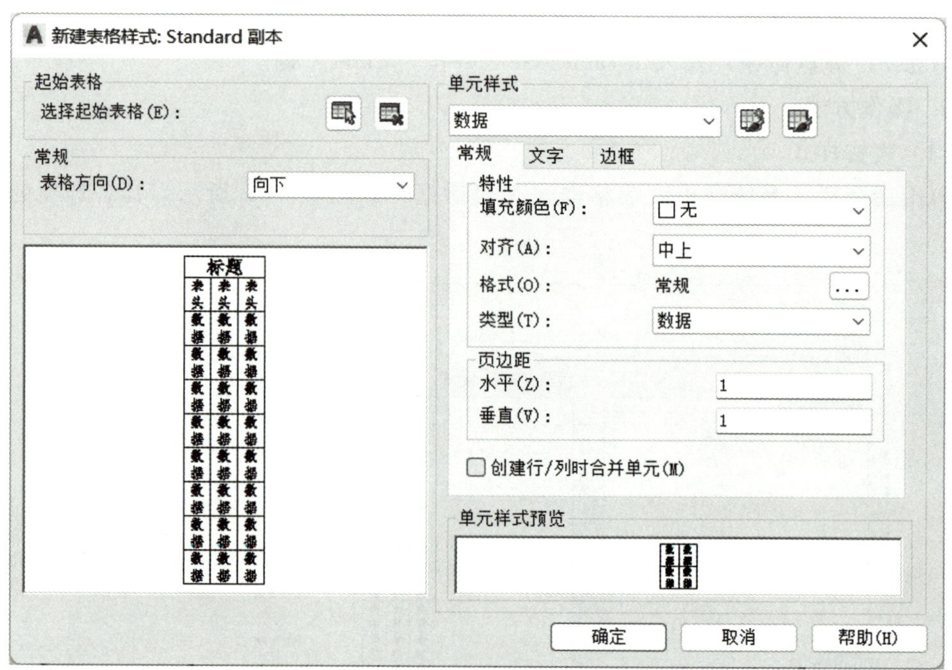

图 7-1-4 “新建表格样式”对话框

“新建表格样式”对话框中各选项的含义如下。

“起始表格”：可以在图形中指定一个表格作为样例来设置此表格样式，若图形中没有表格，可不选。

“常规”：用于设置表格方向，有“向上”和“向下”两个选项，“向上”是指创建由下至上读取的表格，标题行在表格的底部；“向下”则相反。

“单元样式”：用于确定新的单元样式或修改现有的单元样式，有“标题”“表头”“数据”三个选项，可分别用于设置表格的标题、表头和数据单元的样式。三个选项中均包含“常规”“文字”和“边框”三个选项卡。

“常规”选项卡中的“特性”选项组：用于设置数据单元的“填充颜色”“对齐”“格式”和“类型”等，“页边距”选项组用于设置数据单元边界与内容之间的间距。

“文字”选项卡：可设置当前单元样式的文字样式、文字高度、文字颜色和文字角度。

“边框”选项卡：可设置表格边框线的格式，包括线宽、线型、颜色、是否双线、有无边框线等。例如，在“线宽”下拉列表中选择“0.25mm”，在“线型”下拉列表中选择“Continuous”，单击【内边框】按钮，可将设置应用于内边框线，再在“线宽”下拉列表中选择“0.50mm”，在“线型”下拉列表中选择“Continuous”，单击【外边框】按钮，可将设置应用于外边框线。

“标题”和“表头”选项的内容及设置方法同“数据”选项所述。标题栏表格不包含标题和表头，所以可不必对“标题”和“表头”选项进行设置。

（3）修改表格样式

单击“表格样式”对话框中的【修改】按钮，系统弹出“修改表格样式”对话框，如图7-1-5所示。用户可以通过它来改变原本的设置，相关操作类似于新建表格样式。

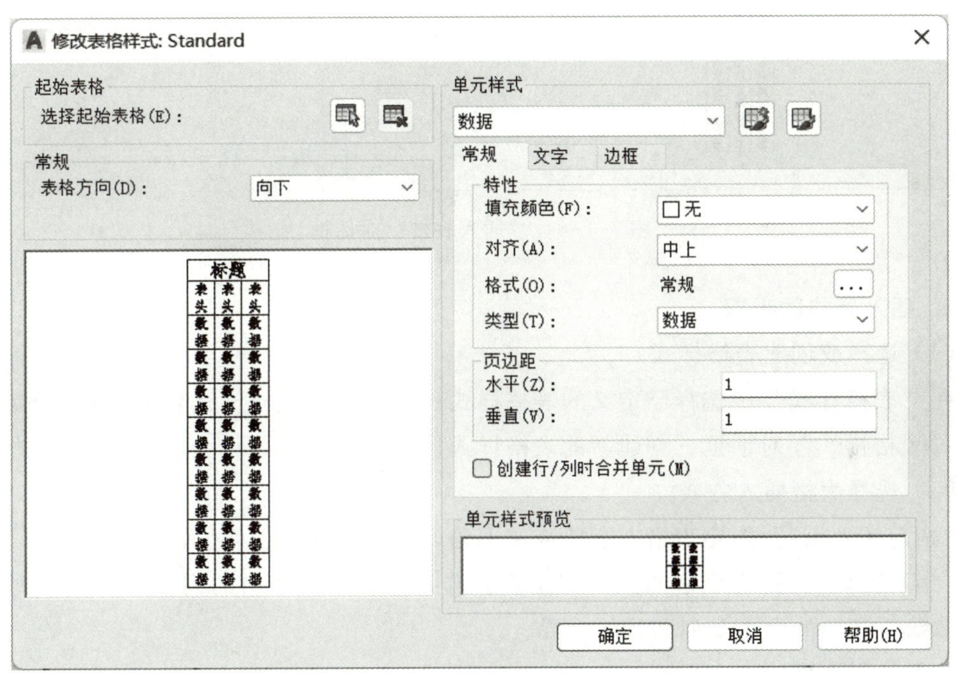

图7-1-5　“修改表格样式”对话框

7.1.2　插入表格

设置好表格样式后，可以利用表格命令在图形中插入表格，然后在表格的单元中添加内容。

1. 命令启用方法

方法1　工具栏：“绘图”工具栏→【表格】按钮。

方法2　菜单：【绘图】→【表格】。

方法3　键盘命令：输入“Table”→按“Enter”键。

启用表格命令后，系统弹出“插入表格”对话框，如图 7-1-6 所示。

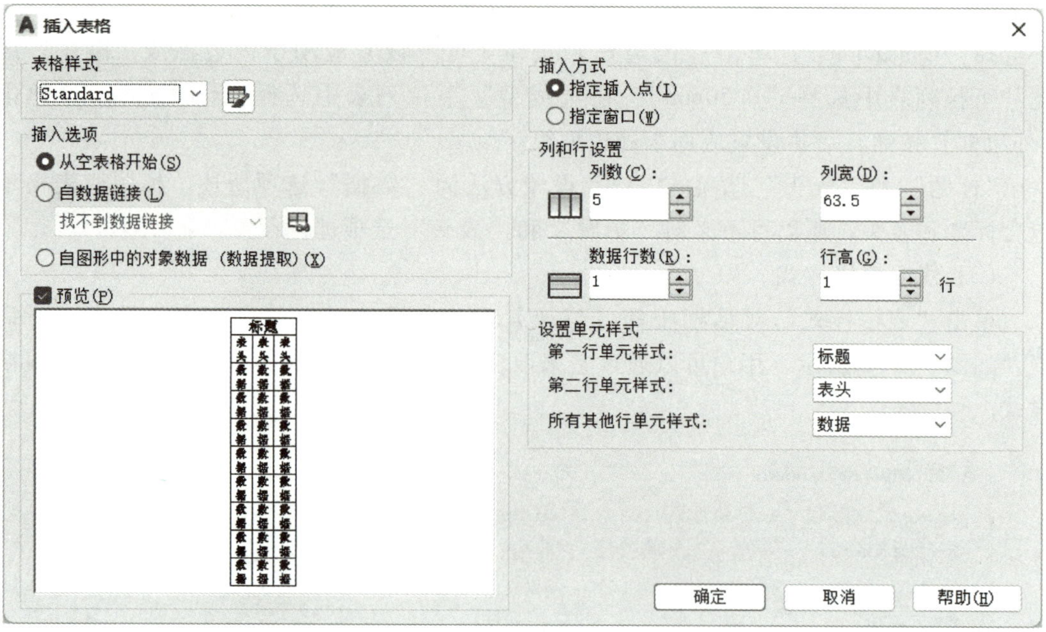

图 7-1-6　“插入表格”对话框

2. 插入表格的步骤

(1) 选择或创建表格样式

在“表格样式”中选择已定义的表格样式；或单击“表格样式名称”右侧的按钮，打开“表格样式”对话框，创建新的表格样式。

(2) 选择表格插入方式

“指定插入点”：指定表格左上角或左下角的位置来确定表格位置。

“指定窗口”：指定表格的大小和位置。选择此项时，表格的列数、行数、列宽和行高取决于窗口的大小及列和行的设置。

(3) 设置表格的列和行

“列和行设置”：用于设置插入表格的列和行的数目及大小。

(4) 设置单元样式

“第一行单元样式”：用于指定表格中第一行的单元样式，默认为“标题”单元样式。

“第二行单元样式”：用于指定表格中第二行的单元样式，默认为“表头”单元样式。

“所有其他行单元样式”：用于指定表格中其他所有行的单元样式，默认为“数据”单元样式。

设置完成后，单击【确定】按钮，关闭“插入表格”对话框。此时系统弹出表格框，如果在“插入表格”对话框中选择了“指定插入点”单选按钮，则系统提示指定插入点；如果选择了“指定窗口”单选按钮，则系统提示指定第一个角点和第二个角点。

在指定位置处插入一个设定的空表格，并显示多行文字编辑器，如图 7-1-7 所示。要移动到下一个单元，可按“Tab”键，或使用方向键向左、向右、向上和向下移动，用户可在单元格内输入相应的文字或数据，完成表格数据的输入后，单击【确定】按钮，退出多行文字编辑器，完成表格的插入。

	A	B	C	D	E
1					
2					
3					
4					
5					
6					
7					
8					

图 7-1-7　空表格和多行文字编辑器

7.1.3　编辑与修改表格

1. 修改表格的列数和行数

在要添加列或行的表格单元内单击左键后再单击右键，系统弹出如图 7-1-8 所示的快捷菜单，根据修改需要进行选择即可。

2. 修改表格的列宽与行高

（1）利用表格或表格单元的夹点进行修改

该方式通过拖动夹点来更改表格的列宽与行高。单击表格的任意网格线，出现表格夹点，各夹点功能如下：

1）左上夹点：移动表格。

2）右上夹点：均匀修改表格宽度。

3）左下夹点：均匀修改表格高度。

4）右下夹点：均匀修改表格高度和宽度。

5）列夹点：更改列宽而不拉伸表格。

6）“Ctrl”键+列夹点：加宽或缩小相邻列，与此同时加宽或缩小表格以适应此修改。

单击表格的单元格出现单元格夹点，其夹点功能类似于表格的夹点。

（2）使用“特性”对话框进行修改

选中表格右击，在右键菜单中选择【特性】，系统弹出该表格的“特性”对话框，如图 7-1-9 所示，在窗口中可修改表格宽度和高度。

3. 修改表格的文字内容

1）用鼠标左键在表格内双击，在弹出的“文字格式”编辑器中重新输入文字或数据。

2）选定单元格后，按“F2”键，在弹出的“文字格式”编辑器中重新输入文字或数据。

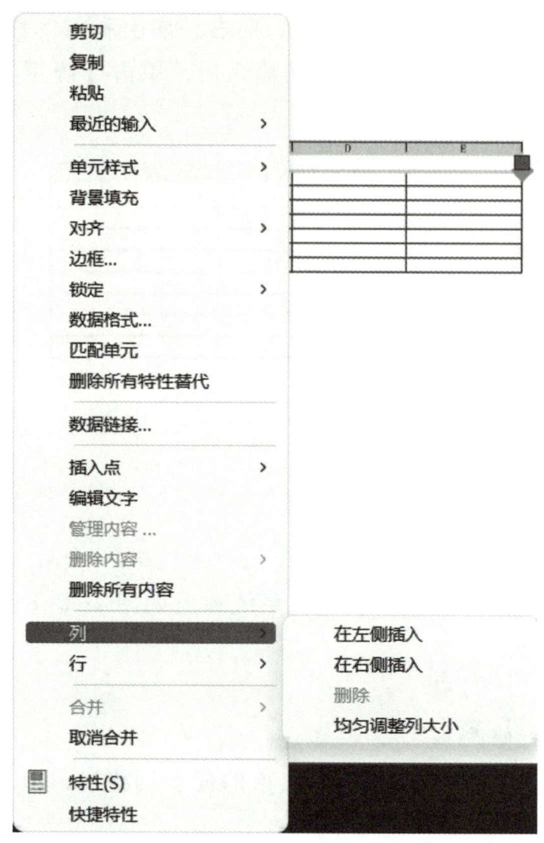

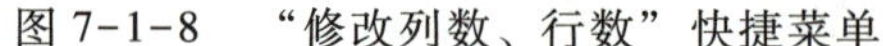
图 7-1-8　“修改列数、行数”快捷菜单

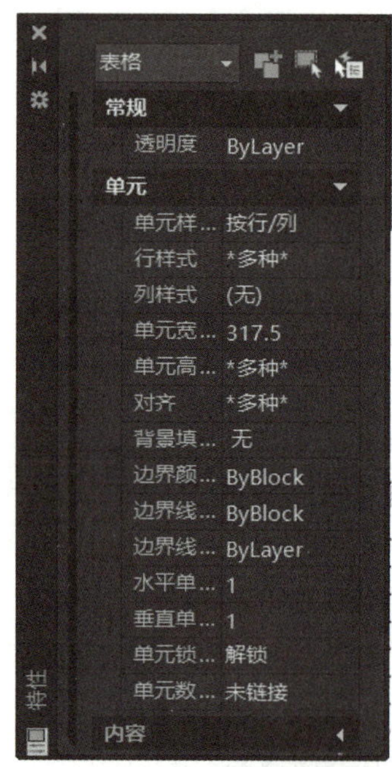

图 7-1-9　“特性”对话框

7.1.4　装配图的直接绘制

按照手工画装配图的作图顺序，依次绘制各组成零件在装配图中的投影。为了方便作图，在画图时，可以将不同的零件画在不同的图层上，以便关闭或冻结某些图层，使图面简化。由于关闭或冻结的图层上的图线不能编辑，所以在进行移动等编辑操作前，要先打开、解冻相应的图层。

7.1.5　装配图的拼装画法

1. 拼装画法的概念

先画出各个零件的零件图，再将零件图定义为图块文件或附属图块，用拼装图块的方法将其拼装成装配图。

在 AutoCAD 中根据零件图拼画装配图的主要方法有以下三种：

1）零件图块插入法：将零件图中的各个图形创建为图块，然后在装配图中插入所需的图块。

2）零件图形文件插入法：用户可使用插入（Insert）命令将整个作为图块的零件图，直接插入当前装配图中，也可通过“设计中心”将多个作为图块的零件图，插入当前装配图中。

3）剪贴板交换数据法：利用 AutoCAD 的复制命令，将零件图中所需图形复制到剪贴板，然后使用粘贴命令，将剪贴板上的图形粘贴到装配图中所需的位置上。

2. 拼装画法的步骤

1）画图前要先熟悉机器或部件的工作原理，零件的结构、连接关系等，以便确定装配图的表达方案，选择合适的视图数量和种类。

2）将所有已经画好的零件图创建为图块。

3）新建一个装配图的图形文件，打开“设计中心”，先找到主体零件的图形文件，将该文件中的图块拖放到绘图区的合适位置。

4）在装配图中，选定装配干线（轴线），以装配干线为单元进行拼装，当装配图中有多条装配干线时，先拼装主要装配干线，再拼装其他装配干线，相关视图的拼装应一起进行。同一装配干线上的零件，按定位关系确定拼装顺序。

5）将零件逐个拼装到装配图中，注意分析零件的遮挡关系，对要拼装的图块进行细化、修改，或边拼装边修改。如果拼装的图形不太复杂，可以在拼装之后，不再移动各个图块的位置时，将图块分解，统一进行修剪、整理，此时要用到修剪、删除、打断等命令。

6）检查错误：

① 检查定位是否正确：放大显示零件的各相接部位，依次检查定位是否正确。

② 检查修剪结果是否正确：在插入零件的过程中，随着图形的增多，以前被修改过的零件视图，可能又会被新插入的零件视图遮挡，这时就需要重新修剪。有时，由于考虑布局或操作失误，会造成修剪错误，这些都需要仔细检查、周密考虑。

注意：装配图中一般不画虚线，所以画图前要尽量分析详尽，分清各零件之间的遮挡关系，剪掉被遮挡的图线。

7）修改图形：

① 调整零件表达方案：由于零件图和装配图表达的侧重点不同，对同一零件的表达方法就不完全相同，必要时应当调整某些零件的表达方法，以适应装配图的要求。

② 修改剖面线：画零件图时，一般不会考虑零件在装配图中对剖面线的要求。所以，在创建块时若关闭了“剖面线”图层，则只需按照装配图对剖面线的要求重新填充即可；若没有关闭该图层，已经将剖面线的填充信息带进来了，则需注意：调整螺纹连接处剖面线的填充区域；相邻的两个或多个被剖到的零件，应统筹调整剖面线的间隔或倾斜方向，以适应装配图的要求。

③ 调整重叠的图线：插入零件后，会有许多重叠的图线，应做必要的调整。例如，当中心线重叠时，显示或打印的结果将不是中心线，而是实线，装配图中几乎所有的中心线都要做调整。调整的办法有关闭相关图层，删除、使用夹点编辑多余图线或删

除一些重叠的图线等。

8）考虑整体布局、调整视图位置。

布置视图时要考虑周全，使各个视图既要充分、合理地利用空间，又应在图面上分布恰当、均匀，还需兼顾尺寸、零件编号、技术要求、标题栏和明细栏的绘制与填写空间。此时，需要充分发挥计算机绘图的优越性，随时调用移动命令，反复进行调整。

提示：布置视图前，应打开所有的图层。为保证视图间的对应关系，移动视图时应打开“正交”“对象捕捉”“对象追踪”等捕捉模式。

9）标注尺寸和技术要求。

装配图尺寸和技术要求的标注方法与零件图类似，只是标注内容各有侧重。关闭零件图“尺寸标注”图层，分别用尺寸标注和文字注写（单行或多行）命令标注装配图的尺寸和技术要求。

提示：标注时关闭“剖面线”图层，能给标注带来很大的方便。

10）标注零件序号、填写标题栏和明细栏。

零件序号有多种标注形式，其中，利用多重引线命令可以很方便地标注零件序号。对多重引线进行设置后，为保证标注序号排列的整齐，可以使用多重引线的对齐指令，使序号上方的水平线及文字序号的位置排列整齐。利用表格功能绘制标题栏和明细栏。

任务实施

根据图7-1-1所示，采用拼装画法绘制滑轮装配图，绘图过程见表7-1-1。

表7-1-1　滑轮装配图的绘图过程

步骤	操作过程	图解
步骤1	建立零件图块 打开托架零件图并编辑，利用“快速访问”工具栏→【打开】按钮打开托架零件图，结果如图所示	

续表

步骤	操作过程	图解
步骤 1		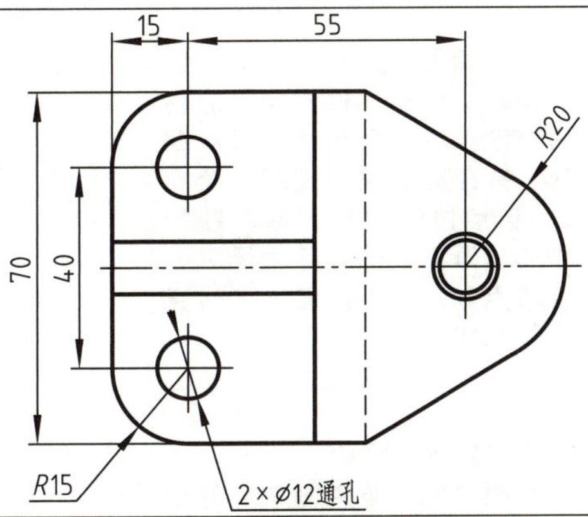 15　55　R20　70　40　R15　2×ø12通孔
步骤 2	关闭尺寸及技术要求所在的图层，然后对其他与装配图无关的部分进行处理。由于装配图可以省略小倒角和圆角等工艺结构，故将托架零件的孔口倒角做删除处理，结果如图所示	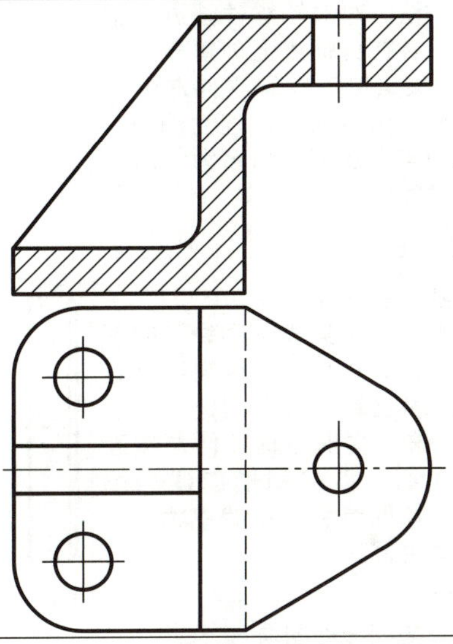
步骤 3	创建托架零件图块 输入“W”→按“Enter”键，系统弹出“写块”对话框。单击对话框中的【拾取点】按钮，系统将返回到绘图窗口，在屏幕上拾取点 *A*，系统返回到“写块”对话框；再单击对话框中的【选择对象】按钮，系统又返回到绘图窗口，选取步骤 2 处理后的图形为对象→按“Enter”键，系统再次返回到“写块”对话框，在对话框中的“插入单位”下拉列表中选择“毫米”，设置图块文件的保存路径，并将图块文件命名为“托架零件图块”，单击【确定】按钮完成托架零件图块的创建	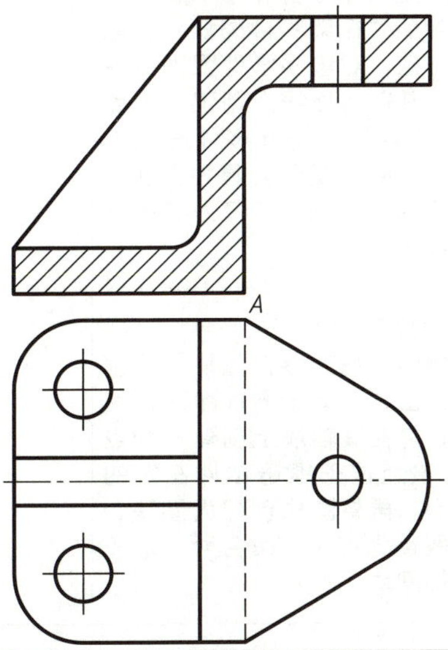 *A*

续表

步骤	操作过程	图解
步骤 4	创建衬套零件图块 参照“托架零件图块”的创建方法，对衬套零件图进行编辑，并在其轴线上创建一个点 *B*，该点位于衬套零件左端的中心，再将图形创建为图块，拾取点为点 *B*，命名为“衬套零件图块”	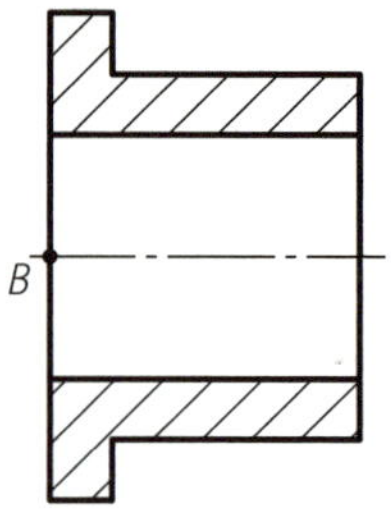 B
步骤 5	创建滑轮零件图块 参照“托架零件图块”的创建方法，对滑轮零件图进行编辑，并在其轴线上创建一个点 *C*，该点位于滑轮零件左端的中心，再将图形创建为图块，拾取点为点 *C*，命名为“滑轮零件图块”	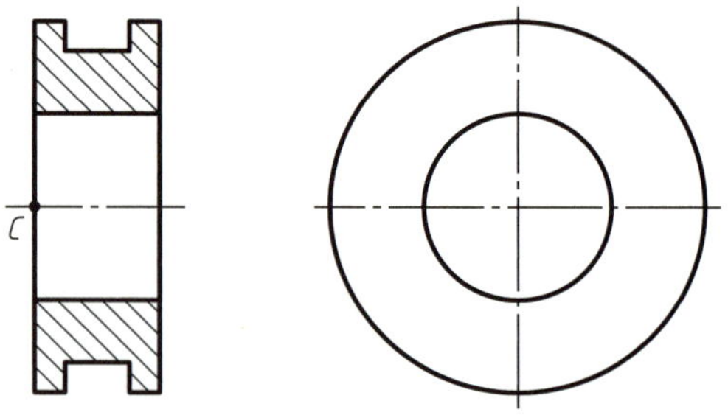 C
步骤 6	创建心轴零件图块 参照“托架零件图块”的创建方法，对心轴零件图进行编辑，并在其轴线上创建一个点 *D*，该点位于心轴零件左端面的中心，再将图形创建为图块，拾取点为点 *D*,命名为“心轴零件图块”	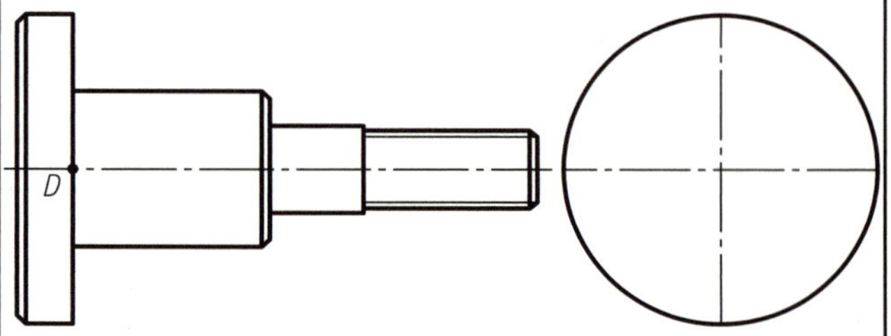 D
步骤 7	创建垫圈零件图块 参照“托架零件图块”的创建方法，对垫圈零件图进行编辑，并在其轴线上创建一个点 *E*，该点位于垫圈零件左端的中心，再将图形创建为图块，拾取点为点 *E*，命名为“垫圈零件图块”	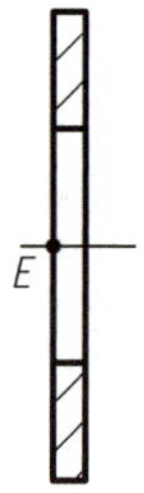 E
步骤 8	创建螺母零件图块 参照“托架零件图块”的创建方法，对螺母零件图进行编辑，并在其轴线上创建一个点 *F*，该点位于螺母零件左端的中心，再将图形创建为图块，拾取点为点 *F*，命名为“螺母零件图块”	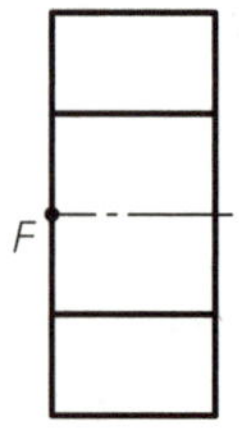 F

续表

步骤	操作过程	图解
步骤 9	根据分析，该零件图须采用A3图幅。单击“快速访问”工具栏→【新建】按钮，系统弹出“选择样板”对话框，在对话框中选择所创建的“A3机械样板”文件，单击【打开】按钮，完成样板文件的调用	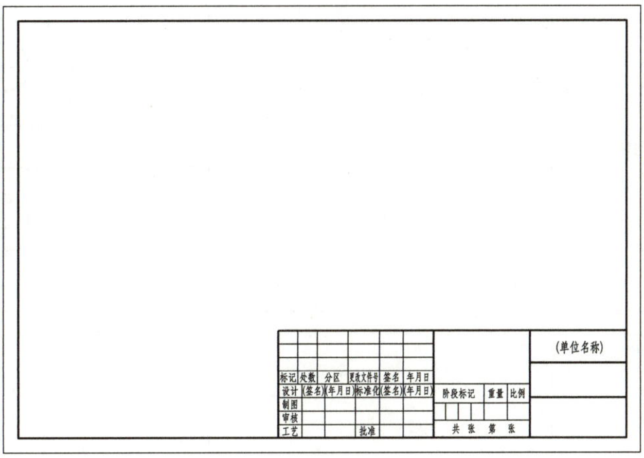
步骤 10	单击“绘图”工具栏→【插入块】按钮，系统弹出“块”选项板，单击“块”选项板中的“托架件块”文件，移动鼠标到绘图区合适的位置并单击，可将“托架零件图块”插入到当前装配图中，结果如图所示	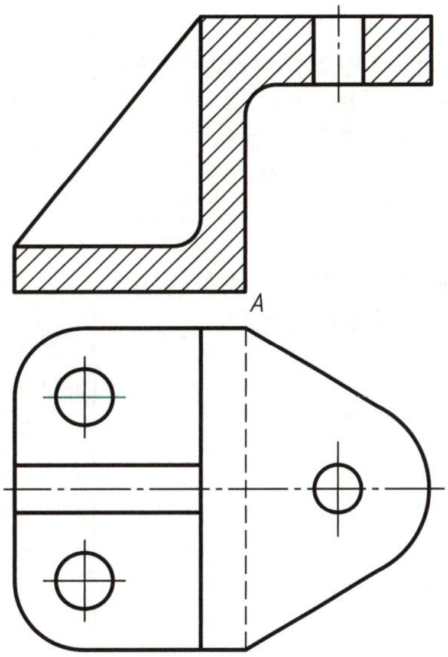
步骤 11	参照“托架零件图块”的插入方法，将“衬套零件图块”导入到“块”选项板中。再单击“块”选项板中的“衬套零件图块”文件，移动鼠标，直至捕捉到图示点 *B* 后单击，完成“衬套零件图块”的插入操作，结果如图所示	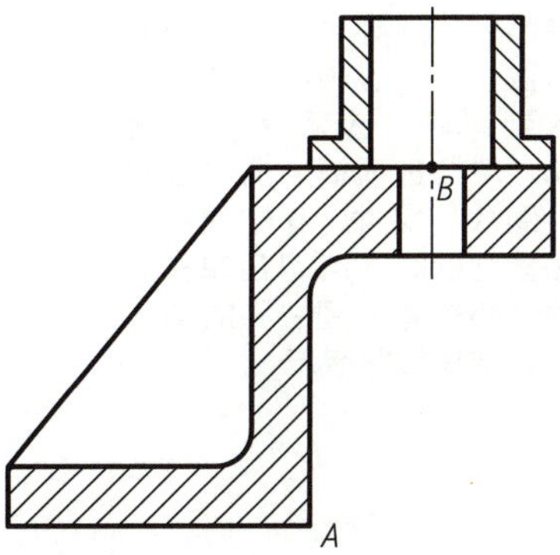

续表

步骤	操作过程	图解
步骤 11		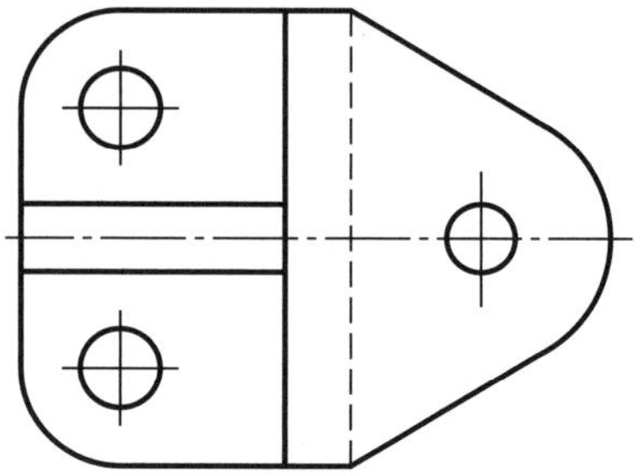
步骤 12	参照“托架零件图块”的插入方法，将“滑轮零件图块”导入到“块”选项板中。再单击“块”选项板中的“滑轮零件图块”文件，移动鼠标，直至捕捉到图示点 C 后单击，完成“滑轮零件图块”的插入操作，结果如图所示	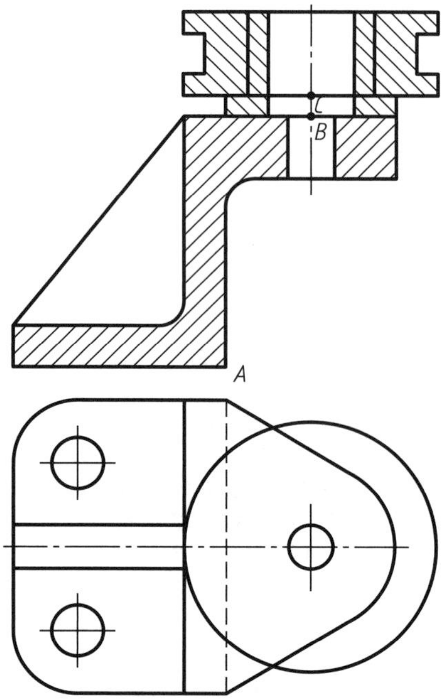 C B A
步骤 13	参照“托架零件图块”的插入方法，将“心轴零件图块”导入到“块”选项板中。再单击“块”选项板中的“心轴零件图块”文件，移动鼠标，直至捕捉到图示点 D 后单击，完成“心轴零件图块”的插入操作，结果如图所示	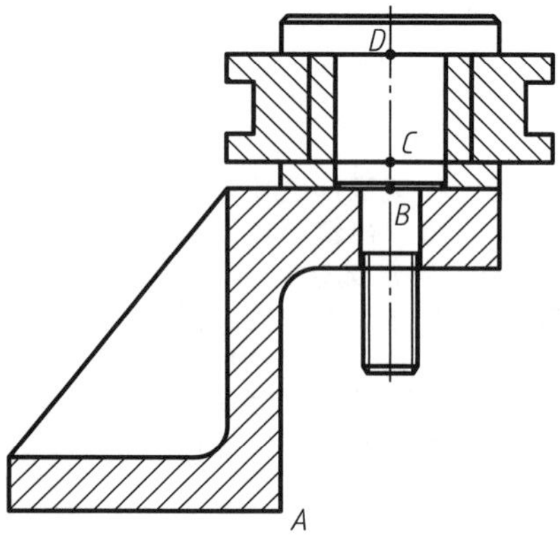 D C B A

续表

步骤	操作过程	图解
步骤 13		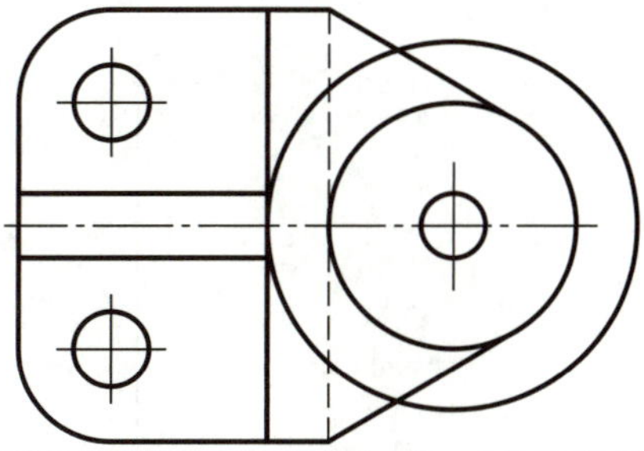
步骤 14	参照“托架零件图块”的插入方法，将“垫圈零件图块”导入到“块”选项板中。再单击“块”选项板中的“垫圈零件图块”文件，移动鼠标，直至捕捉到图示点 *E* 后单击，完成“垫圈零件图块”的插入操作，结果如图所示	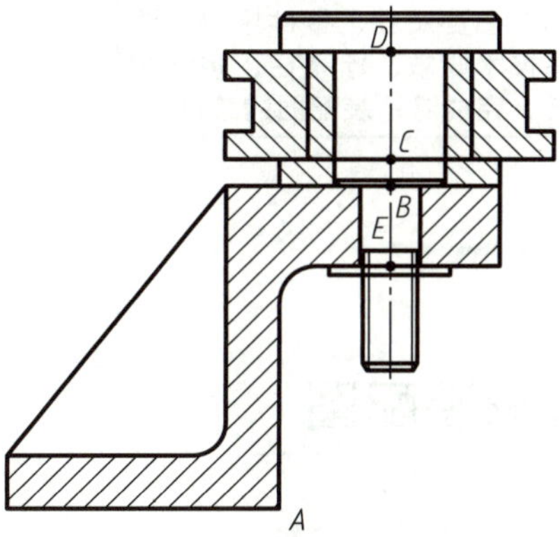
步骤 15	参照“托架零件图块”的插入方法，将“螺母零件图块”导入到“块”选项板中。再单击“块”选项板中的“螺母零件图块”文件，移动鼠标，直至捕捉到图示点 *F* 后单击，完成“螺母零件图块”的插入操作，结果如图所示	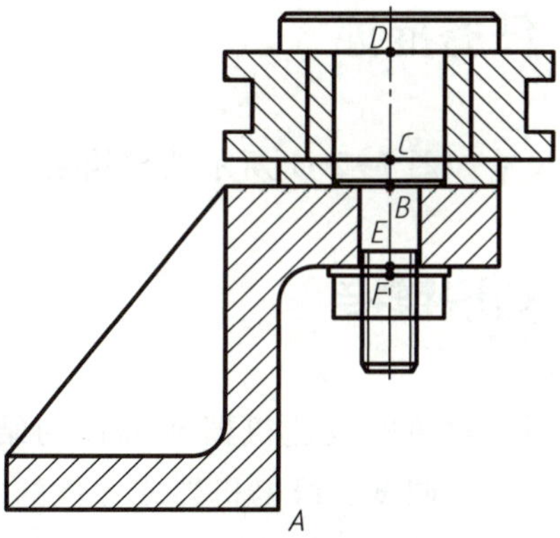
步骤 16	利用分解命令对上述插入的图块进行分解操作，分解后对其进行编辑修改，利用绘图命令删除视图中多余的图线结构，并对不符合要求的剖面线进行修改，完成滑轮装配图中视图的绘制	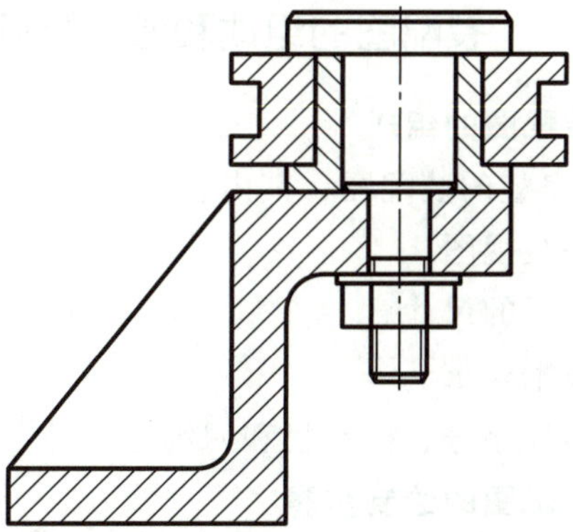

续表

步骤	操作过程	图解
步骤 16		
步骤 17	标注必要尺寸、零件序号，注写技术要求、标题栏、明细栏等，完成滑轮装配图的绘制	图 7-1-1

任务2 绘制导轮装配图

任务描述

绘制尺寸如图 7-2-1 所示的导轮装配图。

知识链接

装配图通常用来表达机器或部件的结构形状、装配关系、工作原理和技术要求，是安装、装配、调试、维修机器或部件的重要技术文件。

7.2.1　装配图的组成和绘制步骤

1. 装配图的组成

一幅完整的装配图，其内容主要包括：

1）一组视图。

2）必要的尺寸。

3）技术要求。

4）零件序号、标题栏和明细栏。

2. 装配图的绘制步骤

装配图的绘制过程与零件图基本相似，同时又有其自身的特点。绘制装配图的一

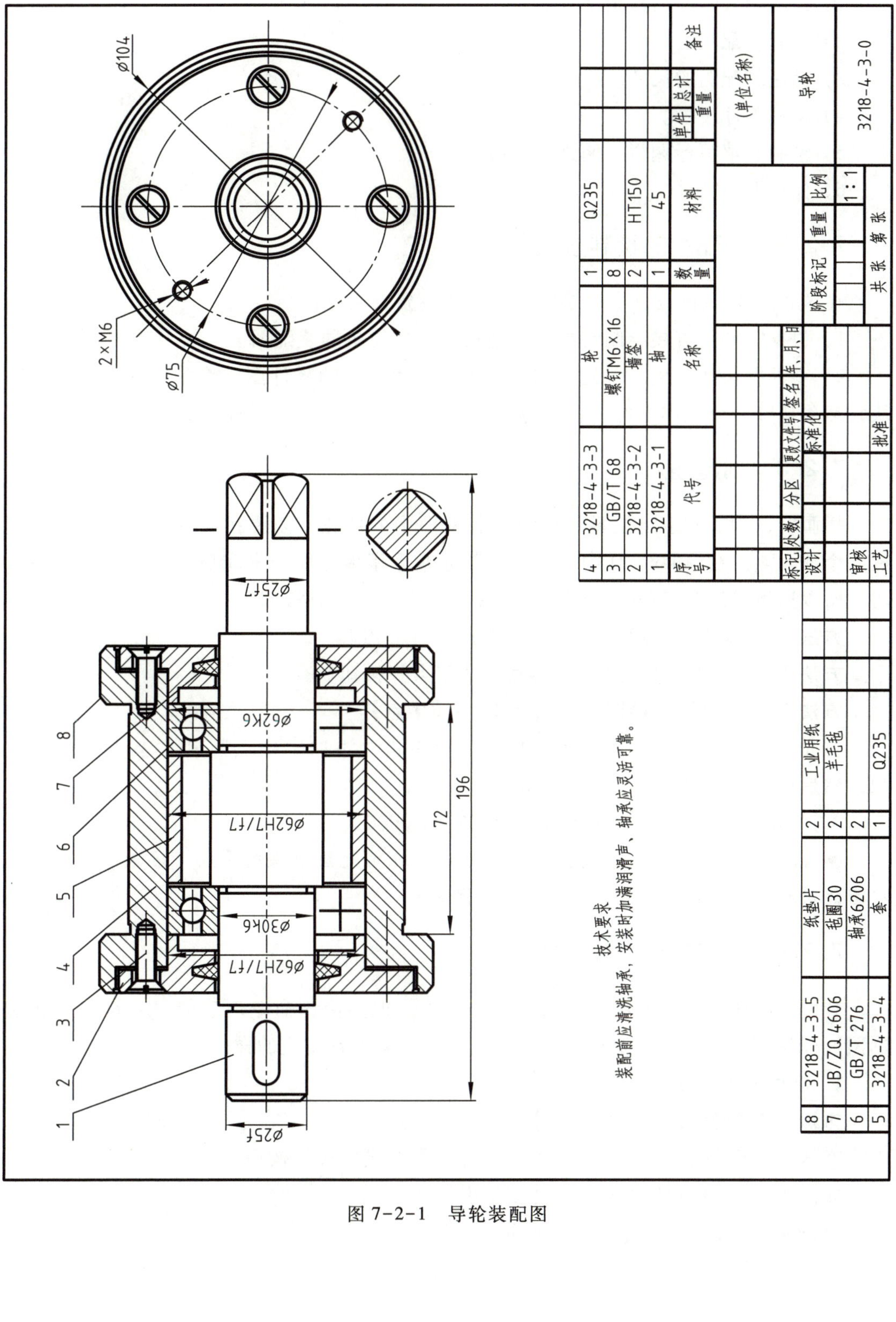

序号	代号	名称	数量	材料	单件重量	总计重量	备注
8	3218-4-3-5	纸垫片	2	工业用纸			
7	JB/ZQ 4606	毡圈30	2	羊毛毡			
6	GB/T 276	轴承6206	2				
5	3218-4-3-4	套	1	Q235			
4	3218-4-3-3	轮	1	Q235			
3	GB/T 68	螺钉M6×16	8				
2	3218-4-3-2	端盖	2	HT150			
1	3218-4-3-1	轴	1	45			

标记	处数	分区	更改文件号	签名	年、月、日		
设计			标准化			阶段标记	重量	比例
审核								1:1
工艺			批准			共　张	第　张	

（单位名称）

导轮

3218-4-3-0

技术要求

装配前应清洗轴承，安装时加满润滑声、轴承应灵活可靠。

Ø104　2×M6　Ø75　Ø25f7　Ø62k6　Ø62H7/f7　Ø30k6　Ø25f　72　196

图 7-2-1　导轮装配图

般步骤有：

1）绘制导入装配图样板文件。

2）绘制装配图。

3）标注装配图的尺寸。

4）编写零件序号。

5）绘制并填写标题栏、明细栏及技术要求。

6）保存图形文件。

7.2.2　装配图的绘制方法

在 AutoCAD 机械设计中，绘制装配图的主要方法有：

1）根据零件图直接绘制装配图，适用于比较简单的装配图。

2）零件图块插入法。首先绘制出装配图中各零件的零件图，将各零件图创建为图块，然后选择一个主体零件，将其他主要零件以插入块的方法拼画装配图。

7.2.3　创建插入点

拼画时，为了便于定位零件图块在装配图中的位置，需要在编辑后的零件图中创建一个插入点。在 AutoCAD 中，点的绘制通常采用多点命令来完成，单点命令已不常用。所以这里采用多点命令来创建点。多点命令的启用方法如下：

方法 1　功能区：【默认】→【绘图】→【多点】。

方法 2　工具栏："绘图" 工具栏→【多点】按钮。

方法 3　菜单栏：【绘图】→【点】→【多点】。

首先在状态栏中的【对象捕捉】按钮上右击，添加 "中点" 和 "节点" 捕捉选项，然后启用多点命令，命令行提示如下：

- 当前点模式：PDMODE = 35 PDSIZE = 0.0000
- 指定点：利用 "对象捕捉追踪" 模式，在主视图中拾取一点，该点一般位于主视图的对称位置上或角点上，按 "Esc" 键退出

7.2.4　创建多重引线样式

装配图的序号通常采用多重引线命令标注，但要使该命令创建的序号符合《机械制图》国家标准，首先需要用多重引线样式命令来设置相应的样式。

1. 启用命令方法

方法 1　功能区：【注释】→【引线】下拉按钮。

方法 2　工具栏："样式" 工具栏→【多重引线样式】按钮。

方法 3　菜单栏：【格式】→【多重引线样式】。

方法 4　键盘命令：输入 "Mleaderstyle" →按 "Enter" 键。

2. 操作方法

启用多重引线样式命令后，系统弹出“多重引线样式管理器”对话框，如图 7-2-2 所示；单击对话框中的【新建】按钮，系统弹出“创建新多重引线样式”对话框，如图 7-2-3 所示，在“新样式名”文本框内输入“序号样式”，在“基础样式”下拉列表框中选择“Standard 选项，单击【继续】按钮，系统弹出“修改多重引线样式：序号样式”对话框，如图 7-2-4 所示。

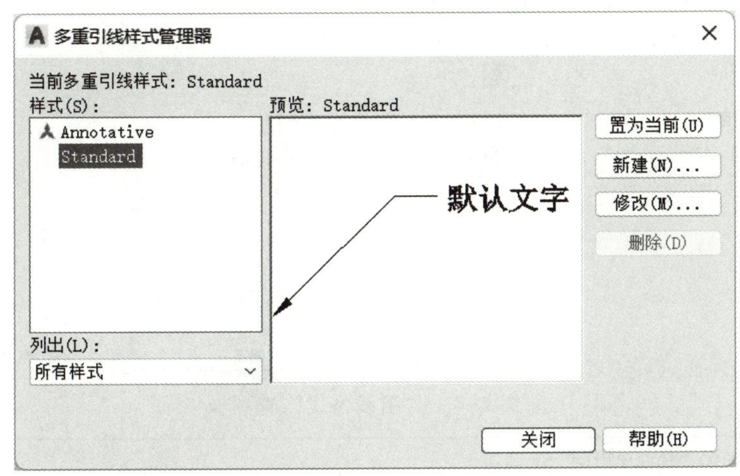

图 7-2-2　“多重引线样式管理器”对话框

创建新多重引线样式
新样式名(N)：
序号样式
继续(O)
取消
基础样式(S)：
Standard
帮助(H)
注释性(A)

图 7-2-3　“创建新多重引线样式”对话框

“修改多重引线样式：序号样式”对话框中共有 3 个选项卡，分别为“引线格式”“引线结构”及“内容”选项卡。对这 3 个选项卡分别进行设置：

1）打开“引线格式”选项卡，在“常规”选项组的“类型”下拉列表中选择“直线”选项，在“箭头”选项组的“符号”下拉列表中选择“小点”选项，并在“大小”文本框内输入“4”，其余保持默认设置，设置结果如图 7-2-4 所示。

2）打开“引线结构”选项卡，在“约束”选项组的“最大引线点数”文本框内输入点数为“2”，勾选“基线设置”选项组的所有选项，并在其下部文本框内输入基线距离“2”，设置结果如图 7-2-5 所示。

单击【确定】按钮，完成多重引线样式：序号样式的创建。

此处不再过多介绍“内容”选项卡的设置。

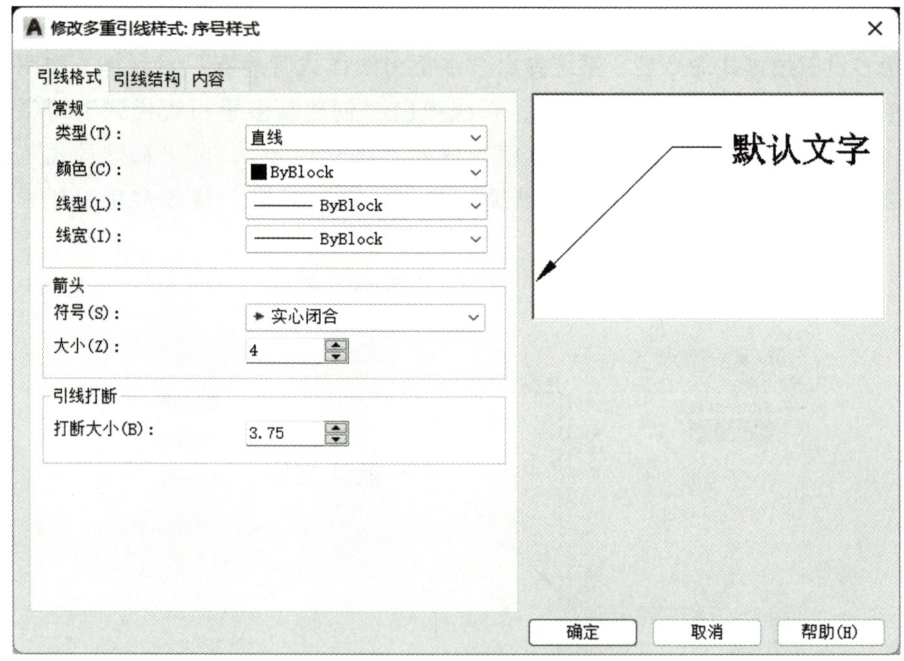

图 7-2-4　“引线格式”选项卡

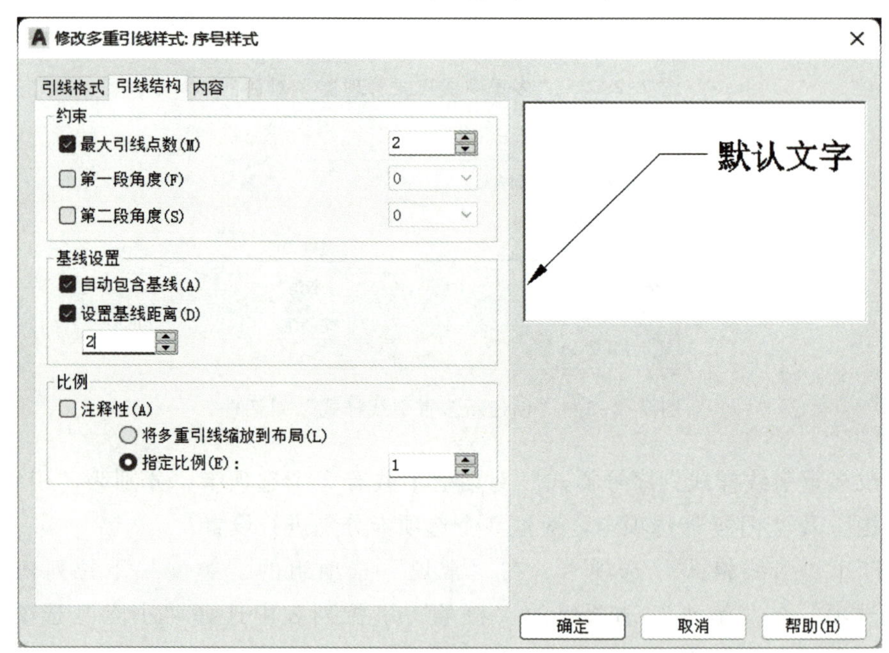

图 7-2-5　“引线结构”选项卡设置

任务实施

根据图 7-2-1 所示，采用拼装画法绘制导轮装配图，绘图过程见表 7-2-1。

表 7-2-1　导轮装配图的绘制过程

步骤	操作过程	图解
步骤 1	建立轮零件图块 打开轮零件图并编辑，利用“快速访问”工具栏→【打开】按钮打开轮零件图，结果如图所示	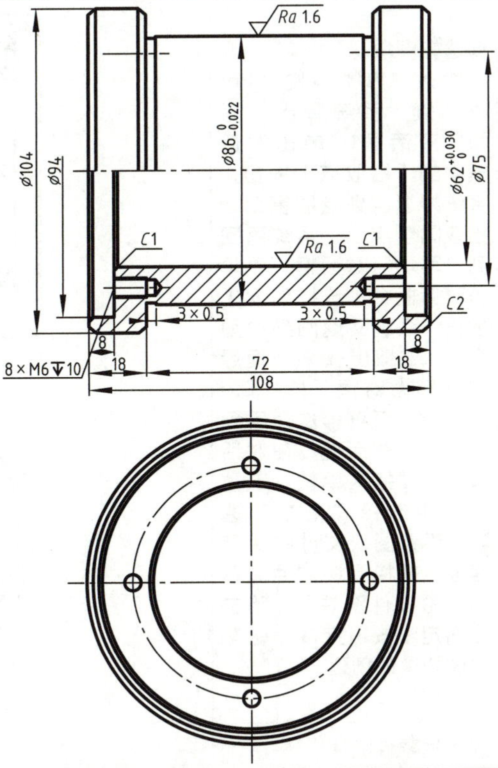
步骤 2	关闭尺寸及技术要求所在的图层，然后对其他与装配图无关的部分进行处理。由于装配图可以省略小倒角和圆角等工艺结构，故将轮零件的孔口倒角做删除处理。再将该零件的主视图改画成全剖视图并加以整理，结果如图所示	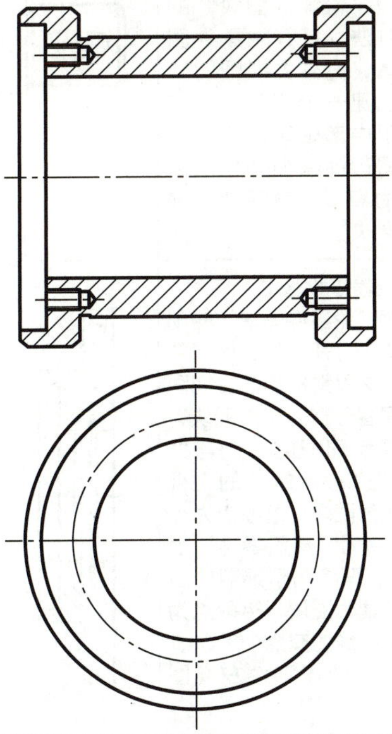

续表

步骤	操作过程	图解
步骤 3	创建轮图块 输入“W”→按“Enter”键，系统弹出“写块”对话框。单击对话框中的【拾取点】按钮，系统将返回到绘图窗口，拾取图示点 *A*，系统返回到“写块”对话框；再单击对话框中【选择对象】按钮，系统又返回到绘图窗口，选取步骤 2 处理后的图形为对象，按“Enter”键，系统再次返回到“写块”对话框，在对话框中的“插入单位”下拉列表中选择“毫米”选项，设置图块文件的保存路径，并将图块文件命名为“轮零件图块”，单击【确定】按钮完成“轮零件图块”的创建	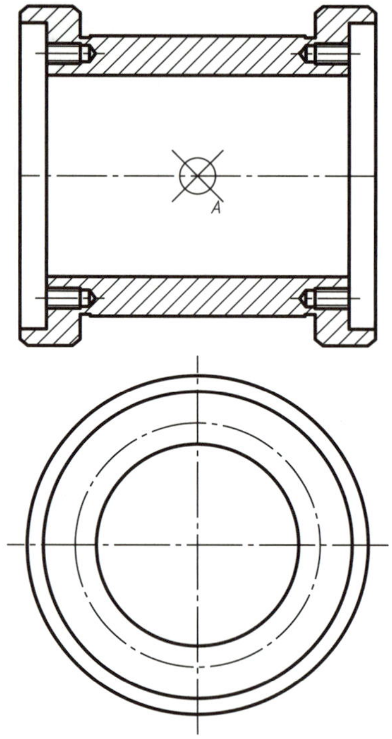 A
步骤 4	创建轴零件图块 参照“轮零件图块”的创建方法，打开轴零件图并编辑，再在主视图的轴线上创建一个点 *B*，使该点位于中部轴段的中心，再将图形创建为图块，拾取点为点 *B*，命名为“轴零件图块”	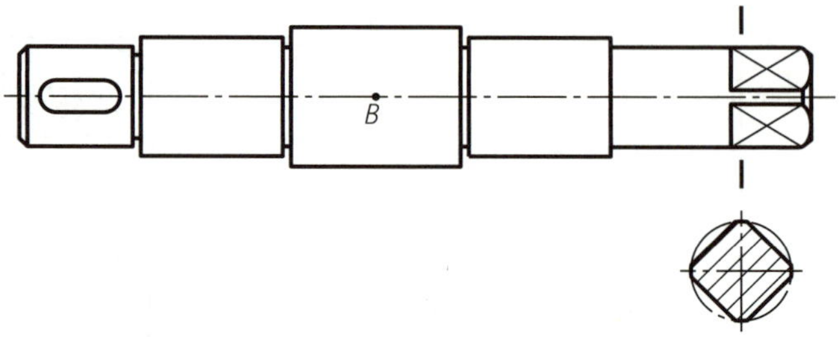 B
步骤 5	创建端盖零件图块 参照“轮零件图块”的创建方法，打开端盖零件图并编辑，这里需将端盖主视图和左视图分别创建为图块，以方便装配图的绘制与处理。先将图示端盖的主视图创建为图块，拾取点为点 *C*，命名为“端盖零件主视图块”；再将图示端盖的左视图创建为图块，拾取点为十字中心线的交点(点 *O*)，命名为“端盖零件左视图块”	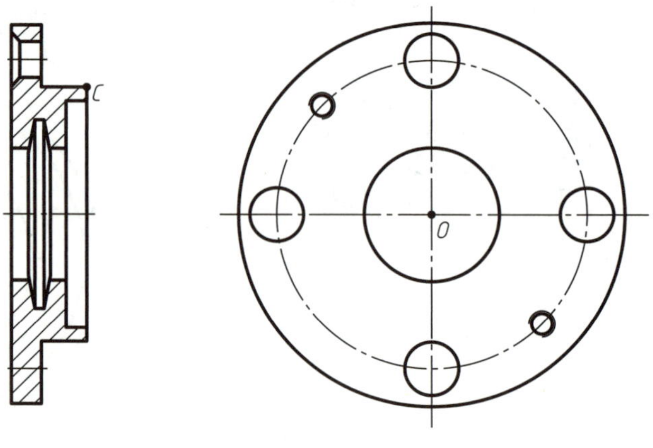 C O

续表

步骤	操作过程	图解
步骤 6	创建套零件图块 参照“轮零件块”的创建方法，对套零件图进行编辑，并在其轴线上创建一个点 *D*，该点位于套零件轮廓的中心，结果如图所示。再将图所示的图形创建为块，拾取点为点 *D*,命名为“套零件块”	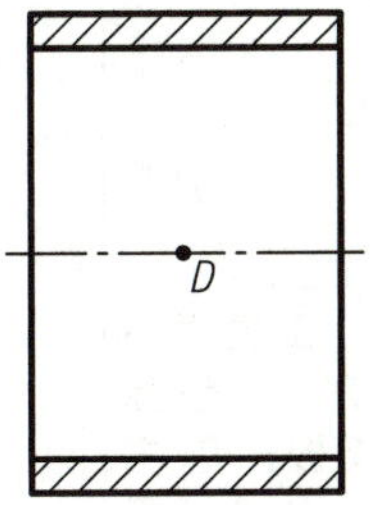
步骤 7	创建沉头螺钉图块 打开沉头螺钉参数化图形，由于导轮装配体采用的是 M6 ×16 沉头螺钉，所以需要修改其参数数值。双击其中需要修改的标注约束参数 *d* 和 *L* 的值，分别改为“6”和“16”，结果如图所示。再将图示的沉头螺钉图形创建为图块，拾取点为点 *E*，为螺钉锥面轮廓线的交点，命名为“沉头螺钉图块”	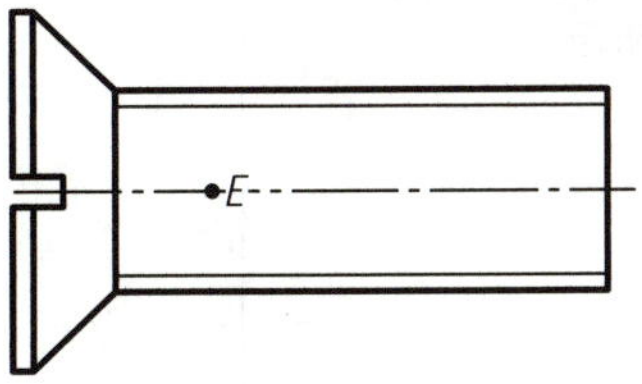
步骤 8	创建深沟球轴承图块 打开深沟球轴承参数化图形，由于导轮装配体采用的是 6206 深沟球轴承，其与深沟球轴承参数化图形的参数值相同，所以不需要修改其参数值。将深沟球轴承参数化图形创建为图块，拾取点为点 *F*，命名为“深沟球轴承块”	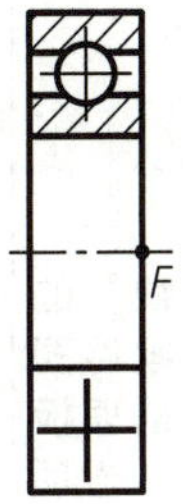
步骤 9	根据分析，该装配图需采用 A3 图幅。单击“快速访问”工具栏→【新建】按钮，系统弹出“选择样板”对话框，在对话框中选择所创建的“A3 机械样板”文件，单击【打开】按钮，完成样板文件的调用	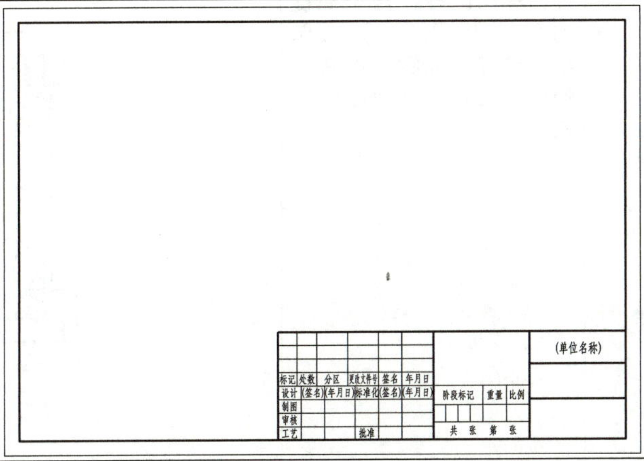

续表

步骤	操作过程	图解
步骤 10	单击“绘图”工具栏→【插入块】按钮，系统弹出“块”选项板，单击“块”选项板中的“轮零件块”文件，移动鼠标到绘图区合适的位置并单击，可将“轮零件图块”插入到当前装配图中，结果如图所示	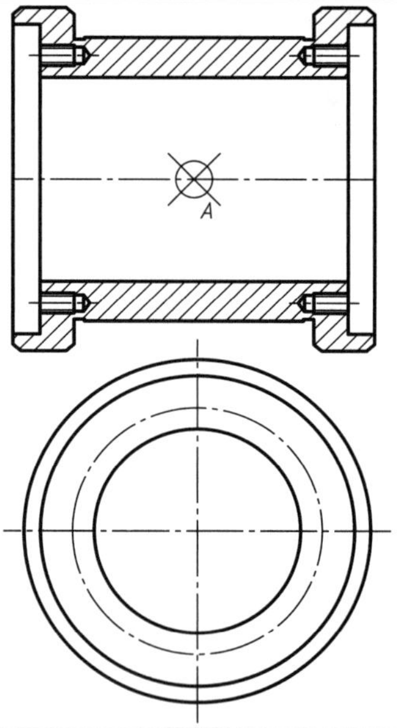 A
步骤 11	参照“轮零件图块”的插入方法，将“轴零件图块”导入到“块”选项板中。再单击“块”选项板中的“轴零件块”文件，移动鼠标，直至捕捉到图示点 *B*（*A*）后单击，完成“轴零件图块”的插入操作，结果如图所示	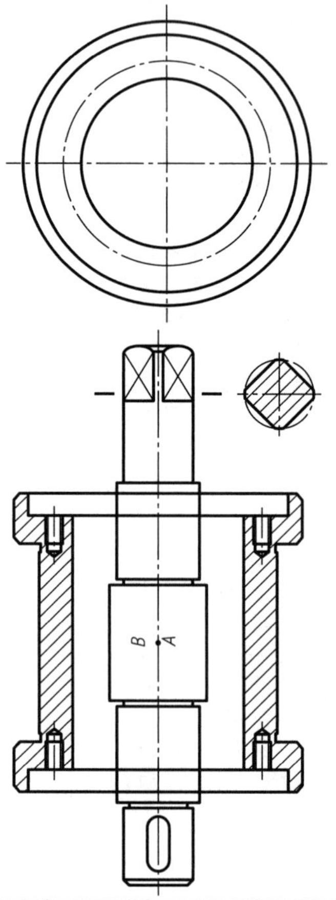 B A

续表

步骤	操作过程	图解
步骤 12	参照“轮零件图块”的插入方法，将“套零件图块”导入到“块”选项板中。再单击“块”选项板中的“套零件图块”文件，移动鼠标，直至捕捉到图示点 *D*(*A*)后单击，完成“套零件图块”的插入操作，结果如图所示	D A
步骤 13	参照“轮零件图块”的插入方法，将“深沟球轴承图块”导入到“块”选项板中。再单击“块”选项板中的“深沟球轴承块”文件，移动鼠标，直至捕捉到图示点 *F* 后单击，完成“深沟球轴承图块”在导轮左侧的插入操作，结果如图所示	

续表

步骤	操作过程	图解
步骤 13		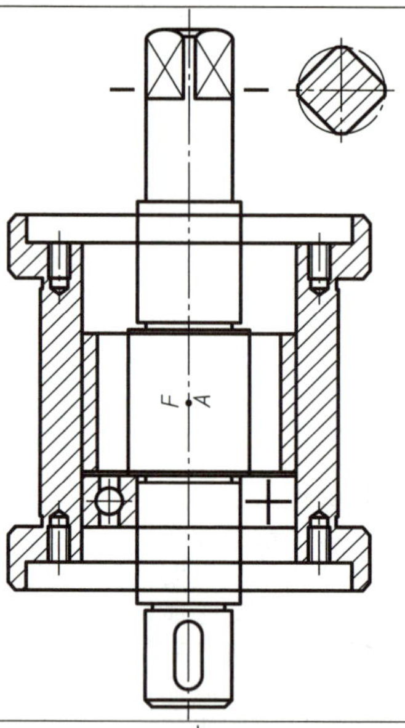
步骤 14	参照“轮零件图块”的插入方法，将“端盖零件主视图块”导入到“块”选项板中。再单击“块”选项板中的“端盖零件主视图块”文件，移动鼠标，直至捕捉到图示点 C 后单击，完成“端盖零件主视图块”的插入操作。 参照“轮零件图块”的插入方法，将“端盖零件左视图块”导入到“块”选项板。再单击“块”选项板中的“端盖零件左视图块”文件，移动鼠标，直至捕捉到图示左视图中十字中心线的交点 O 后单击，完成“端盖零件左视图块”的插入操作，结果如图所示	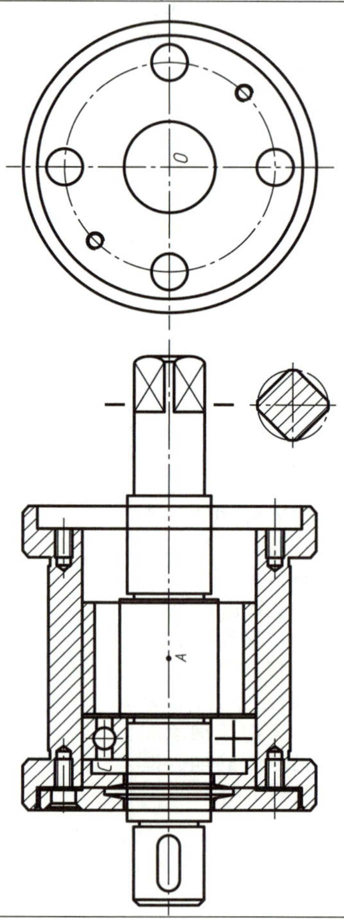

续表

步骤	操作过程	图解
步骤 15	参照“轮零件图块”的插入方法，将“沉头螺钉图块”导入到“块”选项板中。再单击“块”选板中的“沉头螺钉图块”文件，移动鼠标，直至捕捉到图示主视图锥形沉孔中锥面轮廓线的交点 *E* 后单击，完成“沉头螺钉图块”在导轮左侧的插入操作，结果如图所示	O A E
步骤 16	利用镜像命令，将左侧的“深沟球轴承图块”“端盖零件主视图块”和“沉头螺钉图块”镜像到右侧，镜像线的第一点为图示点 *A*，第二点为点 *A* 竖直方向上的任意一点，结果如图所示	O

续表

步骤	操作过程	图解
步骤 16		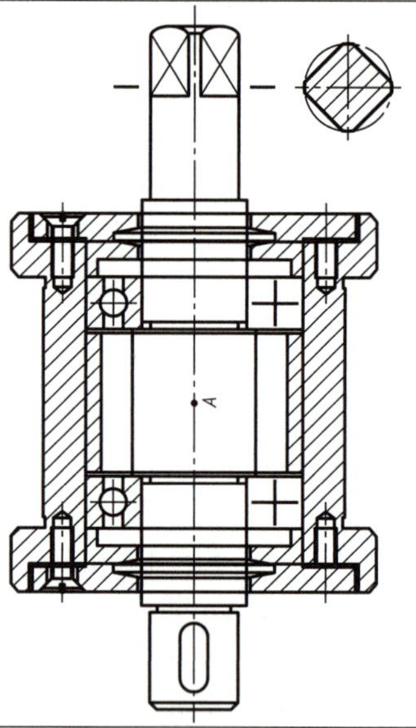
步骤 17	利用分解命令对上述插入的块进行分解操作，分解后对其进行编辑修改，利用绘图命令添画主视图中的毡圈、纸垫片结构以及左视图中沉头螺钉、轴零件的可见投影等，并对不符合要求的剖面线进行修改，删除多余的图线完成导轮装配图中视图的绘制	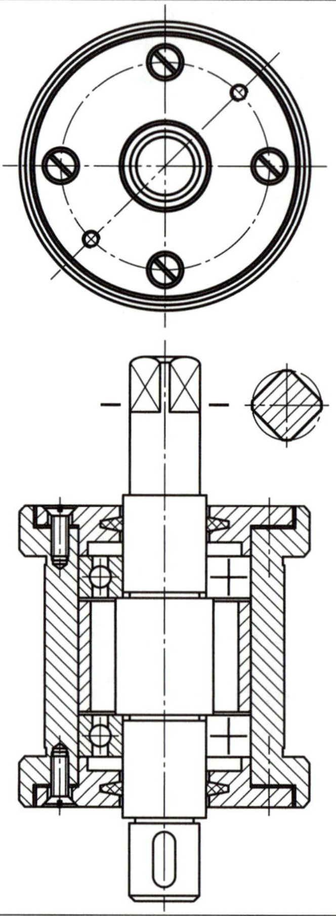

续表

步骤	操作过程	图解
步骤 18	标注必要尺寸、零件序号，注写技术要求、标题栏、明细栏等，完成导轮装配图的绘制	图 7-2-1

读者意见反馈

为收集对教材的意见建议，进一步完善教材编写并做好服务工作，读者可将对本教材的意见建议通过如下渠道反馈至我社。

咨询电话　400-810-0598

反馈邮箱　gjdzfwb@ pub. hep. cn

通信地址　北京市朝阳区惠新东街 4 号富盛大厦 1 座

高等教育出版社总编辑办公室

邮政编码　100029

授课教师如需获得本书配套教辅资源，请登录“高等教育出版社产品信息检索系统”（https：//xuanshu. hep. com. cn/）搜索下载，首次使用本系统的用户，请先进行注册并完成教师资格认证。

综合训练册

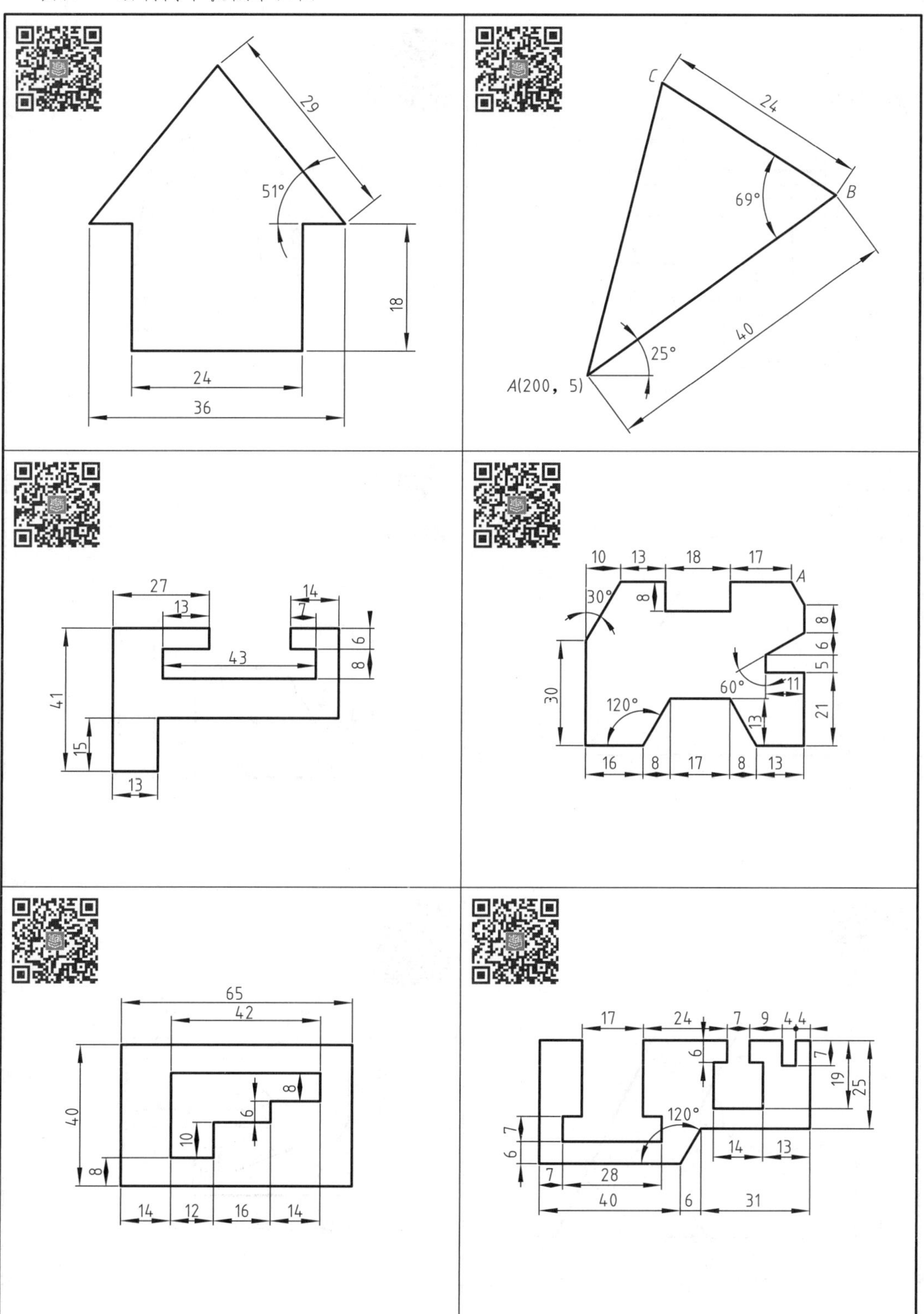
29
51°
18
24
36
C
24
B
69°
40
25°
A(200, 5)
27
13
14
7
6
8
43
41
15
13
10
13
18
17
A
30°
8
8
6
5
11
60°
30
120°
13
21
16
8
17
8
13
65
42
8
6
40
10
8
14
12
16
14
17
24
7
9
4
4
6
7
19
25
120°
7
6
14
13
7
28
40
6
31

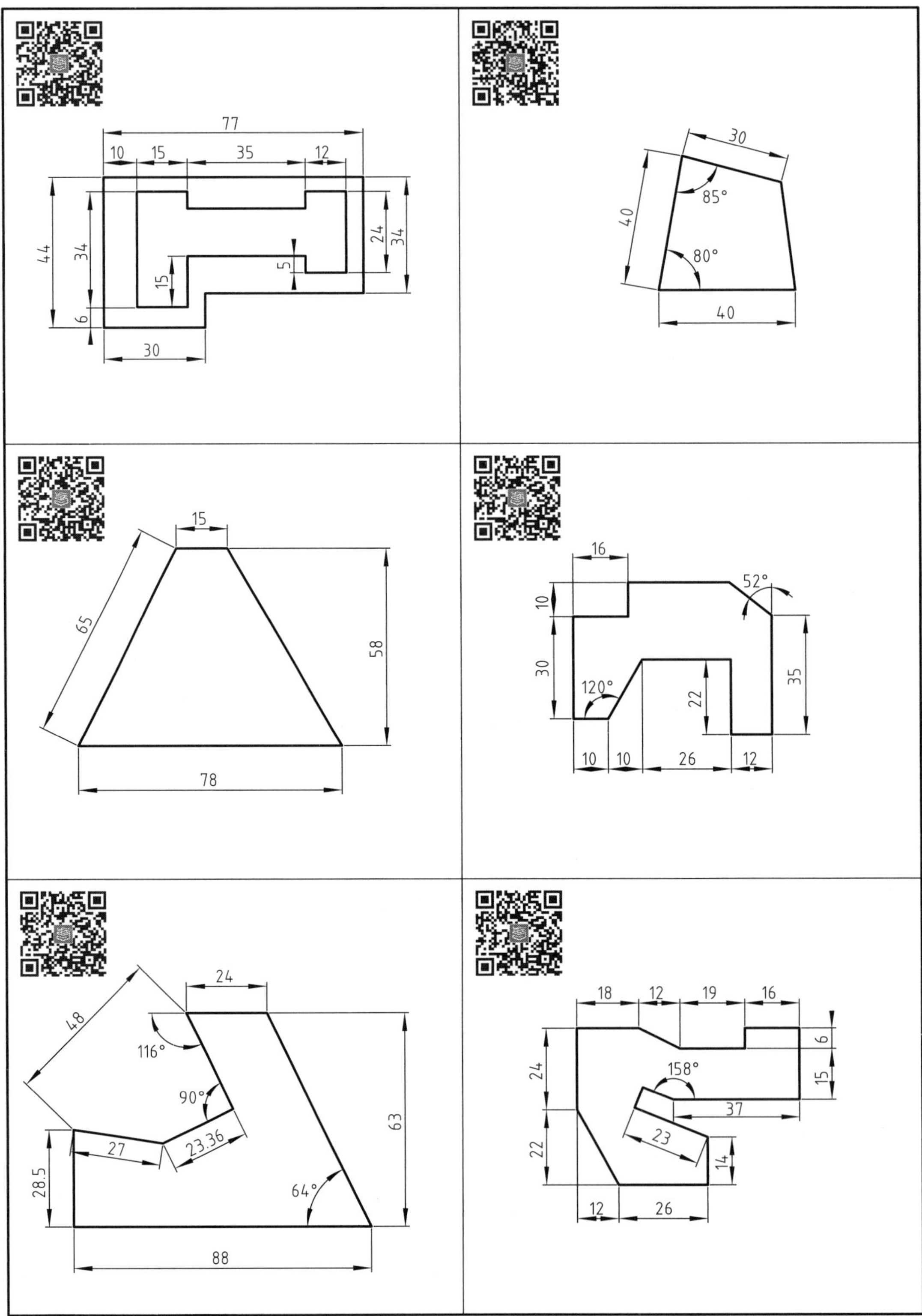
77
10
15
35
12
44
34
24
34
15
5
6
30
30
85°
40
80°
40
15
65
58
78
16
52°
10
30
120°
22
35
10
10
26
12
24
48
116°
90°
27
23.36
28.5
63
64°
88
18
12
19
16
6
24
158°
15
37
23
22
14
12
26

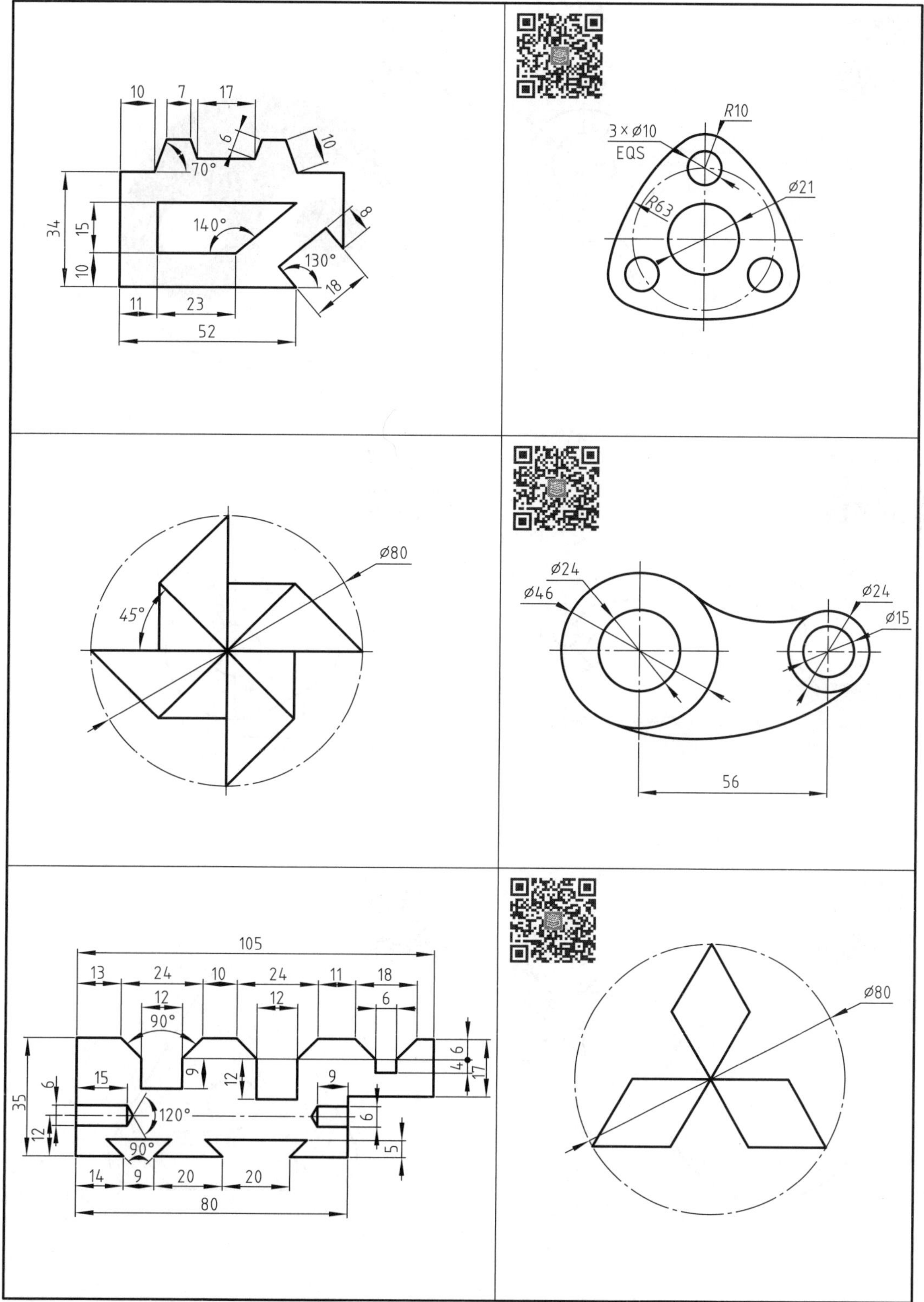

10
7
17
6
10
70°
34
15
10
140°
8
130°
18
11
23
52
R10
3×Ø10
EQS
Ø21
R63
Ø80
45°
Ø24
Ø46
Ø24
Ø15
56
105
13
24
10
24
11
18
12
12
6
90°
9
12
4
6
17
35
6
15
9
120°
12
6
5
90°
14
9
20
20
80
Ø80

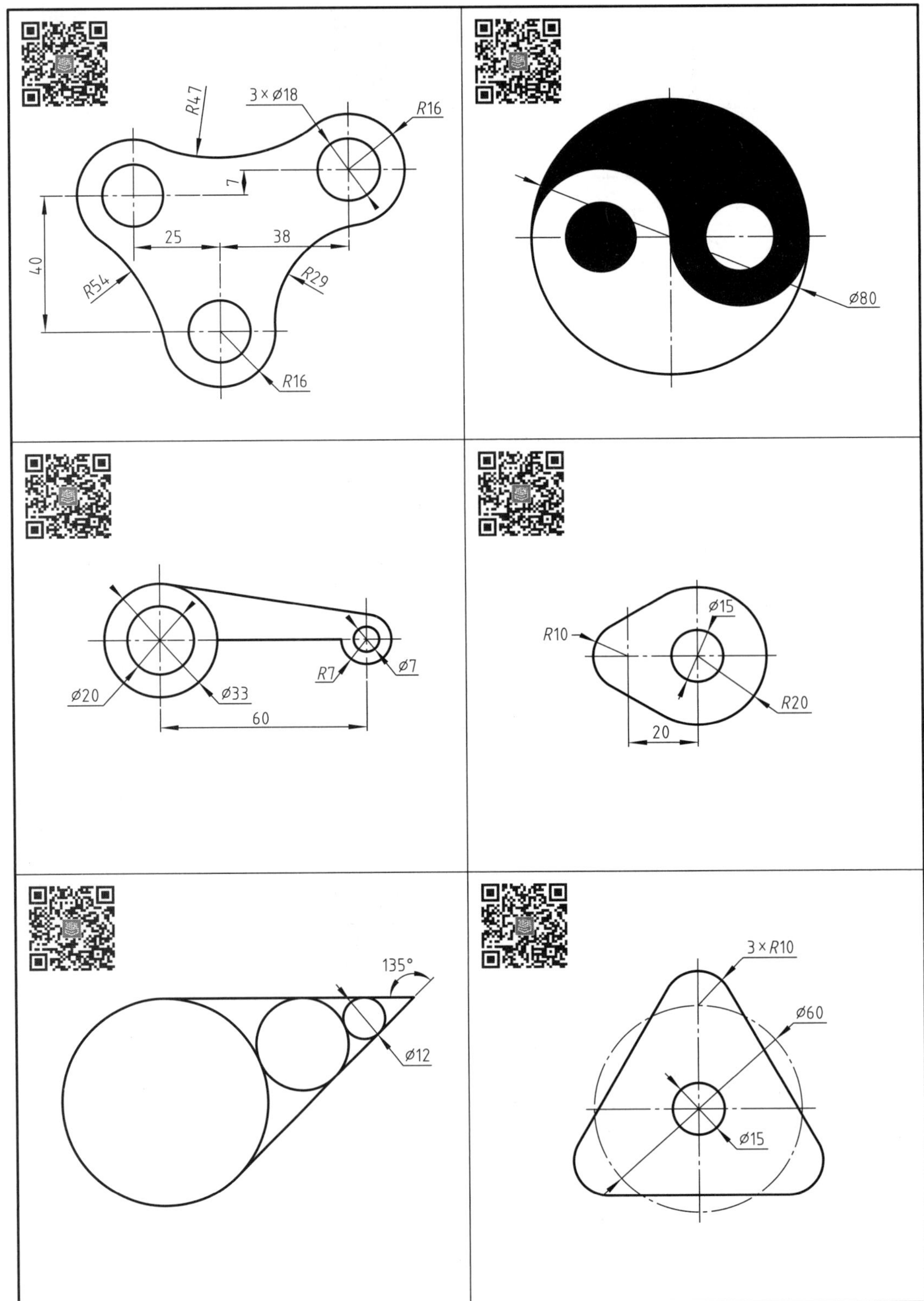

R47
3×Ø18
R16
7
25
38
40
R54
R29
R16
Ø80
Ø20
Ø33
R7
Ø7
60
R10
Ø15
R20
20
135°
Ø12
3×R10
Ø60
Ø15

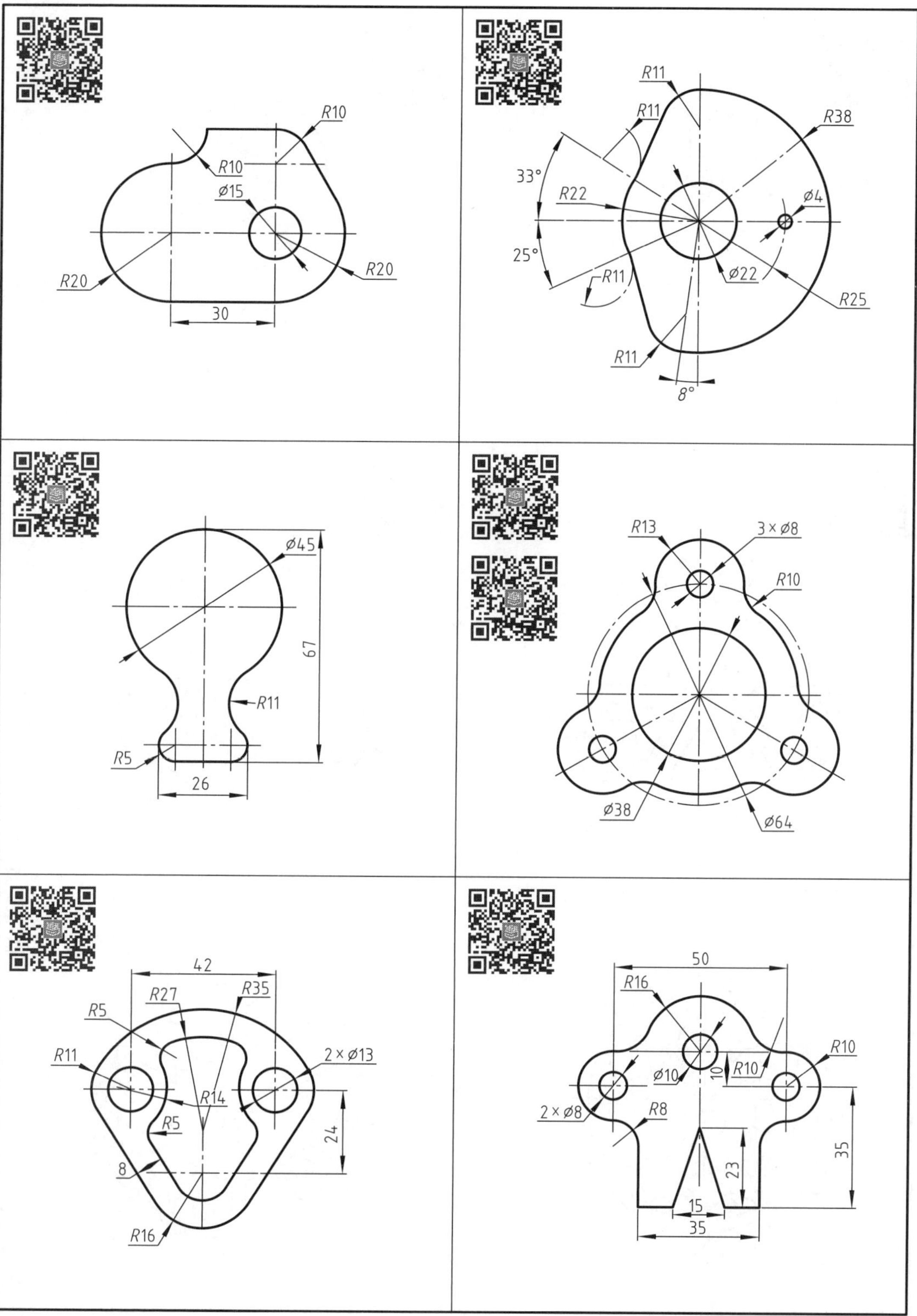
R10
R10
ø15
R20
R20
30
R11
R11
R38
33°
R22
ø4
25°
R11
ø22
R25
R11
8°
ø45
67
R11
R5
26
R13
3×ø8
R10
ø38
ø64
42
R27
R35
R5
R11
2×ø13
R14
R5
24
8
R16
50
R16
R10
ø10
10
R10
2×ø8
R8
23
35
15
35

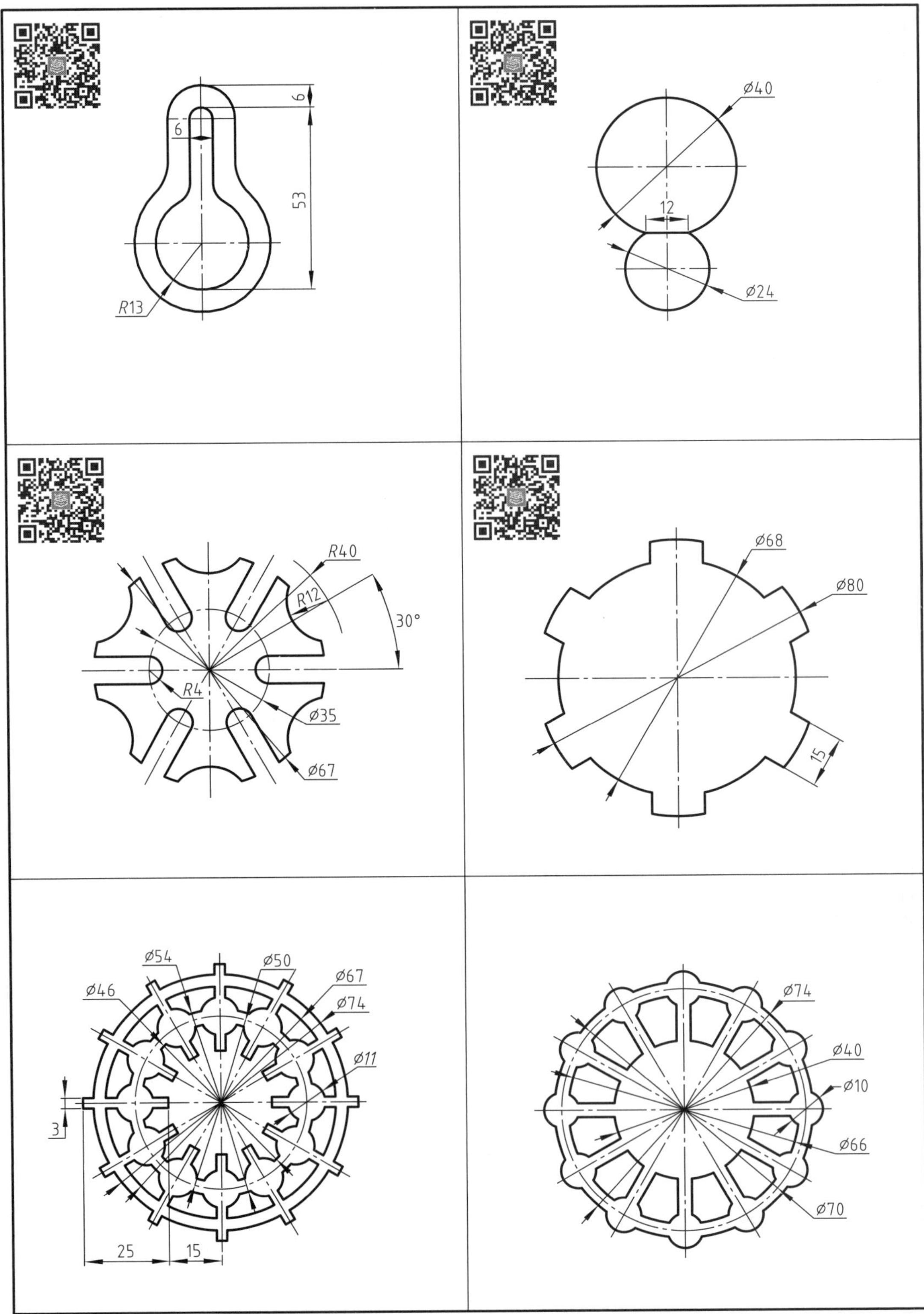
6
6
53
R13
Ø40
12
Ø24
R40
R12
30°
R4
Ø35
Ø67
Ø68
Ø80
15
Ø54
Ø50
Ø46
Ø67
Ø74
Ø11
3
25
15
Ø74
Ø40
Ø10
Ø66
Ø70

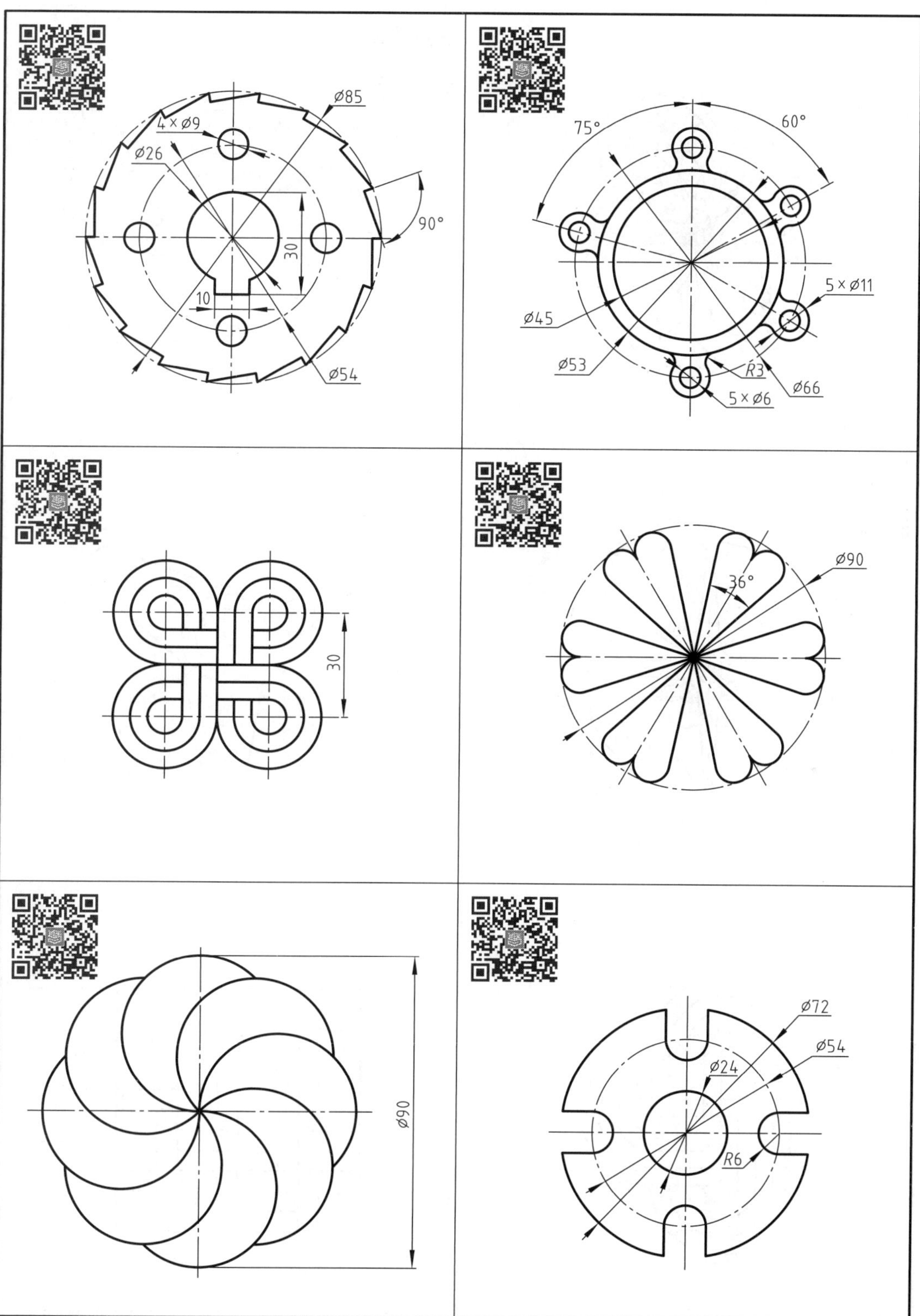

Ø85
4×Ø9
Ø26
90°
30
10
Ø54
75°
60°
5×Ø11
Ø45
Ø53
R3
Ø66
5×Ø6
30
Ø90
36°
Ø90
Ø72
Ø54
Ø24
R6

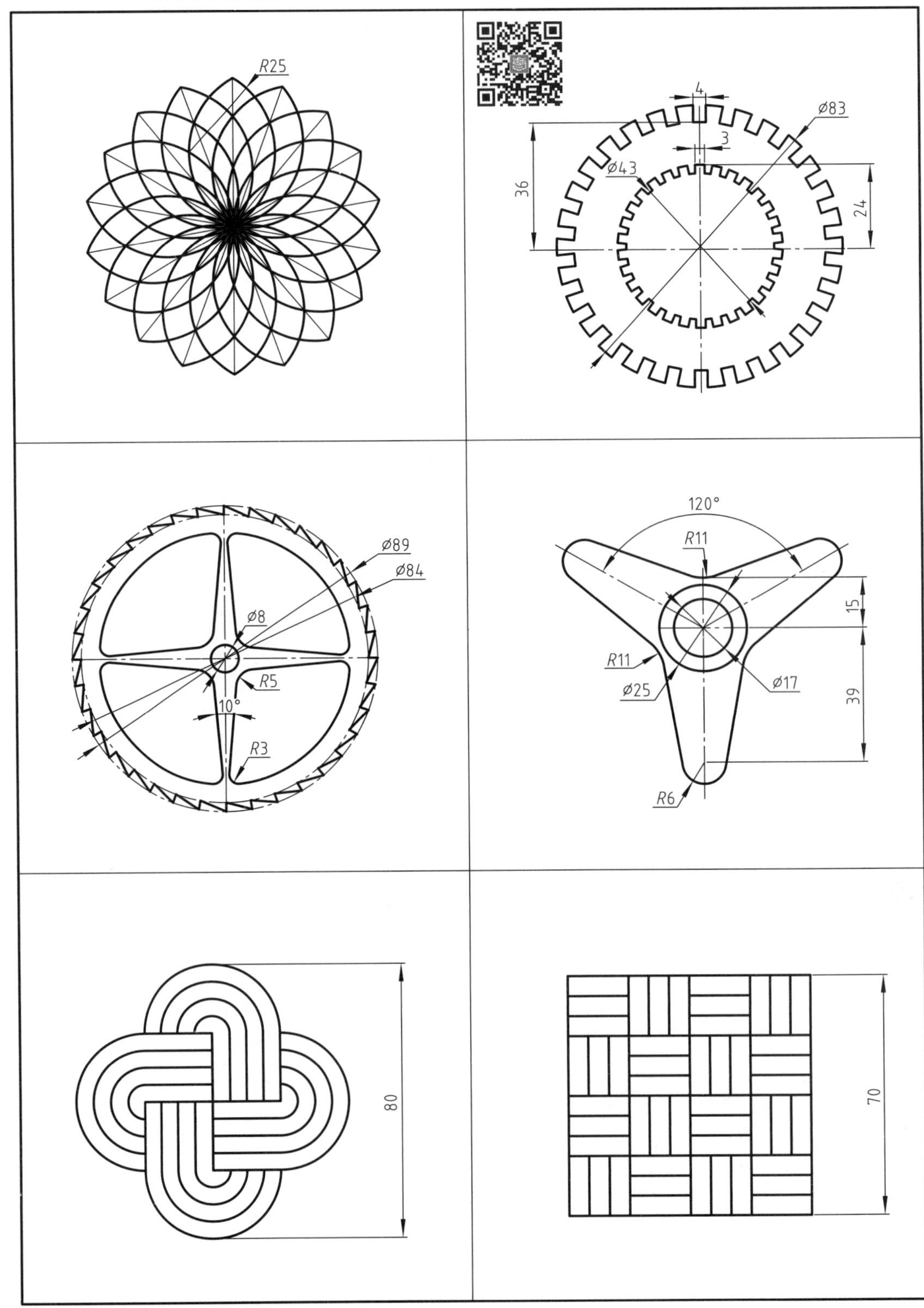
R25
4
Ø83
3
36
Ø43
24
120°
R11
Ø89
Ø84
Ø8
15
R5
10°
R3
R11
Ø25
Ø17
39
R6
80
70

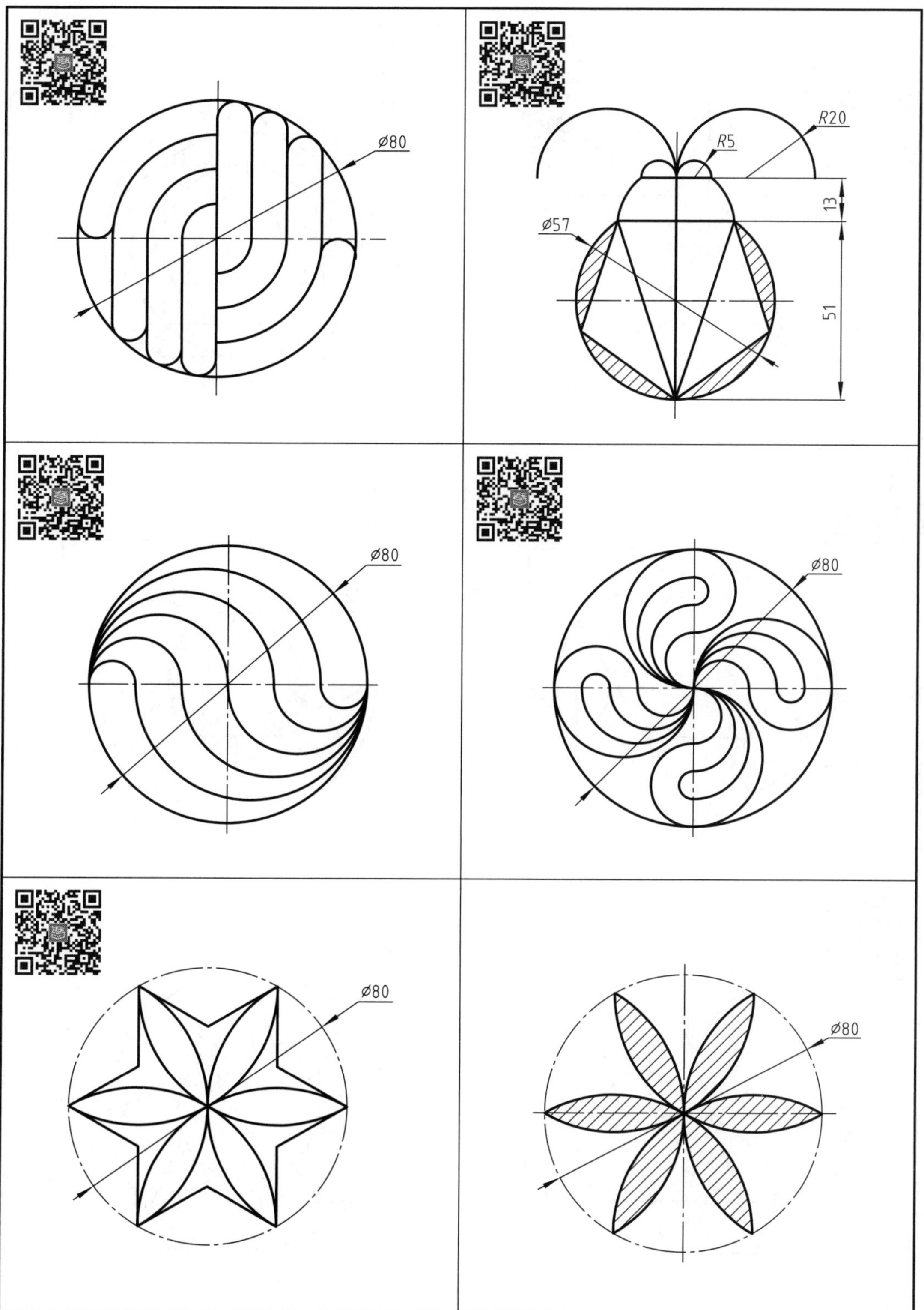
Ø80
R20
R5
13
Ø57
51
Ø80
Ø80
Ø80
Ø80

Ø80
Ø80
Ø80
Ø80
Ø40
Ø60
Ø80
Ø40

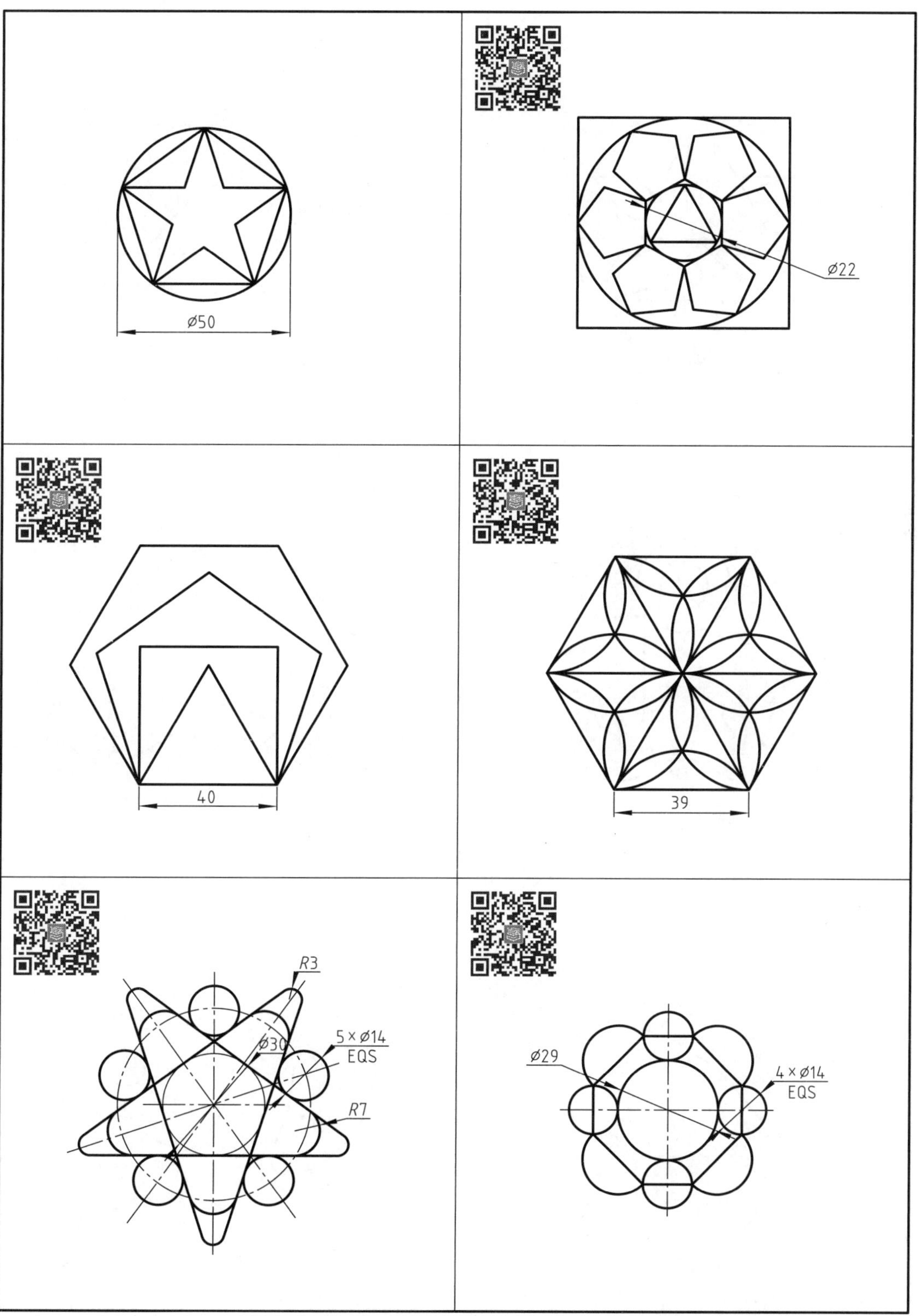
⌀50
⌀22
40
39
R3
5×⌀14
EQS
⌀30
R7
⌀29
4×⌀14
EQS

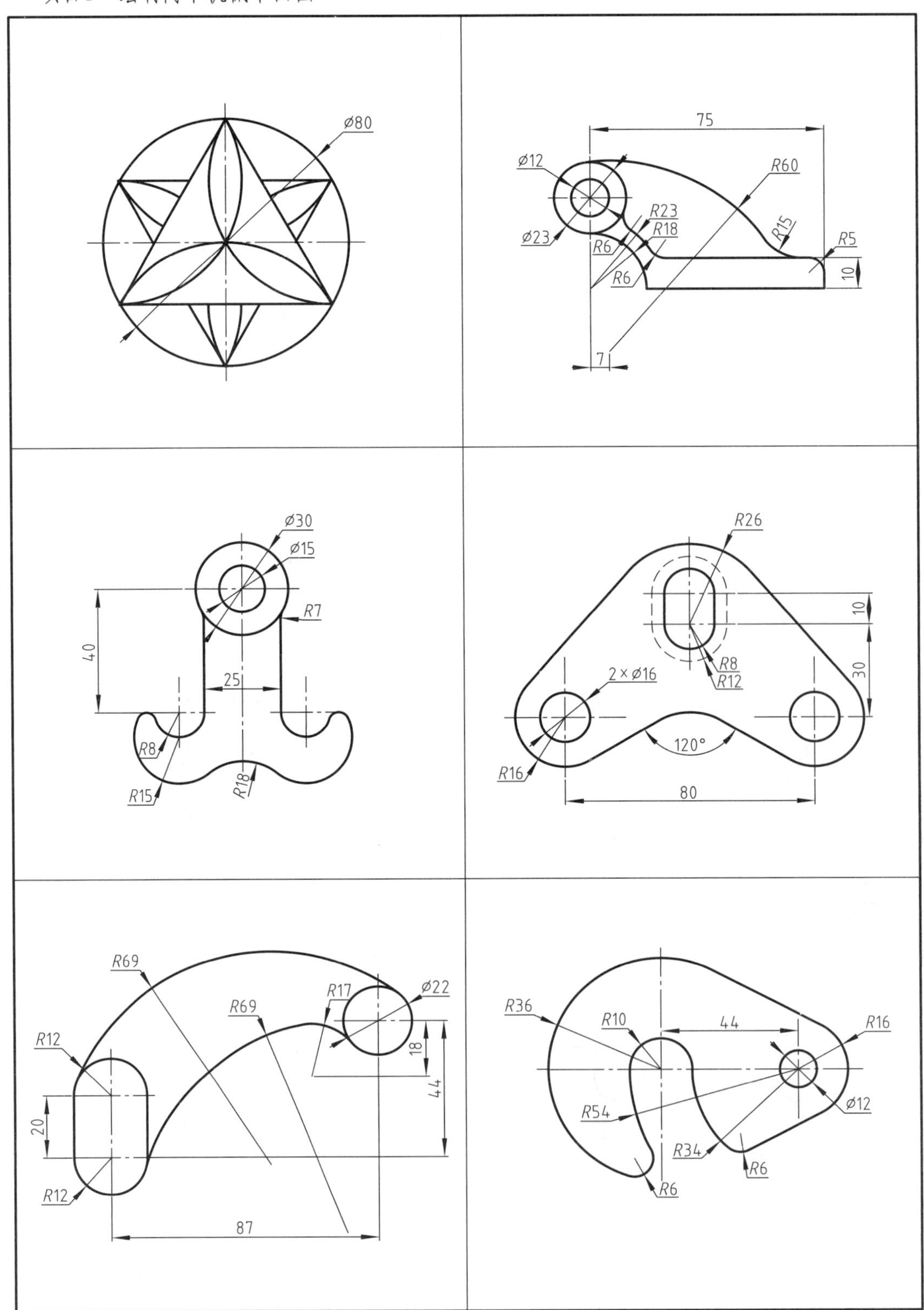
Ø80
75
Ø12
R60
R23
R18
R15
Ø23
R6
R5
10
R6
7
Ø30
Ø15
R7
40
25
R8
R15
R18
R26
10
30
R8
R12
2×Ø16
120°
R16
80
R69
R17
Ø22
R69
R12
18
44
20
R12
87
R36
R10
44
R16
R54
Ø12
R34
R6
R6

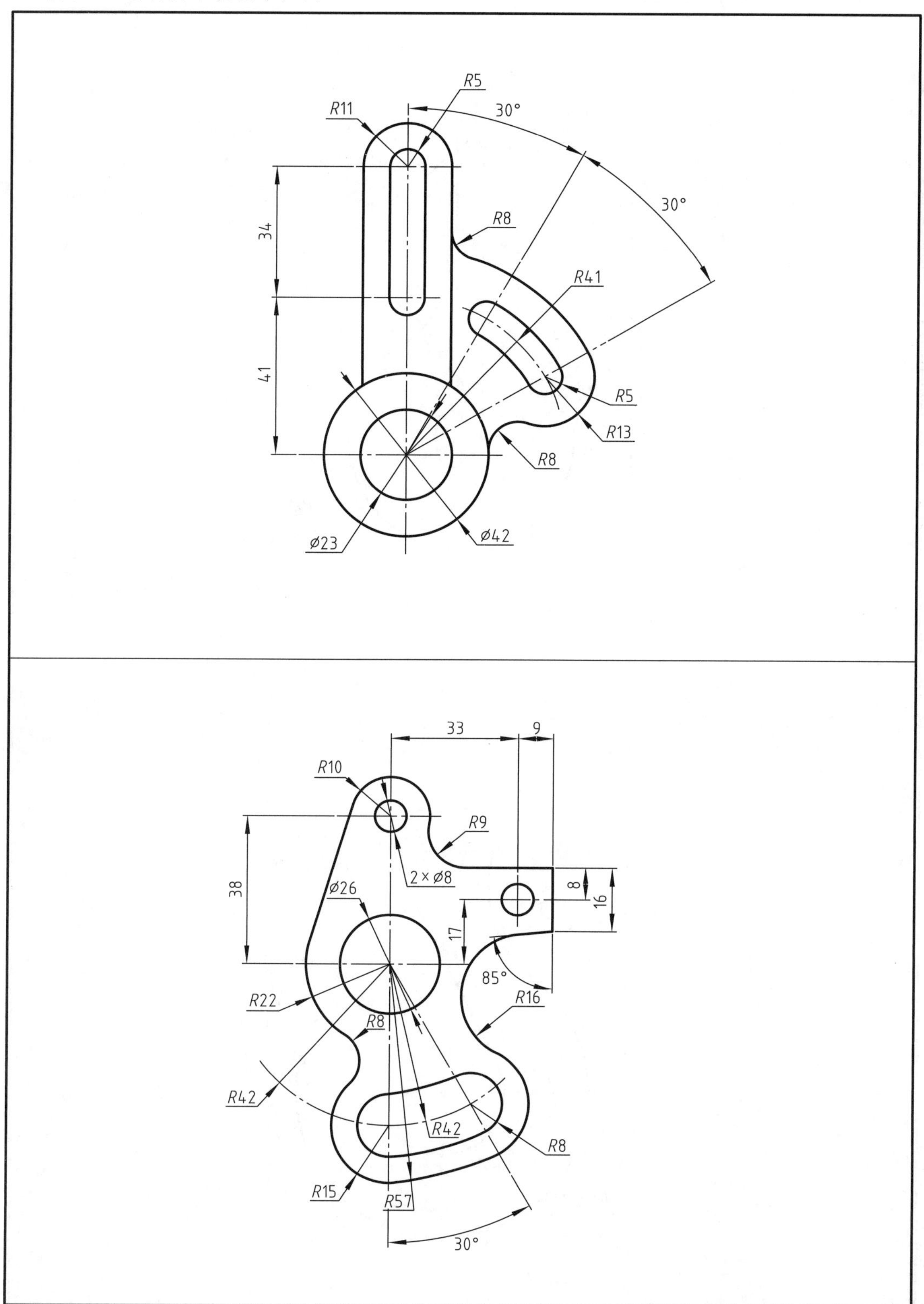
R5
R11
30°
30°
34
R8
R41
41
R5
R13
R8
⌀23
⌀42
33
9
R10
R9
38
2×⌀8
⌀26
8
16
17
85°
R22
R16
R8
R42
R42
R8
R15
R57
30°

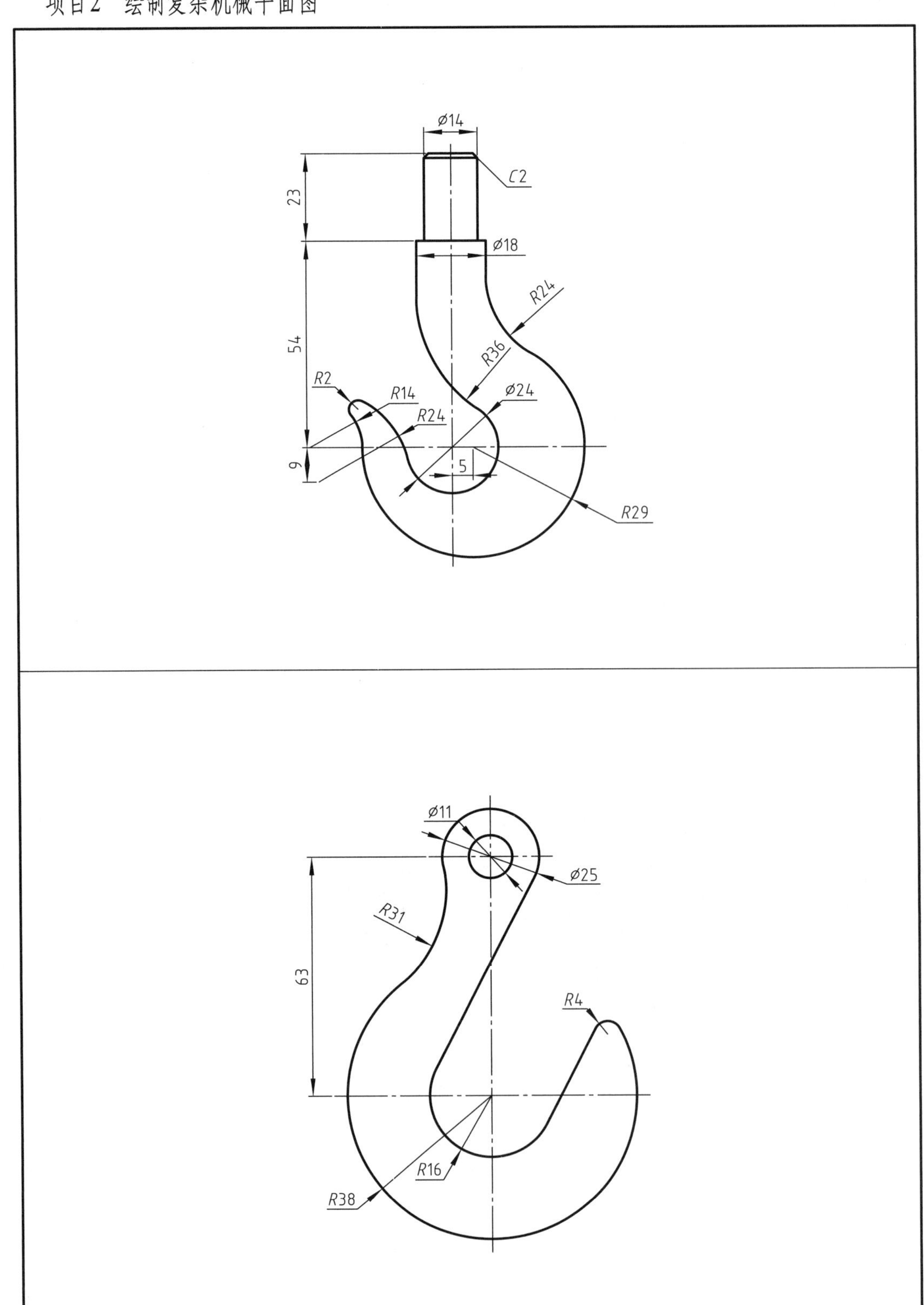
Ø14
C2
23
Ø18
R24
54
R36
R2
R14
Ø24
R24
9
5
R29
Ø11
Ø25
R31
63
R4
R16
R38

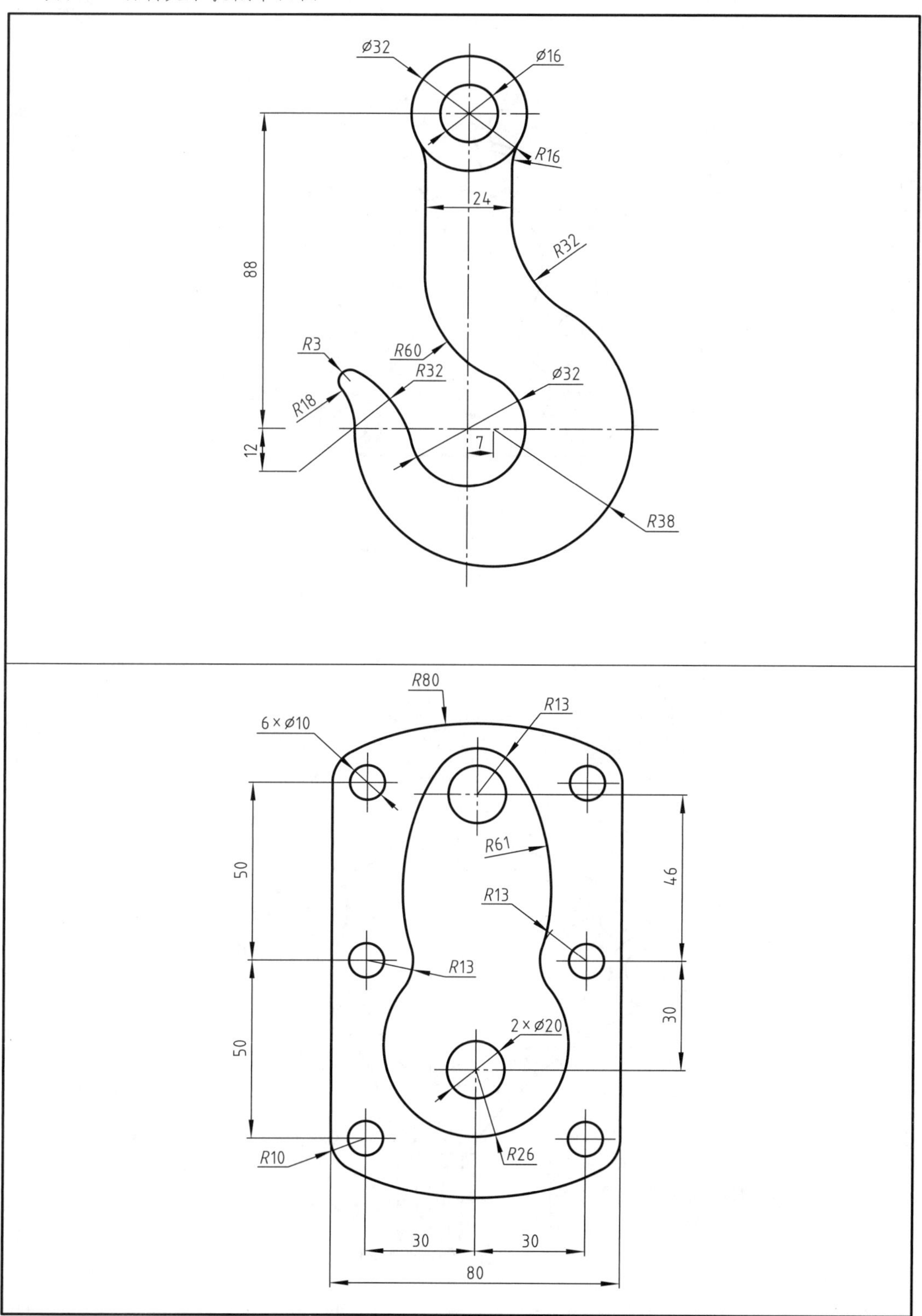
Ø32
Ø16
R16
24
88
R32
R3
R60
R32
Ø32
R18
12
7
R38
R80
R13
6×Ø10
50
R61
46
R13
R13
50
30
2×Ø20
R10
R26
30
30
80

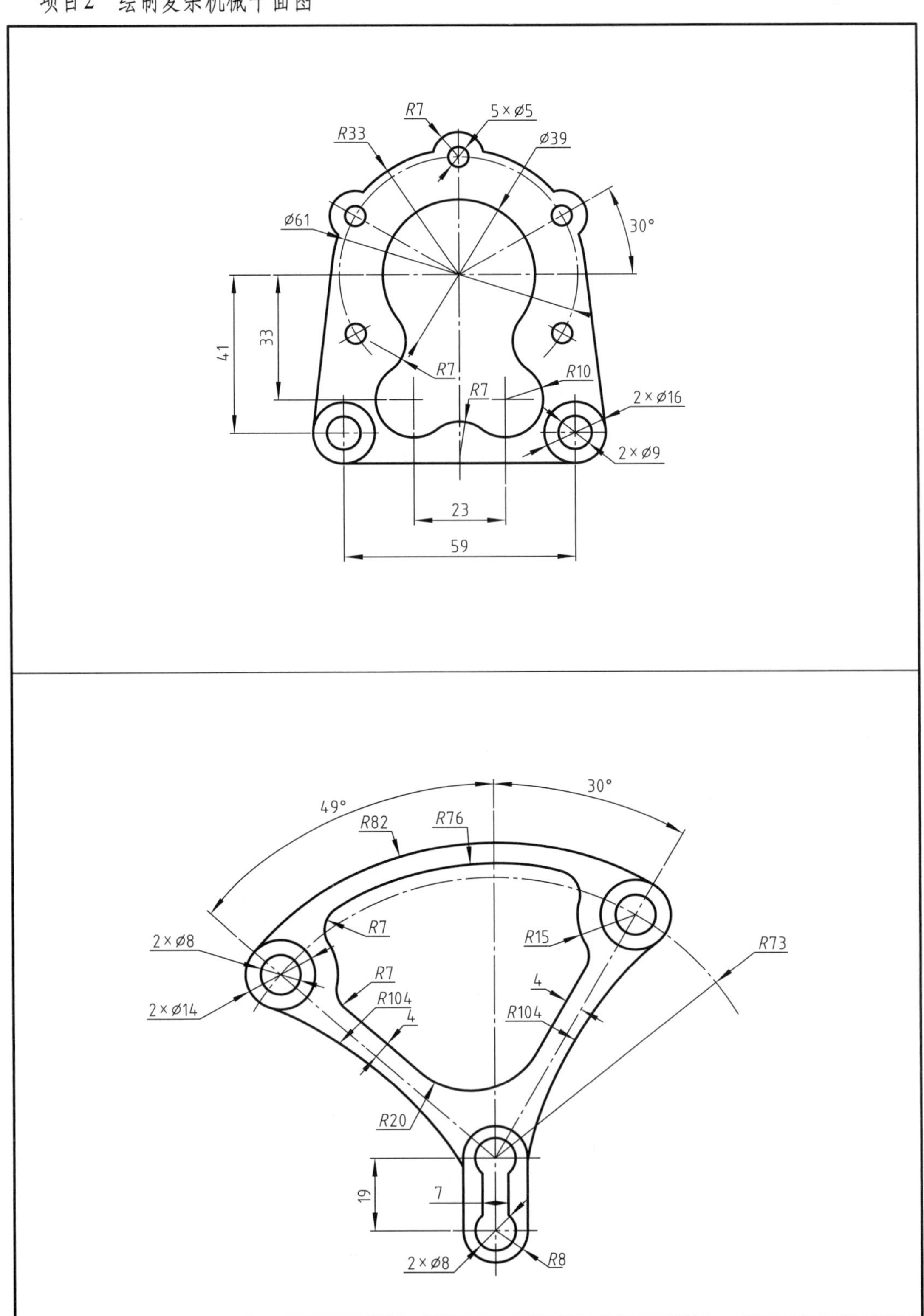
R7
5×Ø5
R33
Ø39
30°
Ø61
41
33
R7
R10
R7
2×Ø16
2×Ø9
23
59
49°
30°
R82
R76
R7
2×Ø8
R15
R73
2×Ø14
R7
4
R104
4
R104
R20
19
7
2×Ø8
R8

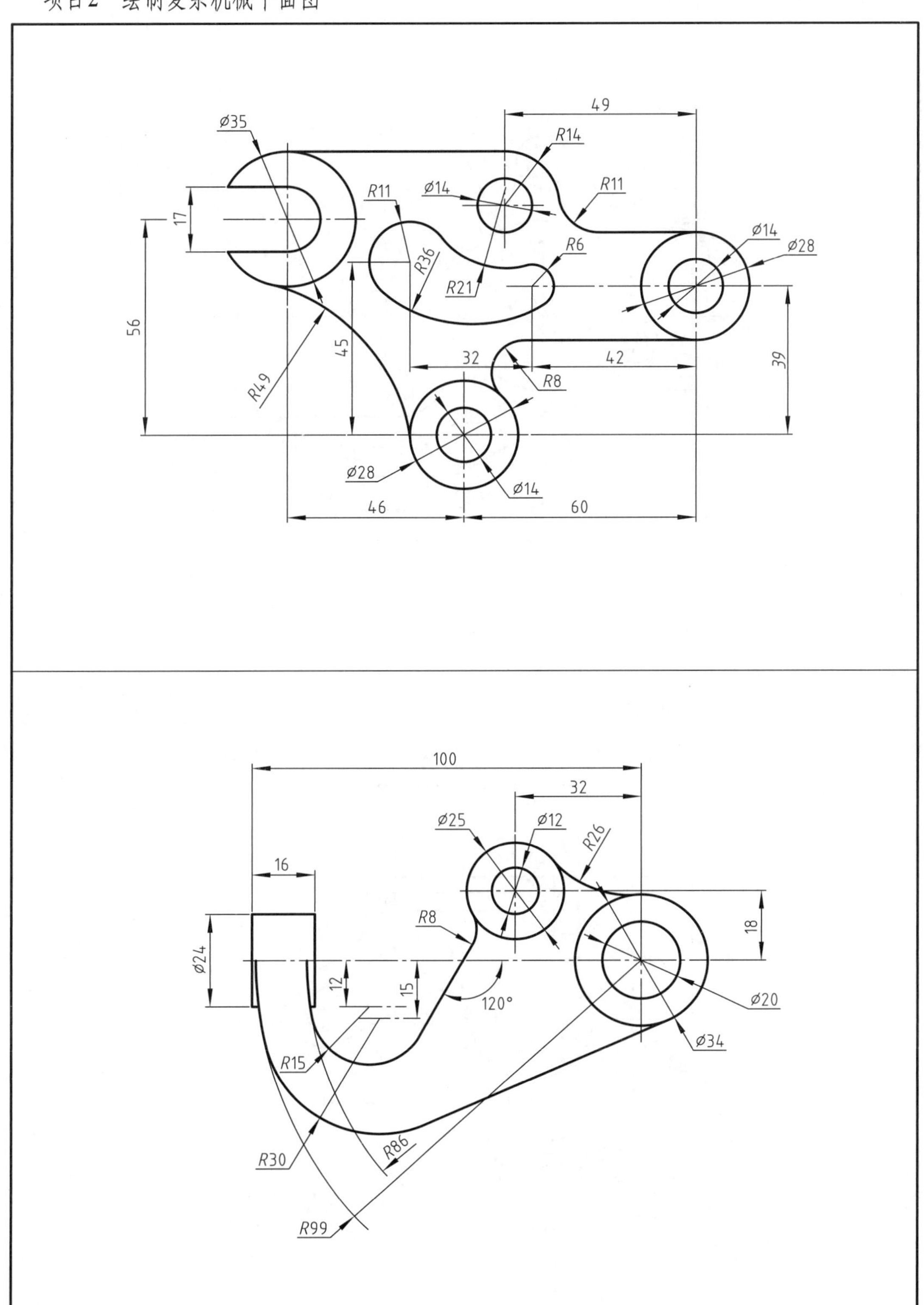

49
∅35
R14
R11
∅14
R11
17
R6
∅14
∅28
R36
56
R21
45
32
42
39
R49
R8
∅28
∅14
46
60
100
32
∅25
∅12
R26
16
R8
18
∅24
12
15
120°
∅20
∅34
R15
R86
R30
R99

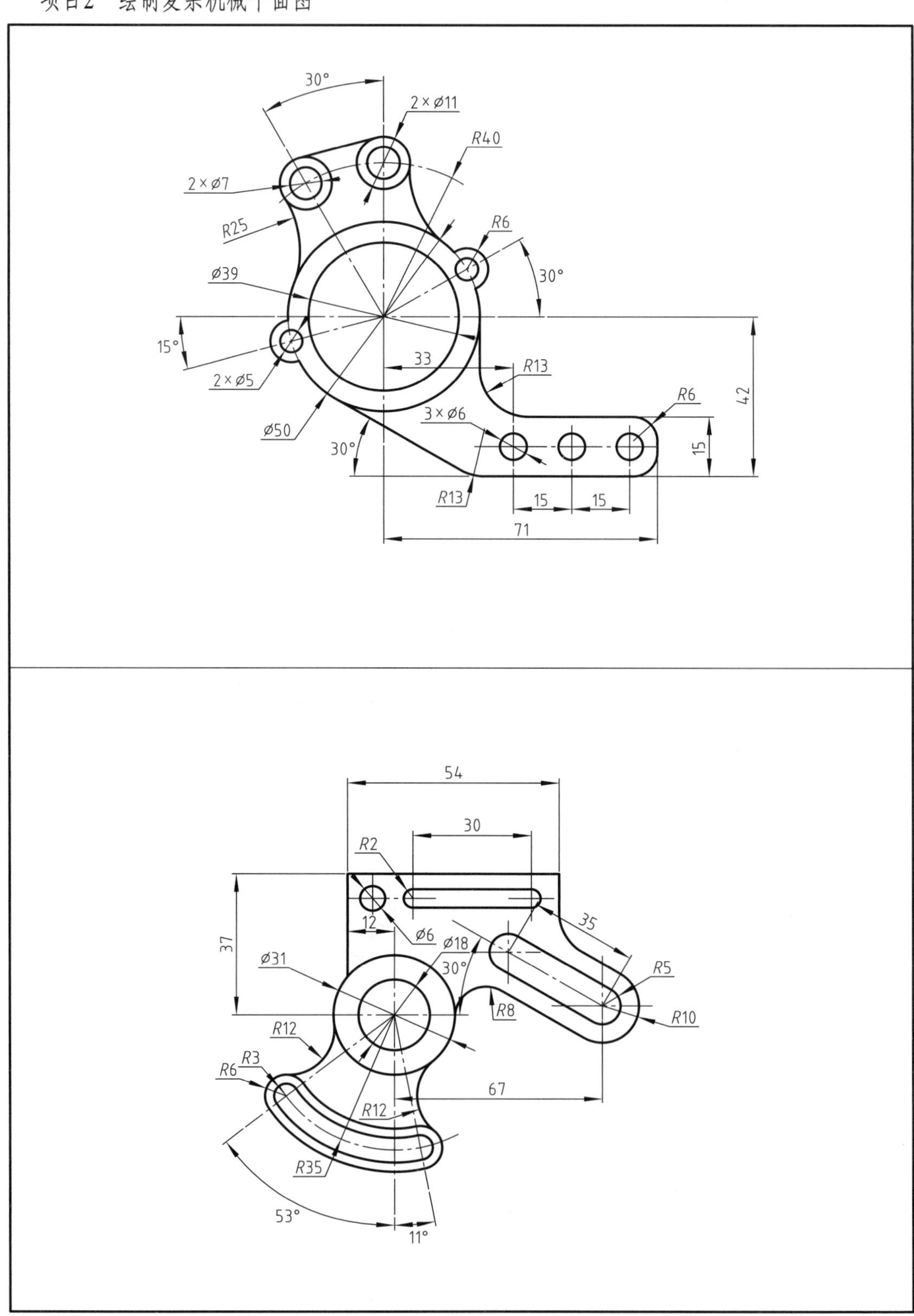
30°
2×⌀11
R40
2×⌀7
R25
R6
30°
⌀39
15°
2×⌀5
33
R13
42
R6
3×⌀6
⌀50
30°
15
R13
15
15
71
54
30
R2
37
12
⌀6
35
⌀18
⌀31
30°
R5
R8
R10
R12
R3
R6
67
R12
R35
53°
11°

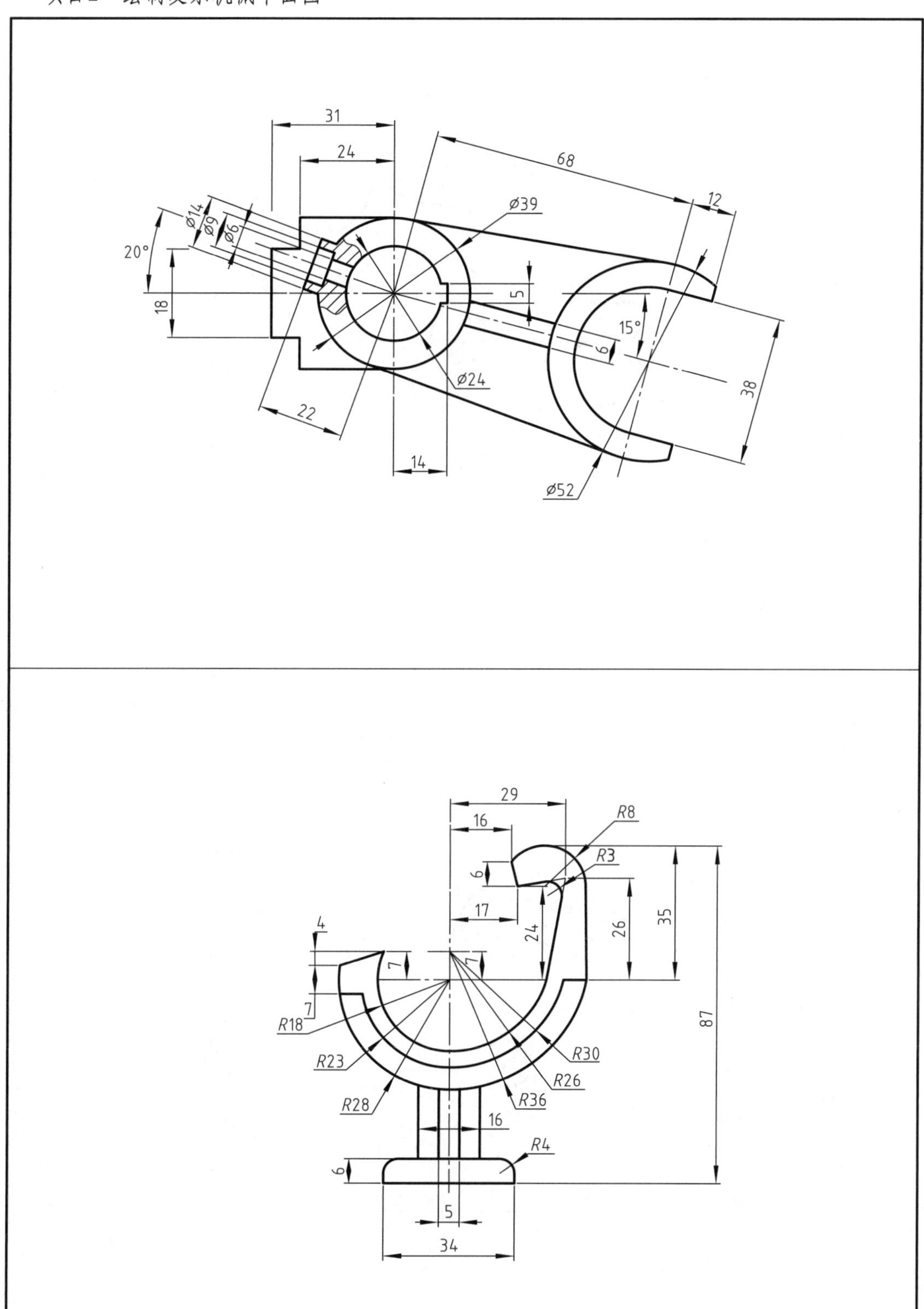
31
24
68
12
Ø39
Ø14
Ø9
Ø6
20°
18
5
15°
6
38
Ø24
22
14
Ø52
29
16
R8
R3
6
17
24
26
35
4
7
7
7
R18
R23
R28
R36
R26
R30
87
16
R4
6
5
34

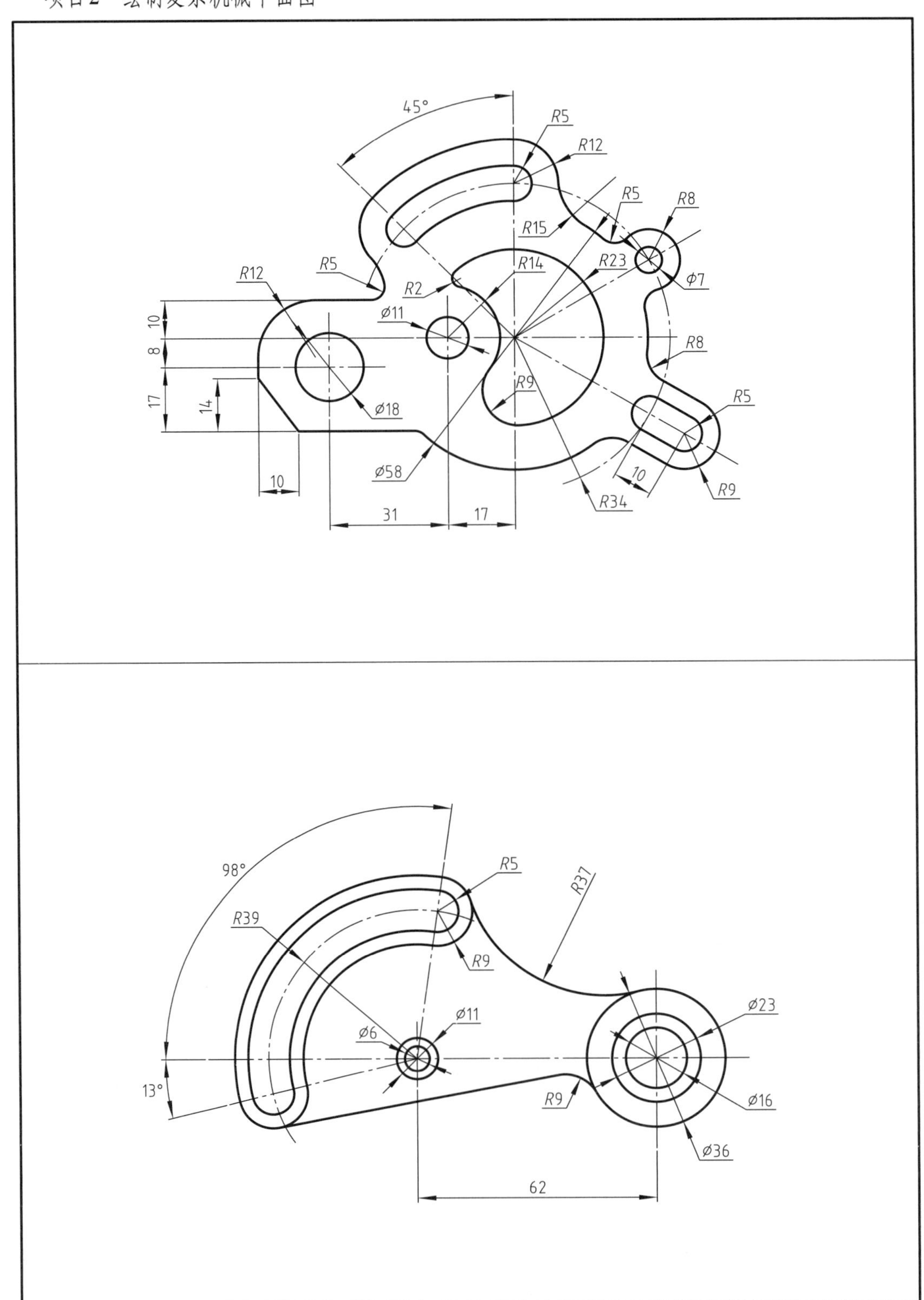
45°
R5
R12
R5
R8
R15
R23
Φ7
R12
R5
R14
R2
Ø11
10
8
R8
17
14
R9
R5
Ø18
Ø58
10
R9
10
R34
31
17
98°
R5
R37
R39
R9
Ø23
Ø11
Ø6
13°
R9
Ø16
Ø36
62

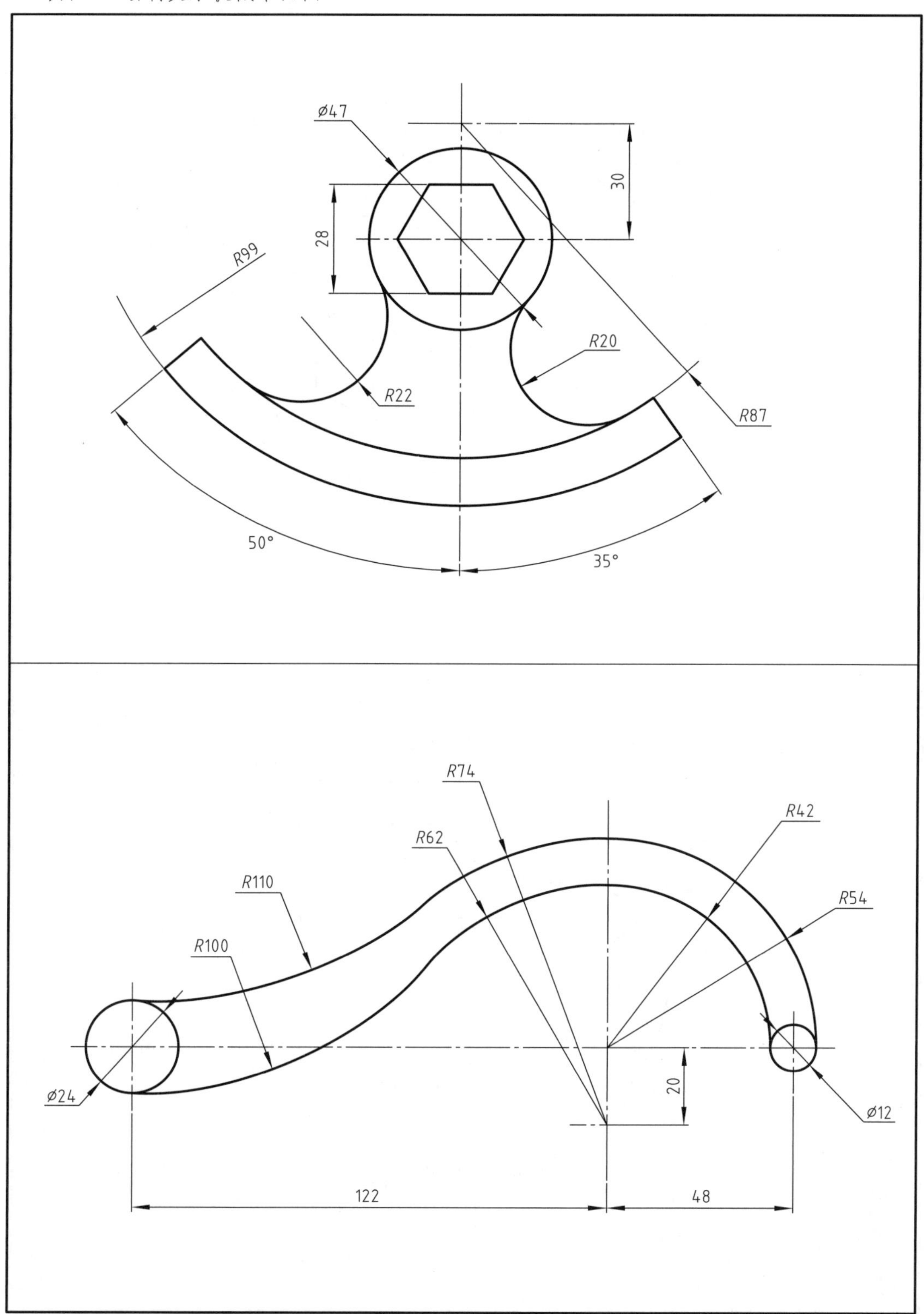

Ø47
30
28
R99
R20
R22
R87
50°
35°
R74
R42
R62
R110
R54
R100
Ø24
20
Ø12
122
48

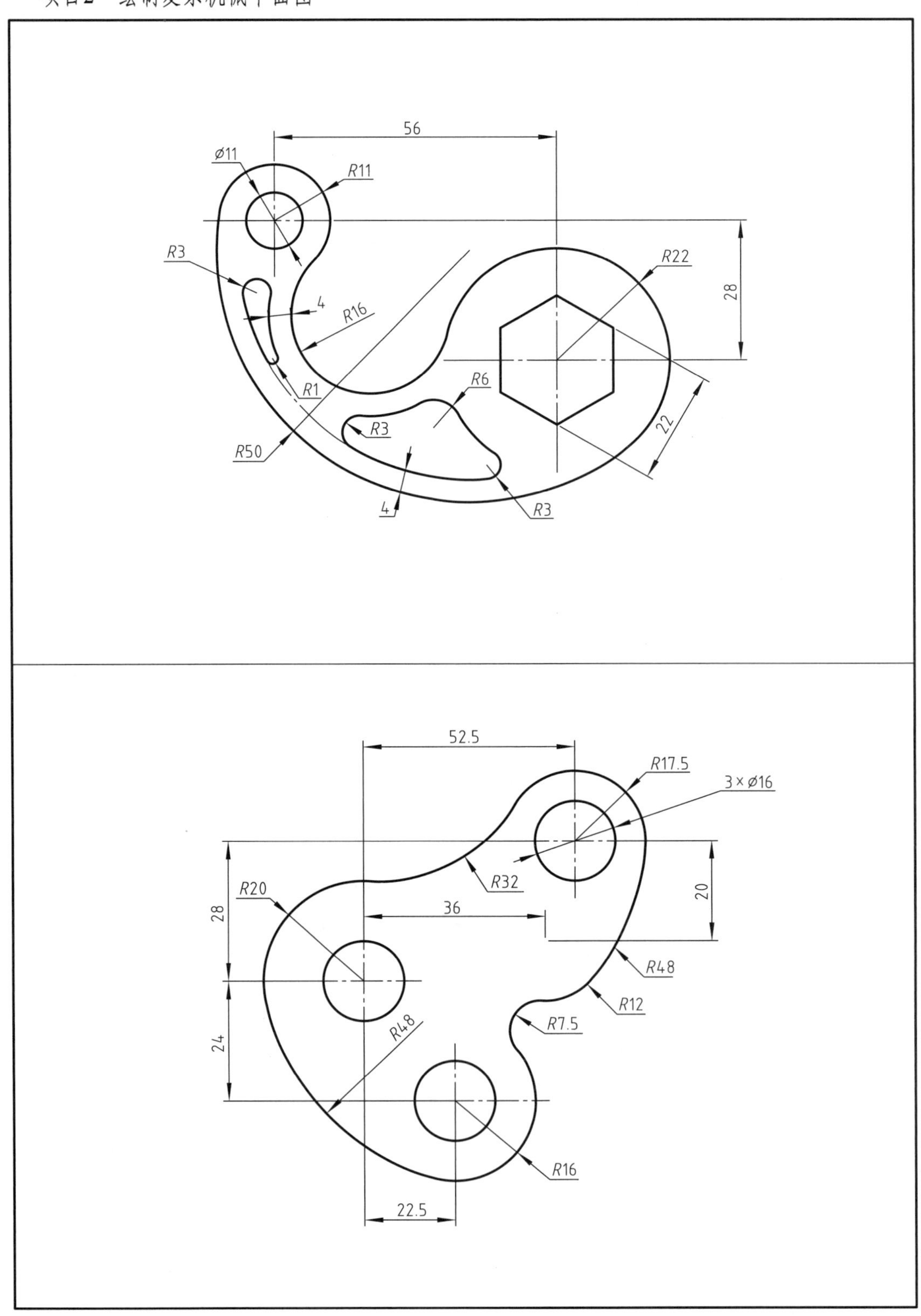
56
⌀11
R11
R3
4
R16
R22
28
R1
R6
R3
R50
22
4
R3
52.5
R17.5
3×⌀16
R32
R20
36
20
28
R48
R12
R7.5
24
R48
R16
22.5

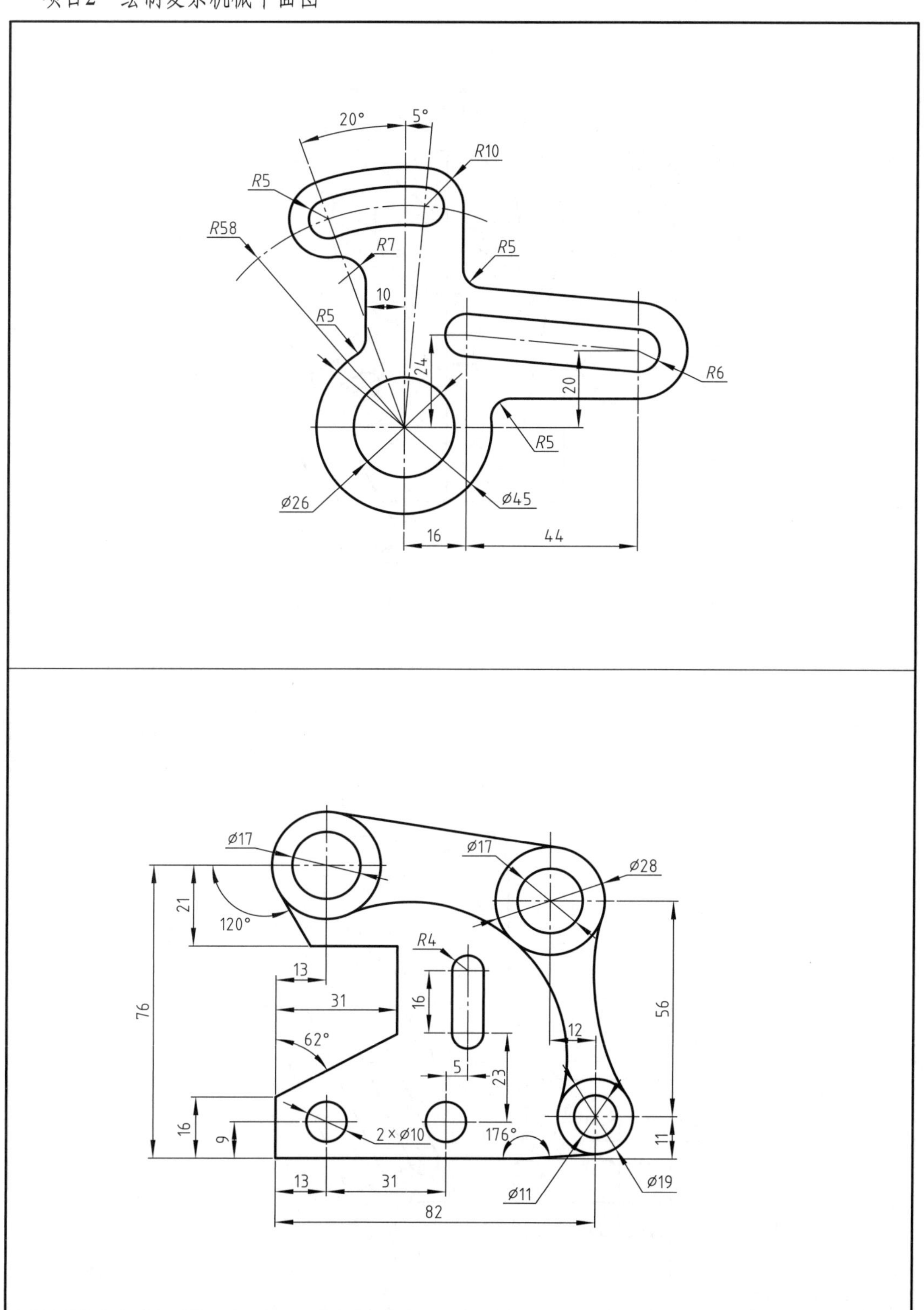
20°
5°
R10
R5
R58
R7
R5
10
R5
24
20
R6
R5
Ø26
Ø45
16
44
Ø17
Ø17
Ø28
21
120°
R4
13
31
16
76
56
62°
12
5
23
16
9
2×Ø10
176°
11
13
31
Ø11
Ø19
82

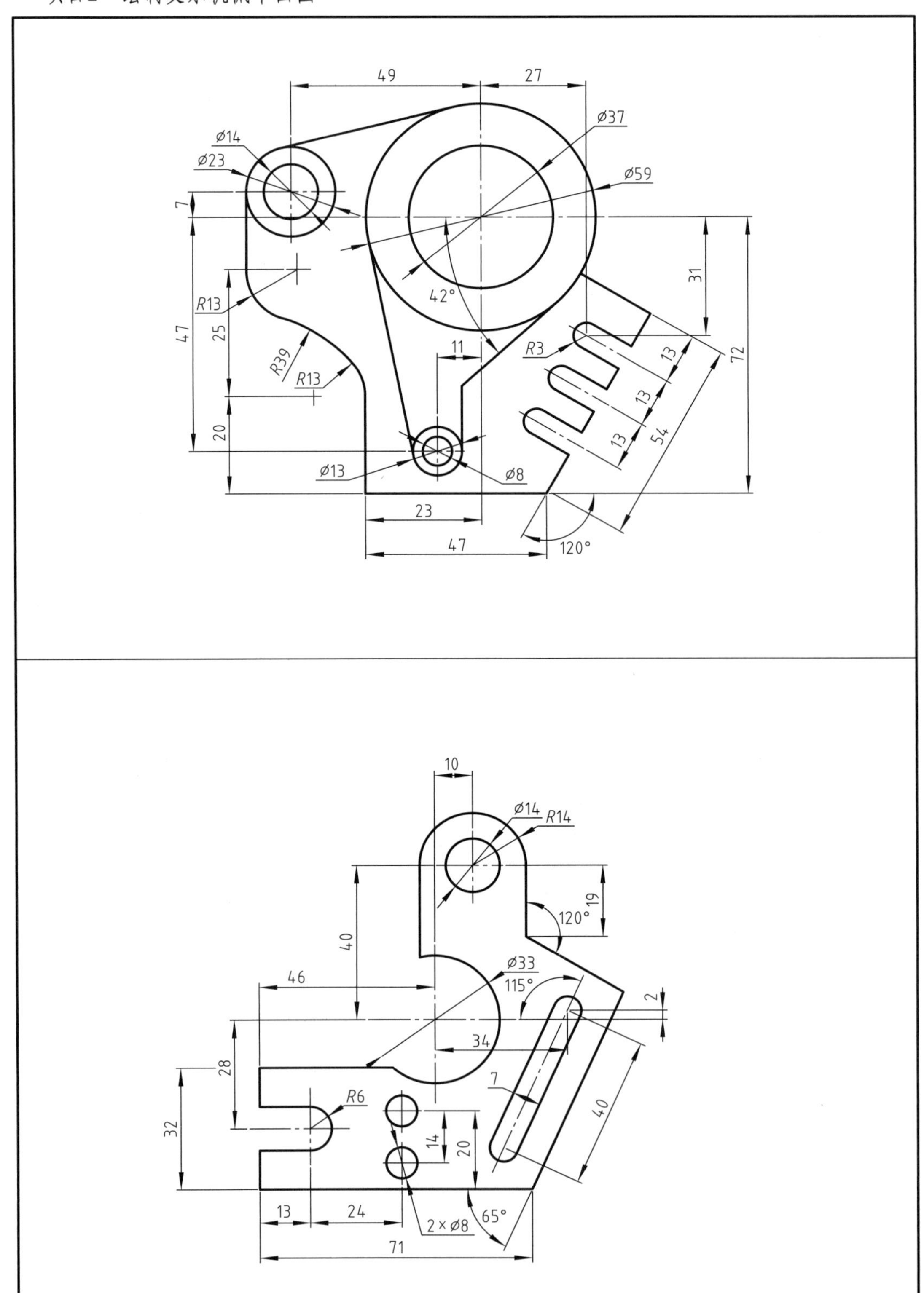
49
27
Ø37
Ø14
Ø23
Ø59
7
31
72
47
R13
25
42°
R3
R39
11
13
R13
13
13
54
20
Ø13
Ø8
23
120°
47
10
Ø14
R14
19
120°
40
Ø33
115°
46
2
34
28
7
40
R6
32
14
20
13
24
2×Ø8
65°
71

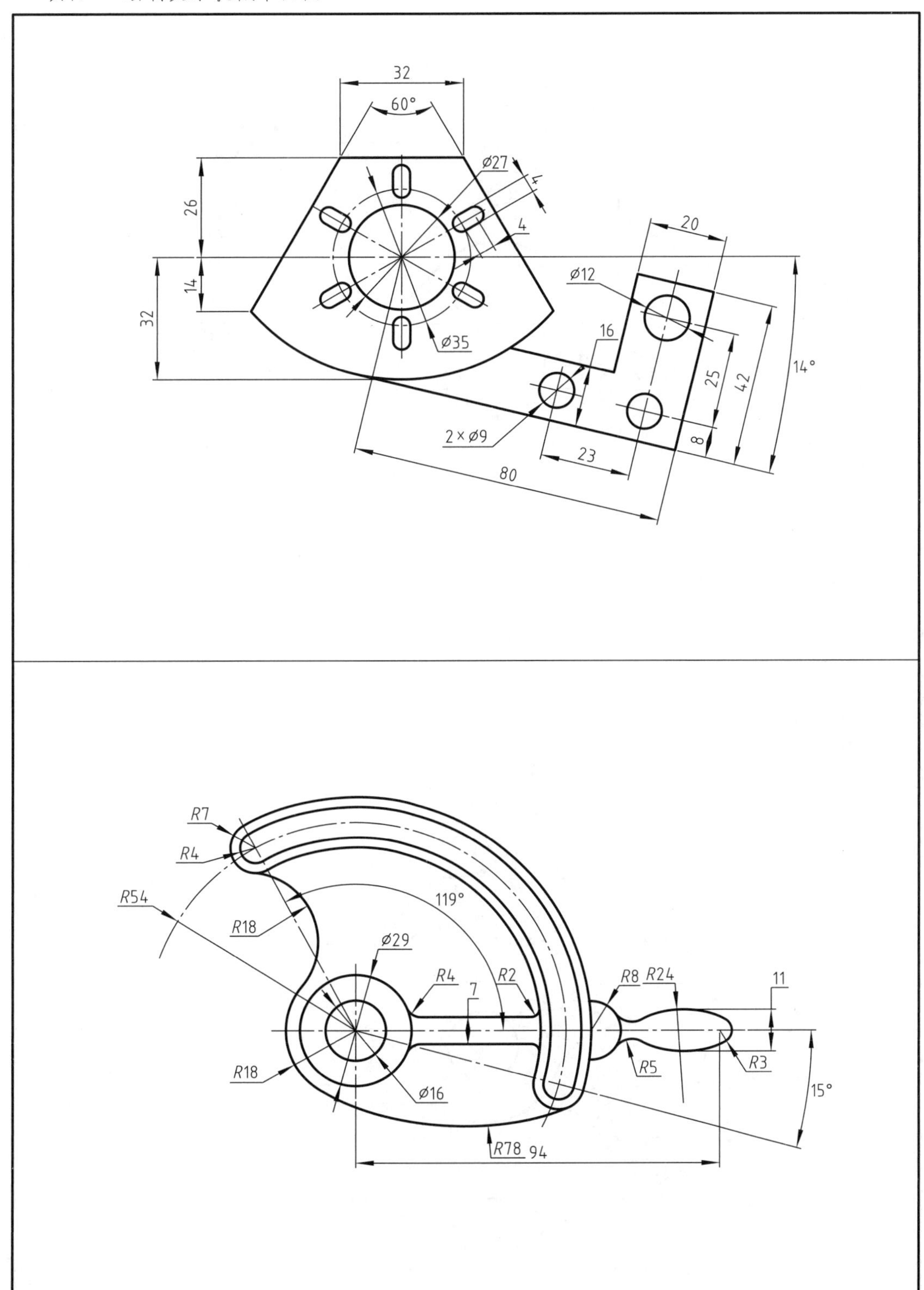
32
60°
Ø27
4
4
26
20
14
32
Ø12
16
Ø35
14°
25
42
8
2×Ø9
23
80
R7
R4
R54
119°
R18
Ø29
R4
R2
7
R8
R24
11
R18
Ø16
R5
R3
15°
R78
94

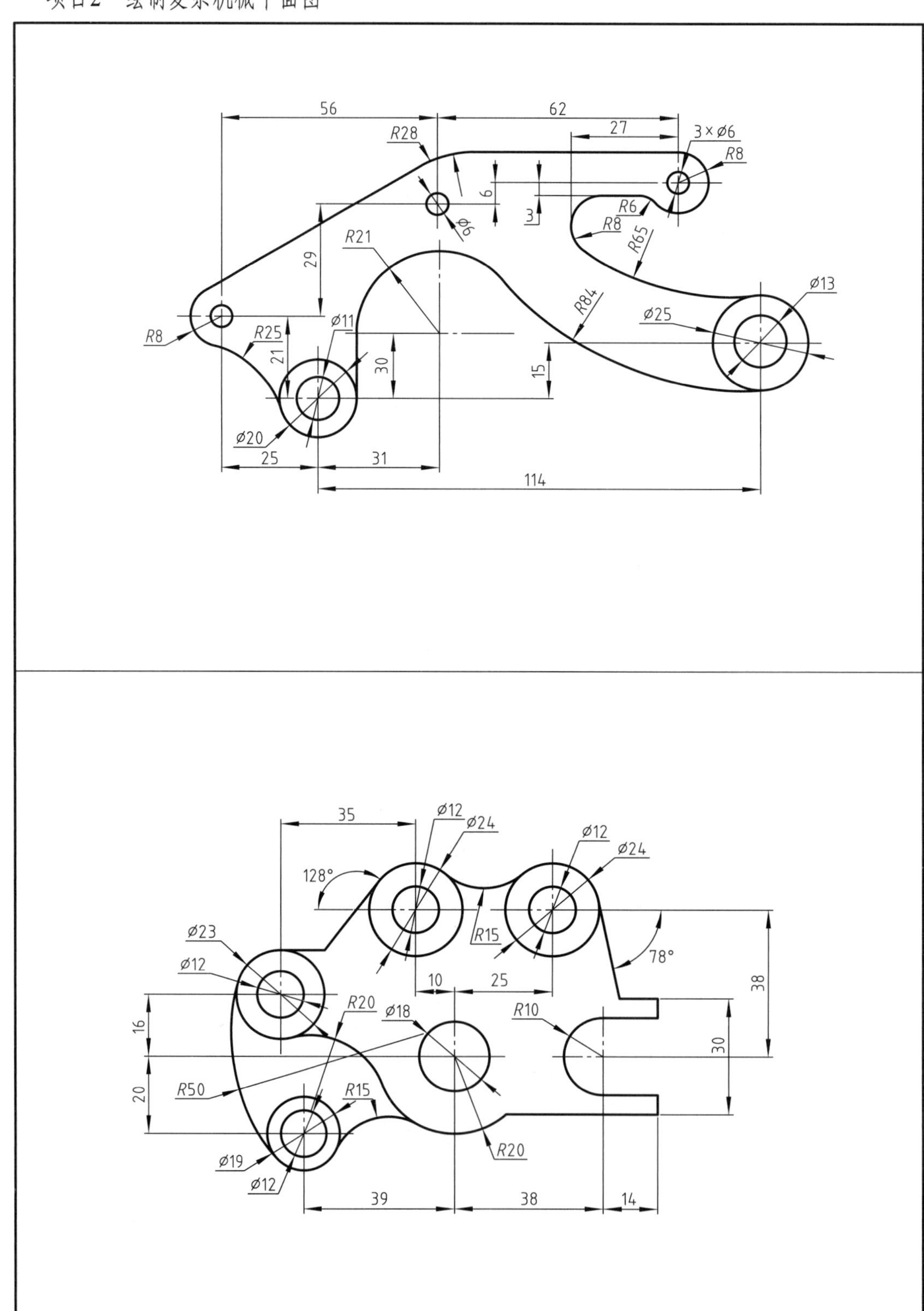
56
62
27
3×Ø6
R28
R8
6
3
R6
R8
Ø6
R65
R21
29
Ø13
R84
Ø25
R8
R25
Ø11
21
30
15
Ø20
25
31
114
35
Ø12
Ø24
Ø12
Ø24
128°
R15
78°
Ø23
Ø12
10
25
38
R20
Ø18
R10
16
30
R50
20
R15
R20
Ø19
Ø12
39
38
14

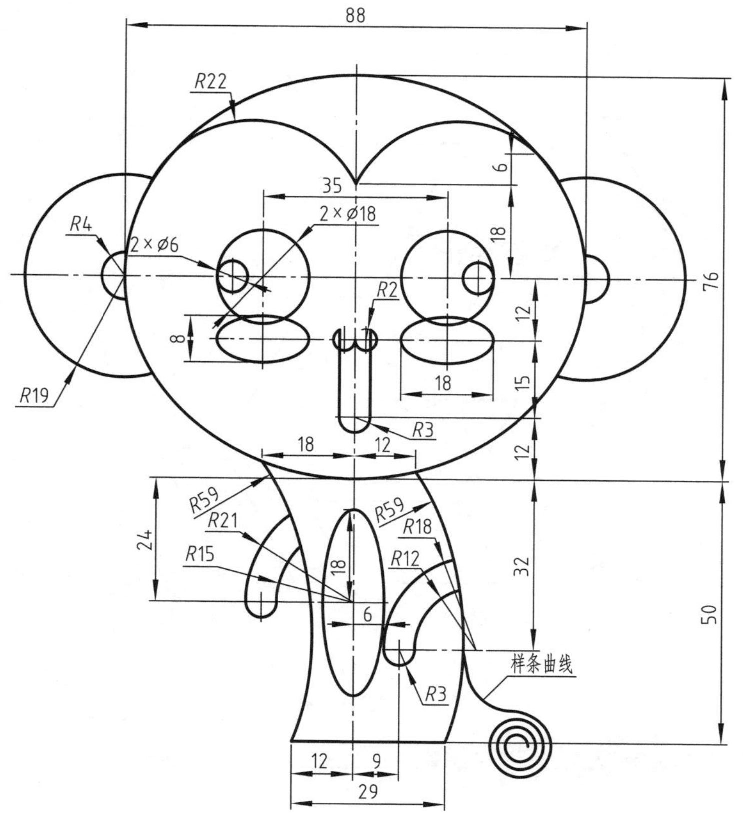
88
R22
76
35
6
2×∅18
18
R4
2×∅6
R2
12
8
18
15
R19
R3
18
12
12
R59
R21
24
R59
R18
R15
18
R12
32
6
50
样条曲线
R3
12
9
29

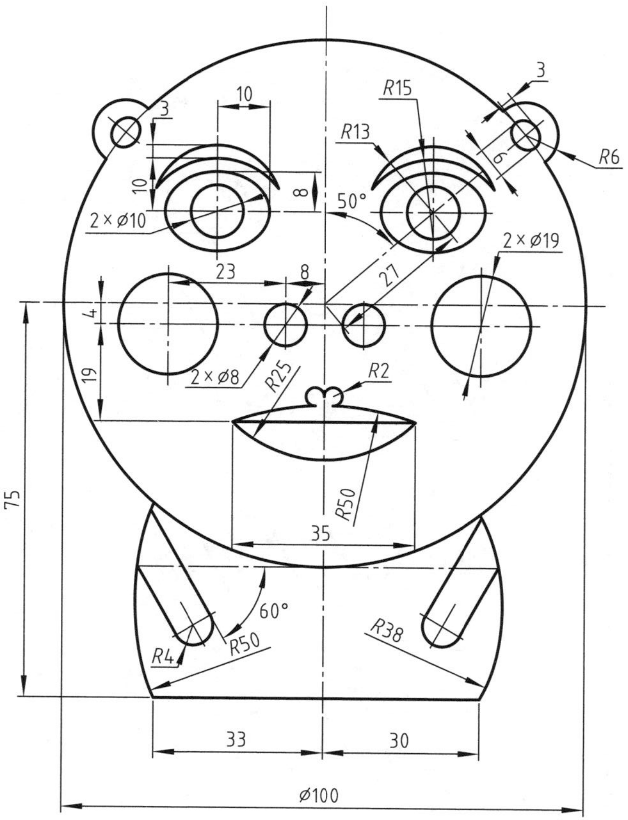
3
R15
10
3
R13
R6
6
10
8
50°
2×∅10
2×∅19
23
8
27
4
19
2×∅8
R25
R2
75
R50
35
60°
R38
R4
R50
33
30
∅100

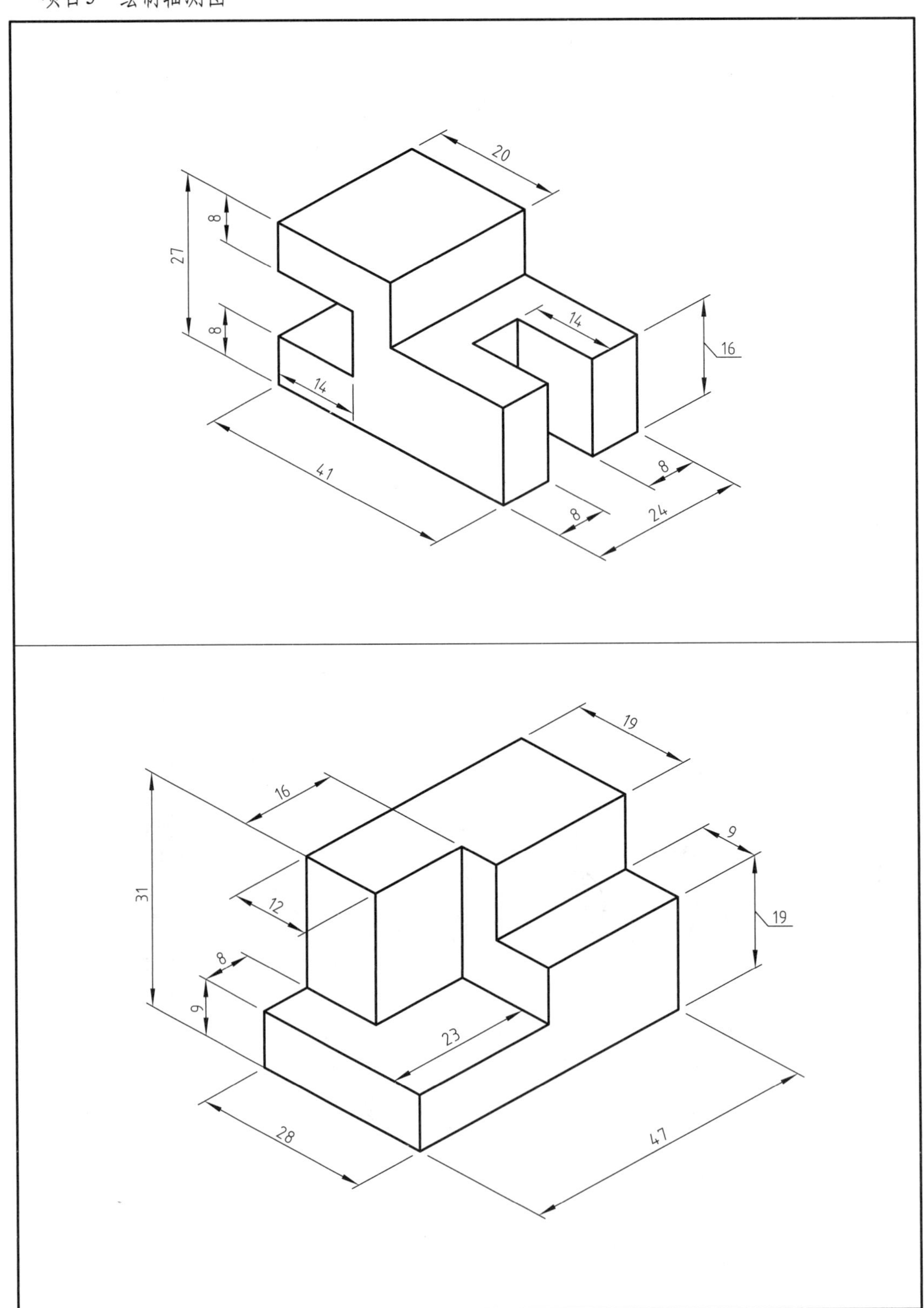
20
8
27
8
14
14
16
41
8
8
24
19
16
9
31
12
19
8
9
23
28
47

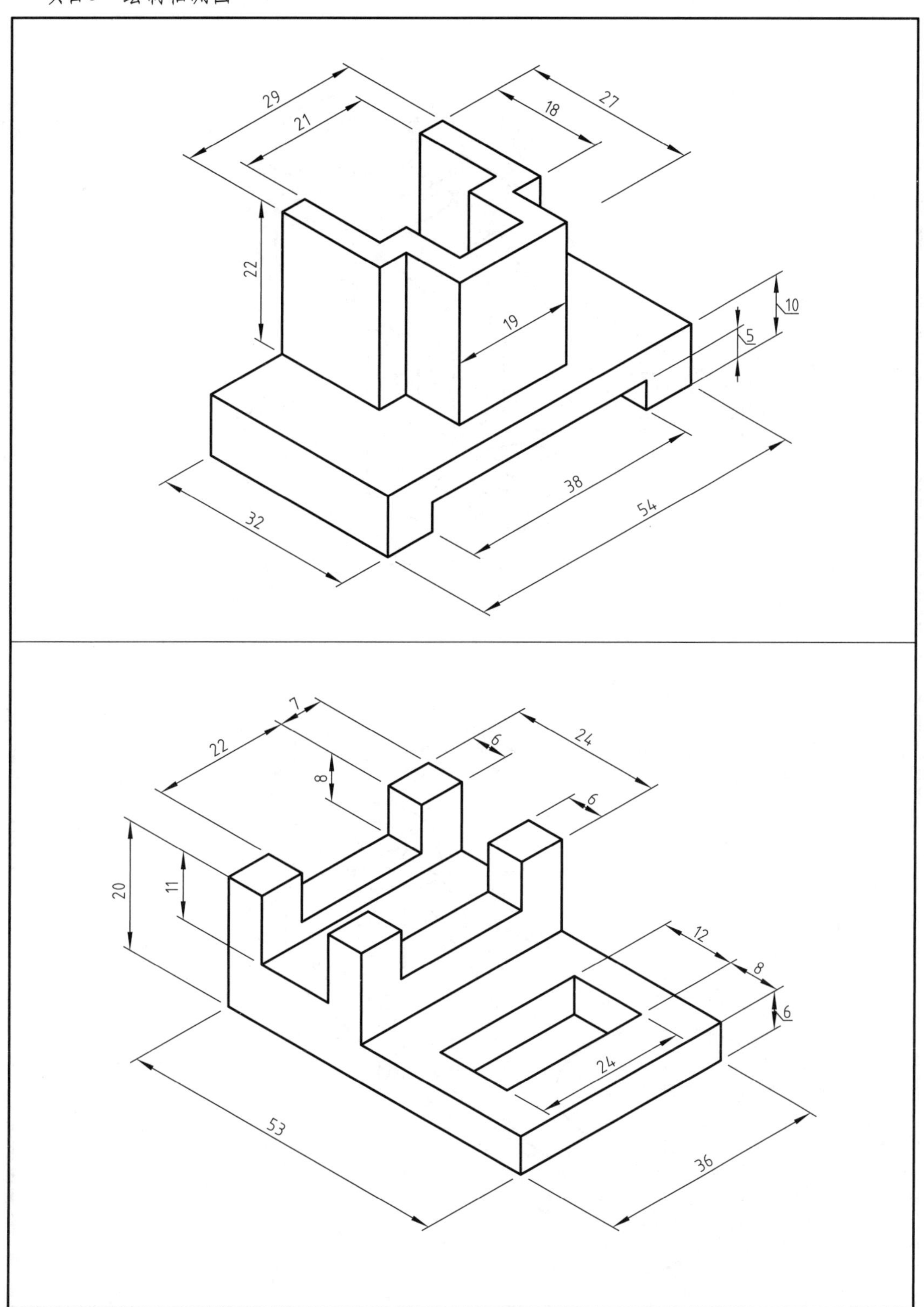
29
21
18
27
22
19
10
5
32
38
54
7
22
8
6
24
6
20
11
12
8
6
24
53
36

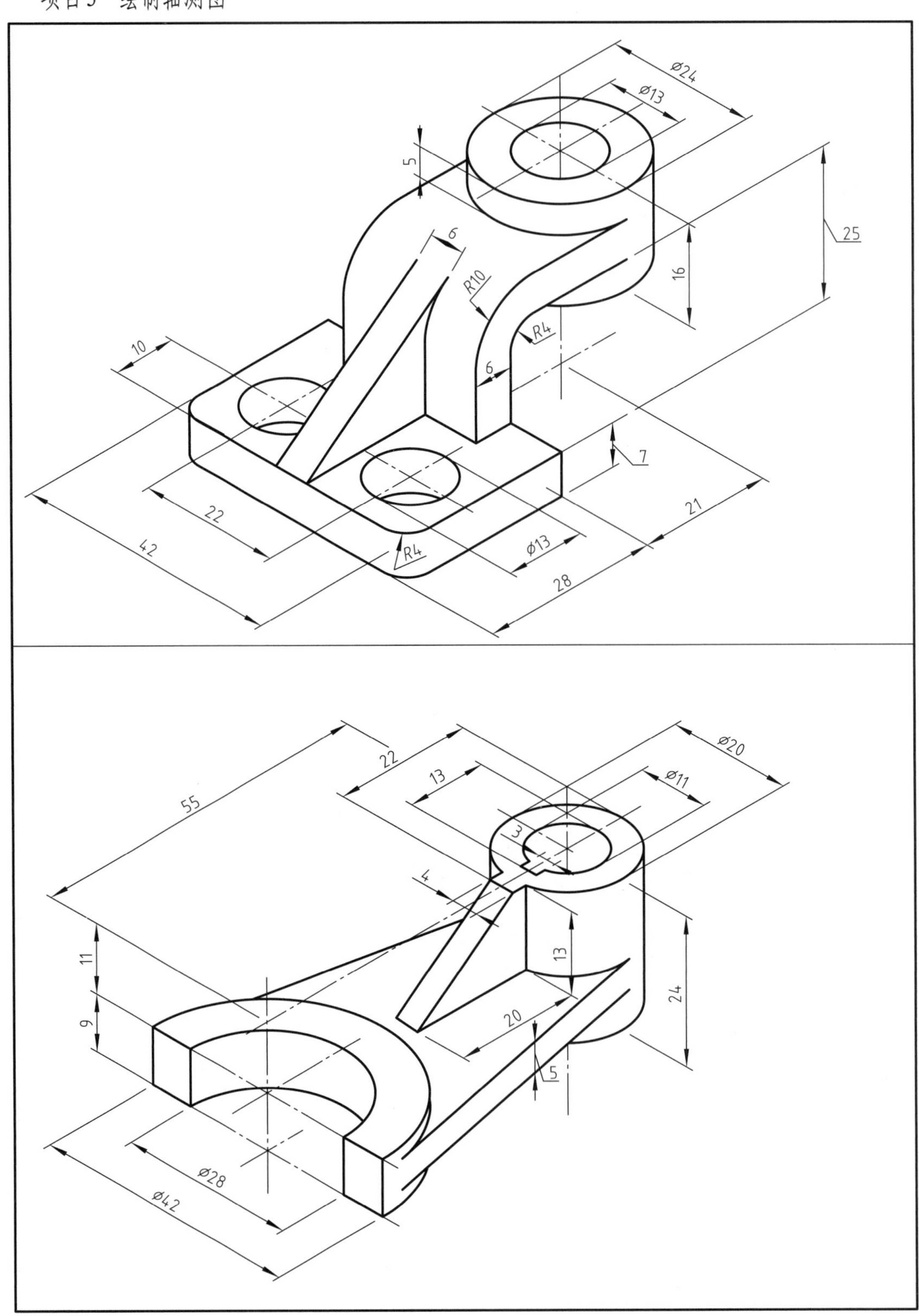

Ø24
Ø13
5
25
6
R10
16
R4
10
6
7
21
22
Ø13
R4
42
28
Ø20
22
Ø11
13
55
3
4
11
13
24
9
20
5
Ø28
Ø42

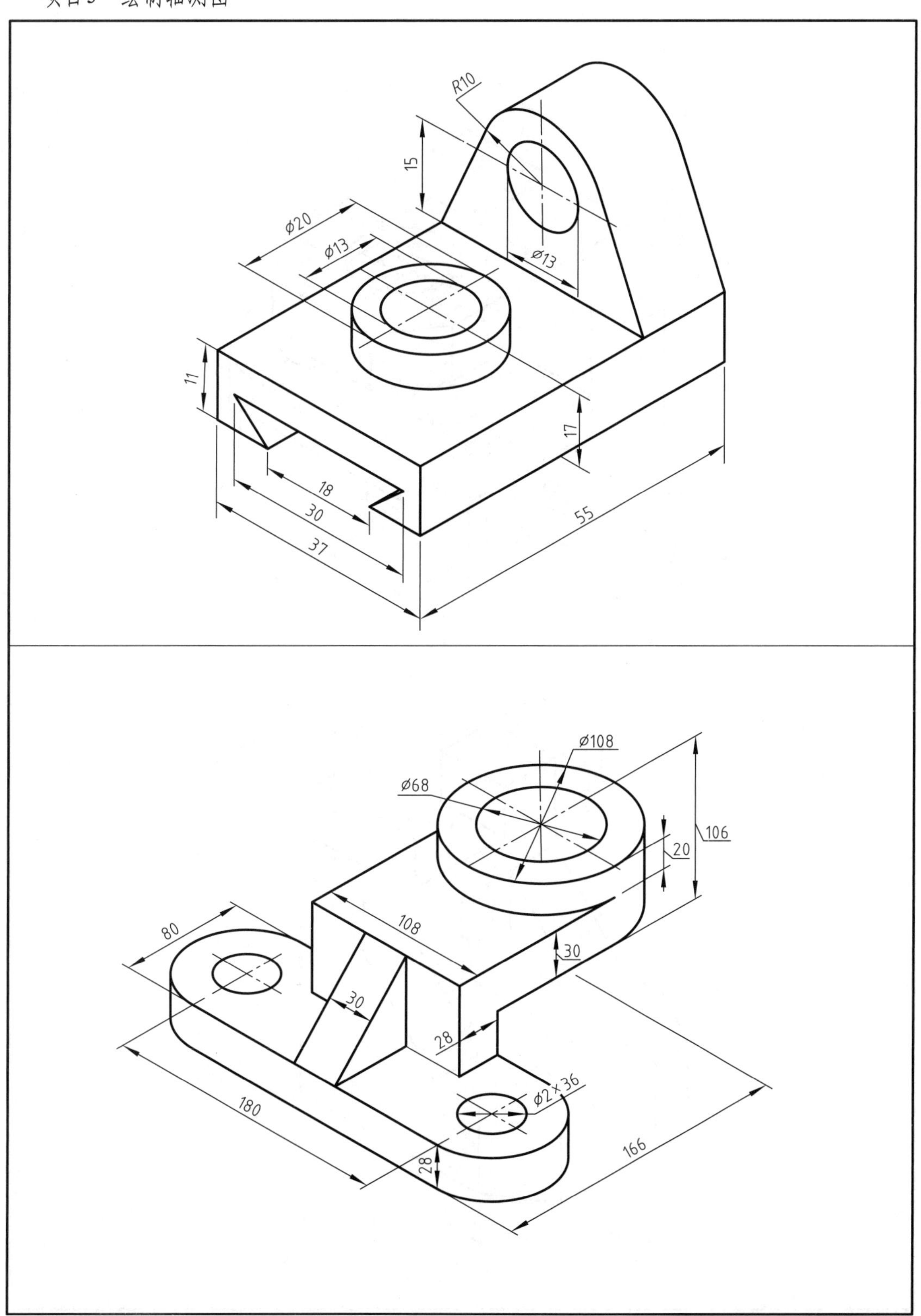
R10
15
Ø20
Ø13
Ø13
11
17
18
30
37
55
Ø108
Ø68
106
20
80
108
30
30
28
Ø2×36
180
28
166

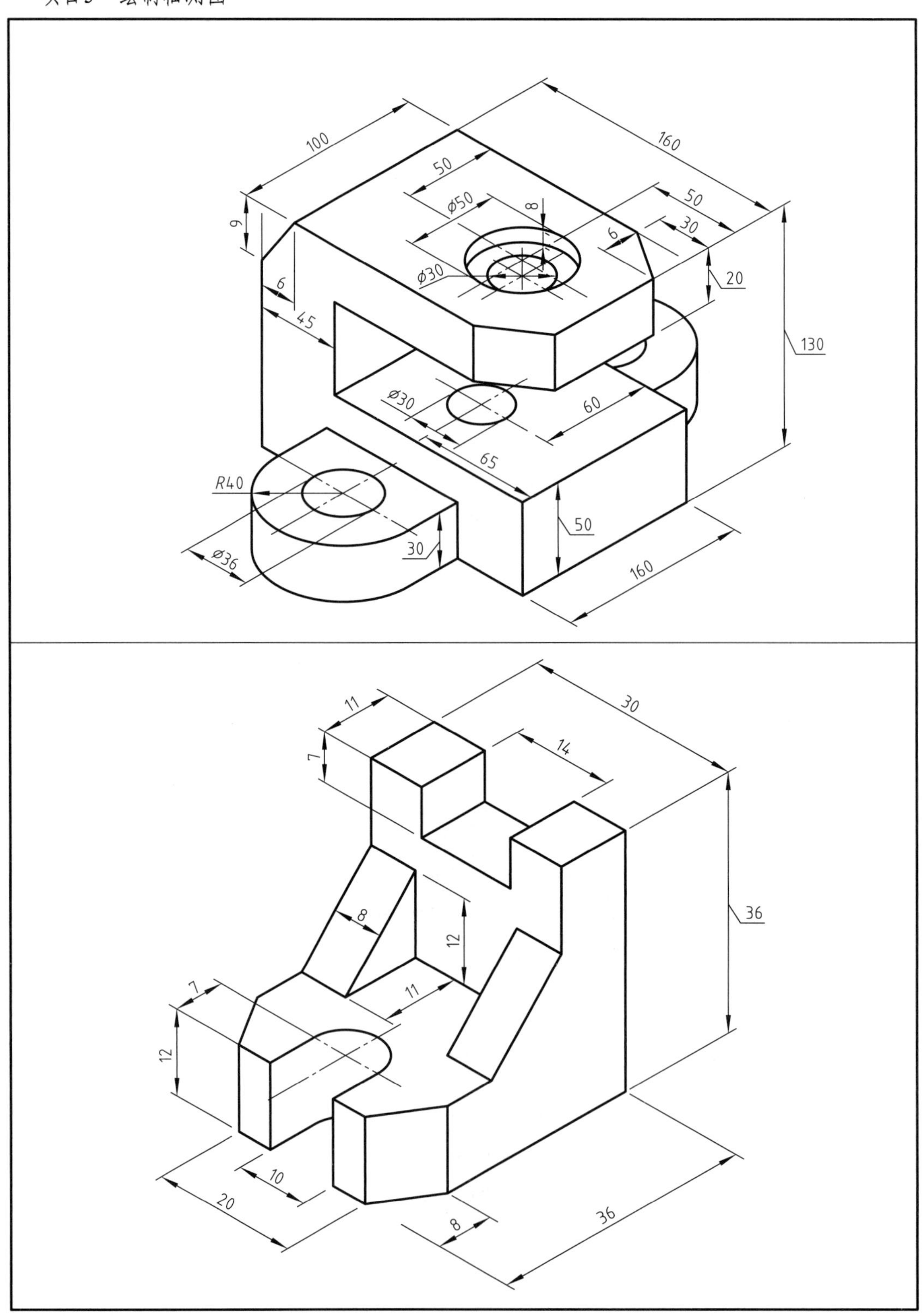
100
160
50
9
Ø50
8
50
30
6
Ø30
6
20
45
130
Ø30
60
65
R40
50
30
Ø36
160
11
30
7
14
36
8
12
11
7
12
10
20
8
36

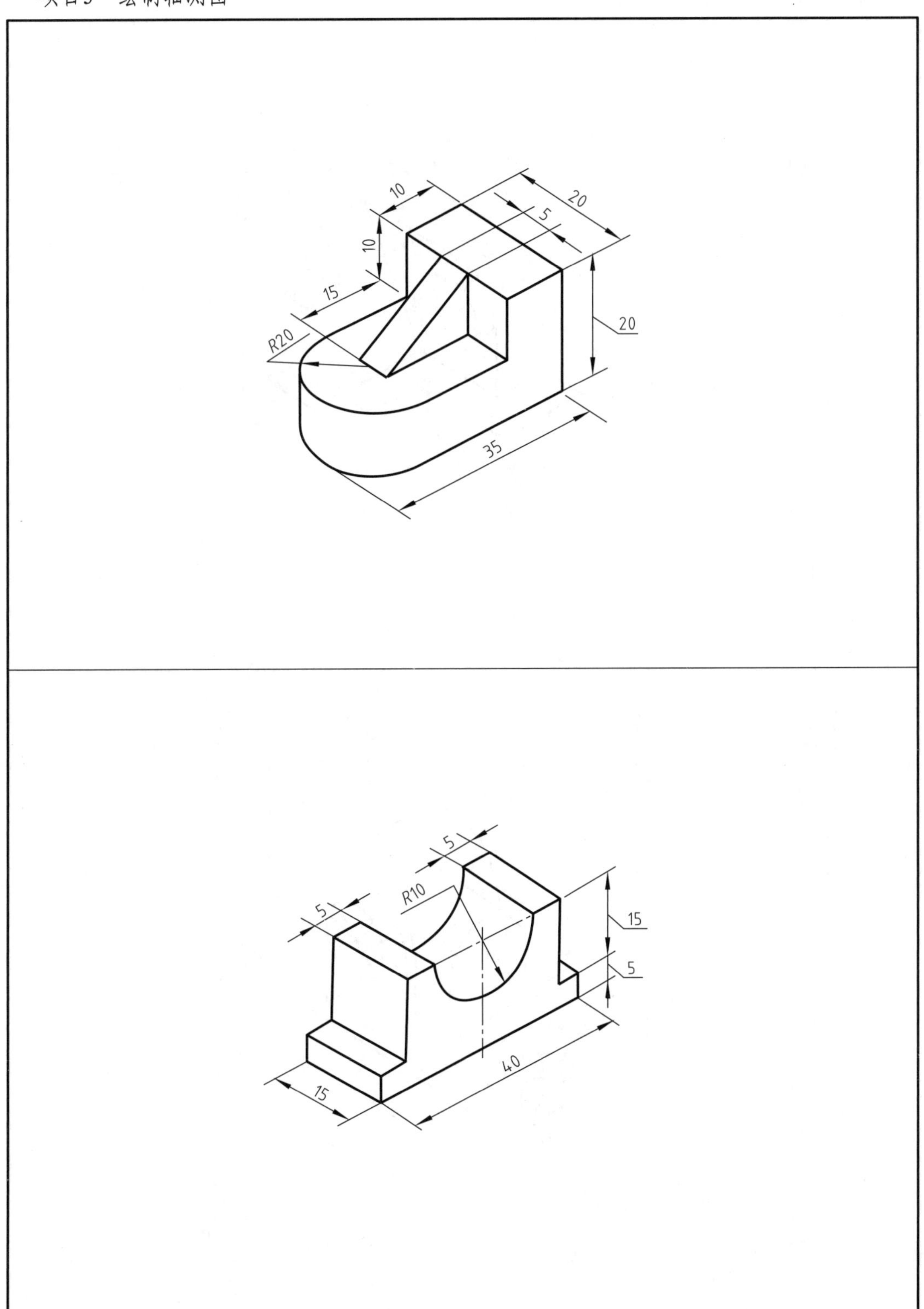
10
20
5
10
15
R20
20
35
5
R10
5
15
5
40
15

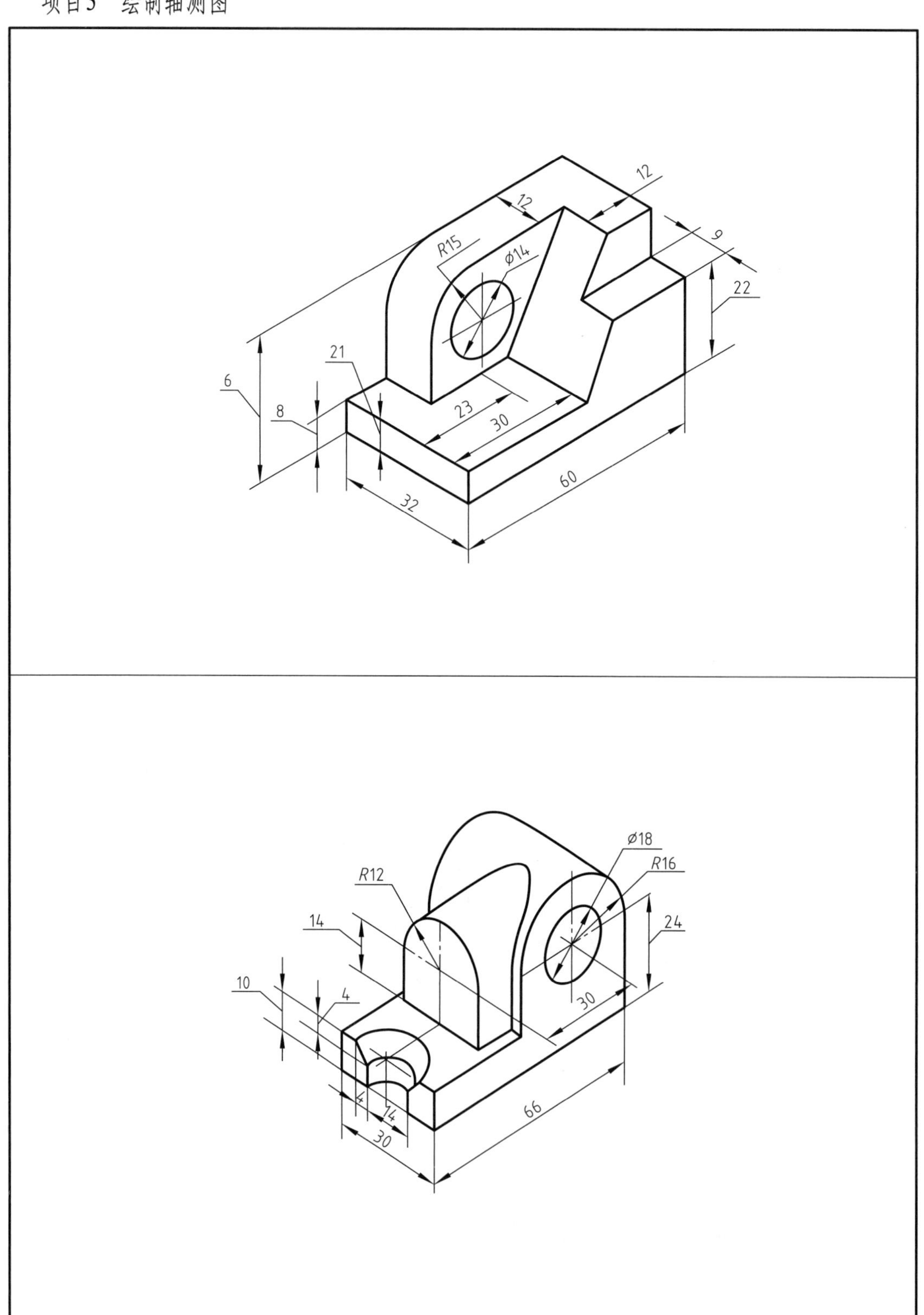
12
12
9
R15
Ø14
22
21
6
8
23
30
60
32
Ø18
R16
R12
24
14
10
4
30
4
14
30
66

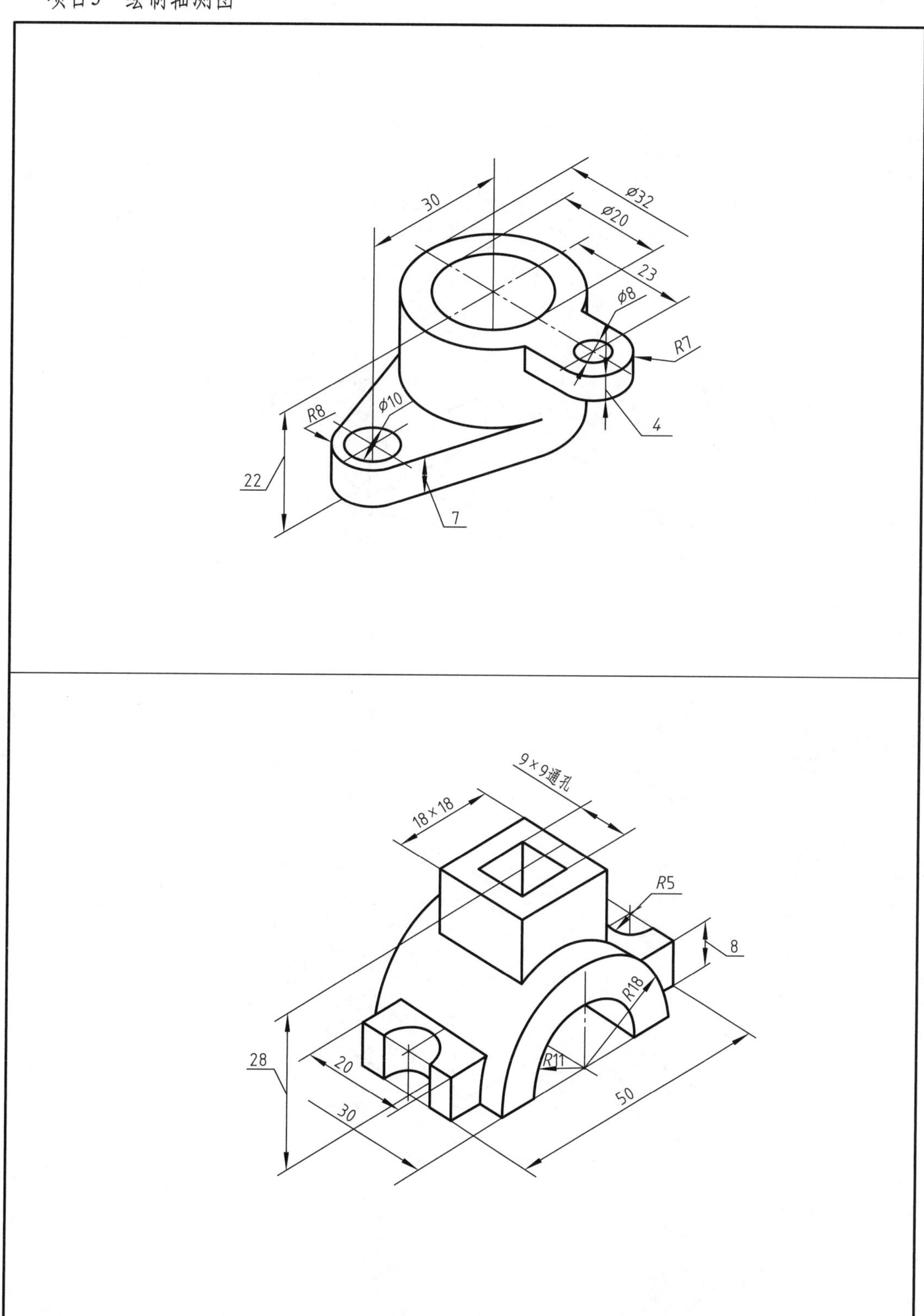
30
Ø32
Ø20
23
Ø8
R7
4
R8
Ø10
22
7
9×9通孔
18×18
R5
8
R18
28
R11
20
30
50

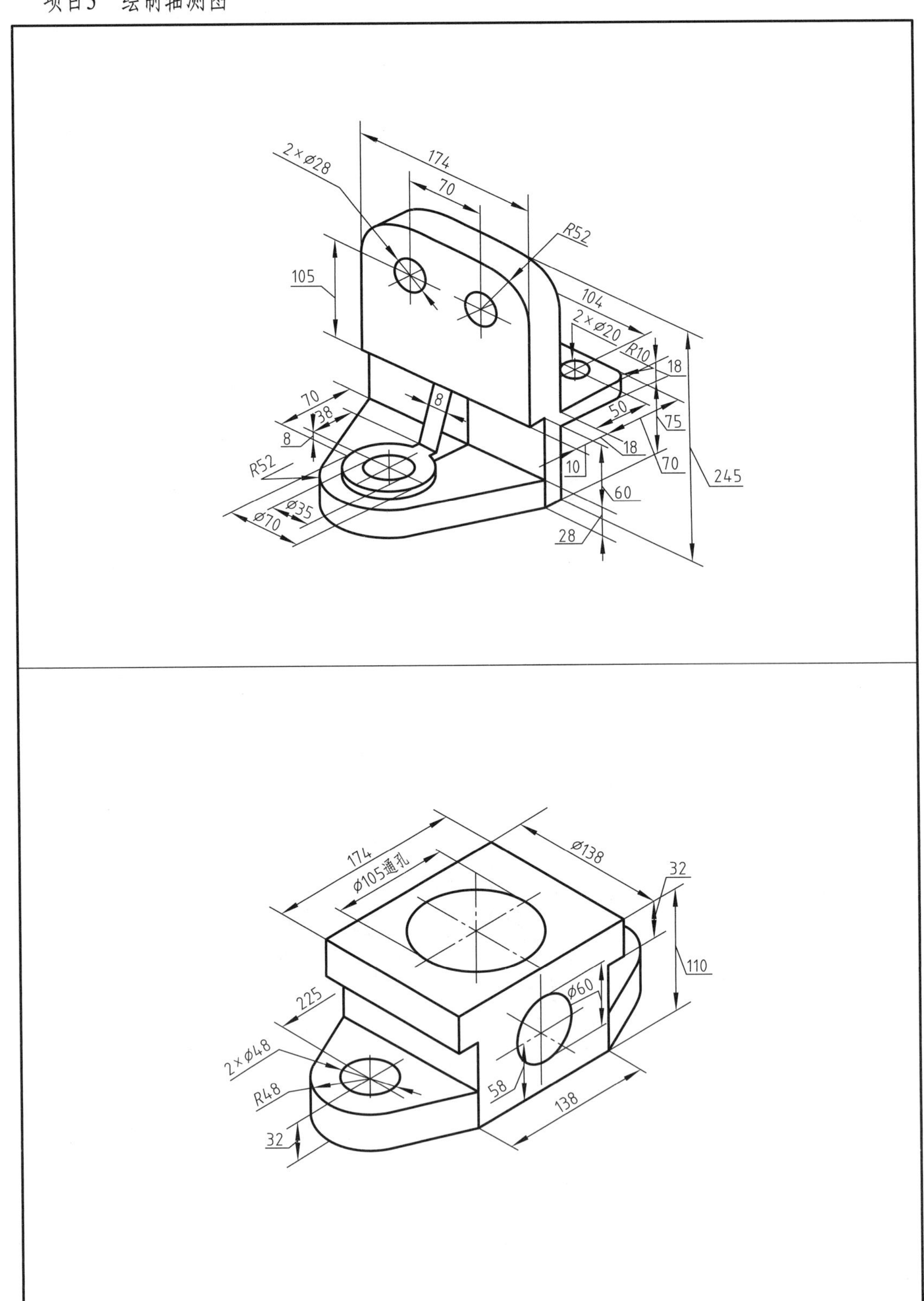
2×ø28
174
70
R52
105
104
2×ø20
R10
18
70
38
8
8
50
75
18
10
70
245
R52
60
ø35
ø70
28
174
ø105通孔
ø138
32
110
ø60
225
2×ø48
R48
58
138
32

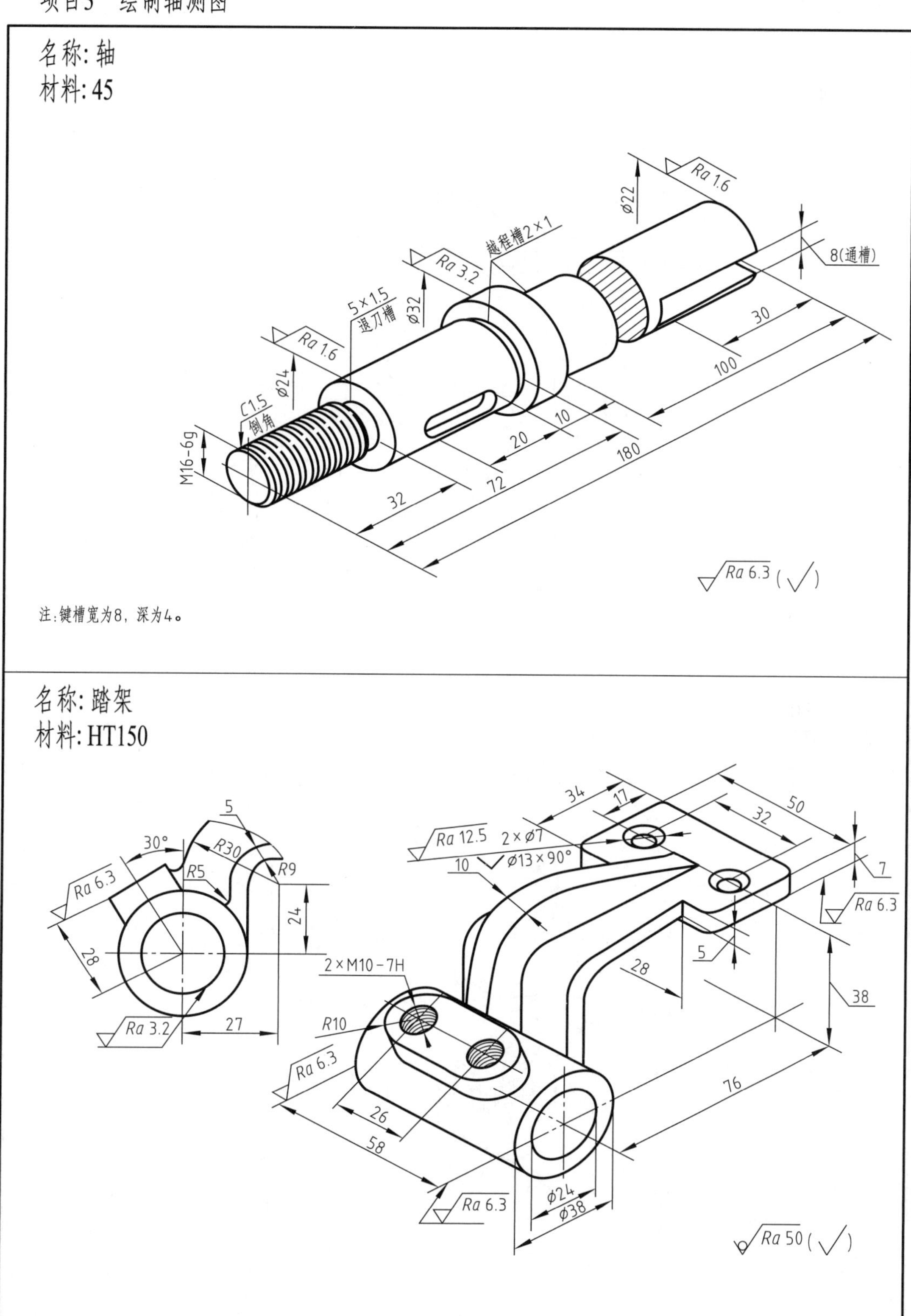
名称: 轴
材料: 45
Ra 1.6
Ø22
越程槽2×1
8(通槽)
Ra 3.2
5×1.5
退刀槽
Ø32
Ra 1.6
Ø24
C1.5
倒角
M16-6g
30
100
10
20
180
72
32
Ra 6.3 (√)
注：键槽宽为8，深为4。
名称: 踏架
材料: HT150
5
30°
R30
R5
R9
Ra 6.3
24
28
Ra 3.2
27
34
17
50
32
Ra 12.5
2×Ø7
10
Ø13×90°
7
Ra 6.3
5
28
38
2×M10-7H
R10
Ra 6.3
76
26
58
Ra 6.3
Ø24
Ø38
Ra 50 (√)

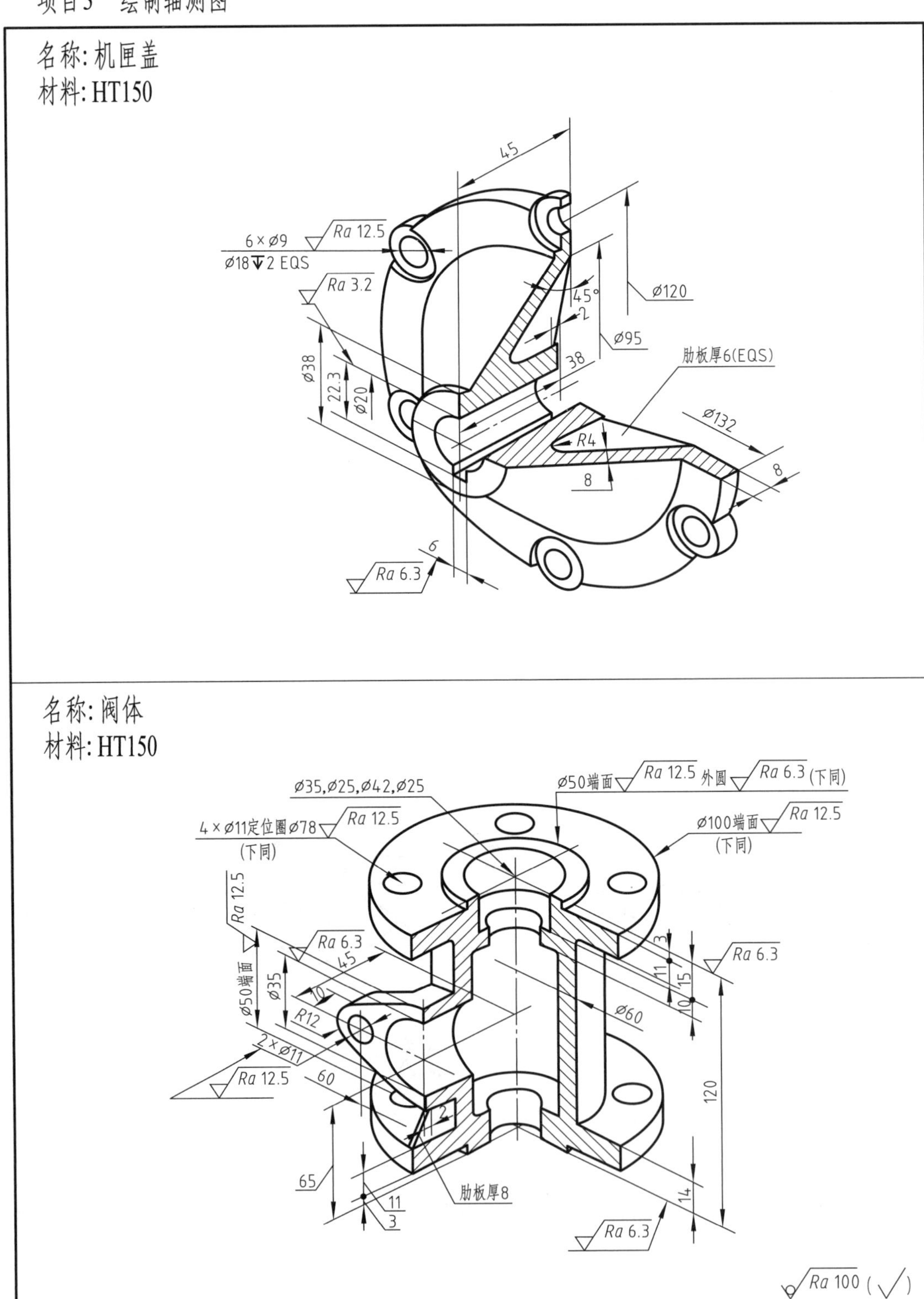
名称: 机匣盖
材料: HT150
45
6×⌀9
⌀18↧2 EQS
Ra 12.5
Ra 3.2
45°
2
⌀120
⌀95
38
肋板厚6(EQS)
⌀38
22.3
⌀20
⌀132
R4
8
8
6
Ra 6.3
名称: 阀体
材料: HT150
⌀35,⌀25,⌀42,⌀25
⌀50端面
Ra 12.5
外圆
Ra 6.3
(下同)
4×⌀11定位圈⌀78
Ra 12.5
(下同)
⌀100端面
Ra 12.5
(下同)
Ra 12.5
⌀50端面
Ra 6.3
45
⌀35
10
R12
2×⌀11
Ra 12.5
60
3
11
15
10
⌀60
Ra 6.3
120
2
65
11
3
肋板厚8
14
Ra 6.3
Ra 100 (✓)

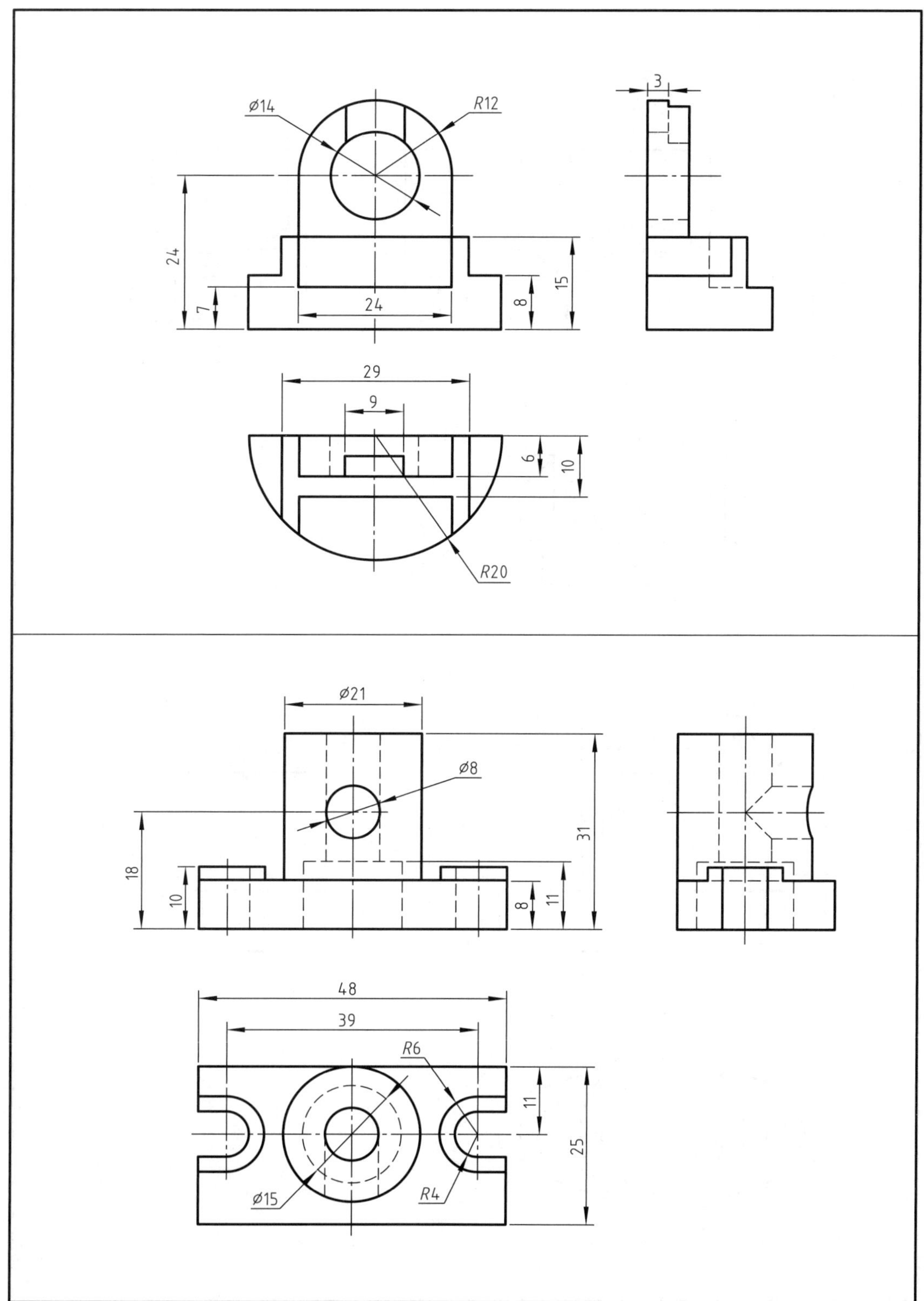
Ø14
R12
3
24
7
24
8
15
29
9
6
10
R20
Ø21
Ø8
18
10
8
11
31
48
39
R6
11
25
Ø15
R4

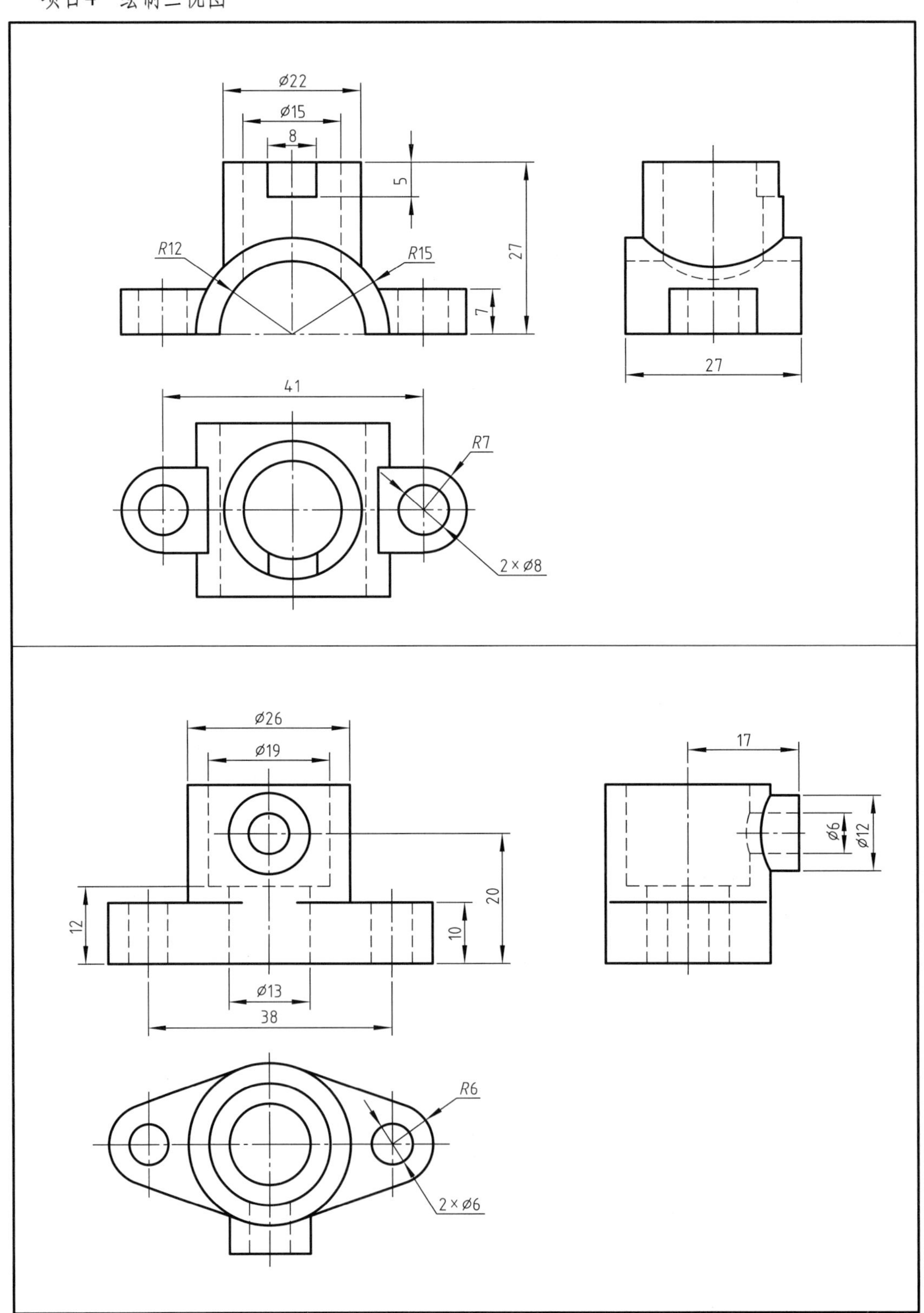
Ø22
Ø15
8
5
27
R12
R15
7
27
41
R7
2×Ø8
Ø26
Ø19
17
Ø6
Ø12
12
10
20
Ø13
38
R6
2×Ø6

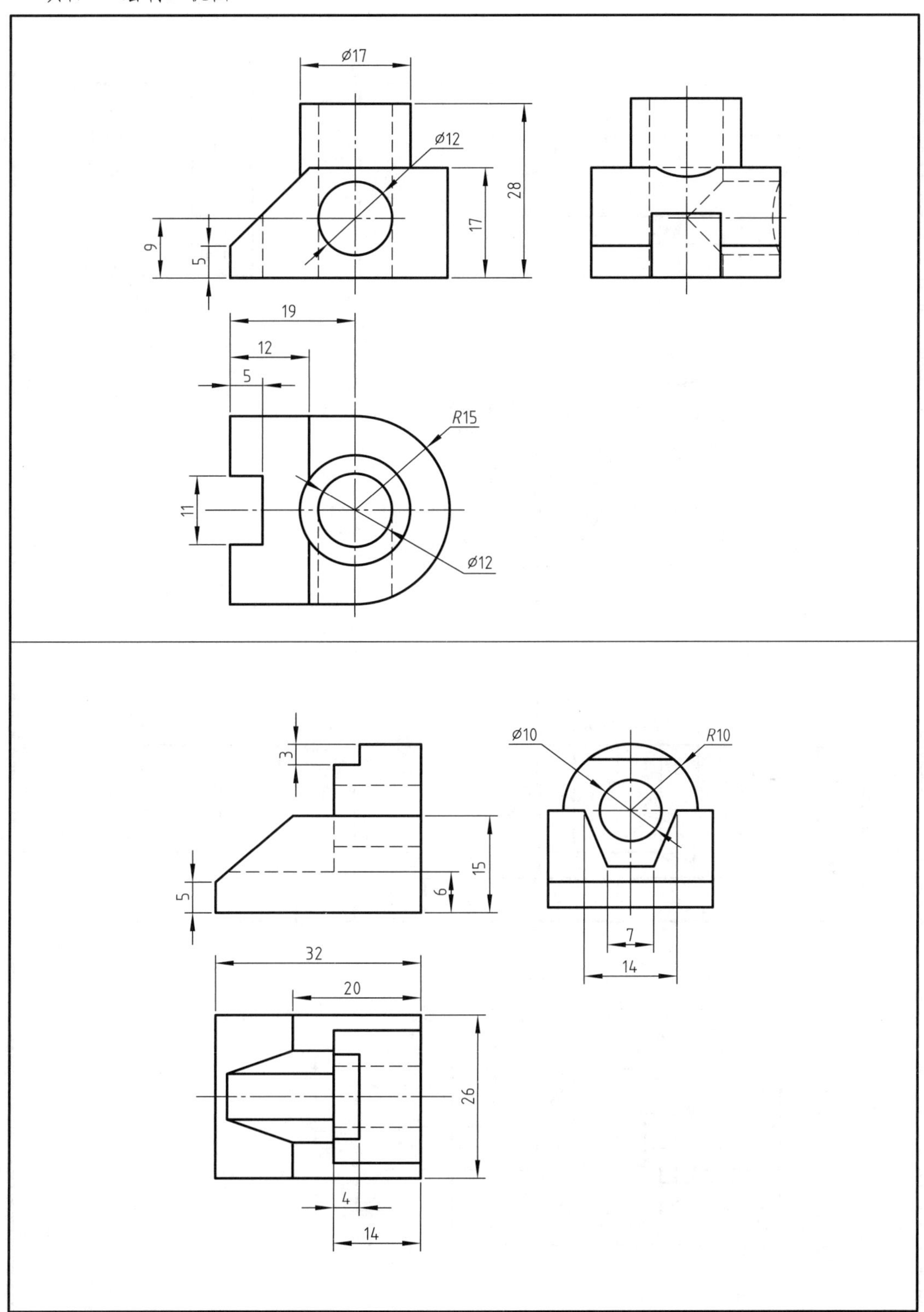
⌀17
⌀12
28
17
9
5
19
12
5
R15
11
⌀12
3
5
6
15
⌀10
R10
7
14
32
20
26
4
14

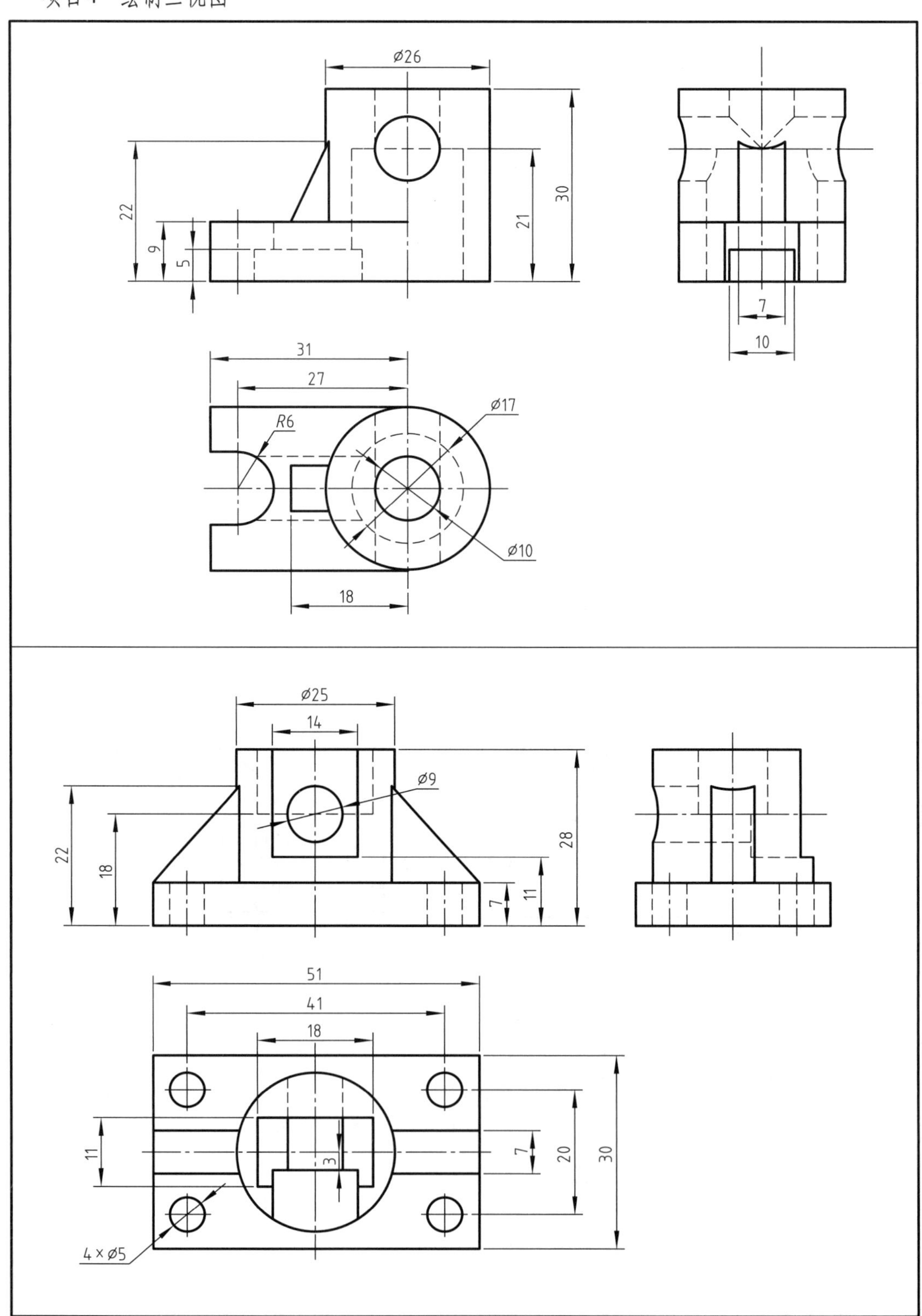
Ø26
22
9
5
21
30
7
10
31
27
R6
Ø17
Ø10
18
Ø25
14
Ø9
22
18
28
11
7
51
41
18
11
3
7
20
30
4×Ø5

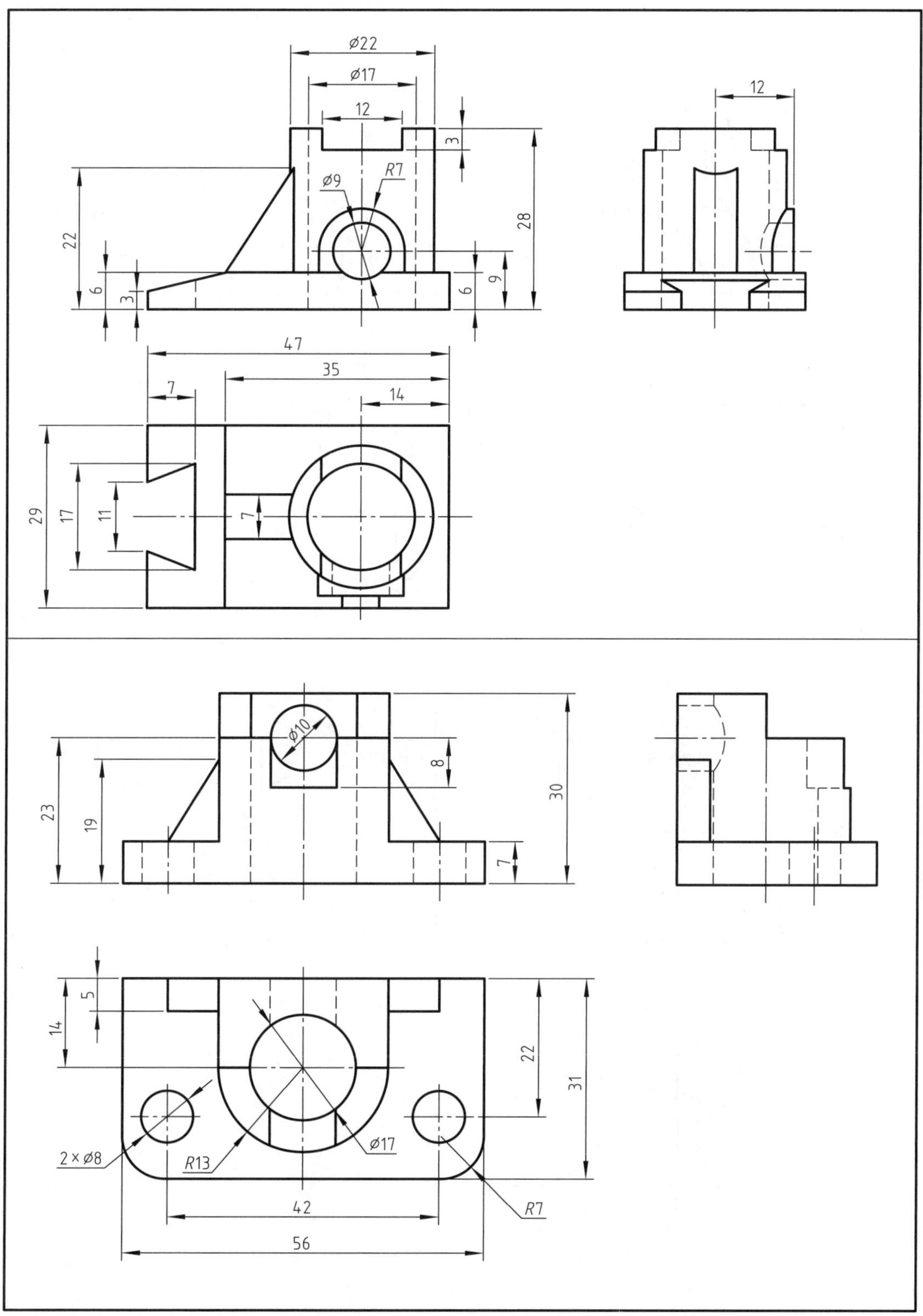

Ø22
Ø17
12
3
28
Ø9
R7
22
6
3
6
9
12
47
35
7
14
29
17
11
7
Ø10
8
30
23
19
7
5
14
22
31
2×Ø8
R13
Ø17
R7
42
56

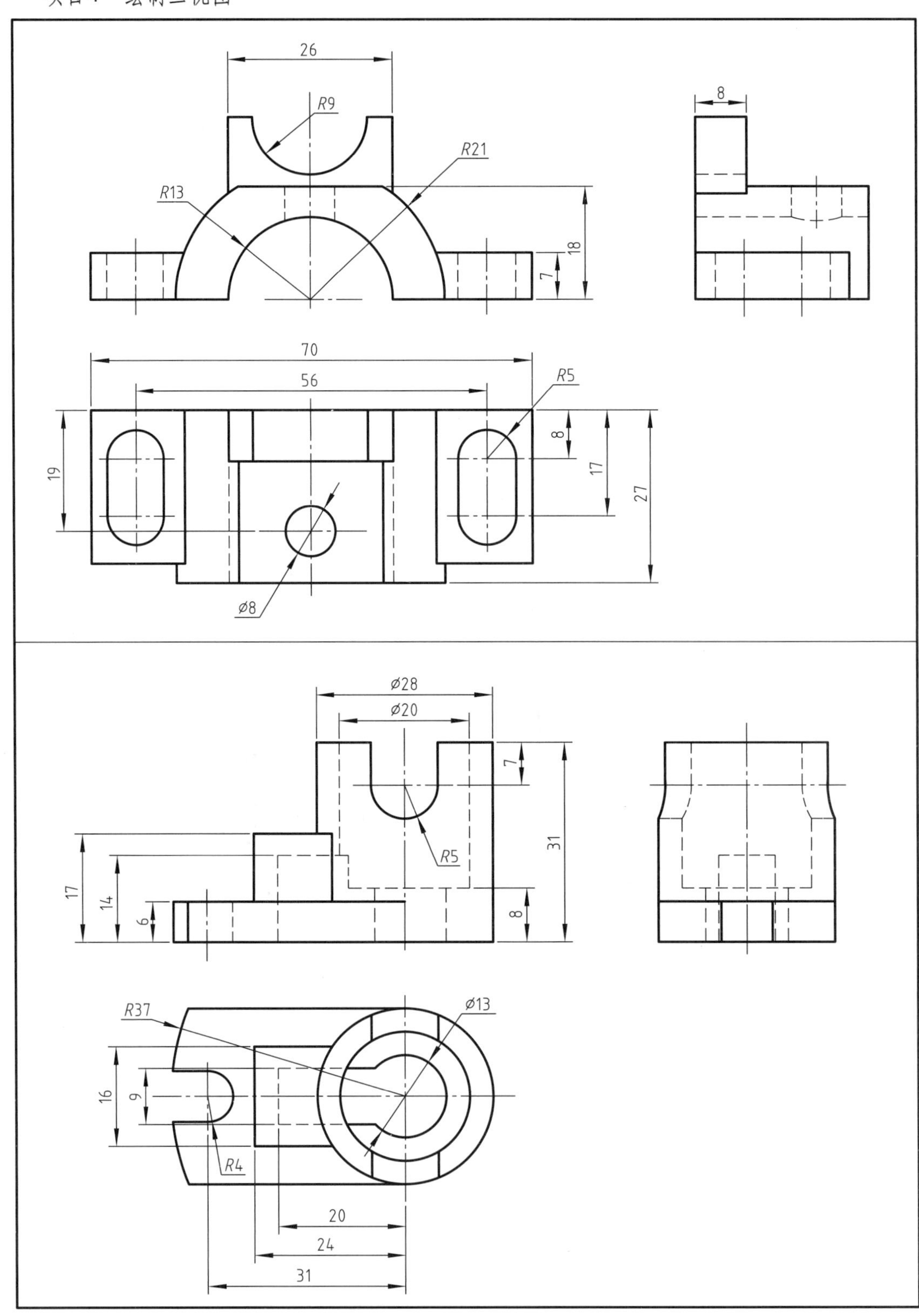
26
R9
8
R21
R13
18
7
70
56
R5
8
19
17
27
⌀8
⌀28
⌀20
7
31
R5
17
14
6
8
R37
⌀13
16
9
R4
20
24
31

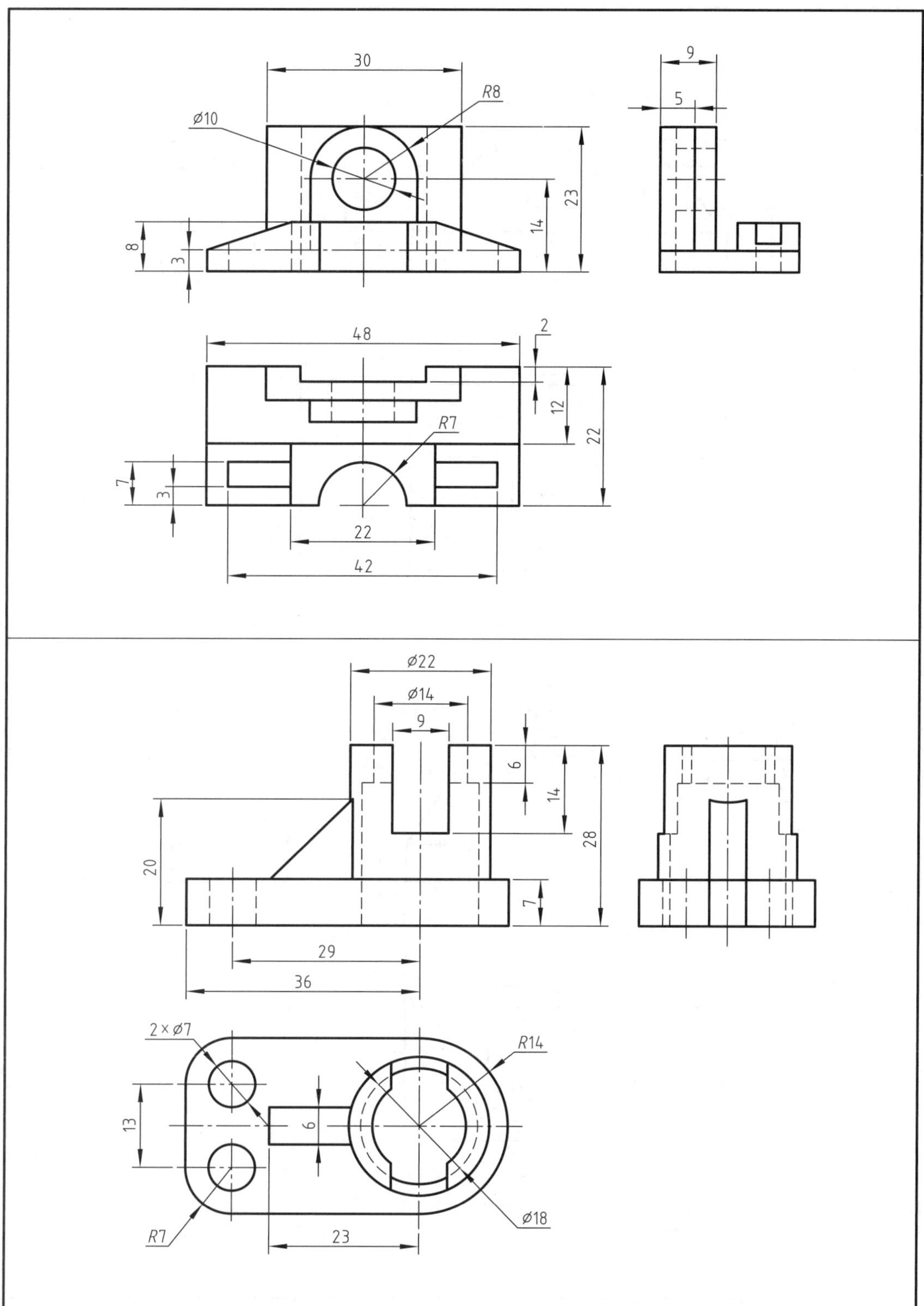
30
R8
Ø10
23
14
8
3
9
5
48
2
12
22
R7
7
3
22
42
Ø22
Ø14
9
6
14
28
20
7
29
36
2×Ø7
R14
13
6
R7
23
Ø18

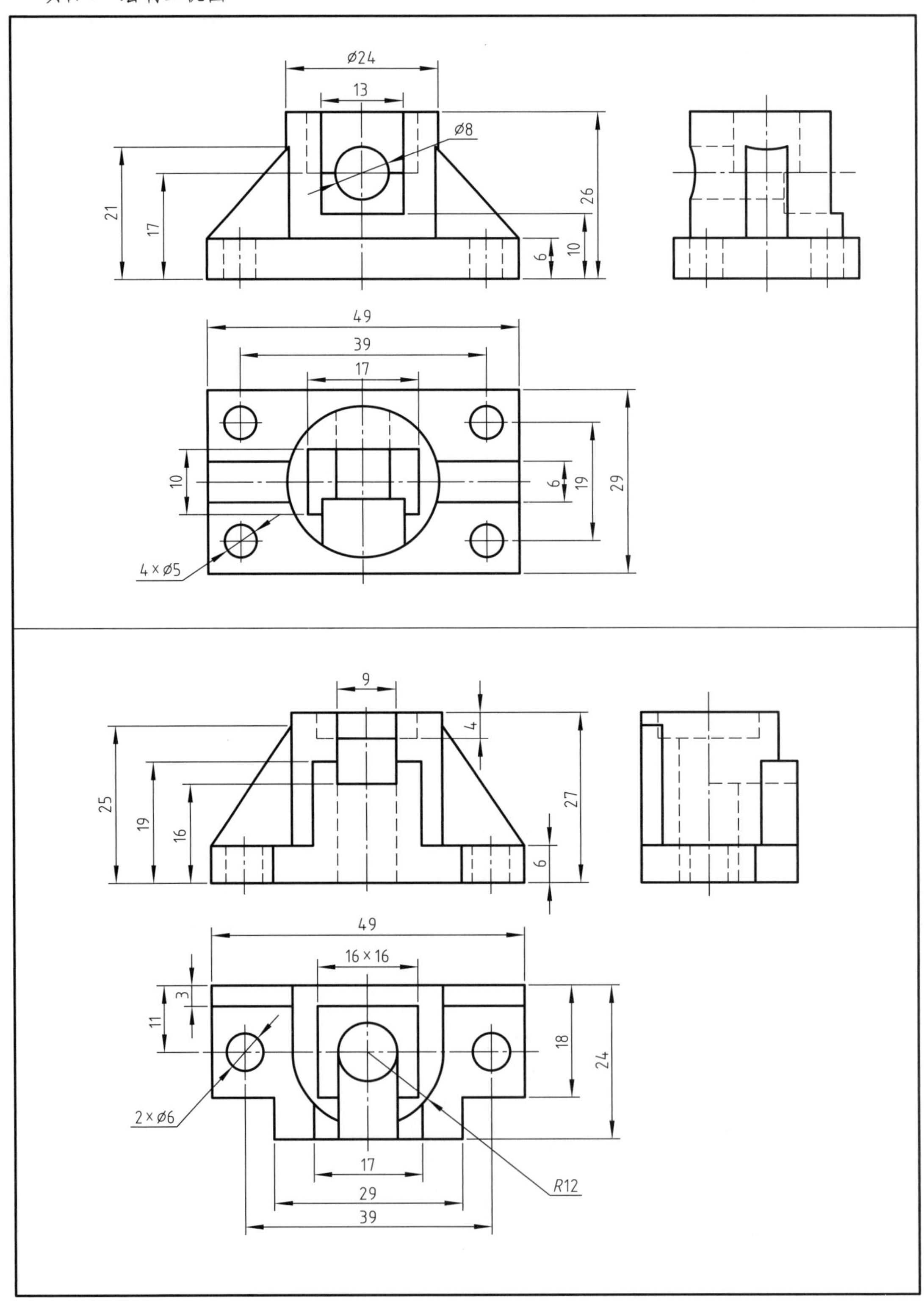
Ø24
13
Ø8
21
17
26
10
6
49
39
17
10
6
19
29
4×Ø5
9
4
25
19
16
27
6
49
16×16
3
11
18
24
2×Ø6
17
29
39
R12

A级的1型六角螺母：螺母　GB/T 6170　M16。

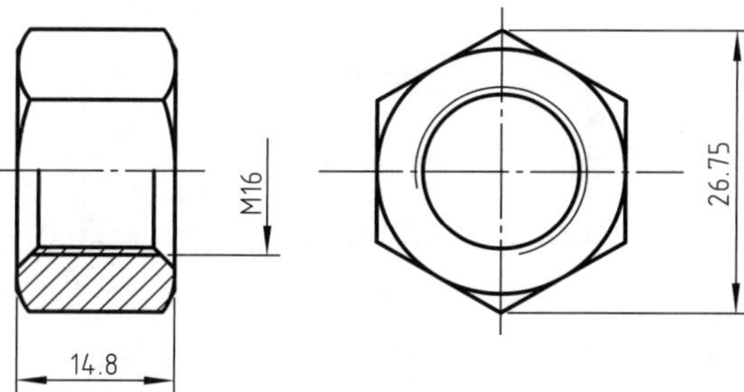

A级的平垫圈。

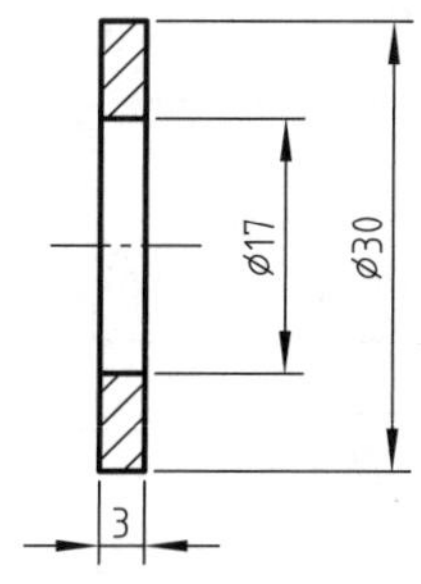

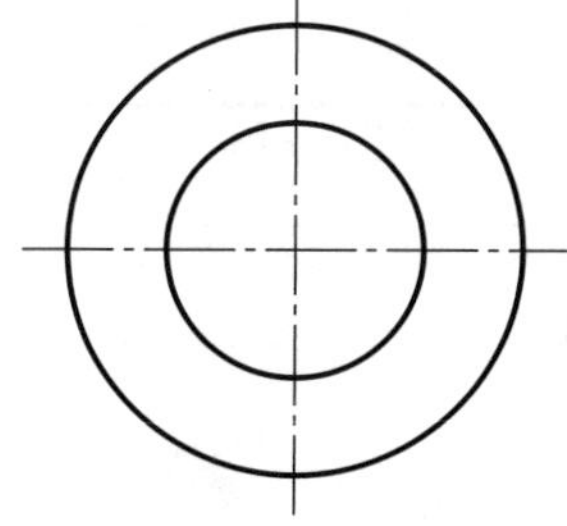

六角头螺栓：螺栓 GB/T 5782 M16×60。

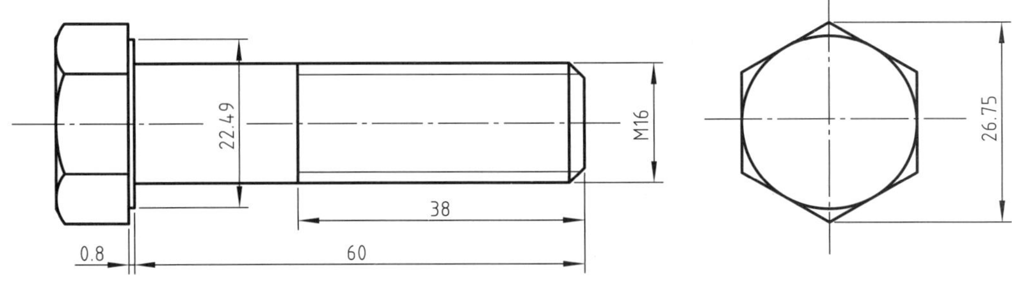

双头螺柱：螺柱 GB/T 898 M16×60。

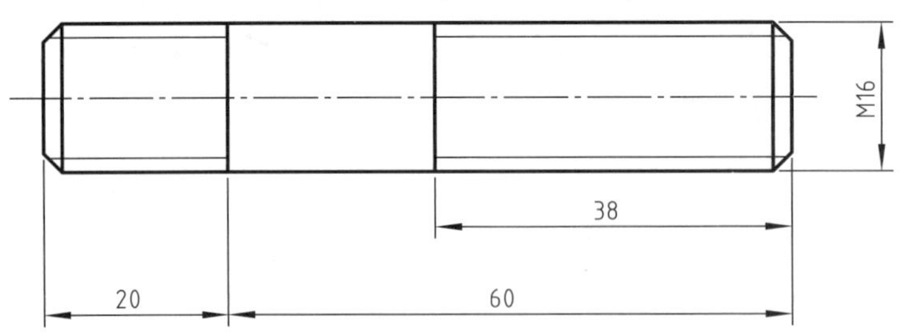

螺栓　GB/T 5782　M16×70，螺纹部分的长度为38 mm。

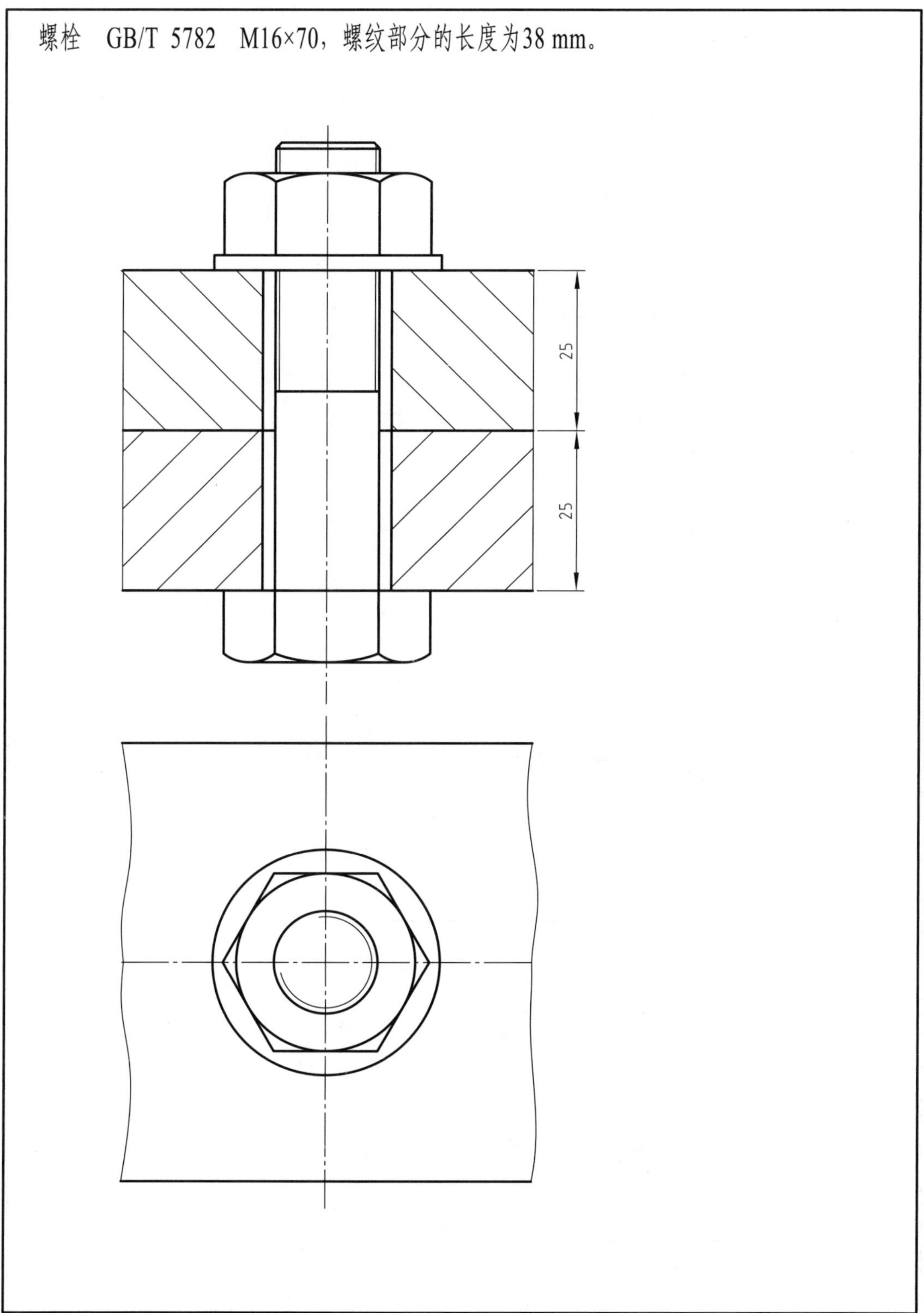

螺柱　GB/T 898　M16×40，螺母　GB/T 6170　M16，垫圈　GB/T 97.1　16。

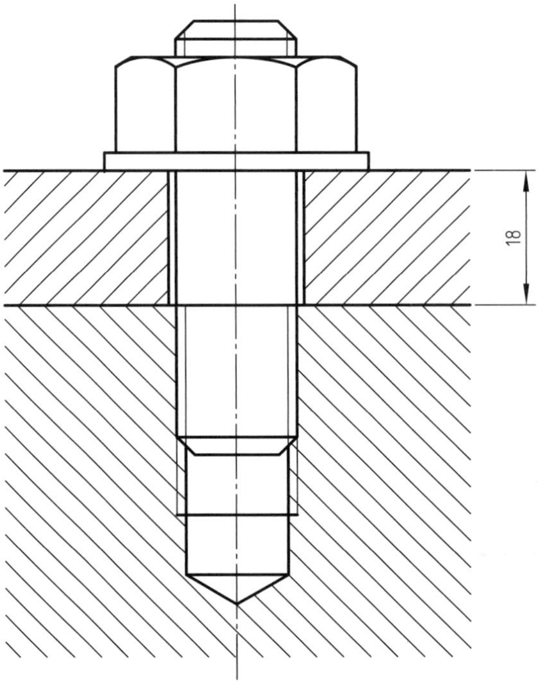

18

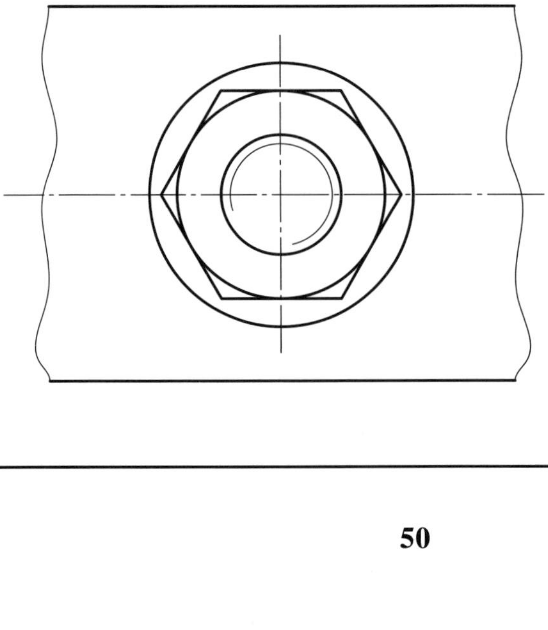

螺钉　GB/T 68　M10×30。

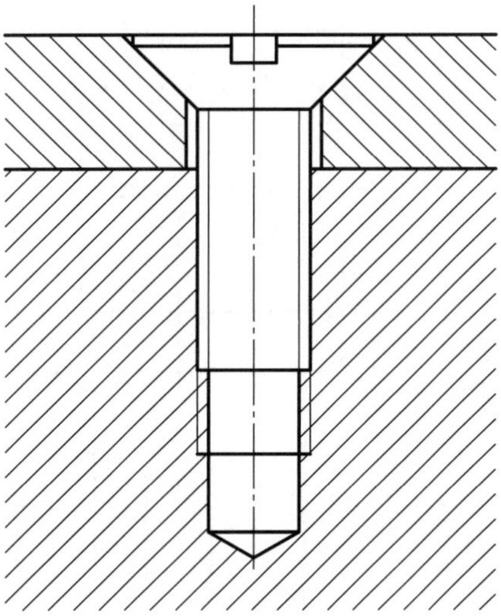

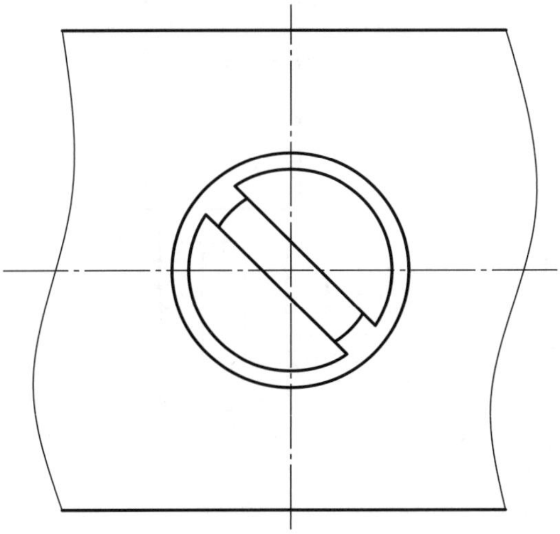

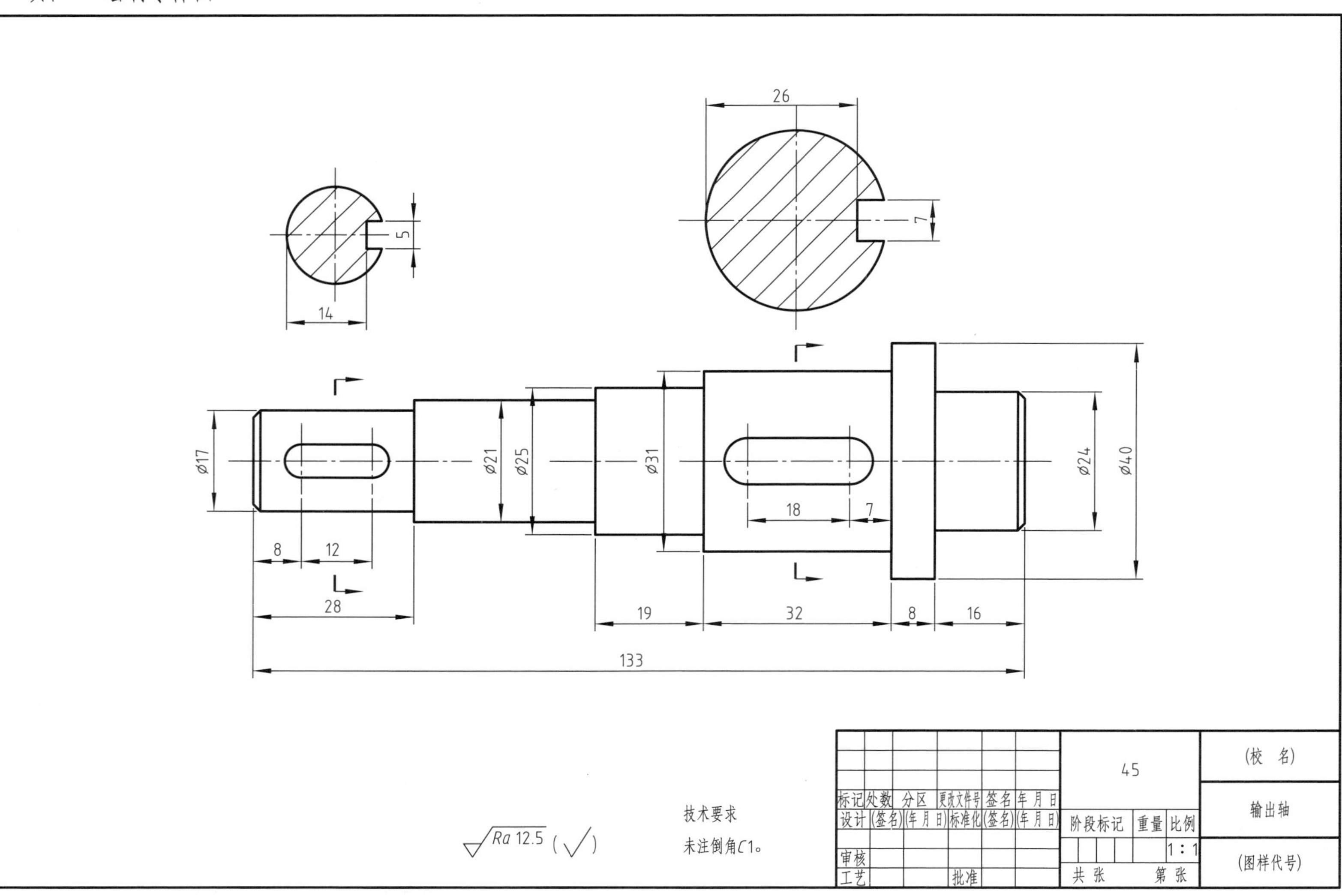
26
7
5
14
Ø17
Ø21
Ø25
Ø31
Ø24
Ø40
18
7
8
12
28
19
32
8
16
133
Ra 12.5 (√)
技术要求
未注倒角C1。
标记 处数 分区 更改文件号 签名 年 月 日
设计 (签名) (年 月 日) 标准化 (签名) (年 月 日)
审核
工艺 批准
45
阶段标记 重量 比例
1 : 1
共 张 第 张
(校 名)
输出轴
(图样代号)

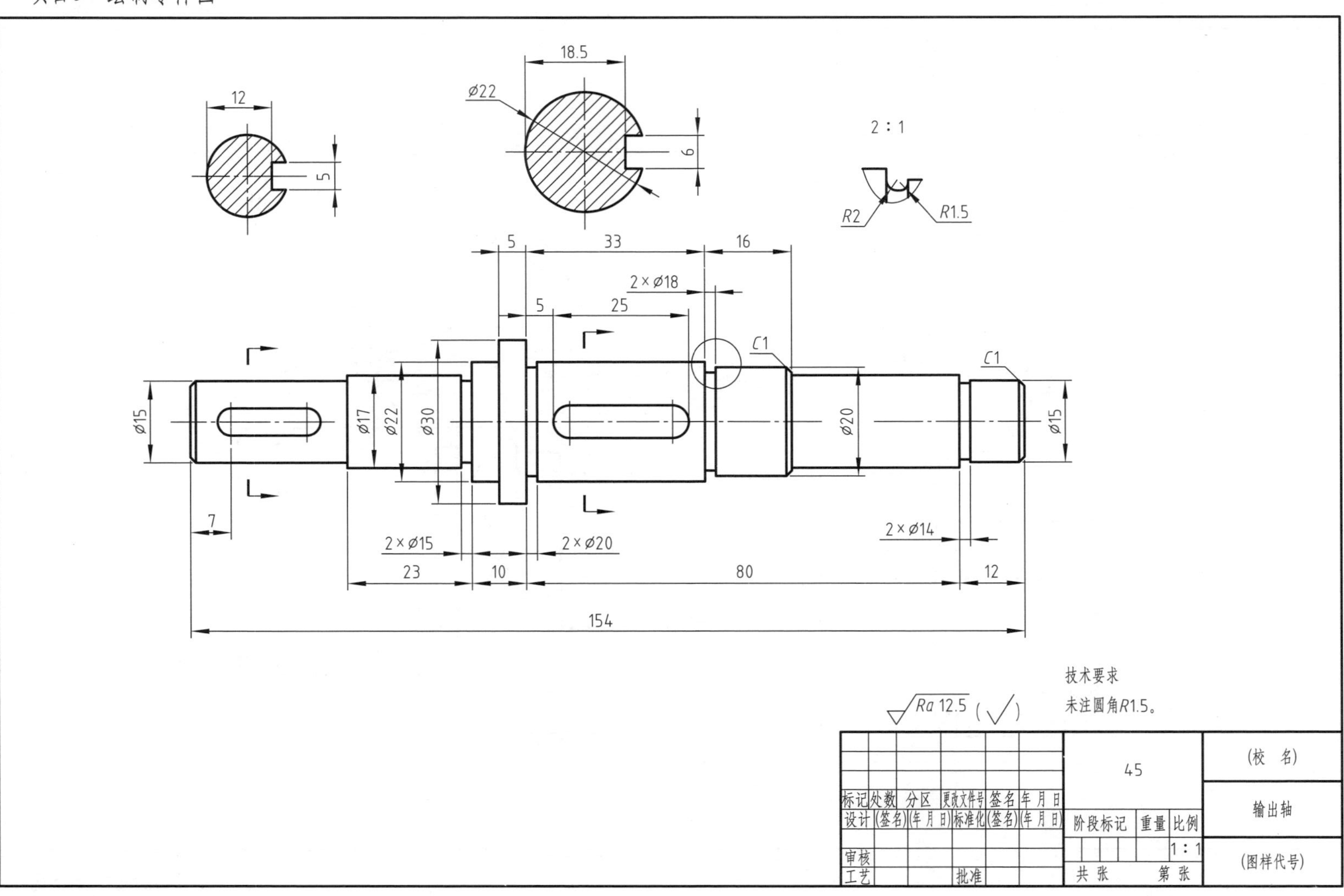

12
5
18.5
Ø22
6
2 : 1
R2
R1.5
5
33
16
2×Ø18
5
25
C1
C1
Ø15
Ø17
Ø22
Ø30
Ø20
Ø15
7
2×Ø15
2×Ø20
2×Ø14
23
10
80
12
154
技术要求
未注圆角R1.5。
Ra 12.5 (√)
标记 处数 分区 更改文件号 签名 年 月 日
设计 (签名) (年 月 日) 标准化 (签名) (年 月 日)
审核
工艺 批准
45
阶段标记 重量 比例
1 : 1
共 张 第 张
(校 名)
输出轴
(图样代号)

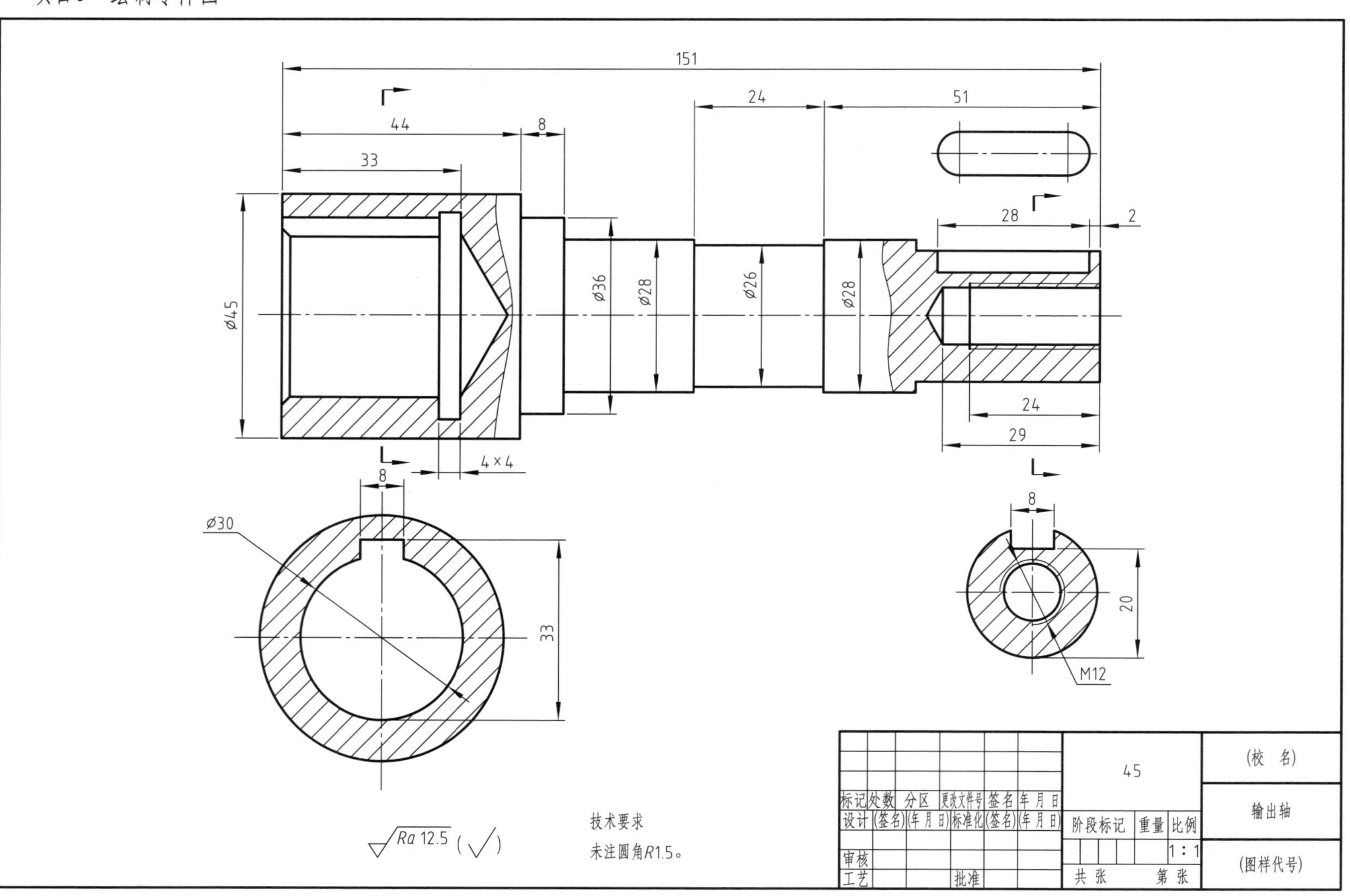
151
24
51
44
8
33
28
2
⌀45
⌀36
⌀28
⌀26
⌀28
24
29
4×4
8
⌀30
33
8
20
M12
Ra 12.5 (√)
技术要求
未注圆角R1.5。
标记 处数 分区 更改文件号 签名 年 月 日
设计 (签名) (年 月 日) 标准化 (签名) (年 月 日)
审核
工艺 批准
45
阶段标记 重量 比例
1 : 1
共 张 第 张
(校 名)
输出轴
(图样代号)

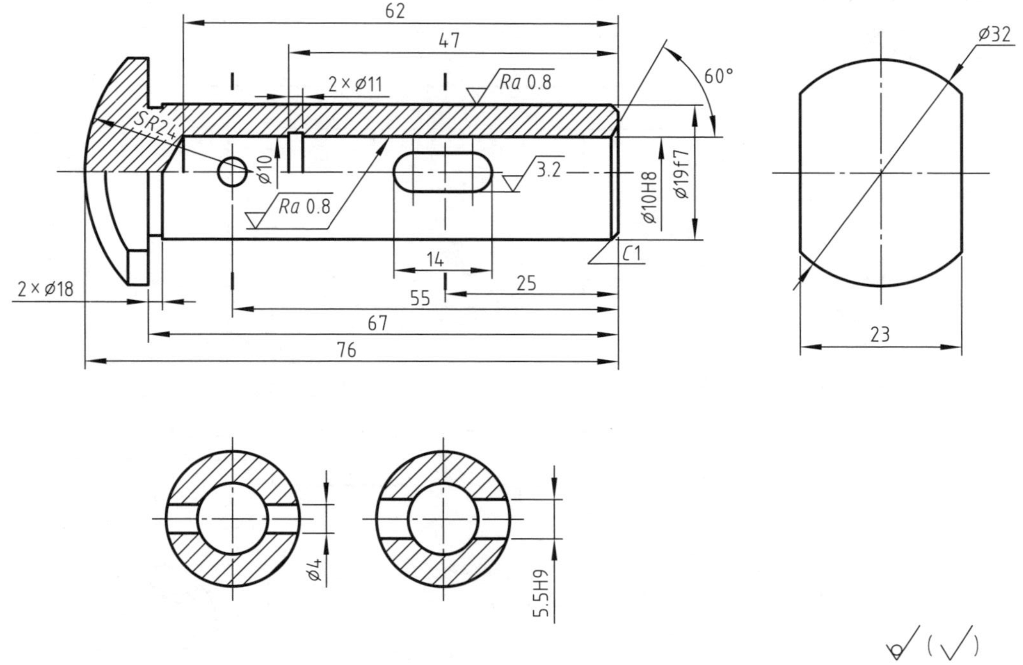

技术要求

去除毛刺。

标记	处数	分区	更改文件号	签名	年 月 日	HT200			(校 名)
设计	(签名)	(年 月 日)	标准化	(签名)	(年 月 日)	阶段标记	重量	比例	顶杆
审核								1:1	(图样代号)
工艺			批准			共 张		第 张	

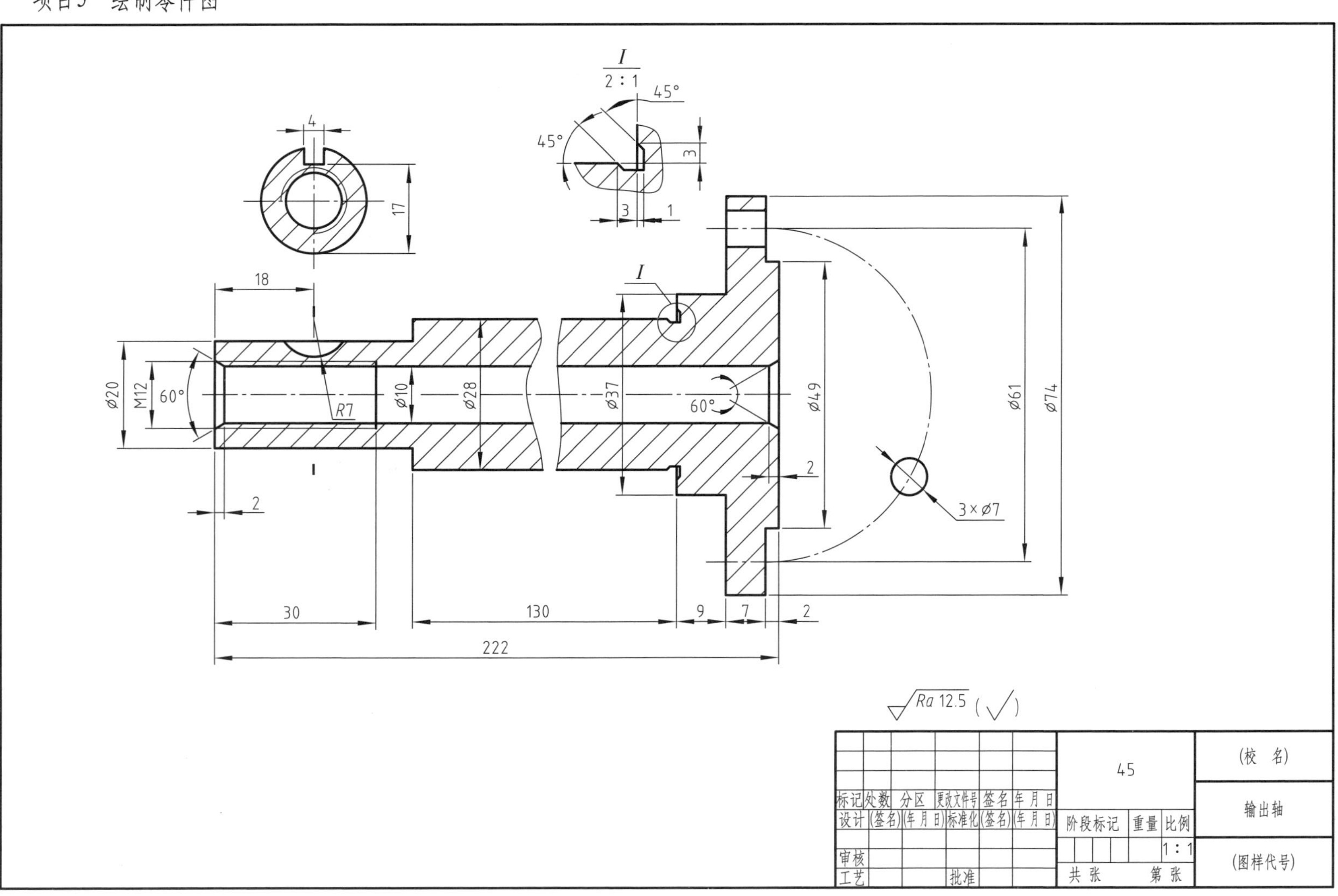
I
2:1
45°
45°
3
3
1
4
17
18
I
Ø20
M12
60°
R7
Ø10
Ø28
Ø37
60°
Ø49
Ø61
Ø74
2
3×Ø7
2
30
130
9
7
2
222
Ra 12.5 (√)
标记 处数 分区 更改文件号 签名 年 月 日
设计 (签名)(年 月 日) 标准化 (签名)(年 月 日)
审核
工艺 批准
45
阶段标记 重量 比例
1:1
共 张 第 张
(校 名)
输出轴
(图样代号)

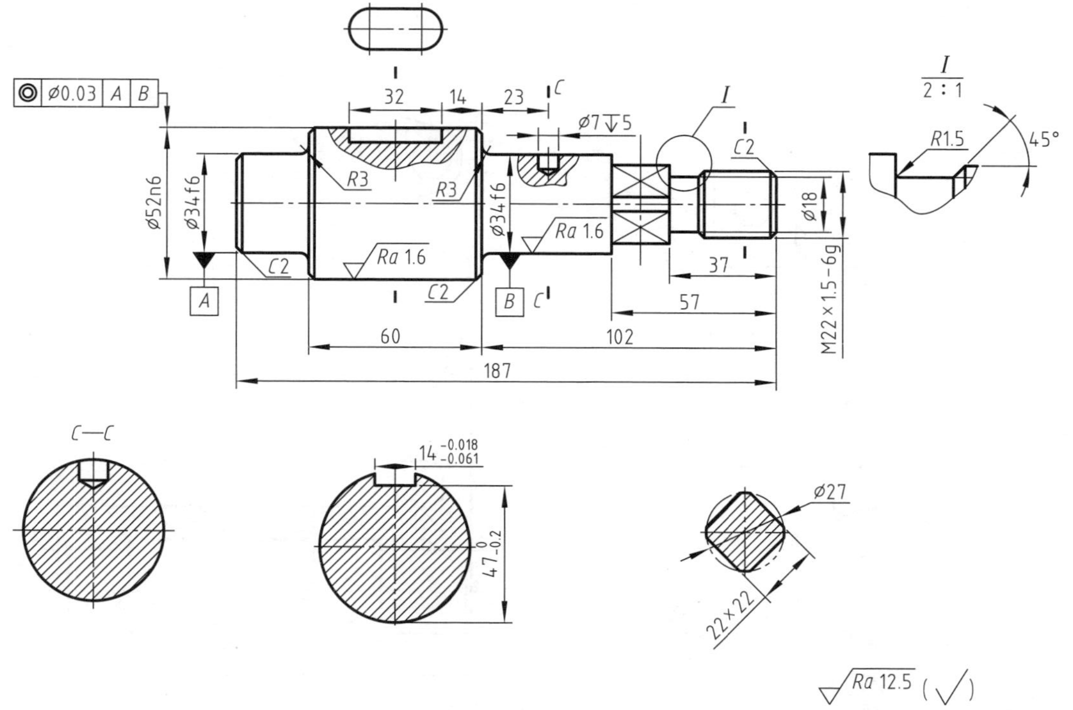

⌾ ∅0.03 | A | B

32　14　23　C

∅52n6　∅34f6　R3　R3　∅34f6　∅7↧5　C2　∅18

I

Ra 1.6　Ra 1.6

C2　C2　A　B　C

37　57　60　102　187　M22×1.5−6g

$\frac{I}{2:1}$

R1.5　45°

C—C

$14^{-0.018}_{-0.061}$　$47^{\ 0}_{-0.2}$

∅27　22×22

$\sqrt{Ra\ 12.5}$ ($\sqrt{}$)

技术要求
未注圆角R1.5。

标记	处数	分区	更改文件号	签名	年 月 日	45			(校　名)
设计			标准化			阶段标记	重量	比例	主轴
审核									
工艺			批准			共 张		第 张	

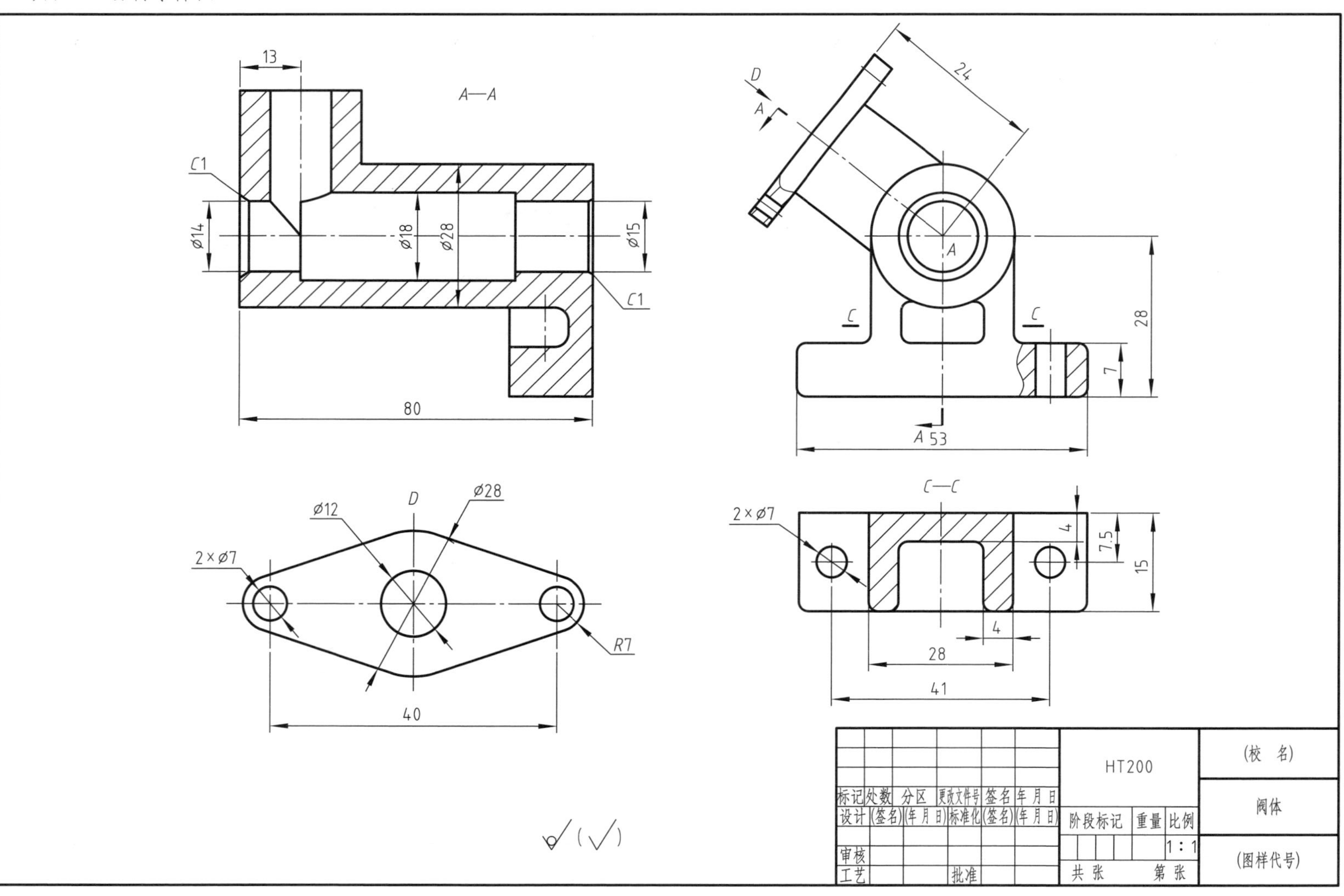
13
A—A
C1
⌀14
⌀18
⌀28
⌀15
C1
80
D
A
24
A
C
C
28
7
A 53
D
⌀28
⌀12
2×⌀7
R7
40
C—C
2×⌀7
4
7.5
15
4
28
41
HT200
(校 名)
阀体
(图样代号)
标记 处数 分区 更改文件号 签名 年 月 日
设计 (签名) (年 月 日) 标准化 (签名) (年 月 日)
阶段标记 重量 比例
1 : 1
审核
工艺
批准
共 张 第 张

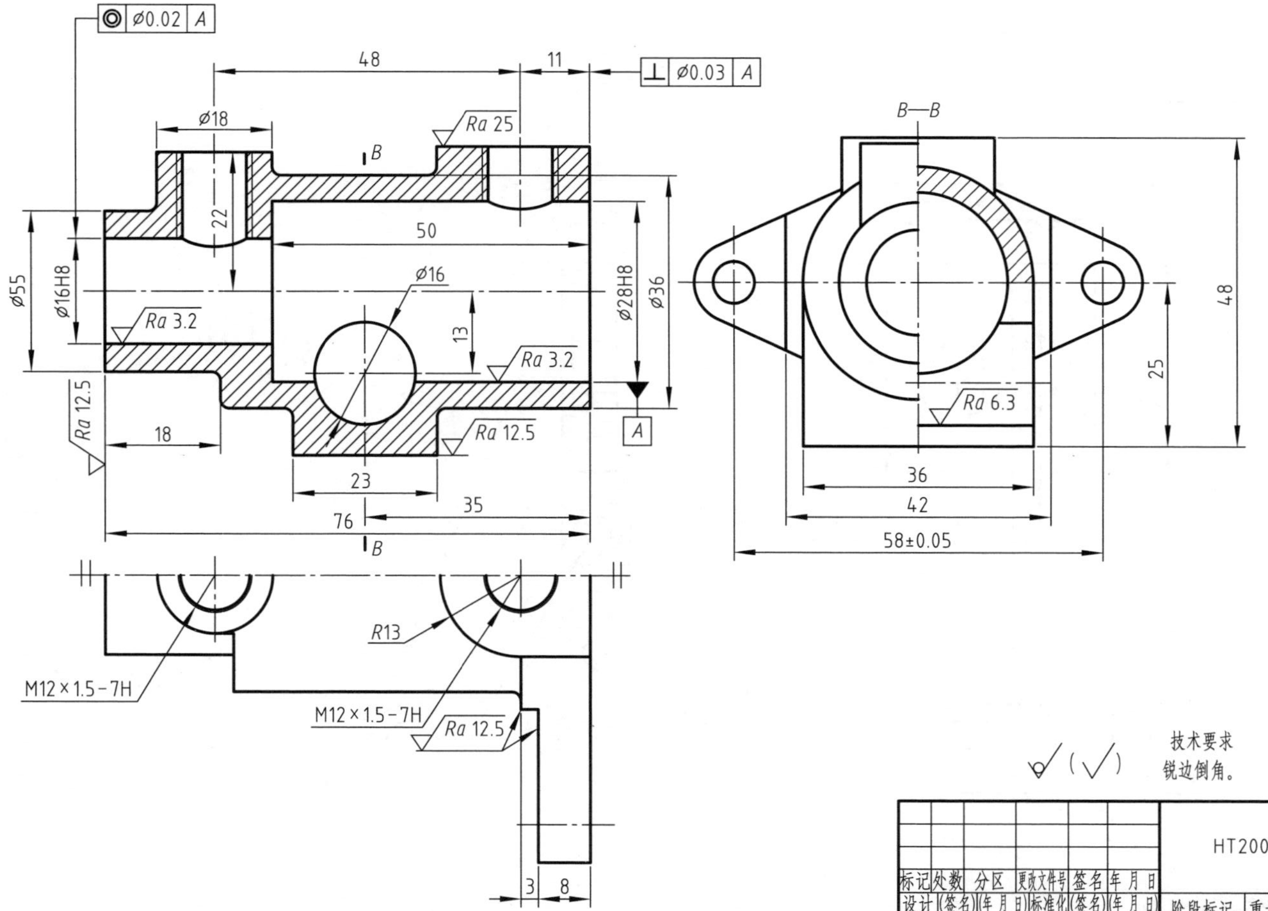

⊚ Ø0.02 A
48
11
⊥ Ø0.03 A
Ø18
Ra 25
B
22
50
Ø16
Ø55
Ø16H8
Ra 3.2
13
Ra 3.2
Ø28H8
Ø36
Ra 12.5
18
Ra 12.5
A
23
35
76
B
R13
M12×1.5-7H
M12×1.5-7H
Ra 12.5
3
8
B—B
48
25
Ra 6.3
36
42
58±0.05

$\sqrt{}$ ($\sqrt{}$)

技术要求
锐边倒角。

标记	处数	分区	更改文件号	签名	年 月 日	HT200		(校 名)
设计	(签名)	(年 月 日)	标准化	(签名)	(年 月 日)	阶段标记	重量	比例	泵体
								1 : 1	
审核									(图样代号)
工艺			批准			共 张		第 张	

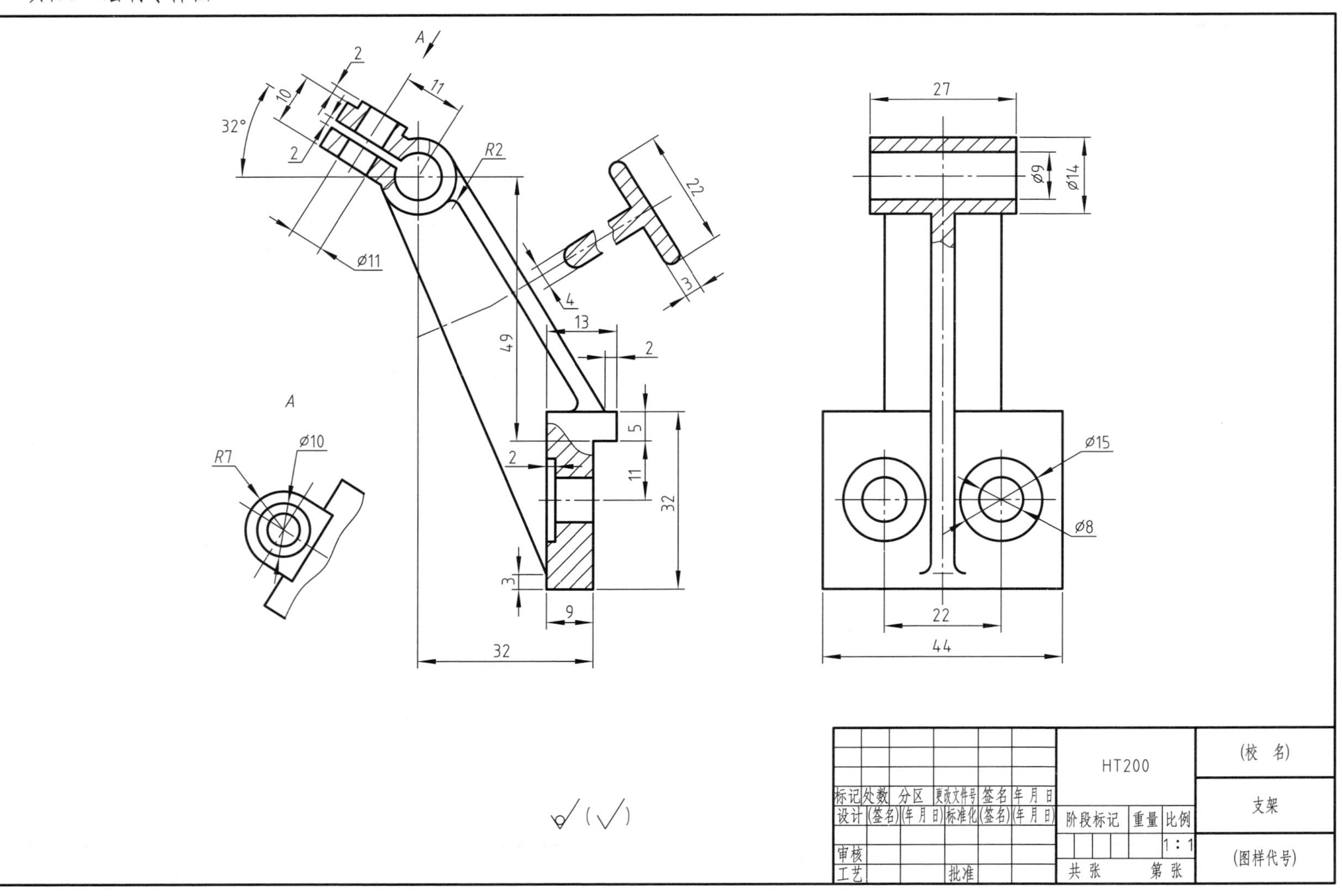
A
32°
10
2
2
11
R2
ø11
22
3
4
13
2
49
5
11
32
2
3
9
32
A
R7
ø10
27
ø9
ø14
ø15
ø8
22
44
(√)
HT200
(校 名)
支架
(图样代号)
标记 处数 分区 更改文件号 签名 年 月 日
设计 (签名) (年 月 日) 标准化 (签名) (年 月 日)
阶段标记 重量 比例
1 : 1
审核
工艺
批准
共 张 第 张

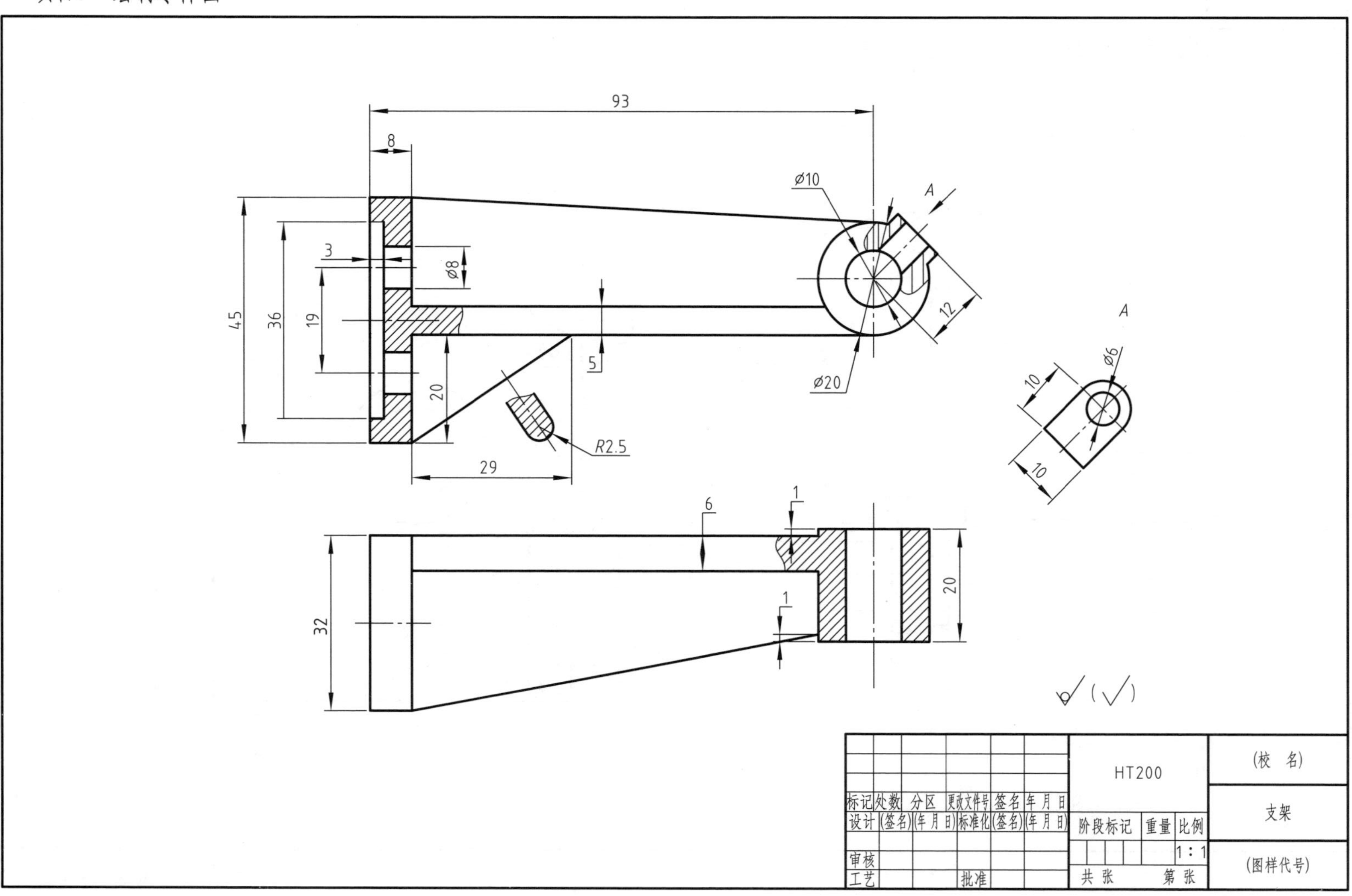

93
8
ϕ10
A
3
ϕ8
45
36
19
12
5
20
ϕ20
R2.5
29
A
ϕ6
10
10
6
1
1
32
20
(校　名)
HT200
支架
标记 处数 分区 更改文件号 签名 年月日
设计 (签名) (年月日) 标准化 (签名) (年月日)
阶段标记 重量 比例
1 : 1
审核
工艺 批准
共　张　第　张
(图样代号)

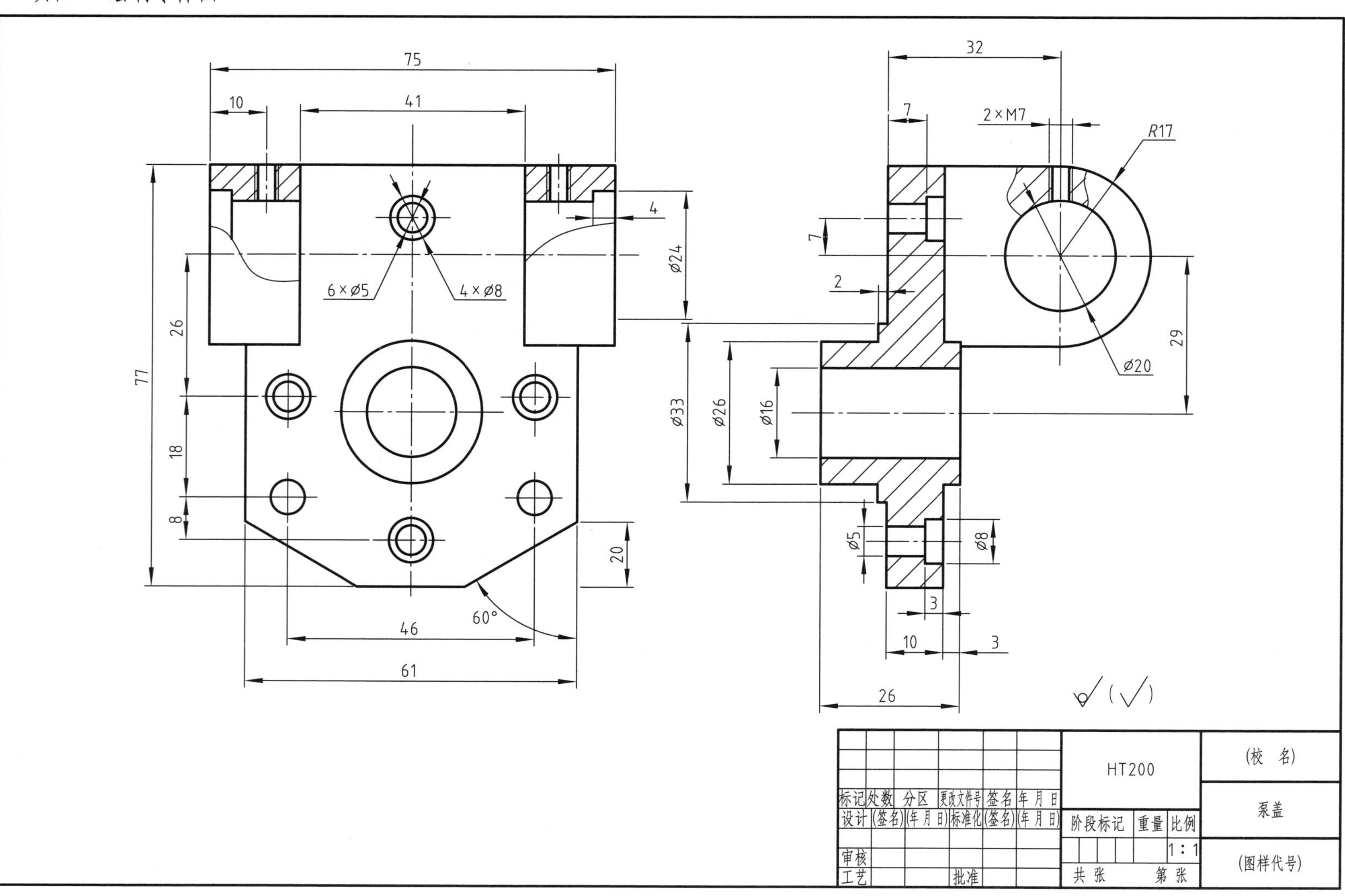

75
10
41
4
Ø24
6×Ø5
4×Ø8
26
77
18
8
20
46
60°
61
32
7
2×M7
R17
7
2
29
Ø20
Ø33
Ø26
Ø16
Ø5
Ø8
3
10
3
26
(√)
HT200
(校 名)
标记 处数 分区 更改文件号 签名 年 月 日
设计 (签名) (年 月 日) 标准化 (签名) (年 月 日)
阶段标记 重量 比例
泵盖
1:1
审核
工艺
批准
共 张 第 张
(图样代号)

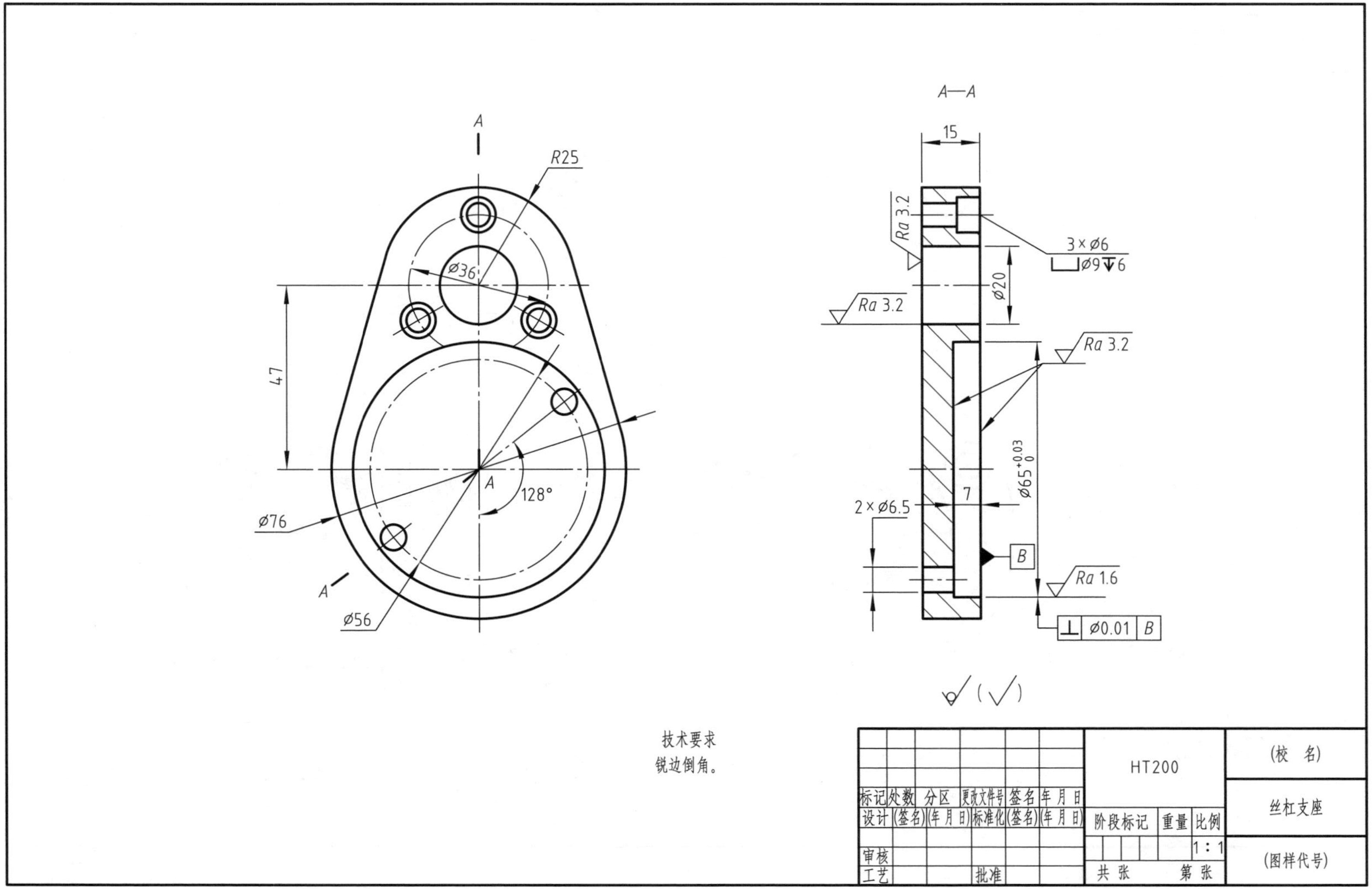

A—A

A R25 ⌀36 47 ⌀76 A 128° A ⌀56

15 Ra 3.2 3×⌀6 ⌴⌀9↧6 ⌀20 Ra 3.2 Ra 3.2 7 ⌀65$^{+0.03}_{0}$ 2×⌀6.5 B Ra 1.6 ⊥ ⌀0.01 B

√(√)

技术要求
锐边倒角。

						HT200			(校 名)
标记	处数	分区	更改文件号	签名	年 月 日				丝杠支座
设计	(签名)	(年 月 日)	标准化	(签名)	(年 月 日)	阶段标记	重量	比例	
								1 : 1	(图样代号)
审核									
工艺			批准			共 张		第 张	

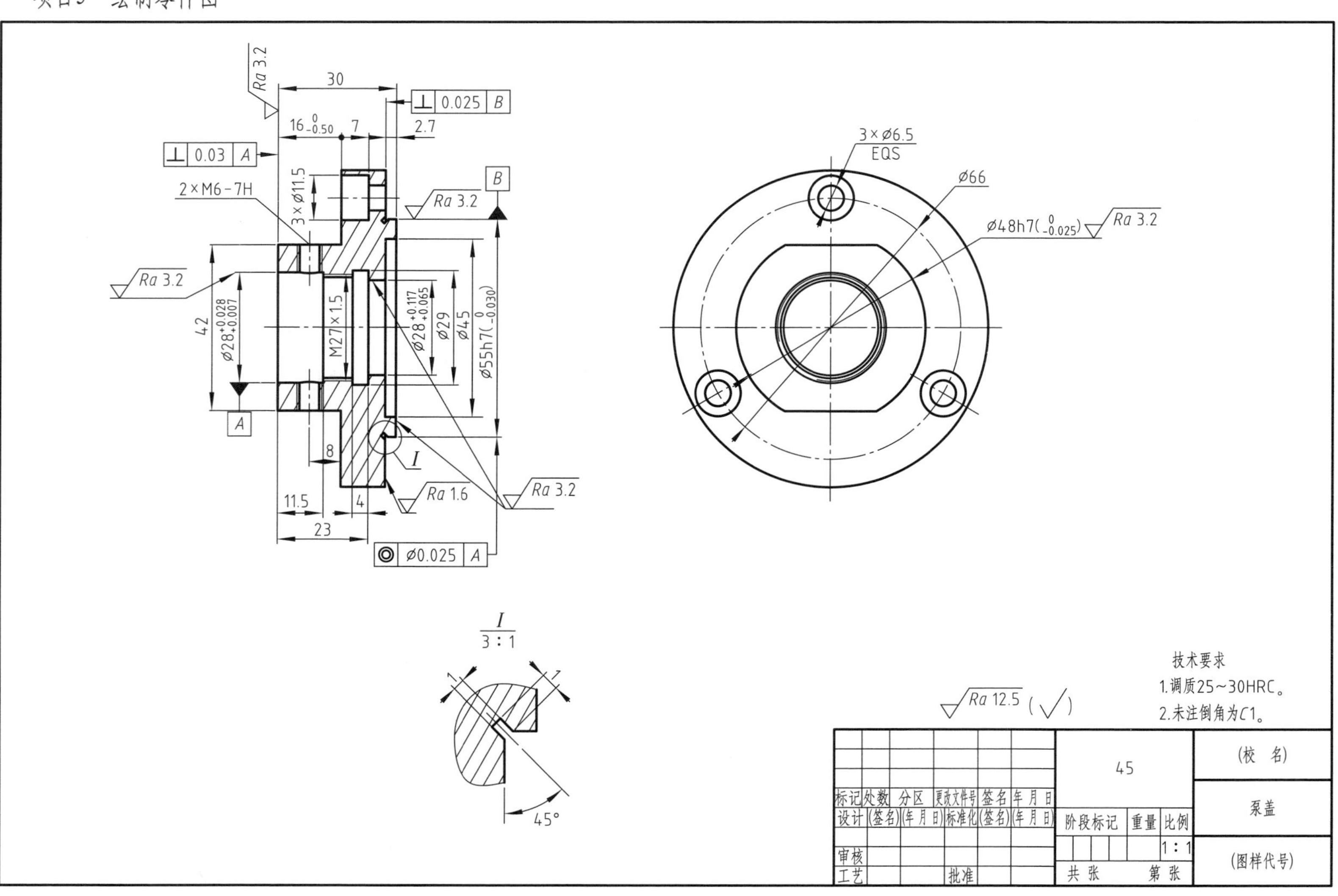
Ra 3.2
30
⊥ 0.025 B
16-0.50 0
7
2.7
⊥ 0.03 A
2×M6-7H
3×Ø11.5
B
Ra 3.2
Ra 3.2
42
Ø28+0.028 +0.007
M27×1.5
Ø28+0.117 +0.065
Ø29
Ø45
Ø55h7(-0.030 0)
A
8
I
Ra 1.6
Ra 3.2
11.5
4
23
Ø0.025 A
3×Ø6.5
EQS
Ø66
Ø48h7(-0.025 0)
Ra 3.2
I
3:1
1
1
45°
Ra 12.5 (√)
技术要求
1.调质25~30HRC。
2.未注倒角为C1。
标记 处数 分区 更改文件号 签名 年月日
设计 (签名) (年月日) 标准化 (签名) (年月日)
审核
工艺
批准
45
阶段标记 重量 比例
1:1
共 张 第 张
(校 名)
泵盖
(图样代号)

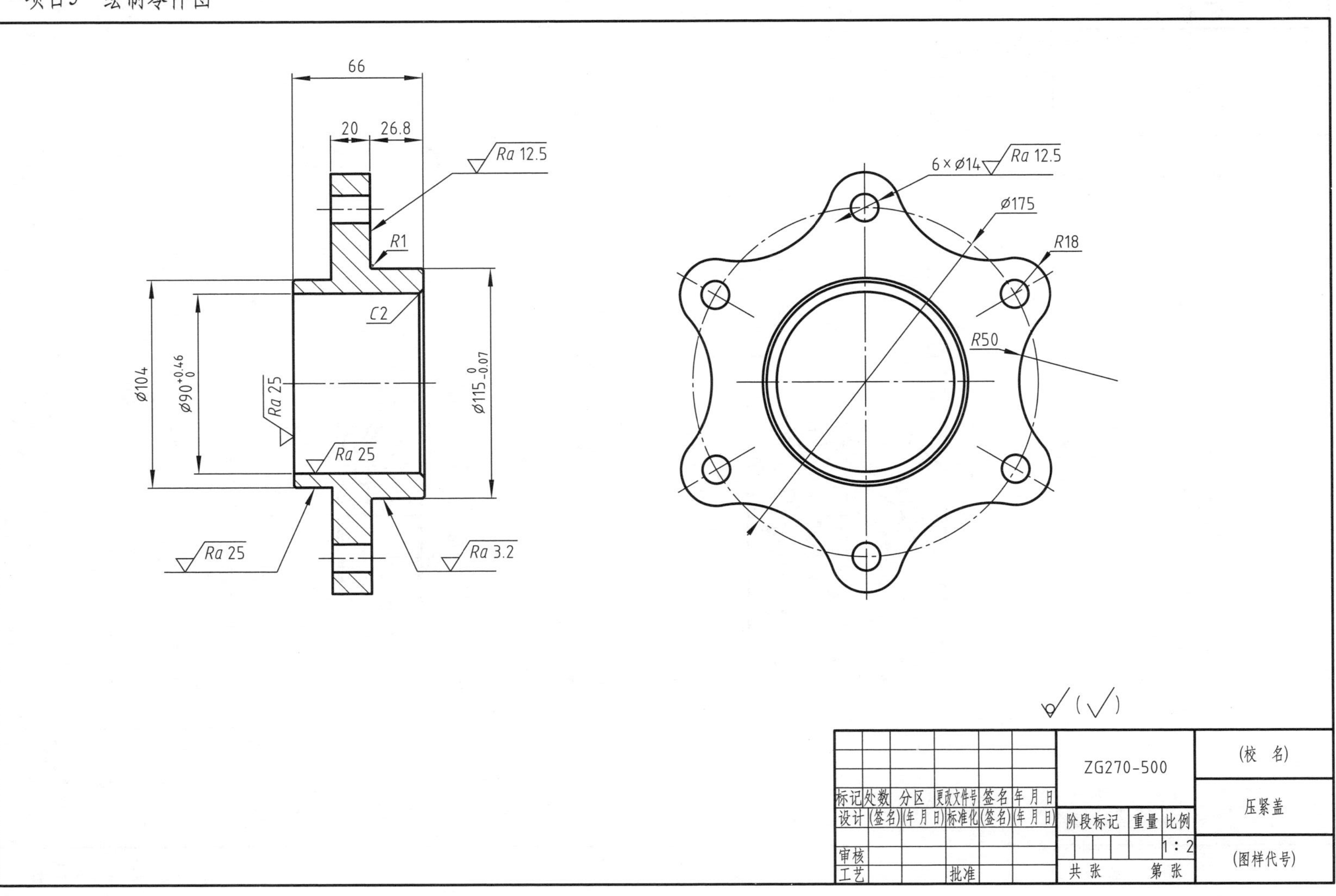
66
20
26.8
Ra 12.5
R1
C2
Ø104
Ø90+0.46 0
Ra 25
Ra 25
Ø115 0 -0.07
Ra 25
Ra 3.2
6×Ø14
Ra 12.5
Ø175
R18
R50
( )
ZG270-500
(校　名)
压紧盖
(图样代号)
标记 处数 分区 更改文件号 签名 年 月 日
设计 (签名) (年 月 日) 标准化 (签名) (年 月 日)
阶段标记 重量 比例
1 : 2
审核
工艺
批准
共 张 第 张

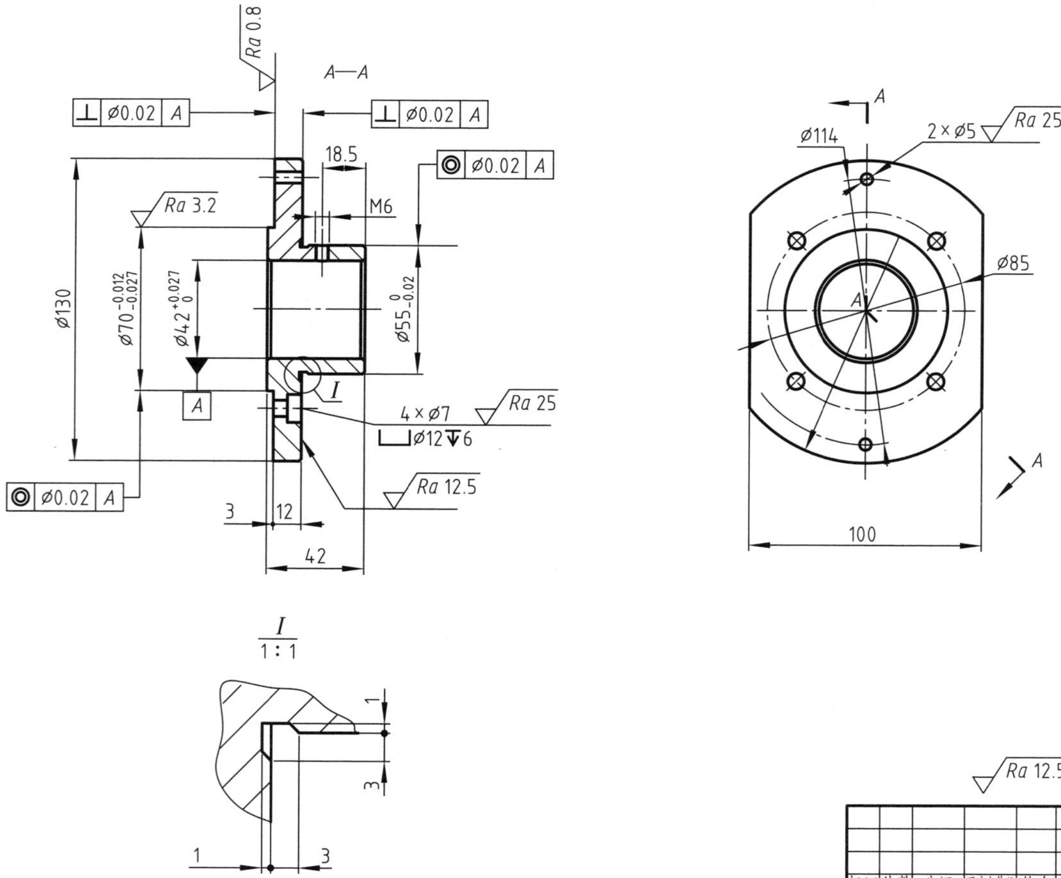

A—A

Ra 0.8

⊥ Ø0.02 A

⊥ Ø0.02 A

18.5

M6

◎ Ø0.02 A

Ra 3.2

Ø130

$Ø70^{-0.012}_{-0.027}$

$Ø42^{+0.027}_{0}$

$Ø55^{0}_{-0.02}$

A

I

4×Ø7

⌴Ø12↧6

Ra 25

Ra 12.5

◎ Ø0.02 A

3

12

42

A

Ø114

2×Ø5 Ra 25

Ø85

A

100

I
1:1

1

3

1

3

Ra 12.5 (√)

技术要求
未注倒角为C1。

标记	处数	分区	更改文件号	签名	年 月 日	阶段标记	重量	比例	(校 名)
设计	(签名)	(年 月 日)	标准化	(签名)	(年 月 日)			1:2	法兰盘
审核						共 张		第 张	(图样代号)
工艺			批准						

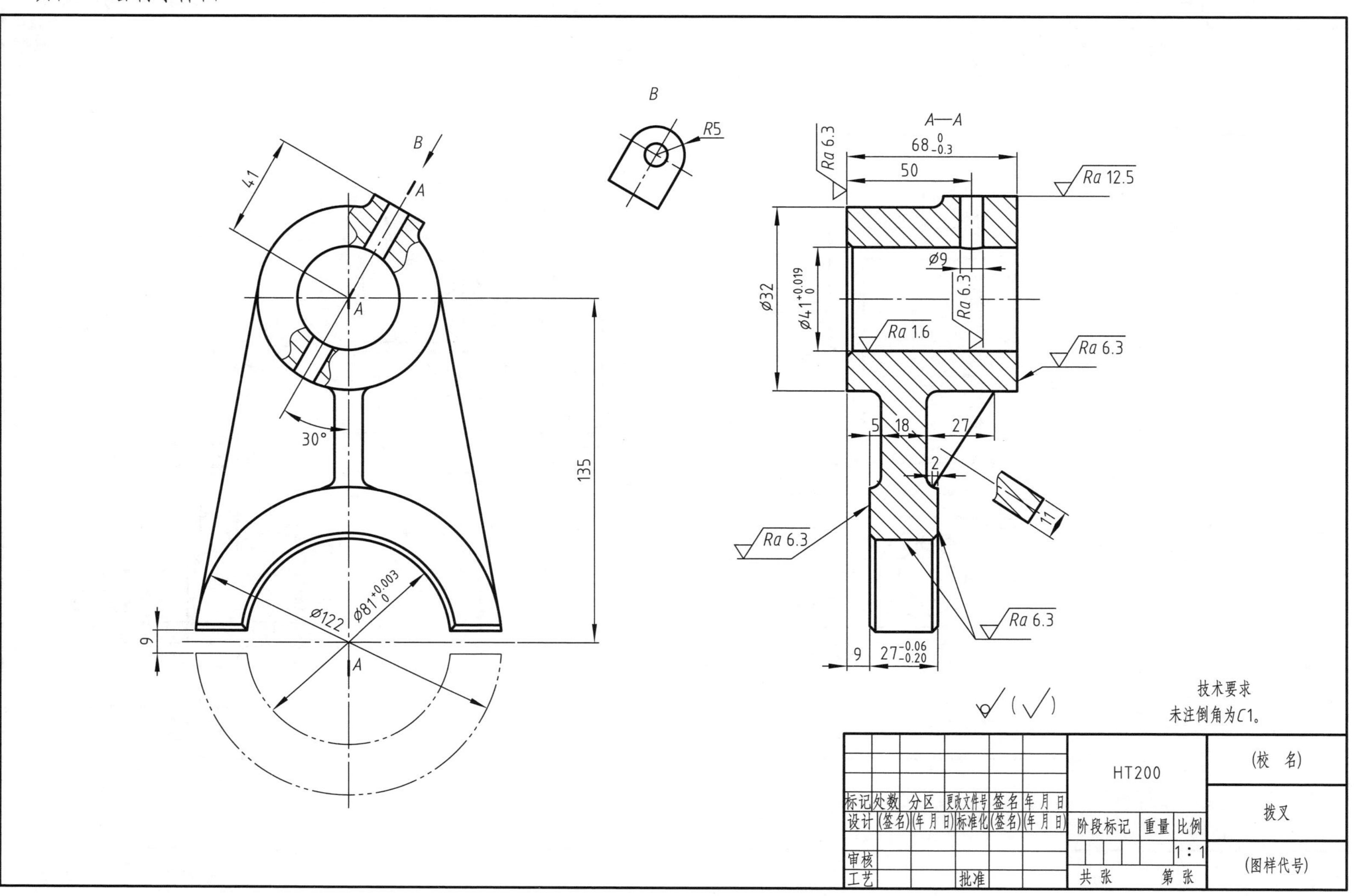
B
R5
A—A
41
30°
135
6
Ø122
Ø81$^{+0.003}_{0}$
68$^{0}_{-0.3}$
50
Ø32
Ø41$^{+0.019}_{0}$
Ø9
5
18
27
2
11
9
27$^{-0.06}_{-0.20}$
Ra 12.5
Ra 6.3
Ra 1.6
技术要求
未注倒角为C1。
HT200
(校 名)
拨叉
(图样代号)
标记 处数 分区 更改文件号 签名 年月日
设计 (签名)(年月日) 标准化 (签名)(年月日)
阶段标记 重量 比例
1:1
审核
工艺 批准
共 张 第 张

技术要求

1.未注圆角$R3\sim R5$。

2.未注倒角为$C1$。

标记	处数	分区	更改文件号	签名	年 月 日	HT200			(校　名)
设计	(签名)	(年 月 日)	标准化	(签名)	(年 月 日)	阶段标记	重量	比例	轴架
								1:1	
审核									(图样代号)
工艺			批准			共 张		第 张	

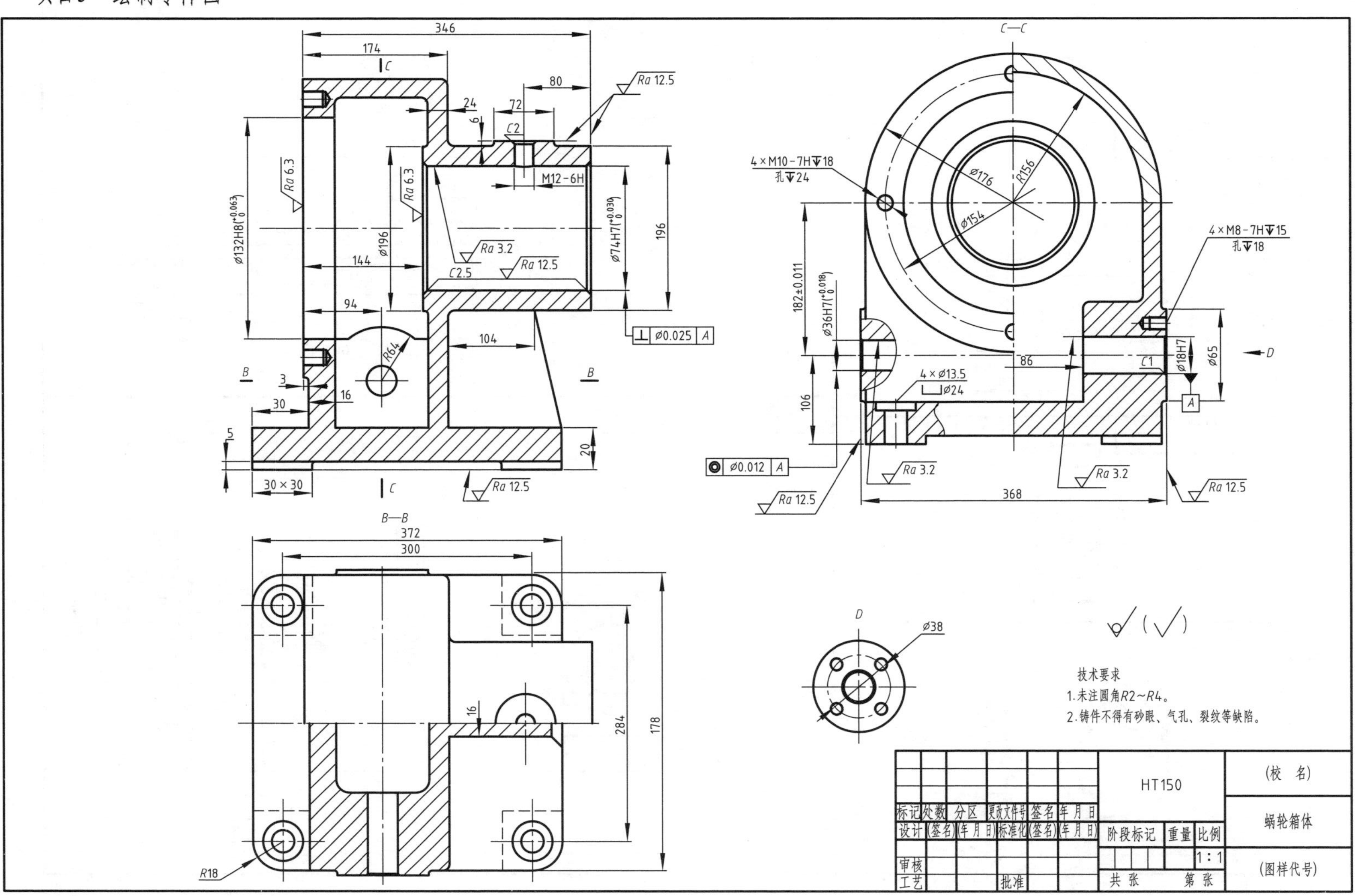
C—C
B—B
D
346
174
80
24
72
6
C2
M12-6H
ϕ132H8($^{+0.063}_{0}$)
Ra 6.3
ϕ196
ϕ74H7($^{+0.030}_{0}$)
196
144
Ra 3.2
C2.5
Ra 12.5
94
104
ϕ0.025 A
R64
3
16
30
5
20
30×30
4×M10-7H▼18
孔▼24
ϕ176
R156
ϕ154
4×M8-7H▼15
孔▼18
182±0.011
ϕ36H7($^{+0.018}_{0}$)
86
C1
ϕ18H7
ϕ65
4×ϕ13.5
⌴ϕ24
106
A
ϕ0.012 A
368
372
300
284
178
R18
ϕ38
技术要求
1.未注圆角R2~R4。
2.铸件不得有砂眼、气孔、裂纹等缺陷。
HT150
(校 名)
蜗轮箱体
(图样代号)
标记 处数 分区 更改文件号 签名 年 月 日
设计 (签名)(年 月 日) 标准化 (签名)(年 月 日)
阶段标记 重量 比例
1:1
审核
工艺
批准
共 张 第 张

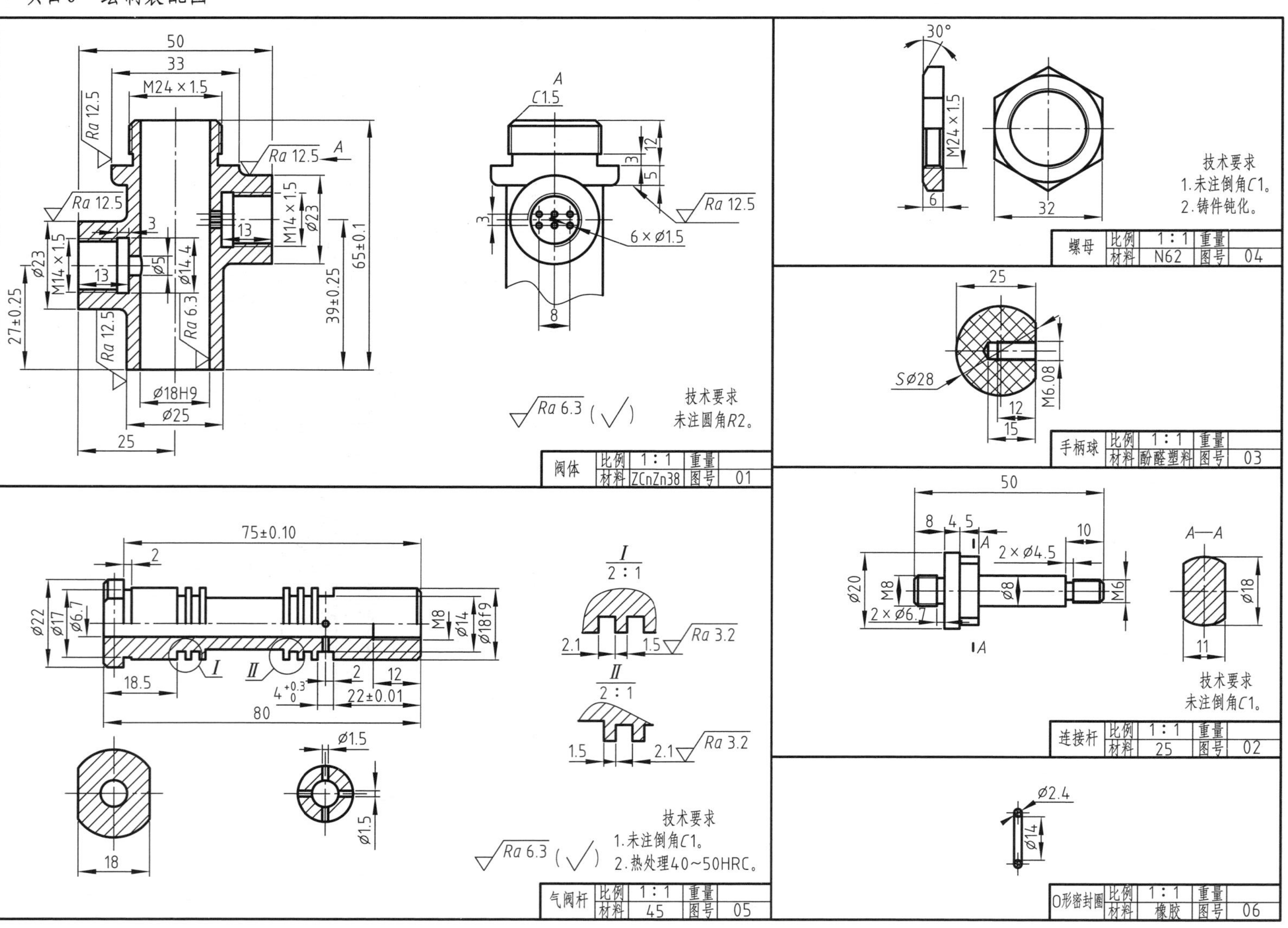
技术要求
未注圆角R2。
阀体 比例 1∶1 重量
材料 ZCnZn38 图号 01
技术要求
1.未注倒角C1。
2.铸件钝化。
螺母 比例 1∶1 重量
材料 N62 图号 04
手柄球 比例 1∶1 重量
材料 酚醛塑料 图号 03
技术要求
未注倒角C1。
连接杆 比例 1∶1 重量
材料 25 图号 02
技术要求
1.未注倒角C1。
2.热处理40～50HRC。
气阀杆 比例 1∶1 重量
材料 45 图号 05
O形密封圈 比例 1∶1 重量
材料 橡胶 图号 06

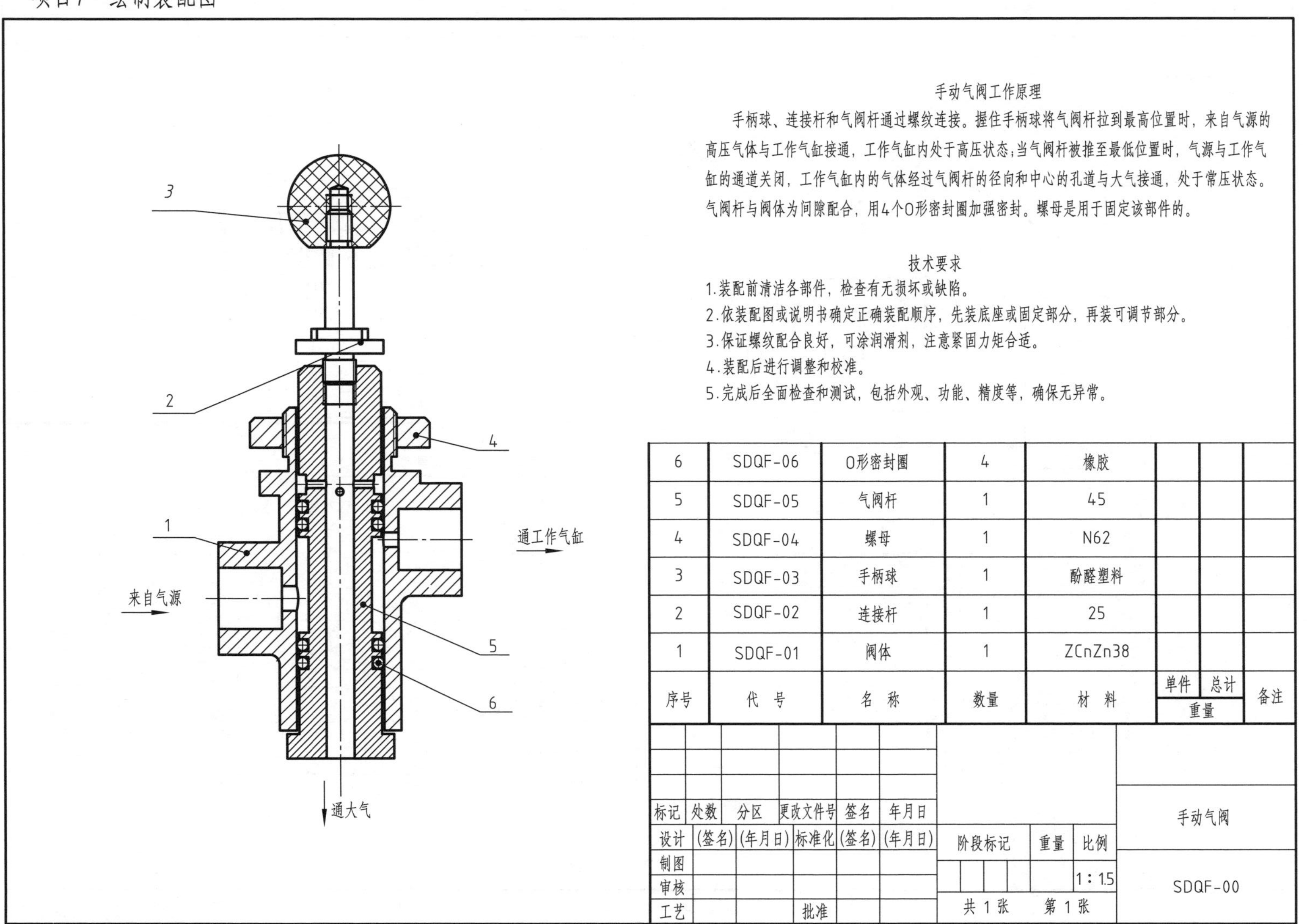

手动气阀工作原理

手柄球、连接杆和气阀杆通过螺纹连接。握住手柄球将气阀杆拉到最高位置时，来自气源的高压气体与工作气缸接通，工作气缸内处于高压状态；当气阀杆被推至最低位置时，气源与工作气缸的通道关闭，工作气缸内的气体经过气阀杆的径向和中心的孔道与大气接通，处于常压状态。气阀杆与阀体为间隙配合，用4个O形密封圈加强密封。螺母是用于固定该部件的。

技术要求

1.装配前清洁各部件，检查有无损坏或缺陷。
2.依装配图或说明书确定正确装配顺序，先装底座或固定部分，再装可调节部分。
3.保证螺纹配合良好，可涂润滑剂，注意紧固力矩合适。
4.装配后进行调整和校准。
5.完成后全面检查和测试，包括外观、功能、精度等，确保无异常。

序号	代号	名称	数量	材料	单件重量	总计重量	备注
6	SDQF-06	O形密封圈	4	橡胶			
5	SDQF-05	气阀杆	1	45			
4	SDQF-04	螺母	1	N62			
3	SDQF-03	手柄球	1	酚醛塑料			
2	SDQF-02	连接杆	1	25			
1	SDQF-01	阀体	1	ZCnZn38			

标记	处数	分区	更改文件号	签名	年月日	阶段标记	重量	比例	手动气阀
设计	(签名)	(年月日)	标准化	(签名)	(年月日)			1∶1.5	SDQF-00
制图						共 1 张		第 1 张	
审核									
工艺			批准						

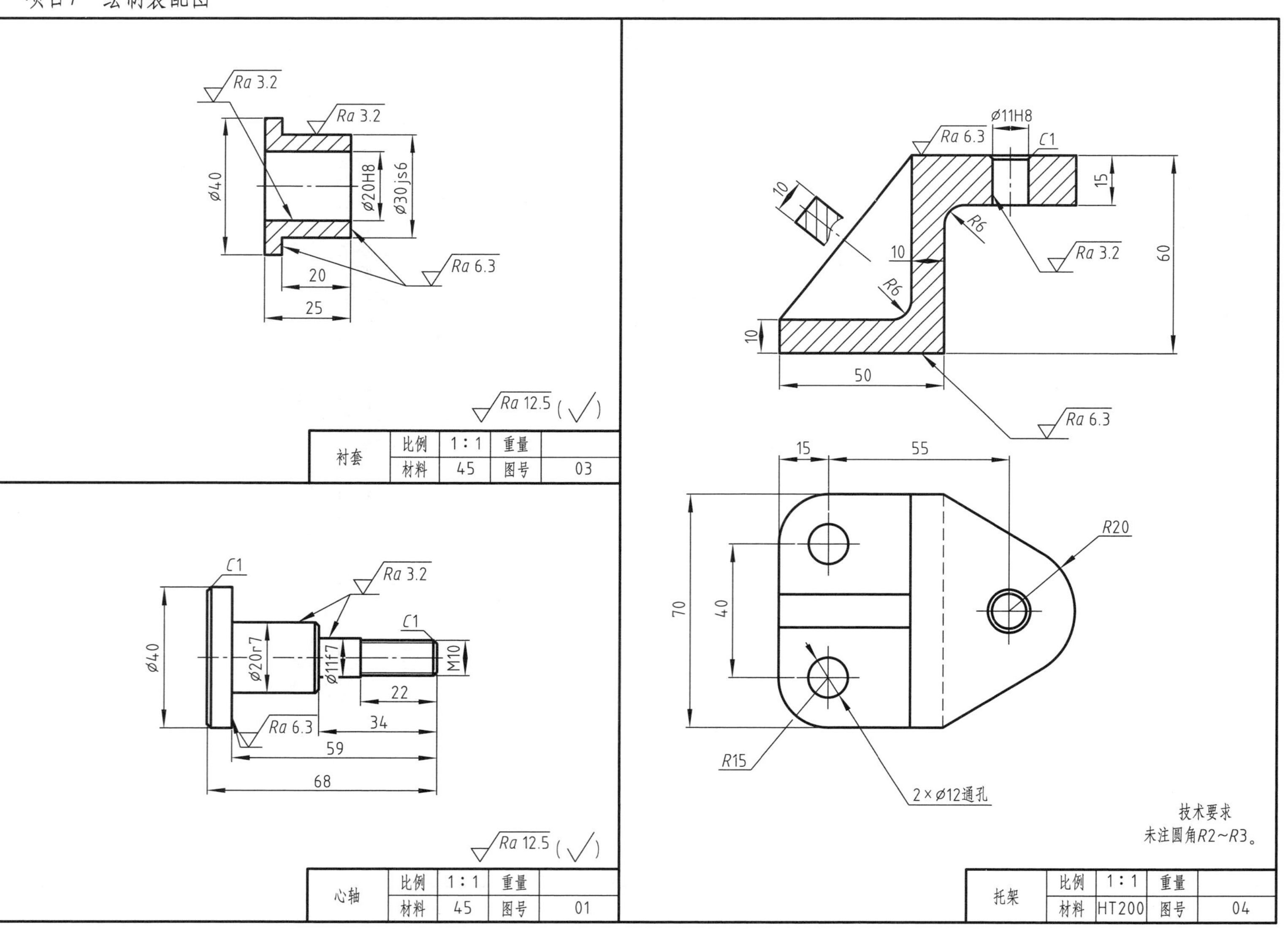

Ra 3.2
Ra 3.2
Ø40
Ø20H8
Ø30js6
Ra 6.3
20
25
Ra 12.5 (√)
衬套 比例 1∶1 重量
材料 45 图号 03
C1
Ra 3.2
C1
Ø40
Ø20r7
Ø11f7
M10
22
Ra 6.3
34
59
68
Ra 12.5 (√)
心轴 比例 1∶1 重量
材料 45 图号 01
Ø11H8
Ra 6.3
C1
10
15
R6
10
Ra 3.2
60
R6
10
50
Ra 6.3
15
55
R20
70
40
R15
2×Ø12通孔
技术要求
未注圆角R2~R3。
托架 比例 1∶1 重量
材料 HT200 图号 04

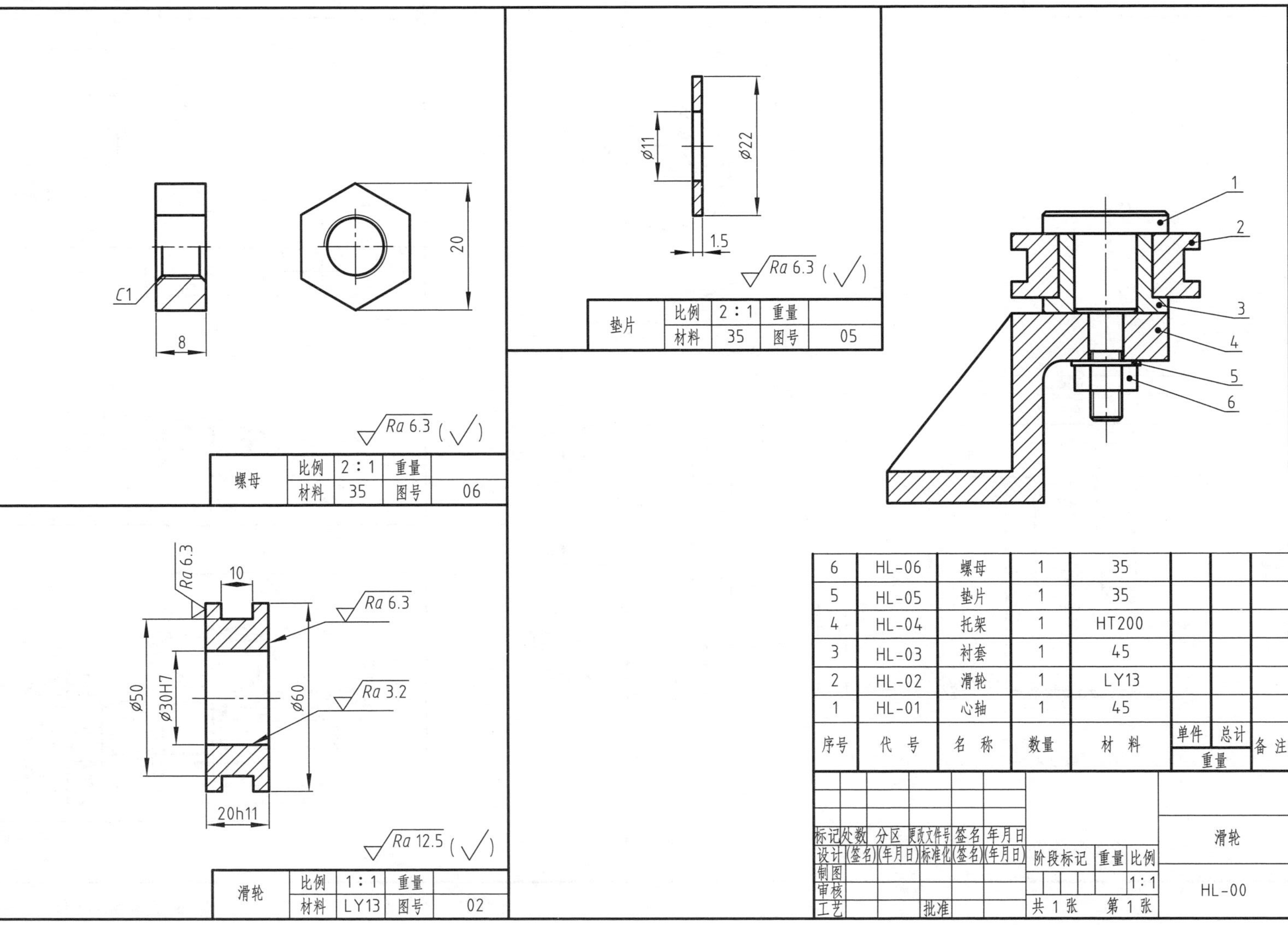

6	HL-06	螺母	1	35			
5	HL-05	垫片	1	35			
4	HL-04	托架	1	HT200			
3	HL-03	衬套	1	45			
2	HL-02	滑轮	1	LY13			
1	HL-01	心轴	1	45			
序号	代　号	名　称	数量	材　料	单件 重量	总计 重量	备 注

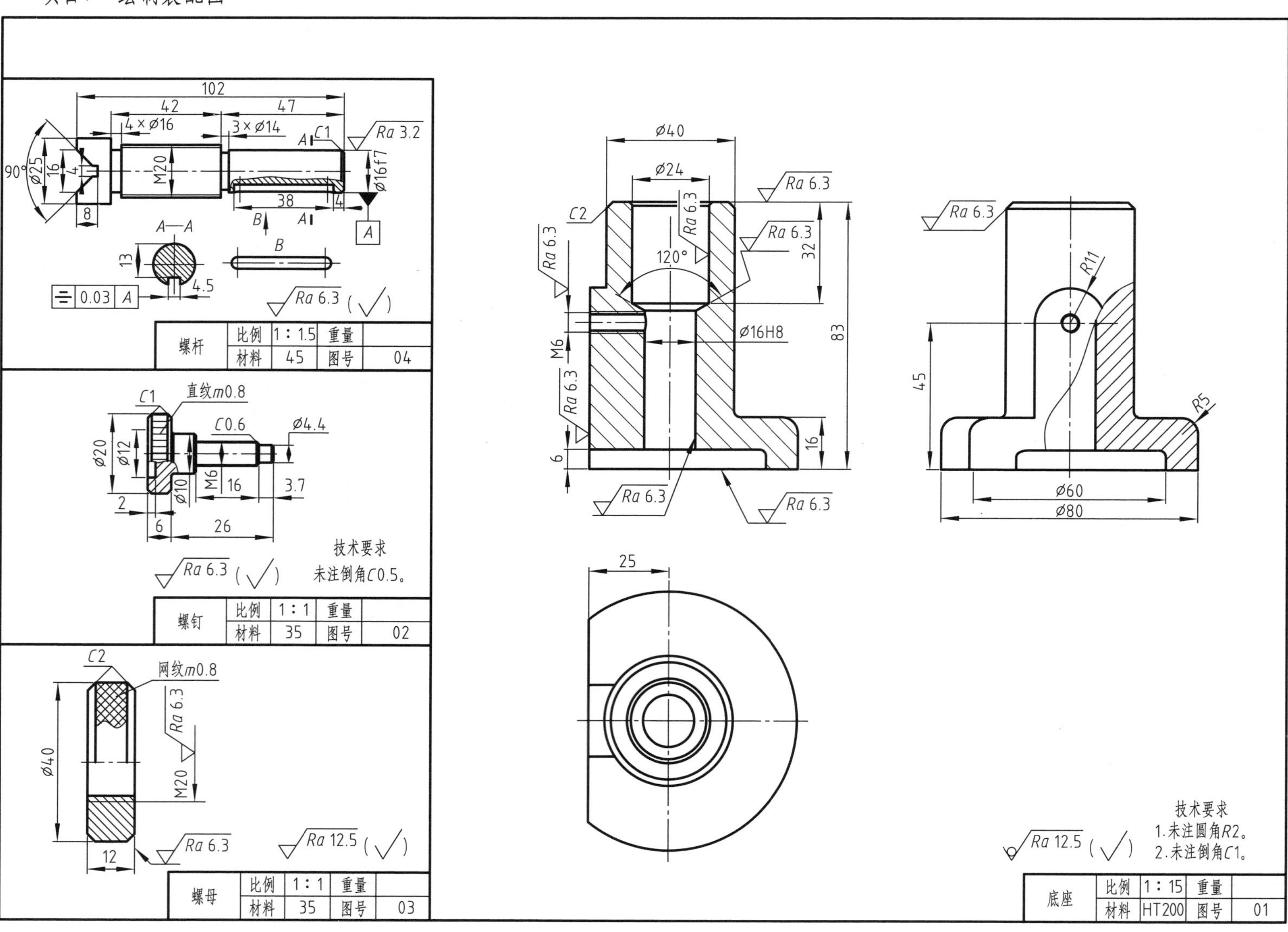

螺杆 比例 1∶1.5 重量 材料 45 图号 04
A—A
B
$\sqrt{Ra\ 6.3}$ (√)
螺钉 比例 1∶1 重量 材料 35 图号 02
直纹m0.8
技术要求
未注倒角C0.5。
$\sqrt{Ra\ 6.3}$ (√)
螺母 比例 1∶1 重量 材料 35 图号 03
网纹m0.8
$\sqrt{Ra\ 12.5}$ (√)
底座 比例 1∶15 重量 材料 HT200 图号 01
技术要求
1.未注圆角R2。
2.未注倒角C1。
$\sqrt{Ra\ 12.5}$ (√)

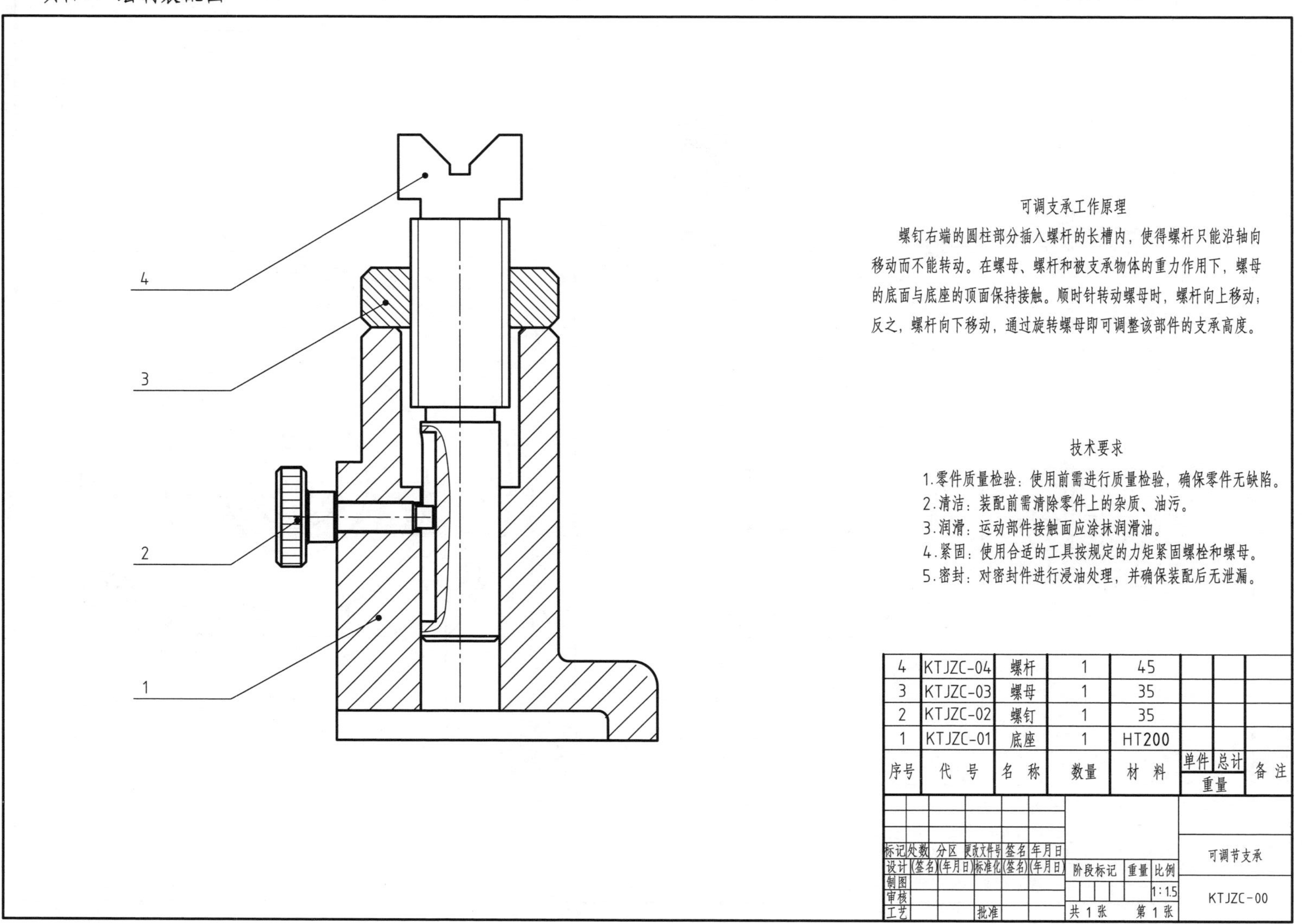

可调支承工作原理

螺钉右端的圆柱部分插入螺杆的长槽内，使得螺杆只能沿轴向移动而不能转动。在螺母、螺杆和被支承物体的重力作用下，螺母的底面与底座的顶面保持接触。顺时针转动螺母时，螺杆向上移动；反之，螺杆向下移动，通过旋转螺母即可调整该部件的支承高度。

技术要求

1.零件质量检验：使用前需进行质量检验，确保零件无缺陷。
2.清洁：装配前需清除零件上的杂质、油污。
3.润滑：运动部件接触面应涂抹润滑油。
4.紧固：使用合适的工具按规定的力矩紧固螺栓和螺母。
5.密封：对密封件进行浸油处理，并确保装配后无泄漏。

序号	代 号	名 称	数量	材 料	单件重量	总计重量	备 注
4	KTJZC-04	螺杆	1	45			
3	KTJZC-03	螺母	1	35			
2	KTJZC-02	螺钉	1	35			
1	KTJZC-01	底座	1	HT200			

标记	处数	分区	更改文件号	签名	年月日	阶段标记	重量	比例	可调节支承
设计	(签名)	(年月日)	标准化	(签名)	(年月日)			1:1.5	KTJZC-00
制图						共 1 张		第 1 张	
审核									
工艺			批准						

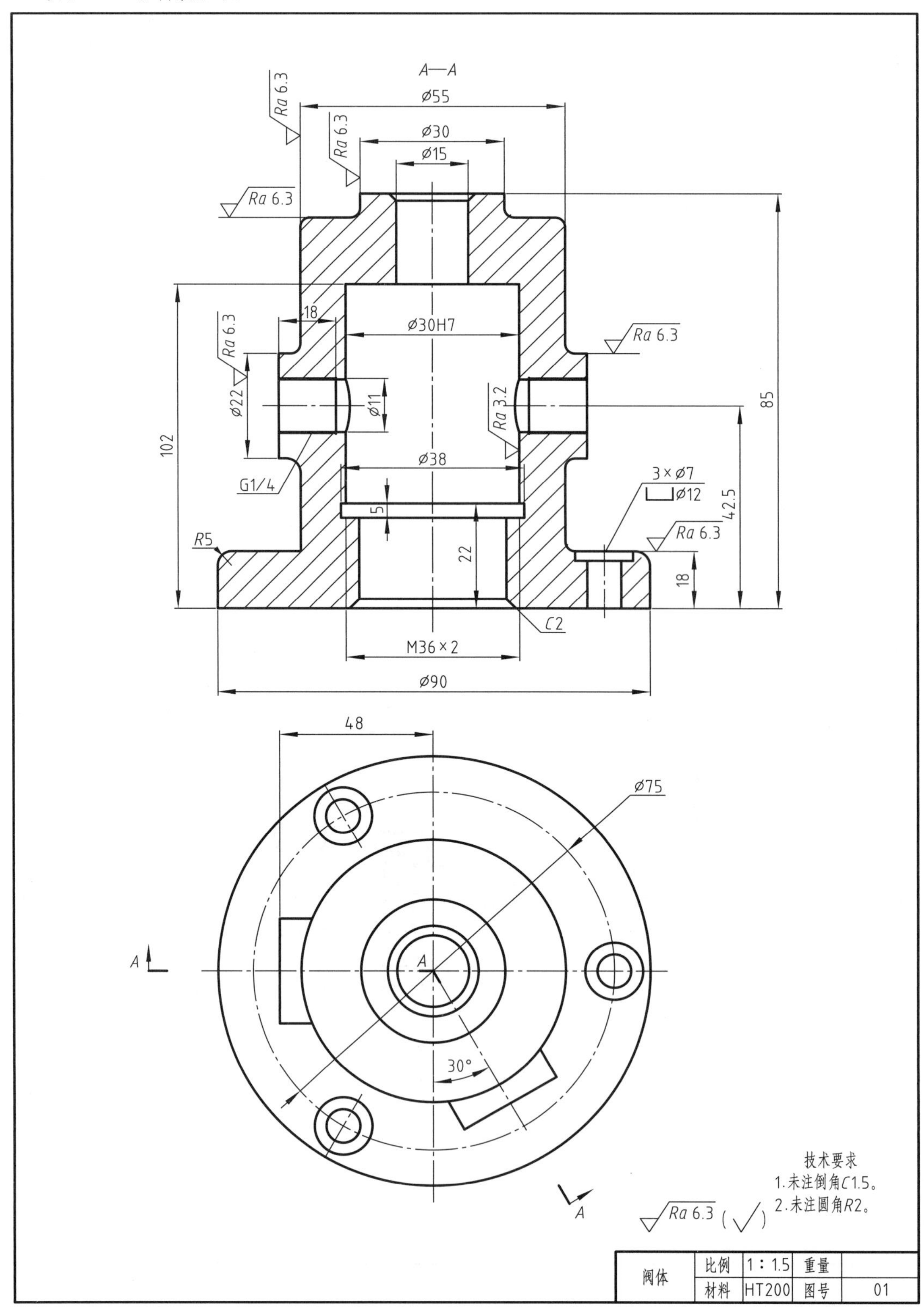
A—A
Ø55
Ø30
Ø15
Ra 6.3
Ø30H7
18
Ø22
Ø11
Ra 3.2
Ø38
G1/4
5
22
R5
102
85
42.5
3×Ø7
⌴Ø12
18
C2
M36×2
Ø90
48
Ø75
A
30°
Ra 6.3 (√)
技术要求
1.未注倒角C1.5。
2.未注圆角R2。
阀体
比例 1∶1.5
重量
材料 HT200
图号 01

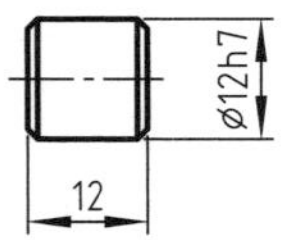

$\sqrt{Ra\ 6.3}$ ($\sqrt{}$)

技术要求
未注倒角C1。

堵头	比例	1∶1	重量	
	材料	H62	图号	07

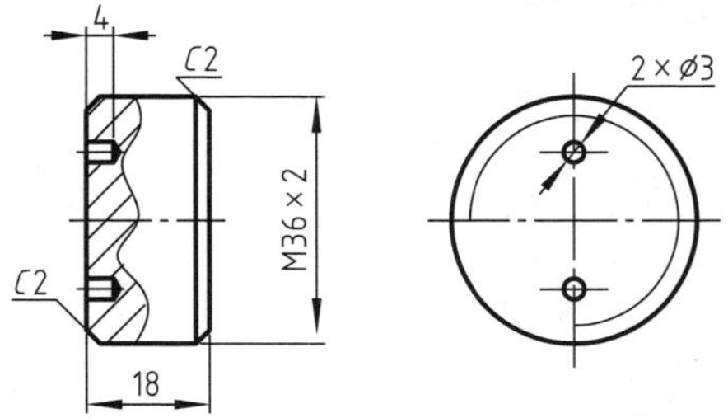

$\sqrt{Ra\ 6.3}$ ($\sqrt{}$)

技术要求
未注倒角C1。

螺塞	比例	1∶1	重量	
	材料	Q235	图号	08

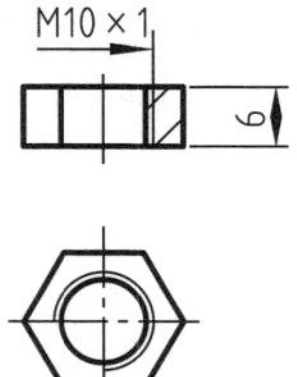

$\sqrt{Ra\ 6.3}$ ($\sqrt{}$)

技术要求
未注倒角C1。

螺母	比例	1∶1	重量	
	材料	Q235	图号	03

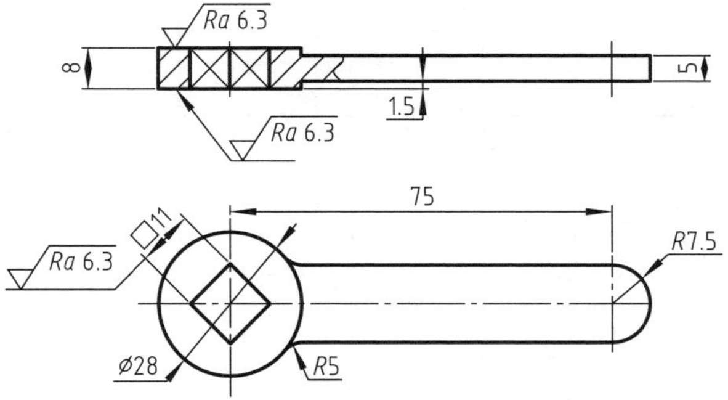

$\sqrt{Ra\ 6.3}$ ($\sqrt{}$)

技术要求
未注倒角C2。

扳手	比例	1∶1	重量	
	材料	HT150	图号	04

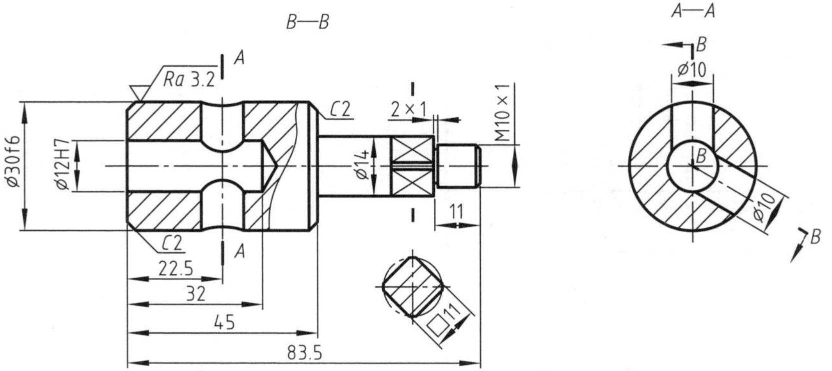

B—B

A—A

$\sqrt{Ra\ 6.3}$ ($\sqrt{}$)

技术要求
未注倒角C2。

阀杆	比例	1∶1	重量	
	材料	Q235	图号	02

折角阀工作原理

折角阀是控制流体流量的装置。它的特点是进、出管道为特定的角度(本例为120°)。通过扳手带动阀杆旋转，转至图示位置时流量最大，继续旋转时流量减少直至关闭管路。

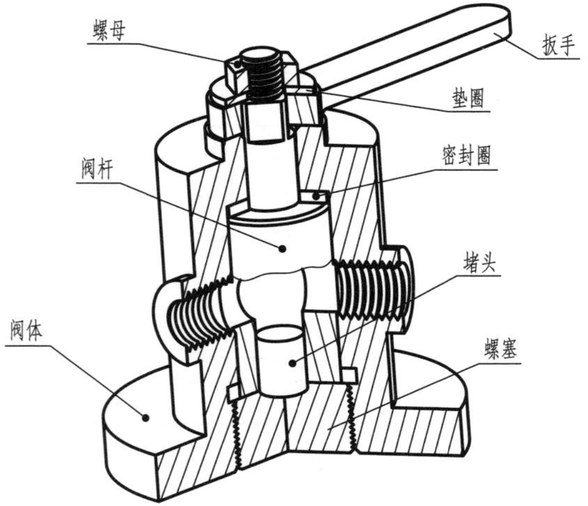

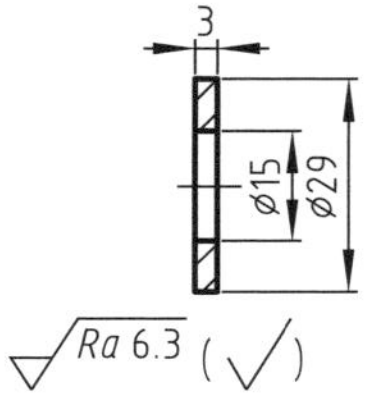

技术要求

1.保证螺纹配合良好，注意紧固力矩合适。
2.装配前检查有无坏损或者缺陷。
3.完成后全面检查和测试，包括外观、功能、精度等，确保无异常。

技术要求

未注圆角$R1$。

密封圈	比例	1∶1	重量	
	材料	橡胶	图号	06

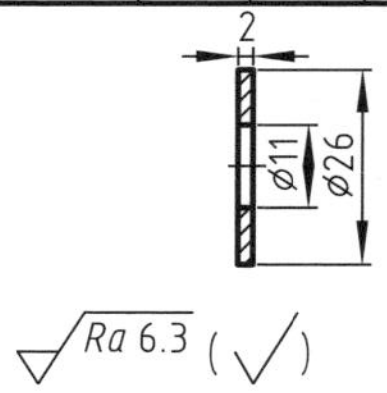

技术要求

未注圆角$R1$。

垫圈	比例	1∶1	重量	
	材料	35	图号	05

序号	代号	名称	数量	材料	单件重量	总计重量	备注
8	ZJF-08	螺塞	1	Q235			
7	ZJF-07	堵头	1	H62			
6	ZJF-06	密封圈	1	橡胶			
5	ZJF-05	垫圈	1	35			
4	ZJF-04	扳手	1	HT150			
3	ZJF-03	螺母	1	Q235			
2	ZJF-02	阀杆	1	Q235			
1	ZJF-01	阀体	1	HT200			

标记	处数	分区	更改文件号	签名	年月日	阶段标记	重量	比例	折角阀
设计	(签名)	(年月日)	标准化	(签名)	(年月日)			1∶1	ZJF-00
制图						共 1 张		第 1 张	
审核									
			批准						

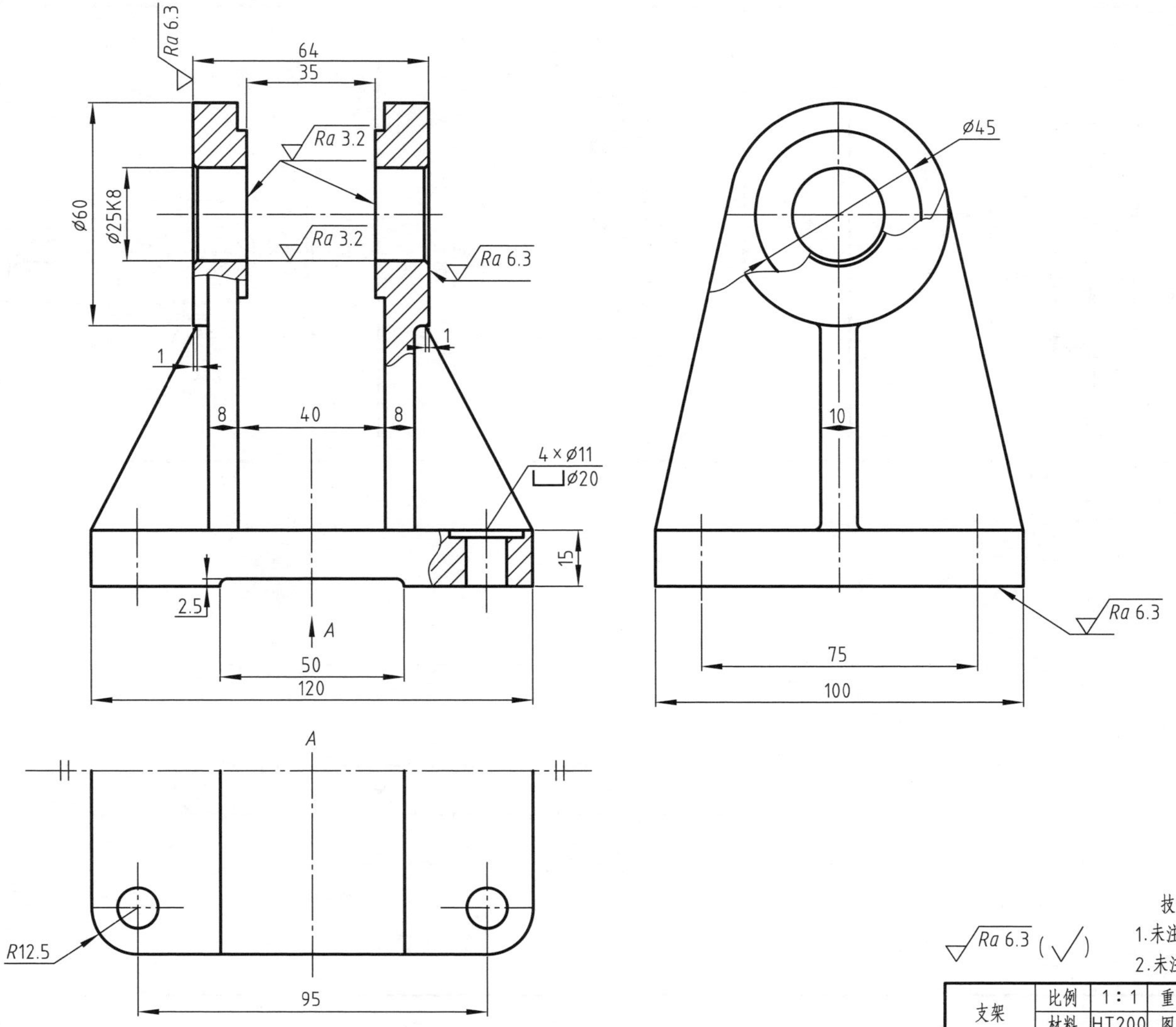

$\sqrt{Ra\ 6.3}$ ($\sqrt{}$)

技术要求

1.未注倒角C1.5。

2.未注圆角R2。

支架	比例	1:1	重量	
	材料	HT200	图号	01

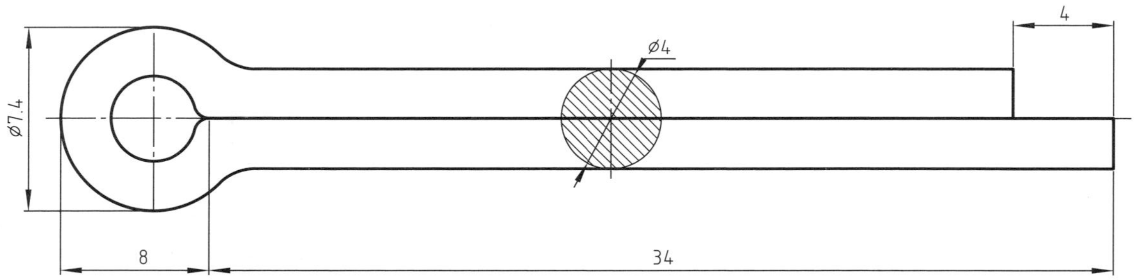

$\sqrt{Ra\ 6.3}$ (√)

技术要求
未注倒角C1。

开口销	比例	5∶1	重量	
	材料	Q235	图号	05

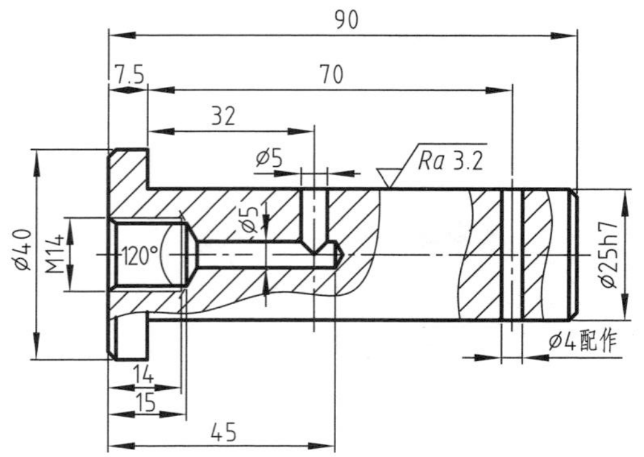

$\sqrt{Ra\ 6.3}$ (√)

技术要求
未注倒角C1.5。

心轴	比例	1∶1	重量	
	材料	35	图号	07

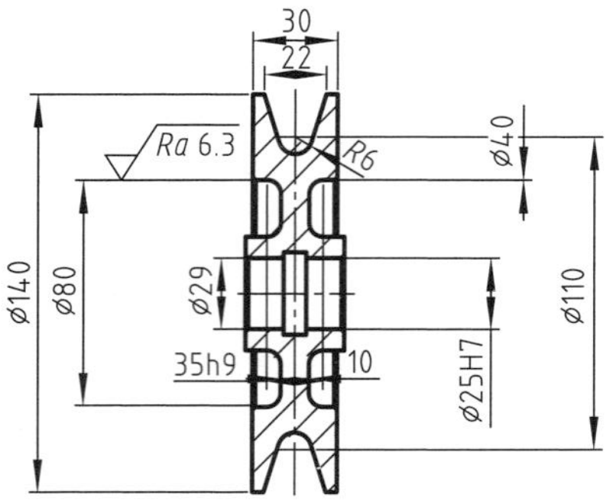

$\sqrt{Ra\ 6.3}$ (√)

技术要求
1.未注倒角C1.5。
2.未注圆角R2。

滑轮	比例	1∶4	重量	
	材料	HT200	图号	02

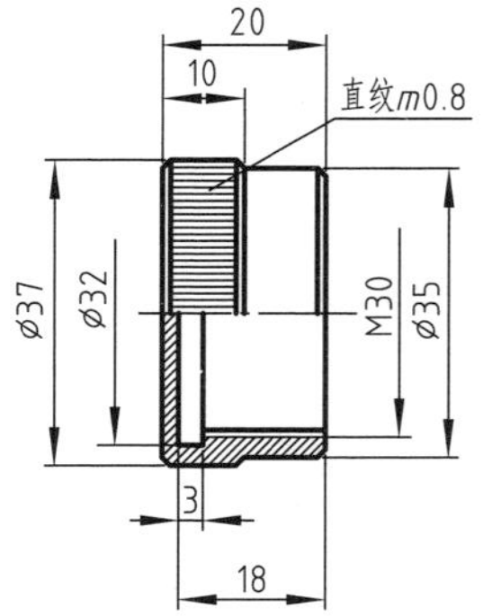

$\sqrt{Ra\ 6.3}$ (√)

技术要求
未注倒角C1。

油杯盖	比例	1∶1	重量	
	材料	H62	图号	06

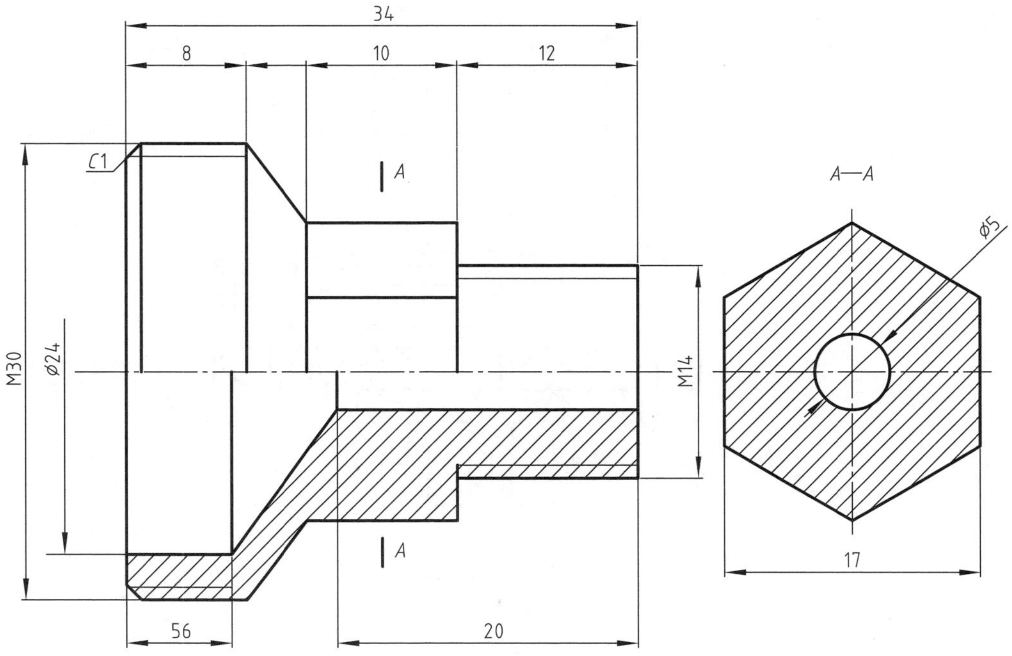

$\sqrt{Ra\ 6.3}$ ($\sqrt{}$)

技术要求
未注倒角C1。

油杯体	比例	1 : 1	重量	
	材料	H52	图号	04

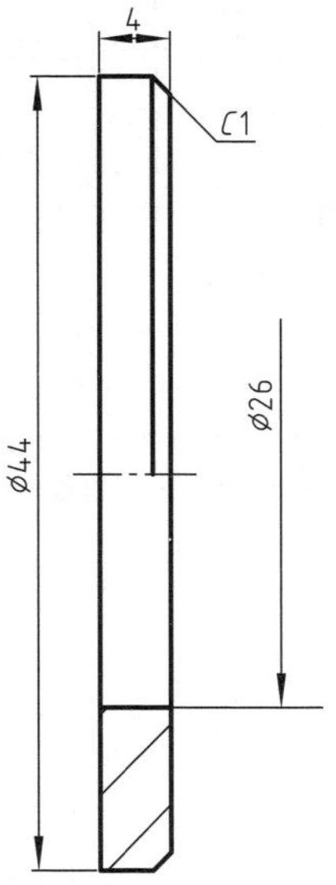

$\sqrt{Ra\ 6.3}$ ($\sqrt{}$)

技术要求
未注倒角C1。

垫圈	比例	3 : 1	重量	
	材料	Q235	图号	03

油杯盖
油杯体
心轴
支架
开口销
垫圈

定滑轮工作原理

定滑轮是一种简单的起吊装置，绳索套在滑轮槽内，滑轮装配在心轴上可以转动。心轴由支架支承并由开口销轴向固定。心轴内部有油孔，将油杯中的油输送到滑轮孔进行润滑。

技术要求

1.滑轮装配后应转动灵活，无卡滞现象。
2.表面应进行镀层、喷涂、热处理等。
3.装配时应检查各部件有无损坏。

序号	代 号	名 称	数量	材 料	单件 重量	总计 重量	备 注
7	DHL-07	心轴	1	35			
6	DHL-06	油杯盖	1	H62			
5	DHL-05	开口销	1	Q235			
4	DHL-04	油杯体	1	H52			
3	DHL-03	垫圈	1	Q235			
2	DHL-02	滑轮	1	HT200			
1	DHL-01	支架	1	HT200			

标记	处数	分区	更改文件号	签名	年月日				定滑轮
设计	(签名)	(年月日)	标准化	(签名)	(年月日)	阶段标记	重量	比例	
制图								1:1	DHL-00
审核						共 1 张		第 1 张	

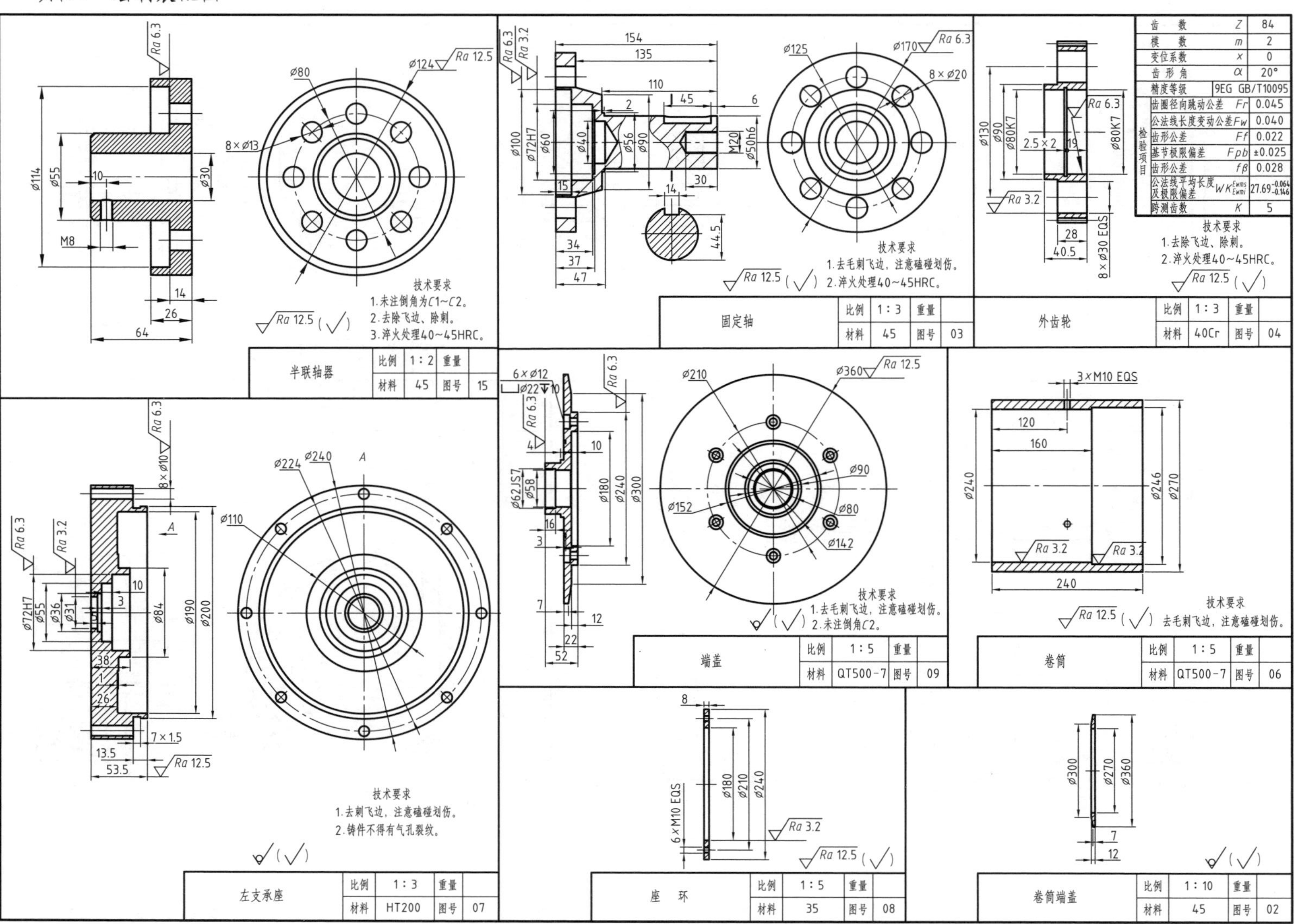

技术要求
1.未注倒角为C1~C2。
2.去除飞边、除刺。
3.淬火处理40~45HRC。
半联轴器
比例 1:2 重量 材料 45 图号 15
技术要求
1.去毛刺飞边，注意磕碰划伤。
2.淬火处理40~45HRC。
固定轴
比例 1:3 重量 材料 45 图号 03
齿数 Z 84
模数 m 2
变位系数 x 0
齿形角 α 20°
精度等级 9EG GB/T10095
检验项目
齿圈径向跳动公差 Fr 0.045
公法线长度变动公差 Fw 0.040
齿形公差 Ff 0.022
基节极限偏差 Fpb ±0.025
齿向公差 fβ 0.028
公法线平均长度及极限偏差 W/K 27.69
跨测齿数 K 5
技术要求
1.去除飞边、除刺。
2.淬火处理40~45HRC。
外齿轮
比例 1:3 重量 材料 40Cr 图号 04
技术要求
1.去刺飞边，注意磕碰划伤。
2.铸件不得有气孔裂纹。
左支承座
比例 1:3 重量 材料 HT200 图号 07
技术要求
1.去毛刺飞边，注意磕碰划伤。
2.未注倒角C2。
端盖
比例 1:5 重量 材料 QT500-7 图号 09
技术要求
去毛刺飞边，注意磕碰划伤。
卷筒
比例 1:5 重量 材料 QT500-7 图号 06
座环
比例 1:5 重量 材料 35 图号 08
卷筒端盖
比例 1:10 重量 材料 45 图号 02

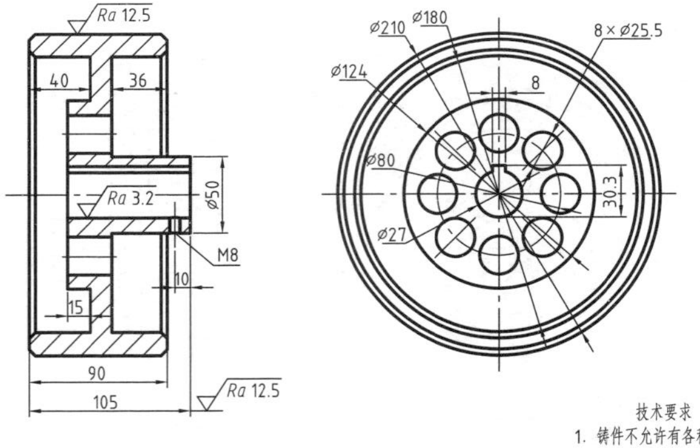

技术要求
1. 铸件不允许有各种缺陷。
2. 铸件应时效处理。
3. 未注倒角$C4$。
4. 去除飞边、毛刺。

制动轮	比例	1∶3	重量	
	材料	QT500-7	图号	11

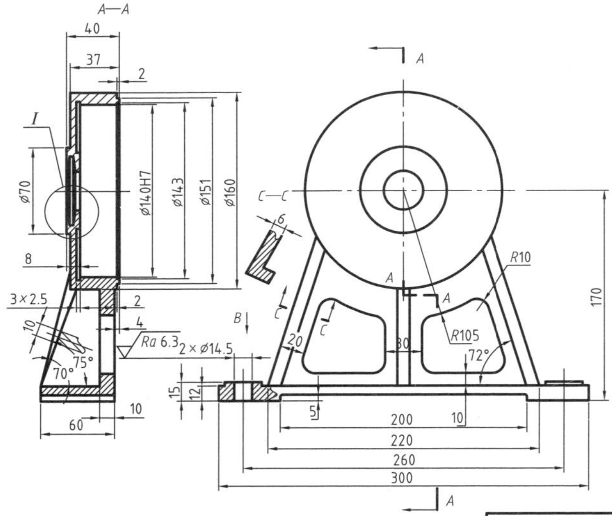

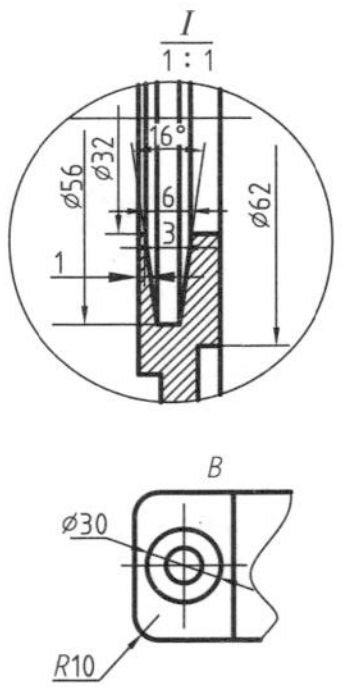

技术要求
1. 铸件不允许有各种缺陷。
2. 铸件应时效处理。
3. 去除飞边、毛刺。
4. 未注圆角$R1 \sim R3$。

左机座	比例	1∶3	重量	
	材料	HT150	图号	10

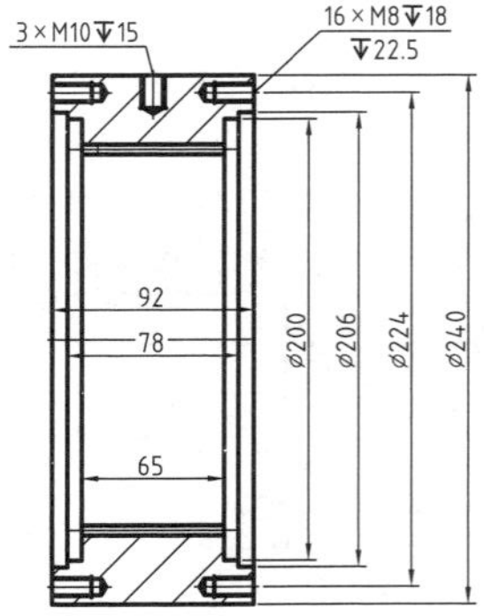

	项目	代号	数值
齿数		Z	87
模数		m	2
变位系数		x	0
齿形角		α	20°
精度等级			9EG GB/T10095
检验项目	齿圈径向跳动公差	F_r	0.045
	公法线长度变动公差	F_w	0.040
	齿形公差	F_f	0.022
	基节极限偏差	F_{pb}	±0.025
	齿形公差	f_β	0.028
	公法线平均长度及极限偏差	$W K^{E_{wms}}_{E_{wmi}}$	$27.69^{-0.064}_{-0.146}$
跨测齿数		K	5

技术要求
1. 去除飞边、除刺。
2. 淬火处理35~40HRC。

内齿轮	比例	1∶3	重量	
	材料	40Cr	图号	05

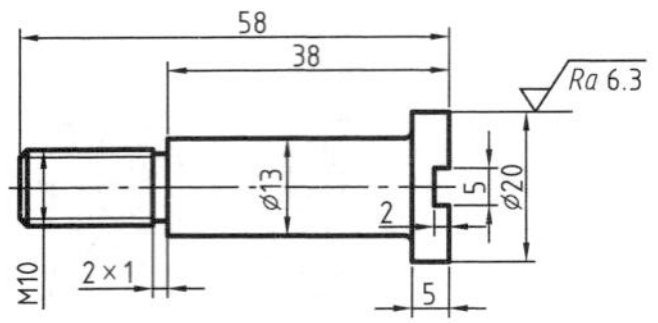

技术要求
1. 未注倒角为$C1 \sim C2$。
2. 未注圆角$R1 \sim R2$。
3. 去除飞边、毛刺。
4. 淬火处理40~45HRC。

柱销	比例	1∶1	重量	
	材料	45	图号	13

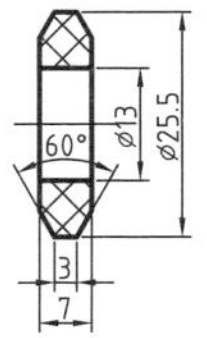

弹性圈	比例	1∶1	重量	
	材料	耐油橡胶	图号	12

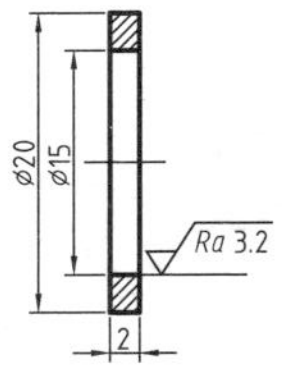

挡环	比例	2∶1	重量	
	材料	35	图号	14

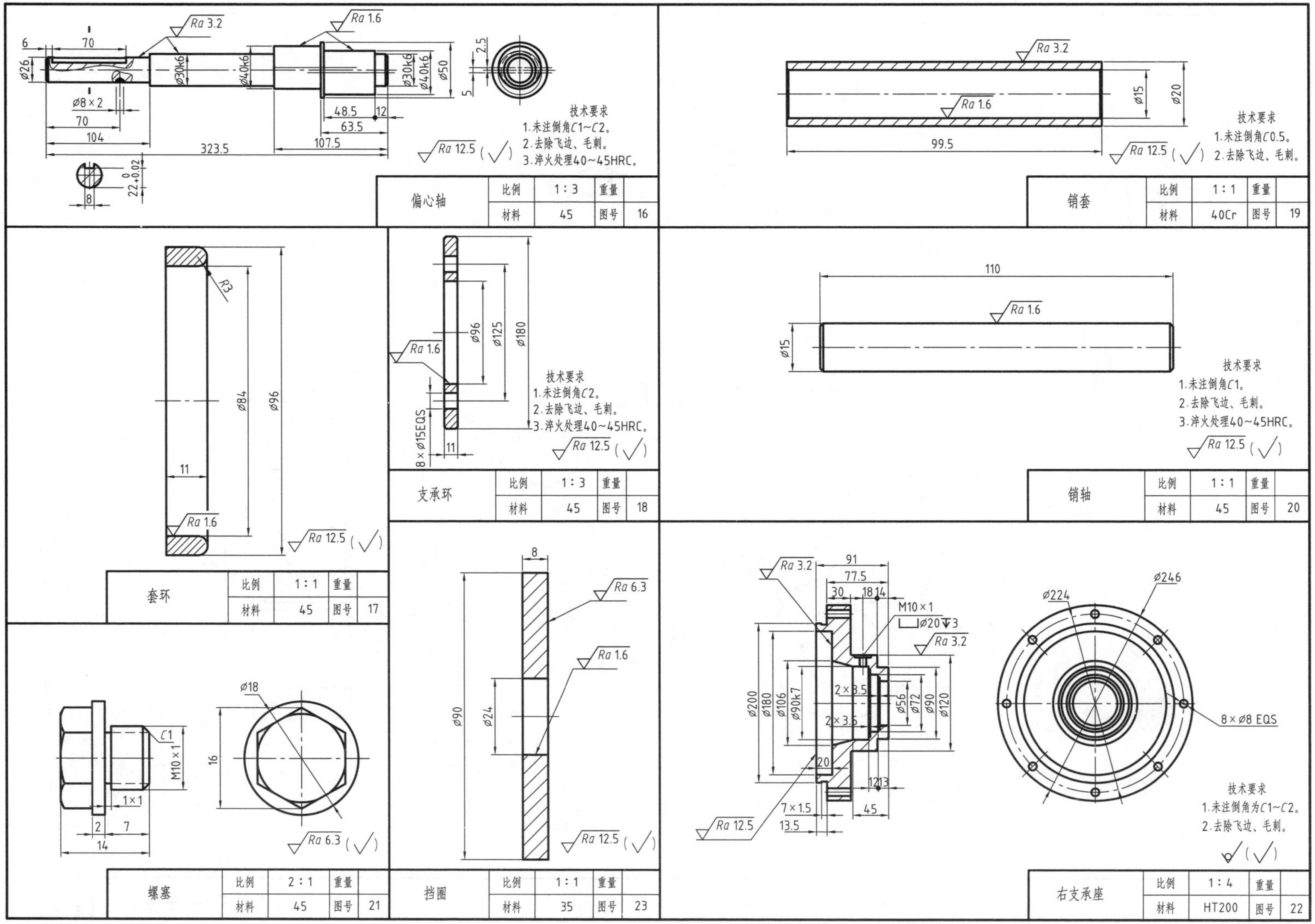

技术要求
1.未注倒角$C1\sim C2$。
2.去除飞边、毛刺。
3.淬火处理40~45HRC。

$\sqrt{Ra\ 12.5}$ ($\sqrt{}$)

偏心轴	比例	1∶3	重量	
	材料	45	图号	16

技术要求
1.未注倒角$C0.5$。
2.去除飞边、毛刺。

$\sqrt{Ra\ 12.5}$ ($\sqrt{}$)

销套	比例	1∶1	重量	
	材料	40Cr	图号	19

$\sqrt{Ra\ 12.5}$ ($\sqrt{}$)

套环	比例	1∶1	重量	
	材料	45	图号	17

技术要求
1.未注倒角$C2$。
2.去除飞边、毛刺。
3.淬火处理40~45HRC。

$\sqrt{Ra\ 12.5}$ ($\sqrt{}$)

支承环	比例	1∶3	重量	
	材料	45	图号	18

技术要求
1.未注倒角$C1$。
2.去除飞边、毛刺。
3.淬火处理40~45HRC。

$\sqrt{Ra\ 12.5}$ ($\sqrt{}$)

销轴	比例	1∶1	重量	
	材料	45	图号	20

$\sqrt{Ra\ 6.3}$ ($\sqrt{}$)

螺塞	比例	2∶1	重量	
	材料	45	图号	21

$\sqrt{Ra\ 12.5}$ ($\sqrt{}$)

挡圈	比例	1∶1	重量	
	材料	35	图号	23

技术要求
1.未注倒角为$C1\sim C2$。
2.去除飞边、毛刺。

右支承座	比例	1∶4	重量	
	材料	HT200	图号	22

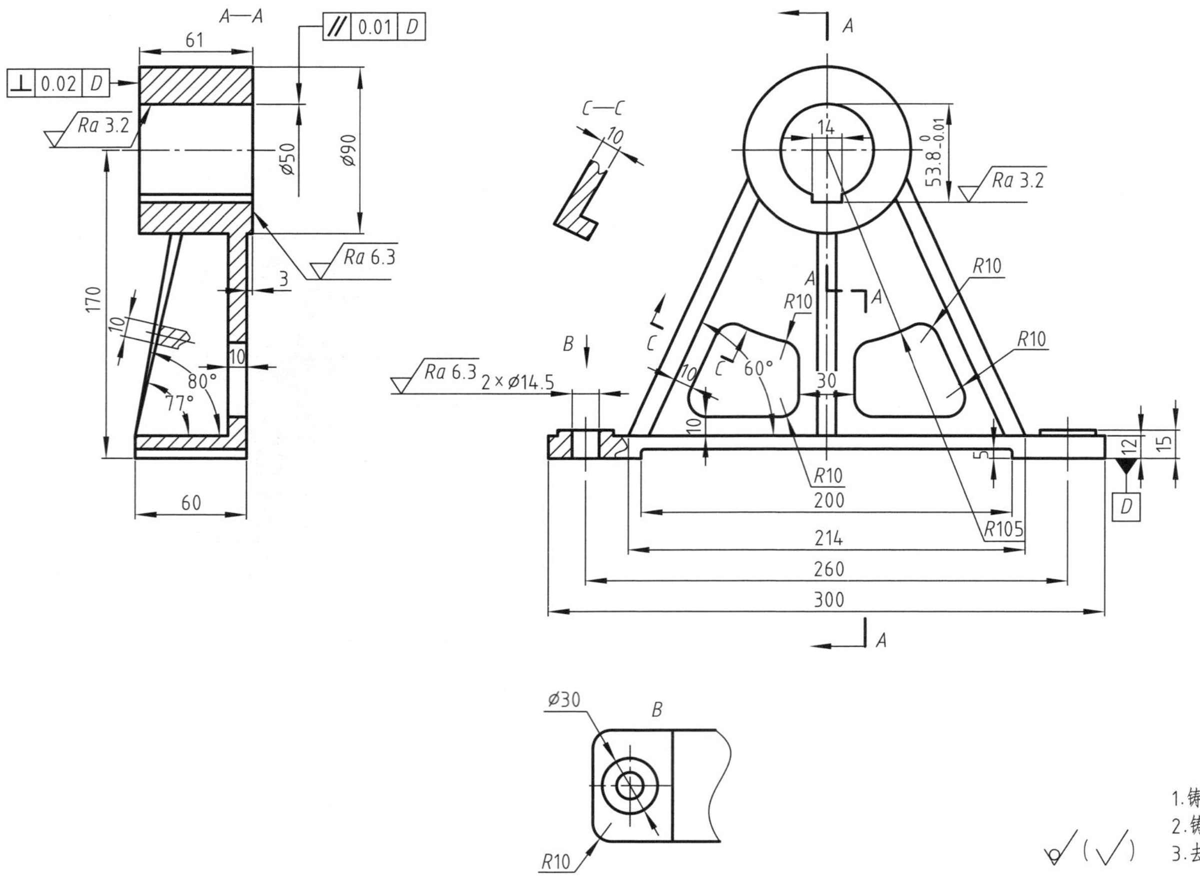

A—A

C—C

B

技术要求

1.铸件不允许有各种缺陷。
2.铸件应时效处理。
3.去除飞边、毛刺。

右机座	比例	1∶2	重量	
	材料	HT200	图号	01

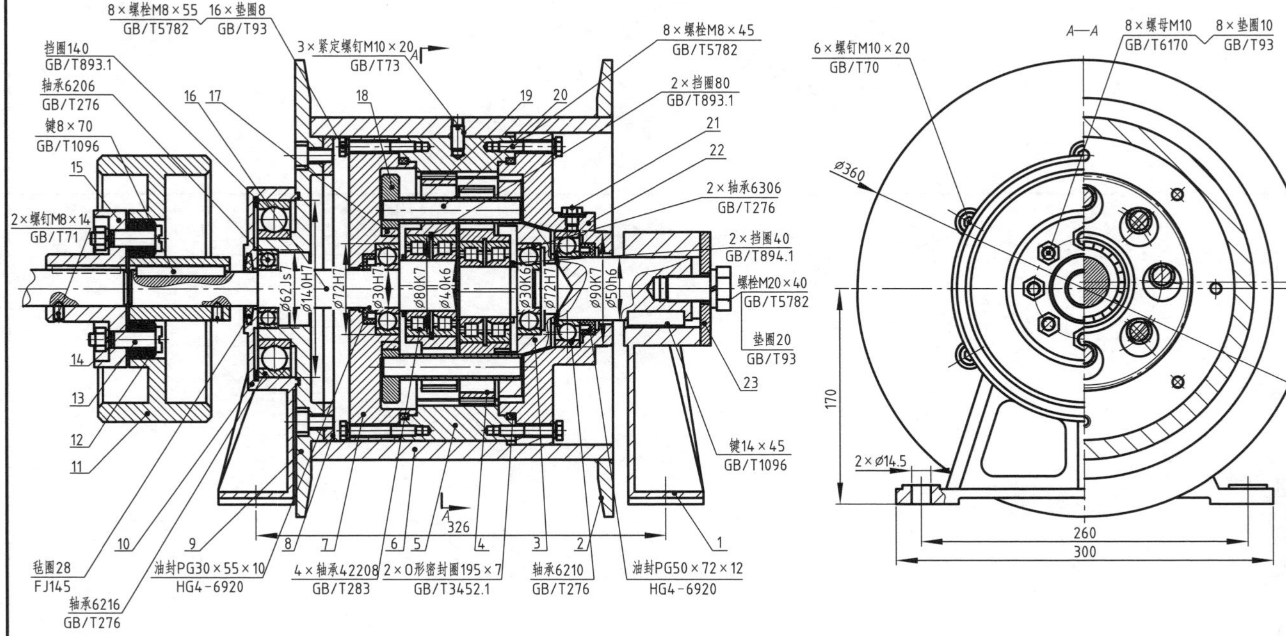
8×螺栓M8×55
GB/T5782
16×垫圈8
GB/T93
挡圈140
GB/T893.1
轴承6206
GB/T276
键8×70
GB/T1096
15
2×螺钉M8×14
GB/T71
14
13
12
11
16
17
3×紧定螺钉M10×20
GB/T73
A
18
19
20
8×螺栓M8×45
GB/T5782
2×挡圈80
GB/T893.1
21
22
2×轴承6306
GB/T276
2×挡圈40
GB/T894.1
螺栓M20×40
GB/T5782
垫圈20
GB/T93
23
键14×45
GB/T1096
1
ø62Js7
ø140H7
ø72H7
ø30H7
ø80K7
ø40k6
ø30K6
ø72H7
ø90K7
ø50h6
10
9
8
7
6
5
4
3
2
A
326
毡圈28
FJ145
轴承6216
GB/T276
油封PG30×55×10
HG4-6920
4×轴承42208
GB/T283
2×O形密封圈195×7
GB/T3452.1
轴承6210
GB/T276
油封PG50×72×12
HG4-6920
A—A
6×螺钉M10×20
GB/T70
8×螺母M10
GB/T6170
8×垫圈10
GB/T93
ø360
170
2×ø14.5
260
300

工作原理

齿差减速卷扬机采用的是具有销孔输出机构的渐开线少齿差行星轮系。内齿轮5(中心轮)、行星轮转臂(输入偏心轴16)带8个柱销13的销盘(固定轴3)。行星轮的腹板上沿半径为偏心上圆的圆周上均布有8个销孔且在输出轴的销盘上,沿半径为偏心下圆的圆周上均布有相同数量(8个)的柱销,这些柱销对应地插入行星轮腹板上的销孔中,从而把行星轮和输出轴连接起来。

序号	代号	名称	数量	材料	备注
23		挡圈	1	35	
22		右支承座	1	HT200	
21		螺塞	1	45	
20		销轴	8	45	
19		销套	8	40Cr	
18		支承环	1	45	
17		套轴	1	45	
16		偏心轴	1	45	
15		半联轴器	1	45	
14		挡环	8	35	
13		柱销	8	45	
12		弹性圈	24	耐油橡胶	
11		制动轮	1	QT500-7	
10		左机座	1	HT150	
9		端盖	1	QT500-7	
8		座环	1	35	
7		左支承座	1	HT200	
6		卷筒	1	QT500-7	
5		内齿轮	1	40Cr	
4		外齿轮	2	40Cr	
3		固定轴	1	45	
2		卷筒端盖	1	45	
1		右机座	1	HT200	

标记 处数 分区 更改文件号 签名 年月日
设计 (签名) (年月日) 标准化 (签名) (年月日)
制图
审核
工艺 批准
阶段标记 重量 比例 1:3
共1张 第1张
齿差减速卷扬机

技术性能

1.起重量：5 000 N。

2.卷扬速度：20 m/s。

3.电动机功率：3 kW。

4.电动机转速：1 450 min^{-1}。

5.传动比：62。

技术要求

1.各接合面处及密封处不得漏油。

2.在空载试验电动机电流较稳定后，方可进行负载试验。

3.运转应平稳、正常，不得有冲击和振动。

4.运转时须保持适量的润滑油，以供润滑用。

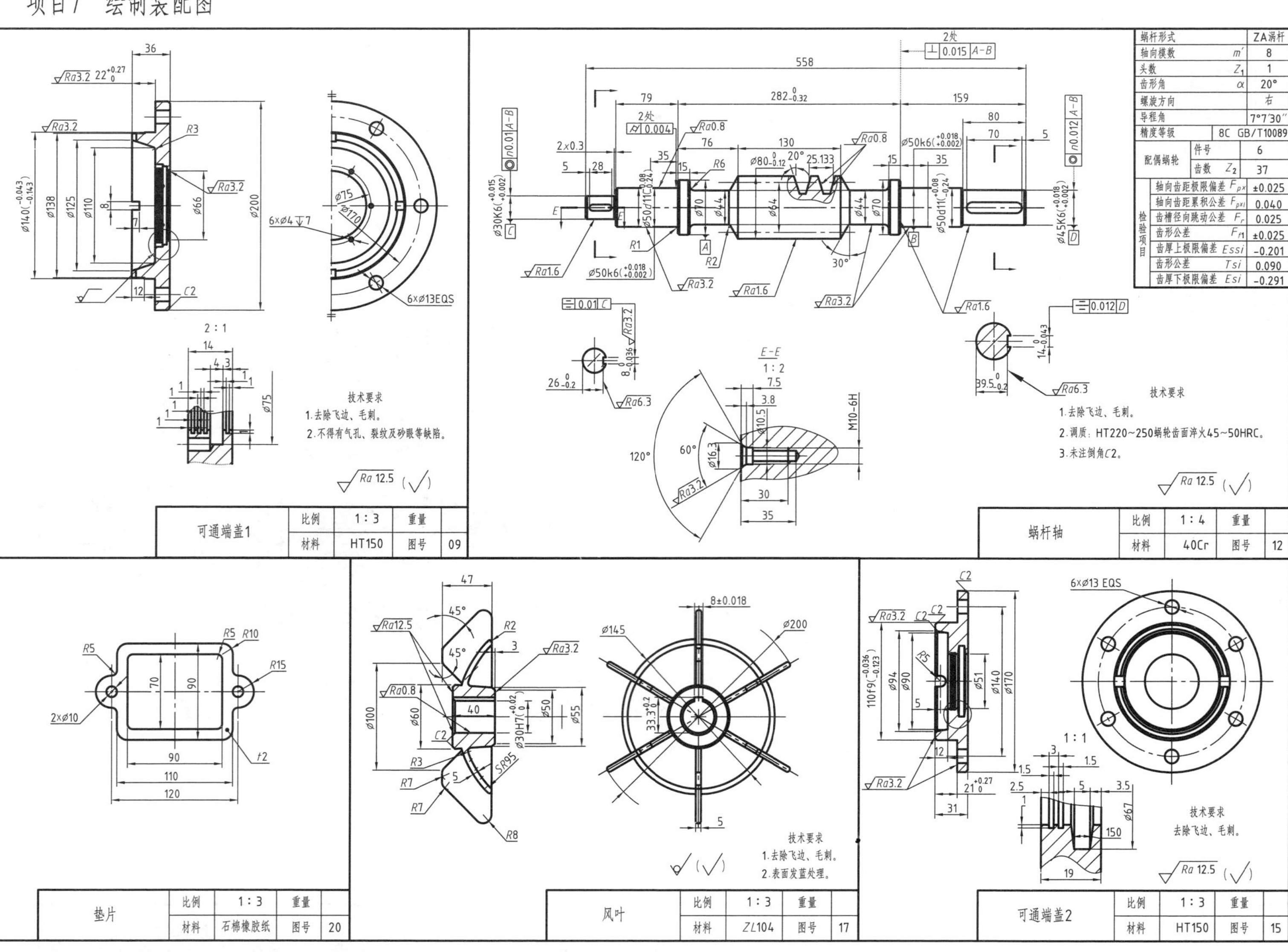
可通端盖1
比例 1:3 重量
材料 HT150 图号 09
技术要求
1.去除飞边、毛刺。
2.不得有气孔、裂纹及砂眼等缺陷。
2:1
6×⌀4↧7
6×⌀13EQS
蜗杆形式 ZA蜗杆
轴向模数 m′ 8
头数 Z1 1
齿形角 α 20°
螺旋方向 右
导程角 7°7′30″
精度等级 8C GB/T10089
配偶蜗轮 件号 6
齿数 Z2 37
检验项目
轴向齿距极限偏差 Fpx ±0.025
轴向齿距累积公差 Fpxl 0.040
齿槽径向跳动公差 Fr 0.025
齿形公差 Ff1 ±0.025
齿厚上极限偏差 Essi -0.201
齿形公差 Tsi 0.090
齿厚下极限偏差 Esi -0.291
E-E
1:2
M10-6H
技术要求
1.去除飞边、毛刺。
2.调质：HT220~250蜗轮齿面淬火45~50HRC。
3.未注倒角C2。
蜗杆轴
比例 1:4 重量
材料 40Cr 图号 12
垫片
比例 1:3 重量
材料 石棉橡胶纸 图号 20
技术要求
1.去除飞边、毛刺。
2.表面发蓝处理。
风叶
比例 1:3 重量
材料 ZL104 图号 17
6×⌀13 EQS
1:1
技术要求
去除飞边、毛刺。
可通端盖2
比例 1:3 重量
材料 HT150 图号 15

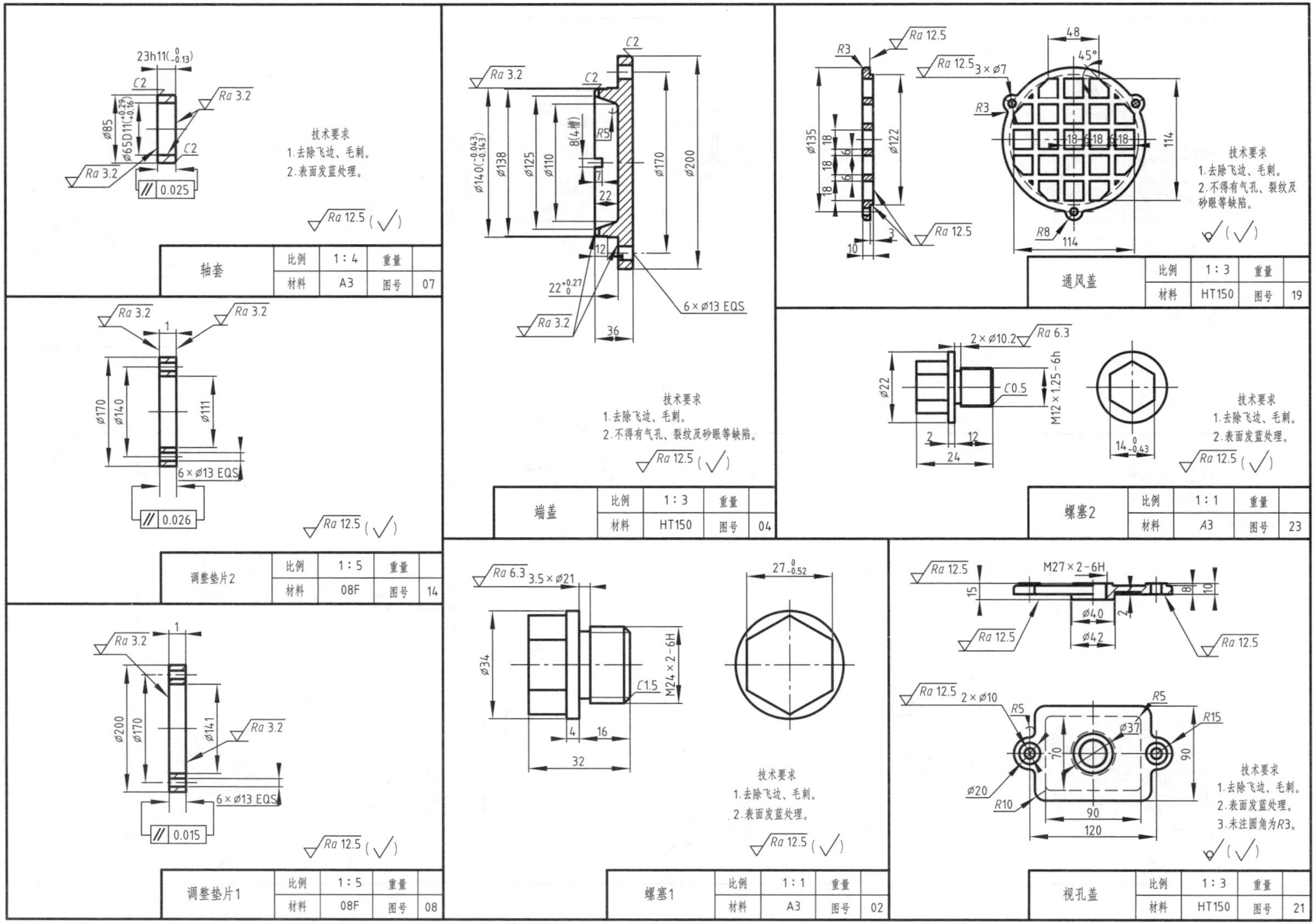

技术要求
1.去除飞边、毛刺。
2.表面发蓝处理。

轴套	比例	1:4	重量	
	材料	A3	图号	07

调整垫片2	比例	1:5	重量	
	材料	08F	图号	14

调整垫片1	比例	1:5	重量	
	材料	08F	图号	08

技术要求
1.去除飞边、毛刺。
2.不得有气孔、裂纹及砂眼等缺陷。

端盖	比例	1:3	重量	
	材料	HT150	图号	04

技术要求
1.去除飞边、毛刺。
2.表面发蓝处理。

螺塞1	比例	1:1	重量	
	材料	A3	图号	02

技术要求
1.去除飞边、毛刺。
2.不得有气孔、裂纹及砂眼等缺陷。

通风盖	比例	1:3	重量	
	材料	HT150	图号	19

技术要求
1.去除飞边、毛刺。
2.表面发蓝处理。

螺塞2	比例	1:1	重量	
	材料	A3	图号	23

技术要求
1.去除飞边、毛刺。
2.表面发蓝处理。
3.未注圆角为$R3$。

视孔盖	比例	1:3	重量	
	材料	HT150	图号	21

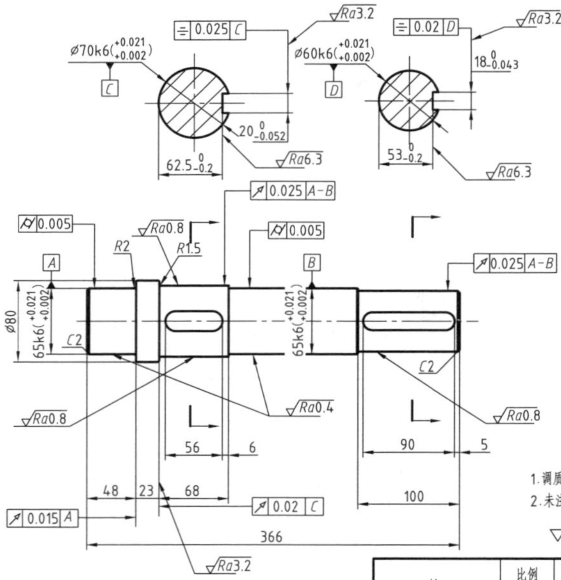

技术要求

1. 调质：HT220~250。
2. 未注倒角C1。

轴	比例	1∶4	重量	
	材料	45	图号	10

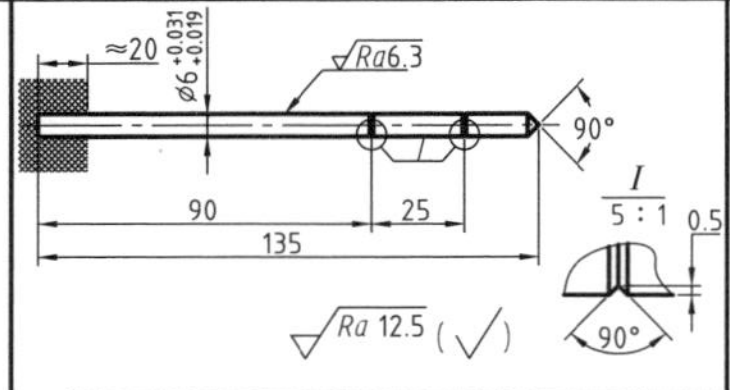

油尺	比例	1∶2	重量	
	材料	A3	图号	11-2

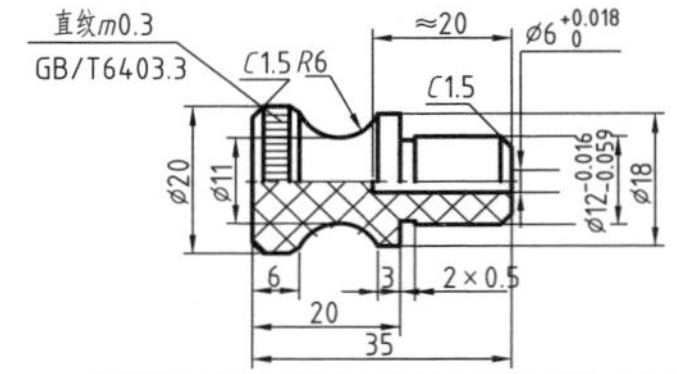

油尺头	比例	1∶1.5	重量	
	材料	硬聚氯乙烯	图号	11-1

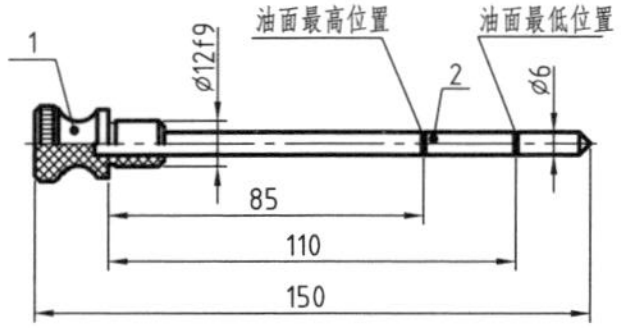

2	油尺	1	A3
1	油尺头	1	硬聚氯乙烯
序号	名称	数量	材料

油尺	比例	1∶2	重量	
	材料		图号	11

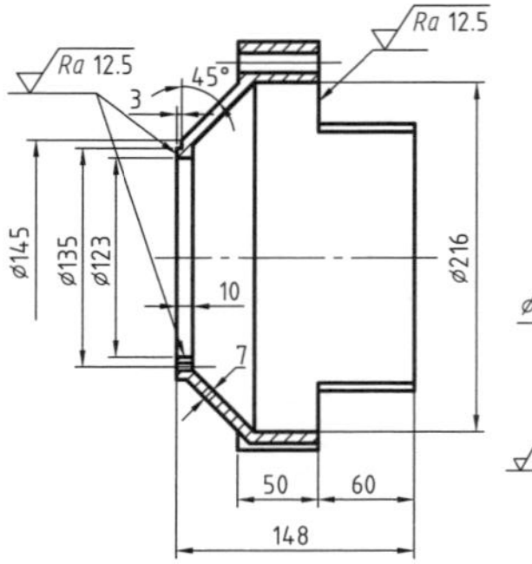

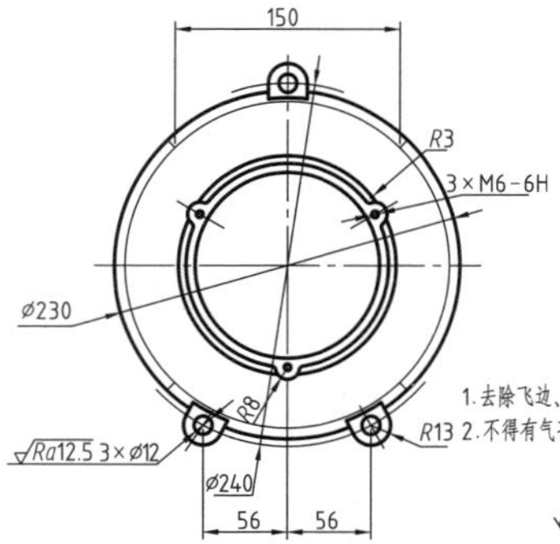

技术要求

1. 去除飞边、毛刺。
2. 不得有气孔、裂纹及砂眼等缺陷。

罩	比例	1∶4	重量	
	材料	HT150	图号	16

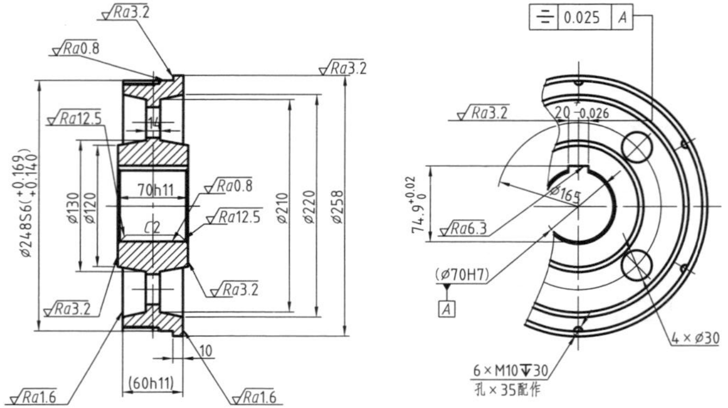

技术要求

1. 未注铸造圆角为R2~R3。
2. 括号内的尺寸，在与齿圈配合后再加工。
3. 不得有气孔、裂纹及砂眼等缺陷。

蜗轮轮芯	比例	1∶4	重量	
	材料	HT150	图号	6-2

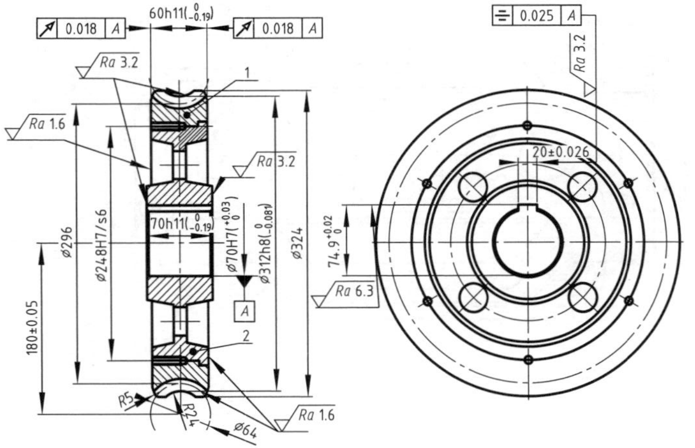

轴向模数		m'	8
齿数		Z_1	37
齿形角		α	20°
精度等级			8C GB/T10089
配偶蜗轮	蜗杆形式		ZA涡杆
	头数	Z_1	1
	螺旋方向		右
	导程角		7°7′30″
	件号		12
检验项目	齿距累积公差	F_{pxl}	0.125
	齿距极限偏差	F_{px}	±0.032
	齿形公差	F_{f1}	0.028
	齿厚下极限偏差	Esi	-0.160
	齿形公差	Tsi	0.160

技术要求

1. 蜗轮齿圈往轮芯上配合时是采用加热齿圈的方法进行的，加热温度不得超过200℃。
2. 6×螺钉M10×30拧到不能动为止，与齿圈端面一起切平。
3. 非加工表面涂底漆并涂红色耐油漆。

Ra 12.5 (√)

2	蜗轮轮芯	1	HT150
1	蜗轮齿圈	1	ZQAL9-4
序号	名称	数量	材料

蜗轮	比例	1∶4	重量	
	材料		图号	06

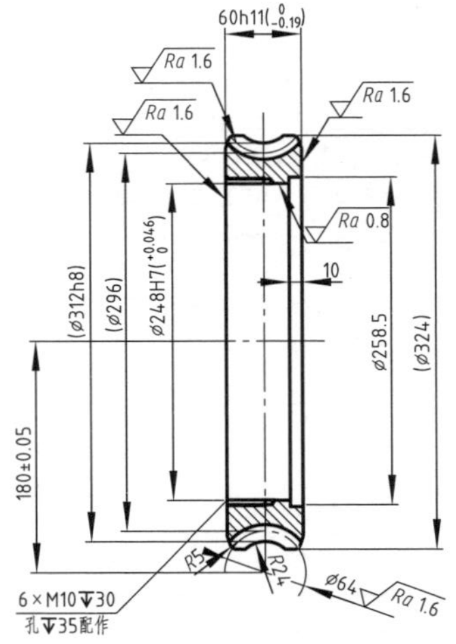

技术要求

括号内的尺寸，在与轮芯配合后再加工。

Ra 3.2 (√)

蜗轮齿圈	比例	1∶4	重量	
	材料	ZQAL9-4	图号	6-1

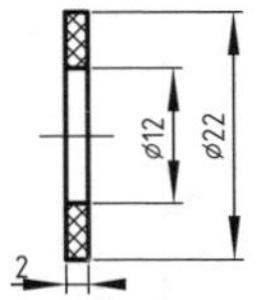

封油圈2	比例	1∶1.5	重量	
	材料	工业用皮革	图号	24

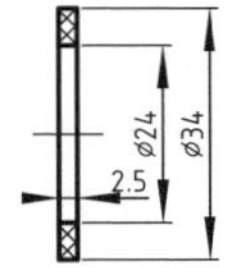

封油圈1	比例	1∶1.5	重量	
	材料	工业用皮革	图号	03

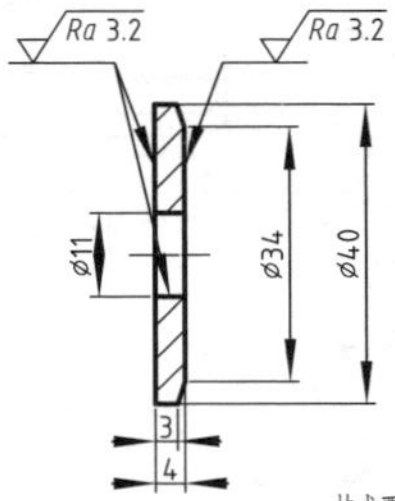

技术要求

1. 去除飞边、毛刺。
2. 表面发蓝处理。

Ra 12.5 (√)

垫圈	比例	1∶1.5	重量	
	材料	A3	图号	18

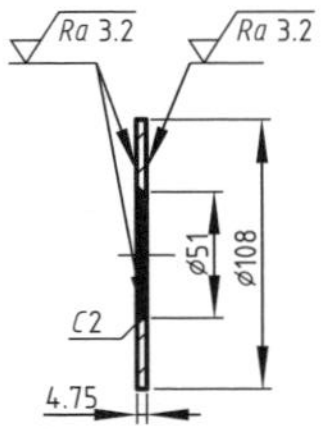

技术要求

1. 去除飞边、毛刺。
2. 表面发蓝处理。

Ra 3.2 (√)

挡油环	比例	1∶3	重量	
	材料	A3	图号	13

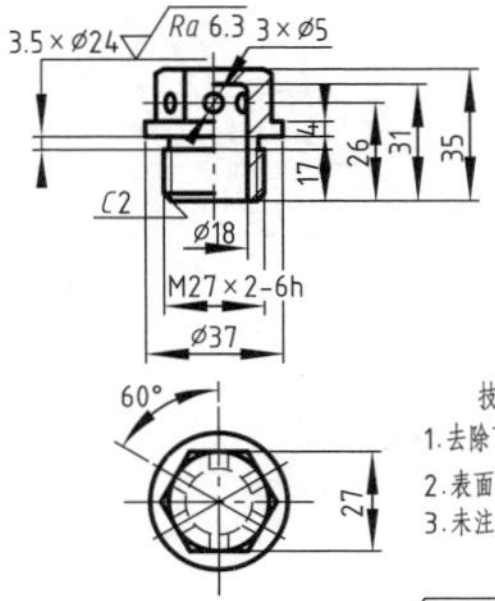

技术要求

1. 去除飞边、毛刺。
2. 表面发蓝处理。
3. 未注圆角为R2。

Ra 12.5 (√)

通气器	比例	1∶2	重量	
	材料	A3	图号	22

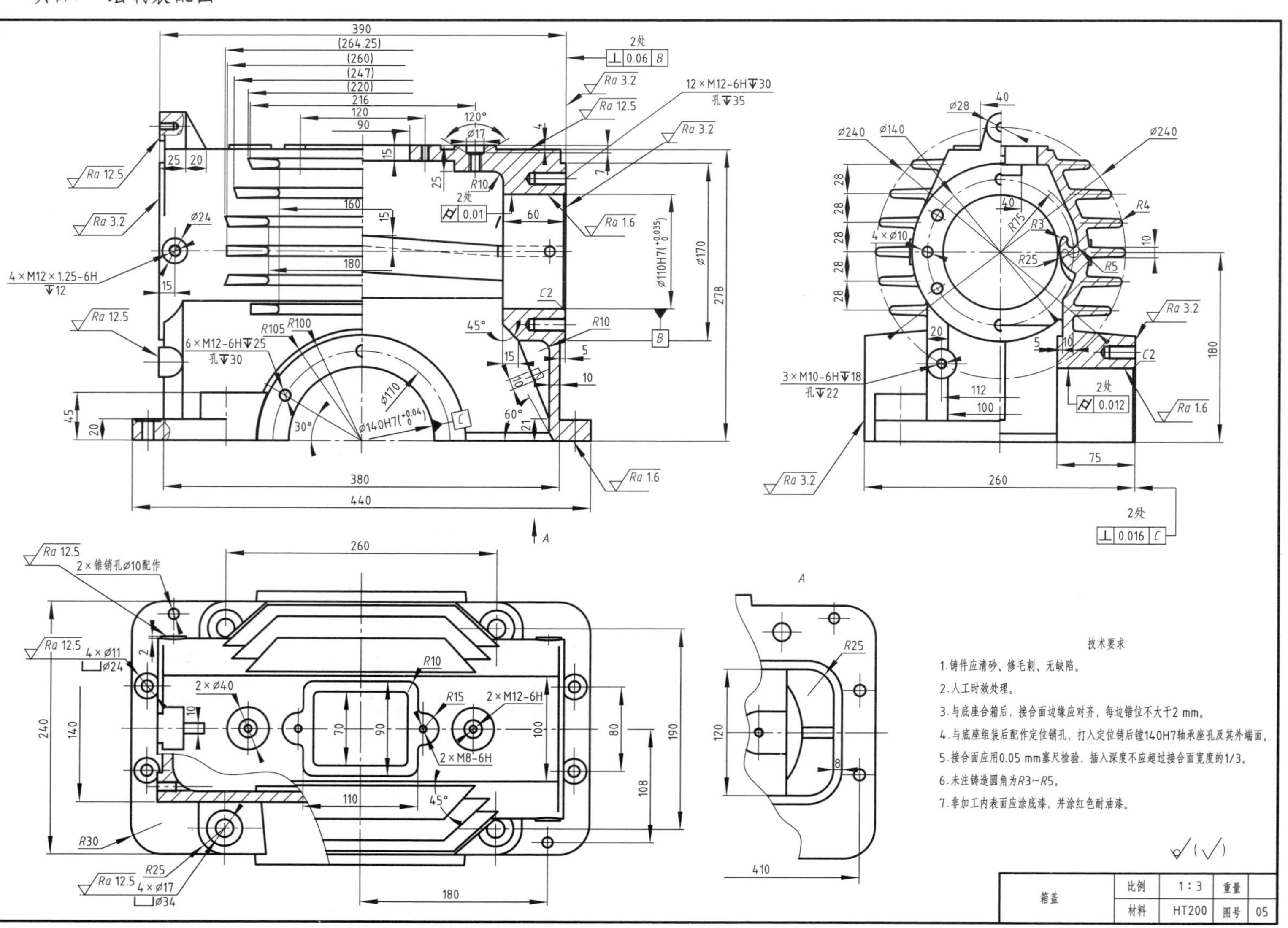
技术要求
1.铸件应清砂、修毛刺、无缺陷。
2.人工时效处理。
3.与底座合箱后，接合面边缘应对齐，每边错位不大于2 mm。
4.与底座组装后配作定位销孔，打入定位销后镗140H7轴承座孔及其外端面。
5.接合面应用0.05 mm塞尺检验，插入深度不应超过接合面宽度的1/3。
6.未注铸造圆角为R3~R5。
7.非加工内表面应涂底漆，并涂红色耐油漆。
箱盖
比例 1:3
重量
材料 HT200
图号 05
A
2×锥销孔⌀10配作
4×M12×1.25-6H
12×M12-6H
6×M12-6H
3×M10-6H
2×M12-6H
2×M8-6H
2×⌀40
4×⌀11
4×⌀17
4×⌀10
⌀110H7
⌀140H7

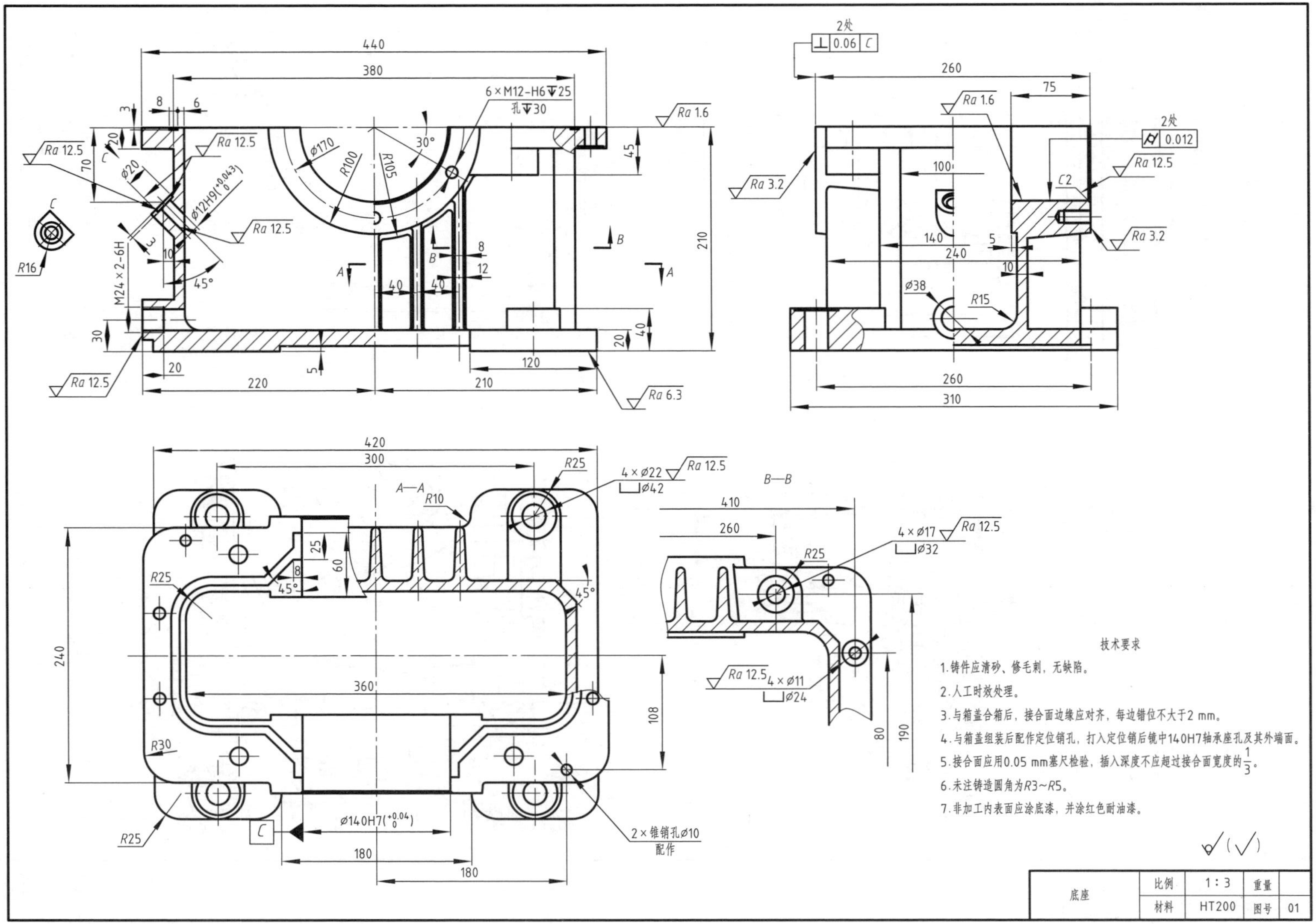
A—A
B—B
技术要求
1.铸件应清砂、修毛刺，无缺陷。
2.人工时效处理。
3.与箱盖合箱后，接合面边缘应对齐，每边错位不大于2 mm。
4.与箱盖组装后配作定位销孔，打入定位销后镗中140H7轴承座孔及其外端面。
5.接合面应用0.05 mm塞尺检验，插入深度不应超过接合面宽度的1/3。
6.未注铸造圆角为R3~R5。
7.非加工内表面应涂底漆，并涂红色耐油漆。
底座
比例 1:3
重量
材料 HT200
图号 01
2×锥销孔⌀10 配作
6×M12-H6↧25 孔↧30
M24×2-6H
⌀140H7($^{+0.04}_{0}$)
⌀12H9($^{+0.043}_{0}$)

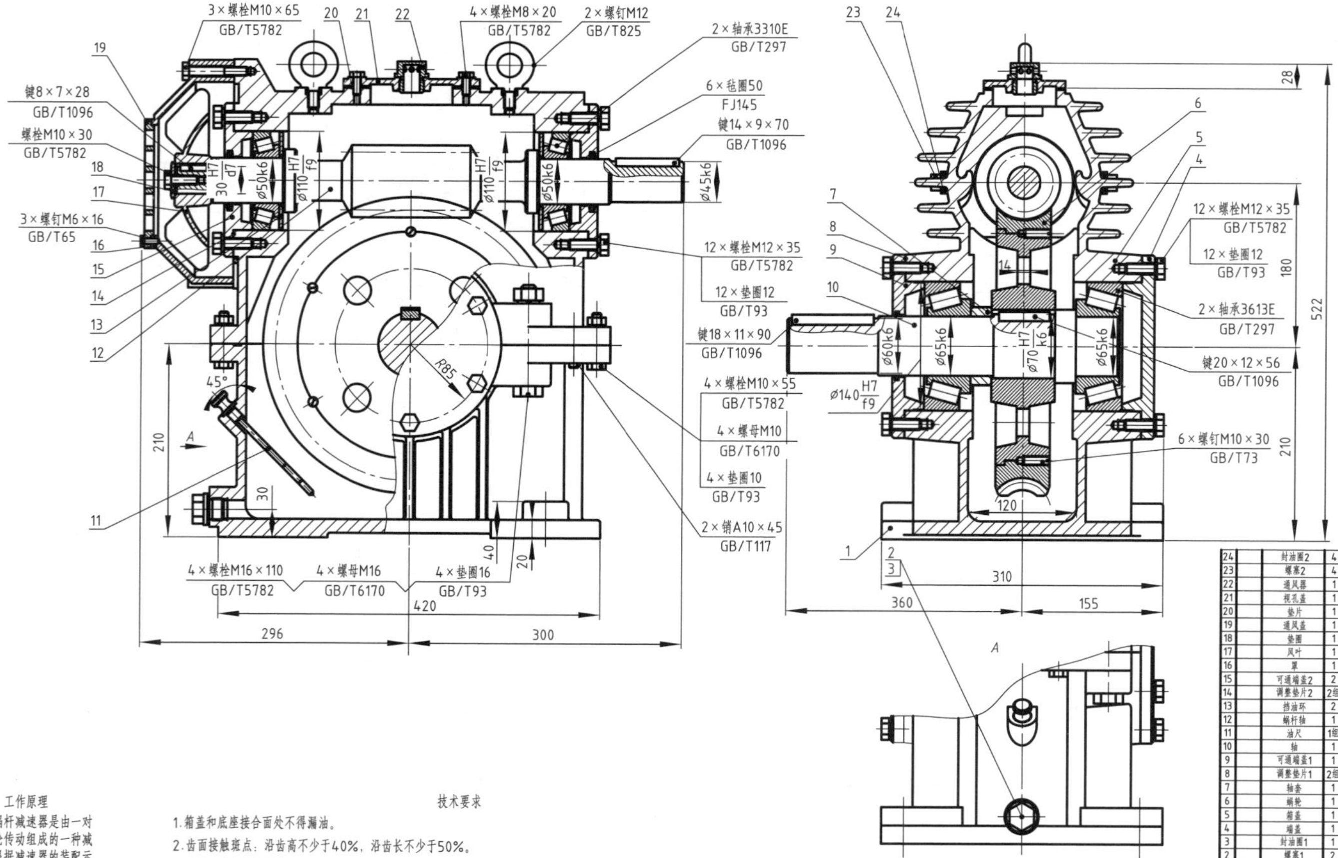

3×螺栓M10×65 GB/T5782
20
21
22
4×螺栓M8×20 GB/T5782
2×螺钉M12 GB/T825
2×轴承3310E GB/T297
6×毡圈50 FJ145
键14×9×70 GB/T1096
19
键8×7×28 GB/T1096
螺栓M10×30 GB/T5782
18
17
3×螺钉M6×16 GB/T65
16
15
14
13
12
11
12×螺栓M12×35 GB/T5782
12×垫圈12 GB/T93
键18×11×90 GB/T1096
4×螺栓M10×55 GB/T5782
4×螺母M10 GB/T6170
4×垫圈10 GB/T93
2×销A10×45 GB/T117
4×螺栓M16×110 GB/T5782
4×螺母M16 GB/T6170
4×垫圈16 GB/T93
296
300
420
210
R85
45°
A
23
24
6
5
4
7
8
9
10
1
2
3
2×轴承3613E GB/T297
键20×12×56 GB/T1096
6×螺钉M10×30 GB/T73
28
180
522
210
310
360
155
120

序号	代号	名称	数量	材料	单件重量	总计重量	备注
24		封油圈2	4	工业用皮革			
23		螺塞2	4	A3			
22		通风器	1	A3			
21		视孔盖	1	HT150			
20		垫片	1	石棉橡胶纸			
19		通风盖	1	HT150			
18		垫圈	1	A3			
17		风叶	1	ZL104			
16		罩	1	HT150			
15		可通端盖2	2	HT150			
14		调整垫片2	2组	08F			
13		挡油环	2	A3			
12		蜗杆轴	1	40Cr			
11		油尺	1组	硬聚氯乙烯/A3			
10		轴	1	45			
9		可通端盖1	1	HT150			
8		调整垫片1	2组	08F			
7		轴套	1	A3			
6		蜗轮	1	ZQAL9-4/HT150			
5		箱盖	1	HT200			
4		端盖	1	HT150			
3		封油圈1	1	工业用皮革			
2		螺塞1	2	A3			
1		底座	1	HT200			

标记 处数 分区 更改文件号 签名 年月日	阶段标记	重量 比例	单级涡杆减速器
设计 签名 年月日 标准化 签名 年月日		1:4	WXJ18
制图 审核 工艺 批准	共 7 张	第 1 张	

工作原理

单级蜗杆减速器是由一对蜗杆与蜗轮传动组成的一种减速装置。根据减速器的装配示意图，其为上置式蜗杆减速器，动力从蜗杆轴12右端的⌀45k6处输入，通过蜗杆带动蜗轮6，由轴10上的⌀60k6处输出。

技术要求

1. 箱盖和底座接合面处不得漏油。
2. 齿面接触斑点：沿齿高不少于40%，沿齿长不少于50%。
3. 用塞尺检查啮合侧隙 j_n=0.10。
4. 箱盖和底座的内表面及蜗轮轮毂的未加工表面应涂底漆并涂红色耐油漆，减速器非加工外表面涂底漆并涂灰色漆。
5. 减速器装配好后，在底座内加HJ40号机械油，油面应在油尺两刻线中间。
6. 按减速器产品标准规定进行空载及负载试验，试验时运转应平稳，减速器油温不超过65℃。
7. 调整轴承时，应留轴向游隙0.15~0.20。

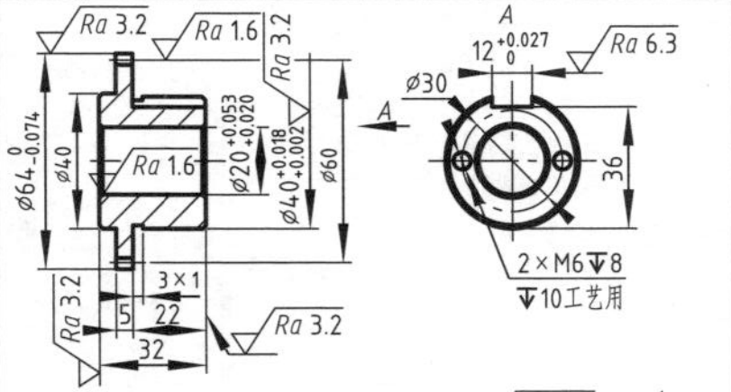

技术要求
1. 调质：220~240HBW。
2. 倒角C1。
3. 去除飞边、毛刺。
4. 淬火处理40~45HRC。

齿数	Z	30
模数	m	2
变位系数	x	0
齿形角	α	20°
精度等级		9FH GB/T10095
检验项目 齿圈径向跳动公差	Fr	0.045
公法线长度变动公差	Fw	0.040
齿形公差	Ff	0.022
基节极限偏差	Fpb	±0.025
齿形公差	fβ	0.028
公法线平均长度及极限偏差	WK^{Ewms}_{Ewmi}	$27.605^{-0.117}_{-0.198}$
跨测齿数	K	5

齿轮	比例	1:2	重量	
	材料	45	图号	08

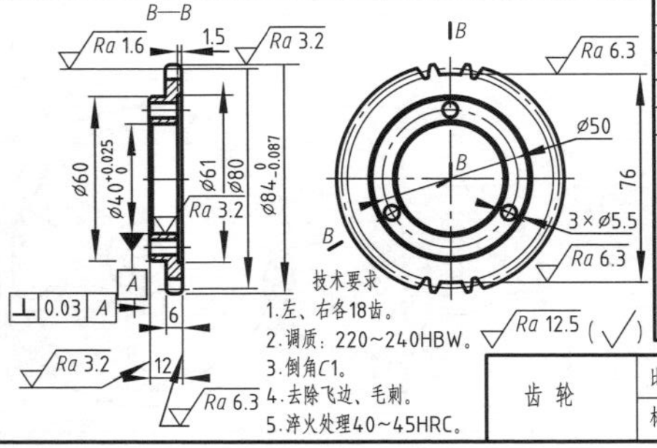

技术要求
1. 左、右各18齿。
2. 调质：220~240HBW。
3. 倒角C1。
4. 去除飞边、毛刺。
5. 淬火处理40~45HRC。

齿数	Z	40
模数	m	2
变位系数	x	0
齿形角	α	20°
精度等级		9EG GB/T10095
检验项目 齿圈径向跳动公差	Fr	0.045
公法线长度变动公差	Fw	0.040
齿形公差	Ff	0.022
基节极限偏差	Fpb	±0.025
齿形公差	fβ	0.028
公法线平均长度及极限偏差	WK^{Ewms}_{Ewmi}	$27.69^{-0.064}_{-0.146}$
跨测齿数	K	5

齿轮	比例	1:2	重量	
	材料	45	图号	11

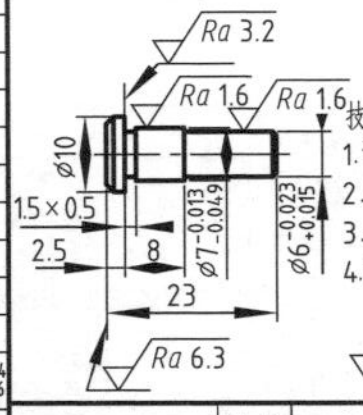

技术要求
1. 调质：220~240HBW。
2. 倒角C1。
3. 去除飞边、毛刺。
4. 淬火处理40~45HRC。

小轴	比例	1:1	重量	
	材料	45	图号	19

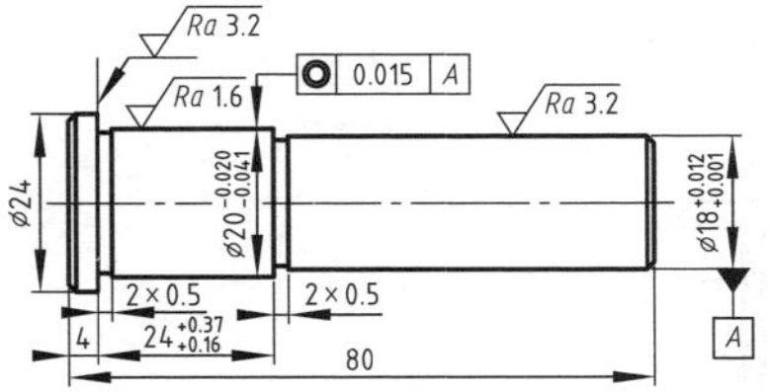

技术要求
1. 调质：220~240HBW。
2. 倒角C1。
3. 去除飞边、毛刺。
4. 淬火处理40~45HRC。

轴	比例	1:1	重量	
	材料	45	图号	09

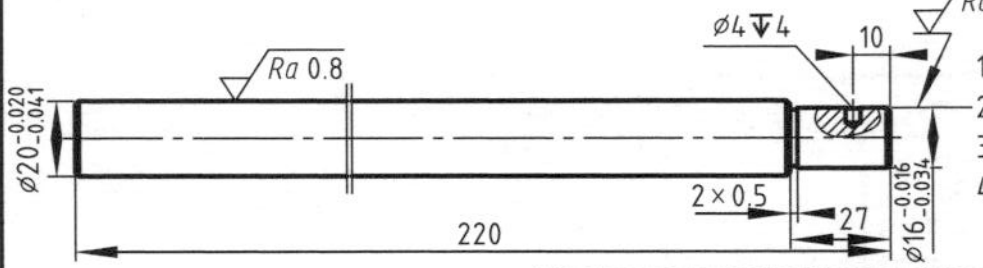

技术要求
1. 调质：220~240HBW。
2. 倒角C1。
3. 去除飞边、毛刺。
4. 淬火处理40~45HRC。

轴	比例	1:2	重量	
	材料	45	图号	12

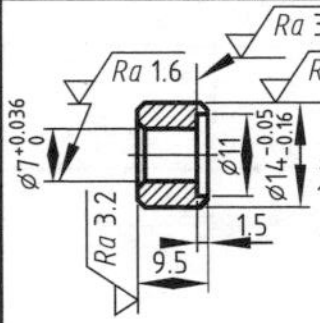

技术要求
1. 热处理：40~45HRC。
2. 倒角C1。
3. 去除飞边、毛刺。

滚子	比例	1:1	重量	
	材料	45MnB	图号	20

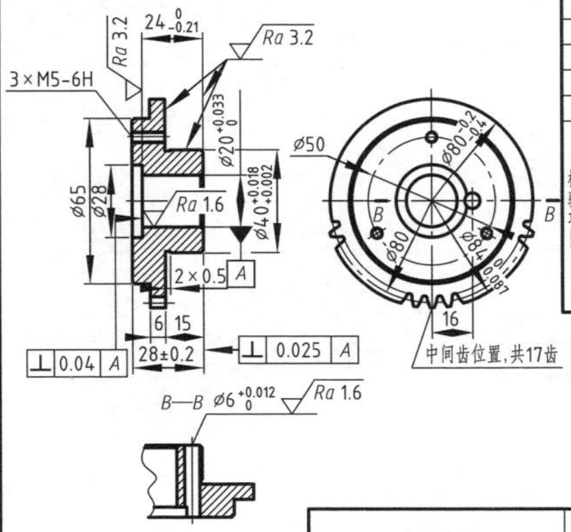

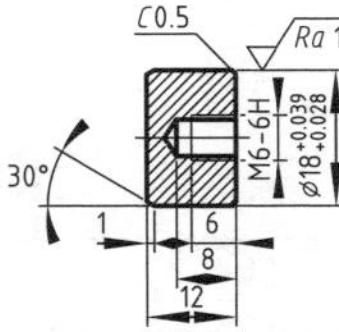

技术要求
1. 去除飞边、毛刺。
2. 淬火处理35~40HRC。

堵塞	比例	1:1	重量	
	材料	35	图号	22

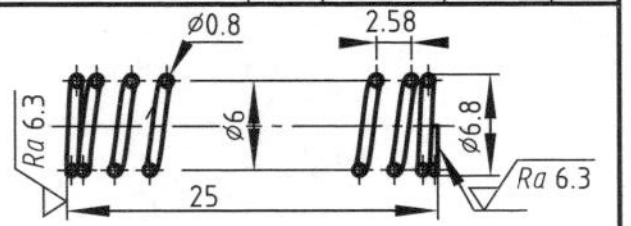

技术要求
1. 调质：220~240HBW。
2. 倒角C1。
3. 去除飞边、毛刺。
4. 淬火处理40~45HRC。

齿数	Z	40
模数	m	2
变位系数	x	0
齿形角	α	20°
精度等级		9EG GB/T10095
检验项目 齿圈径向跳动公差	Fr	0.045
公法线长度变动公差	Fw	0.040
齿形公差	Ff	0.022
基节极限偏差	Fpb	±0.025
齿形公差	fβ	0.028
公法线平均长度及极限偏差	WK^{Ewms}_{Ewmi}	$27.69^{-0.064}_{-0.146}$
跨测齿数	K	5

中间齿位置，共17齿

分度齿轮	比例	1:2	重量	
	材料	45	图号	10

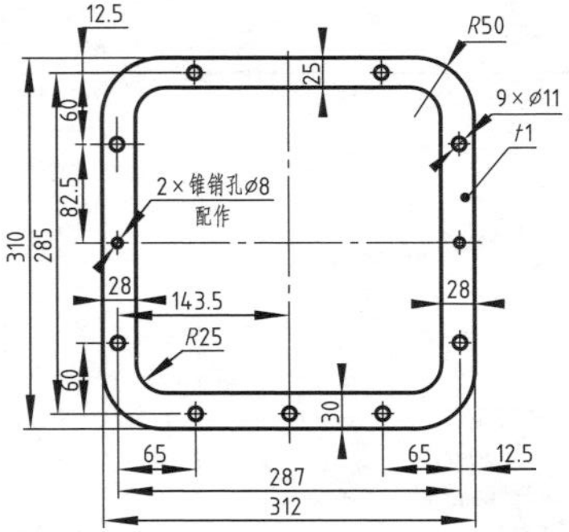

2×锥销孔Ø8 配作

防油垫	比例	1:5	重量	
	材料	聚氯乙烯	图号	23

技术要求
1. 旋向：右旋。
2. 工作圈数：9.5。
3. 总圈数：11。
4. 展开长度：209。
5. 刚度：18.58 N/mm。

弹簧	比例	2:1	重量	
	材料	碳素弹簧钢丝Ⅰ组	图号	24

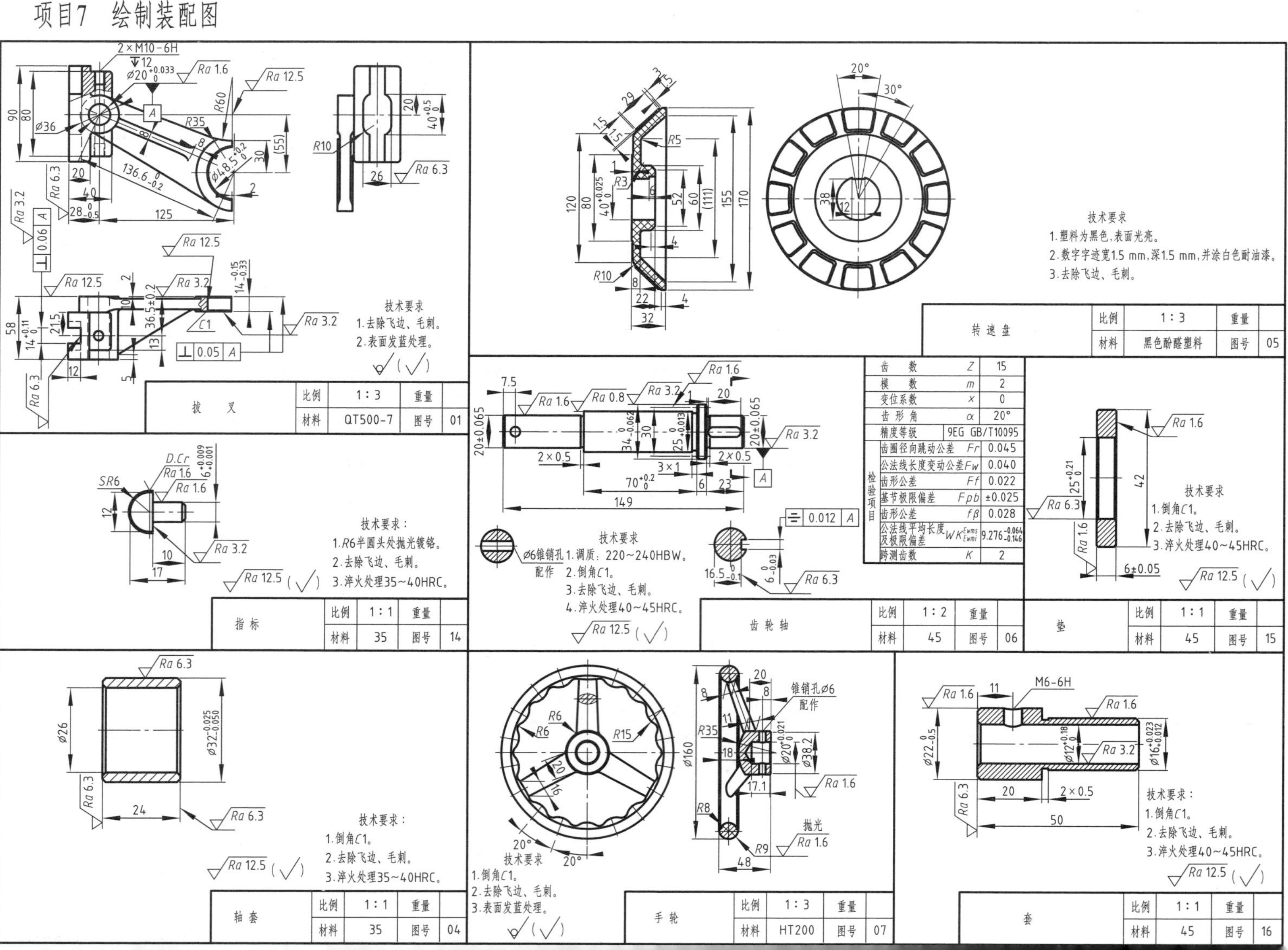
技术要求
1.去除飞边、毛刺。
2.表面发蓝处理。
拔叉 比例 1:3 重量 材料 QT500-7 图号 01
技术要求
1.塑料为黑色,表面光亮。
2.数字字迹宽1.5 mm,深1.5 mm,并涂白色耐油漆。
3.去除飞边、毛刺。
转速盘 比例 1:3 重量 材料 黑色酚醛塑料 图号 05
技术要求：
1.R6半圆头处抛光镀铬。
2.去除飞边、毛刺。
3.淬火处理35~40HRC。
指标 比例 1:1 重量 材料 35 图号 14
齿数 Z 15
模数 m 2
变位系数 x 0
齿形角 α 20°
精度等级 9EG GB/T10095
齿圈径向跳动公差 Fr 0.045
公法线长度变动公差 Fw 0.040
齿形公差 Ff 0.022
基节极限偏差 Fpb ±0.025
齿形公差 fβ 0.028
公法线平均长度及极限偏差 9.276
跨测齿数 K 2
技术要求
1.调质：220~240HBW。
2.倒角C1。
3.去除飞边、毛刺。
4.淬火处理40~45HRC。
齿轮轴 比例 1:2 重量 材料 45 图号 06
技术要求
1.倒角C1。
2.去除飞边、毛刺。
3.淬火处理40~45HRC。
垫 比例 1:1 重量 材料 45 图号 15
技术要求：
1.倒角C1。
2.去除飞边、毛刺。
3.淬火处理35~40HRC。
轴套 比例 1:1 重量 材料 35 图号 04
技术要求
1.倒角C1。
2.去除飞边、毛刺。
3.表面发蓝处理。
锥销孔Ø6 配作
抛光
手轮 比例 1:3 重量 材料 HT200 图号 07
技术要求：
1.倒角C1。
2.去除飞边、毛刺。
3.淬火处理40~45HRC。
套 比例 1:1 重量 材料 45 图号 16

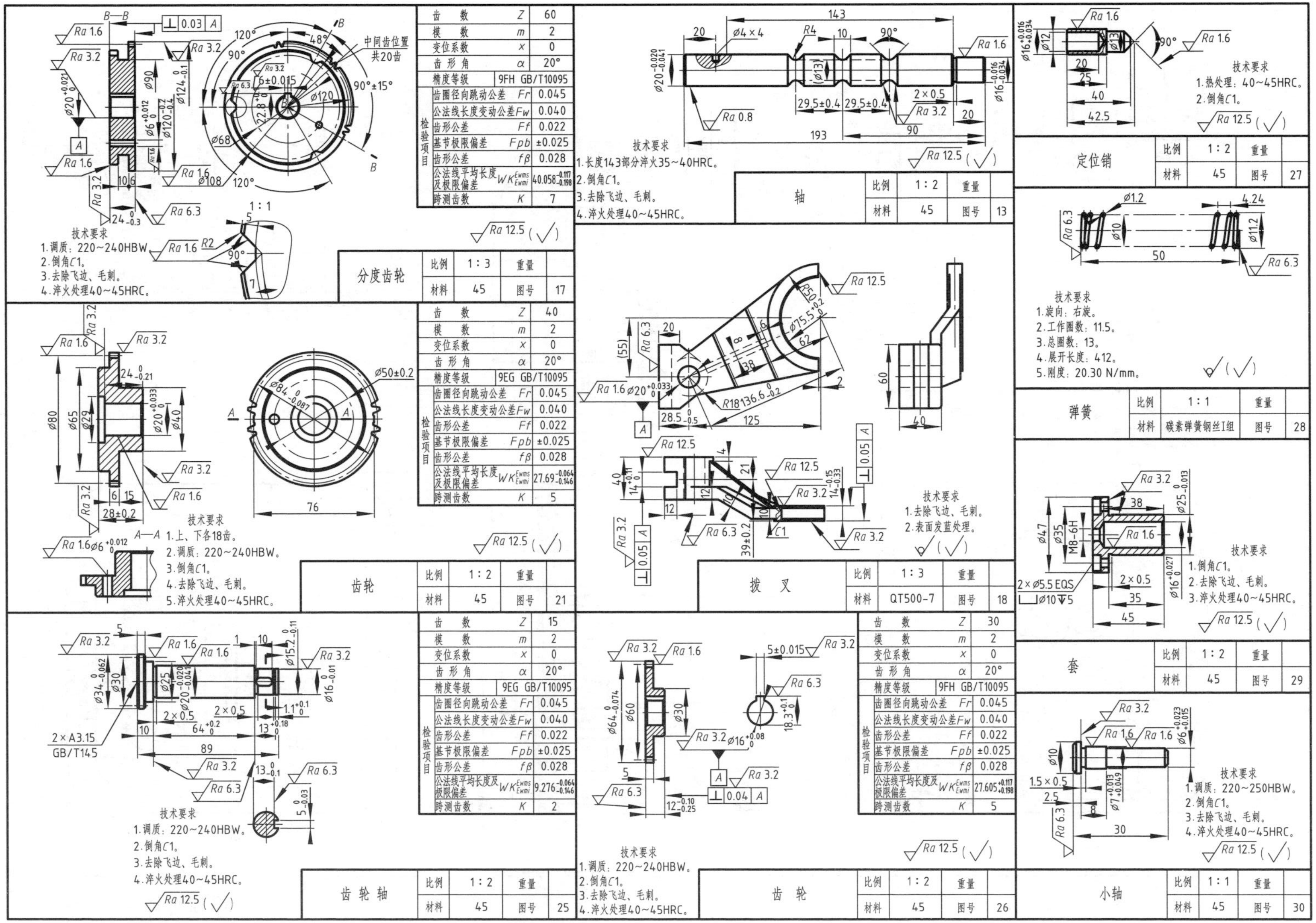

齿数	Z	60
模数	m	2
变位系数	x	0
齿形角	α	20°
精度等级	9FH GB/T10095	
检验项目 齿圈径向跳动公差	F_r	0.045
公法线长度变动公差	F_w	0.040
齿形公差	F_f	0.022
基节极限偏差	F_{pb}	±0.025
齿形公差	f_β	0.028
公法线平均长度及极限偏差	WK^{Ewms}_{Ewmi}	$40.058^{-0.117}_{-0.198}$
跨测齿数	K	7

技术要求
1. 调质：220~240HBW。
2. 倒角C1。
3. 去除飞边、毛刺。
4. 淬火处理40~45HRC。

Ra 12.5 (√)

分度齿轮	比例	1∶3	重量	
	材料	45	图号	17

技术要求
1. 长度143部分淬火35~40HRC。
2. 倒角C1。
3. 去除飞边、毛刺。
4. 淬火处理40~45HRC。

Ra 12.5 (√)

轴	比例	1∶2	重量	
	材料	45	图号	13

技术要求
1. 热处理：40~45HRC。
2. 倒角C1。

Ra 12.5 (√)

定位销	比例	1∶2	重量	
	材料	45	图号	27

技术要求
1. 旋向：右旋。
2. 工作圈数：11.5。
3. 总圈数：13。
4. 展开长度：412。
5. 刚度：20.30 N/mm。

弹簧	比例	1∶1	重量	
	材料	碳素弹簧钢丝Ⅰ组	图号	28

齿数	Z	40
模数	m	2
变位系数	x	0
齿形角	α	20°
精度等级	9EG GB/T10095	
检验项目 齿圈径向跳动公差	F_r	0.045
公法线长度变动公差	F_w	0.040
齿形公差	F_f	0.022
基节极限偏差	F_{pb}	±0.025
齿形公差	f_β	0.028
公法线平均长度及极限偏差	WK^{Ewms}_{Ewmi}	$27.69^{-0.064}_{-0.146}$
跨测齿数	K	5

技术要求
1. 上、下各18齿。
2. 调质：220~240HBW。
3. 倒角C1。
4. 去除飞边、毛刺。
5. 淬火处理40~45HRC。

Ra 12.5 (√)

齿轮	比例	1∶2	重量	
	材料	45	图号	21

技术要求
1. 去除飞边、毛刺。
2. 表面发蓝处理。

拨叉	比例	1∶3	重量	
	材料	QT500-7	图号	18

技术要求
1. 倒角C1。
2. 去除飞边、毛刺。
3. 淬火处理40~45HRC。

Ra 12.5 (√)

套	比例	1∶2	重量	
	材料	45	图号	29

齿数	Z	15
模数	m	2
变位系数	x	0
齿形角	α	20°
精度等级	9EG GB/T10095	
检验项目 齿圈径向跳动公差	F_r	0.045
公法线长度变动公差	F_w	0.040
齿形公差	F_f	0.022
基节极限偏差	F_{pb}	±0.025
齿形公差	f_β	0.028
公法线平均长度及极限偏差	WK^{Ewms}_{Ewmi}	$9.276^{-0.064}_{-0.146}$
跨测齿数	K	2

技术要求
1. 调质：220~240HBW。
2. 倒角C1。
3. 去除飞边、毛刺。
4. 淬火处理40~45HRC。

Ra 12.5 (√)

齿轮轴	比例	1∶2	重量	
	材料	45	图号	25

齿数	Z	30
模数	m	2
变位系数	x	0
齿形角	α	20°
精度等级	9FH GB/T10095	
检验项目 齿圈径向跳动公差	F_r	0.045
公法线长度变动公差	F_w	0.040
齿形公差	F_f	0.022
基节极限偏差	F_{pb}	±0.025
齿形公差	f_β	0.028
公法线平均长度及极限偏差	WK^{Ewms}_{Ewmi}	$27.605^{-0.117}_{-0.198}$
跨测齿数	K	5

技术要求
1. 调质：220~240HBW。
2. 倒角C1。
3. 去除飞边、毛刺。
4. 淬火处理40~45HRC。

Ra 12.5 (√)

齿轮	比例	1∶2	重量	
	材料	45	图号	26

技术要求
1. 调质：220~250HBW。
2. 倒角C1。
3. 去除飞边、毛刺。
4. 淬火处理40~45HRC。

Ra 12.5 (√)

小轴	比例	1∶1	重量	
	材料	45	图号	30

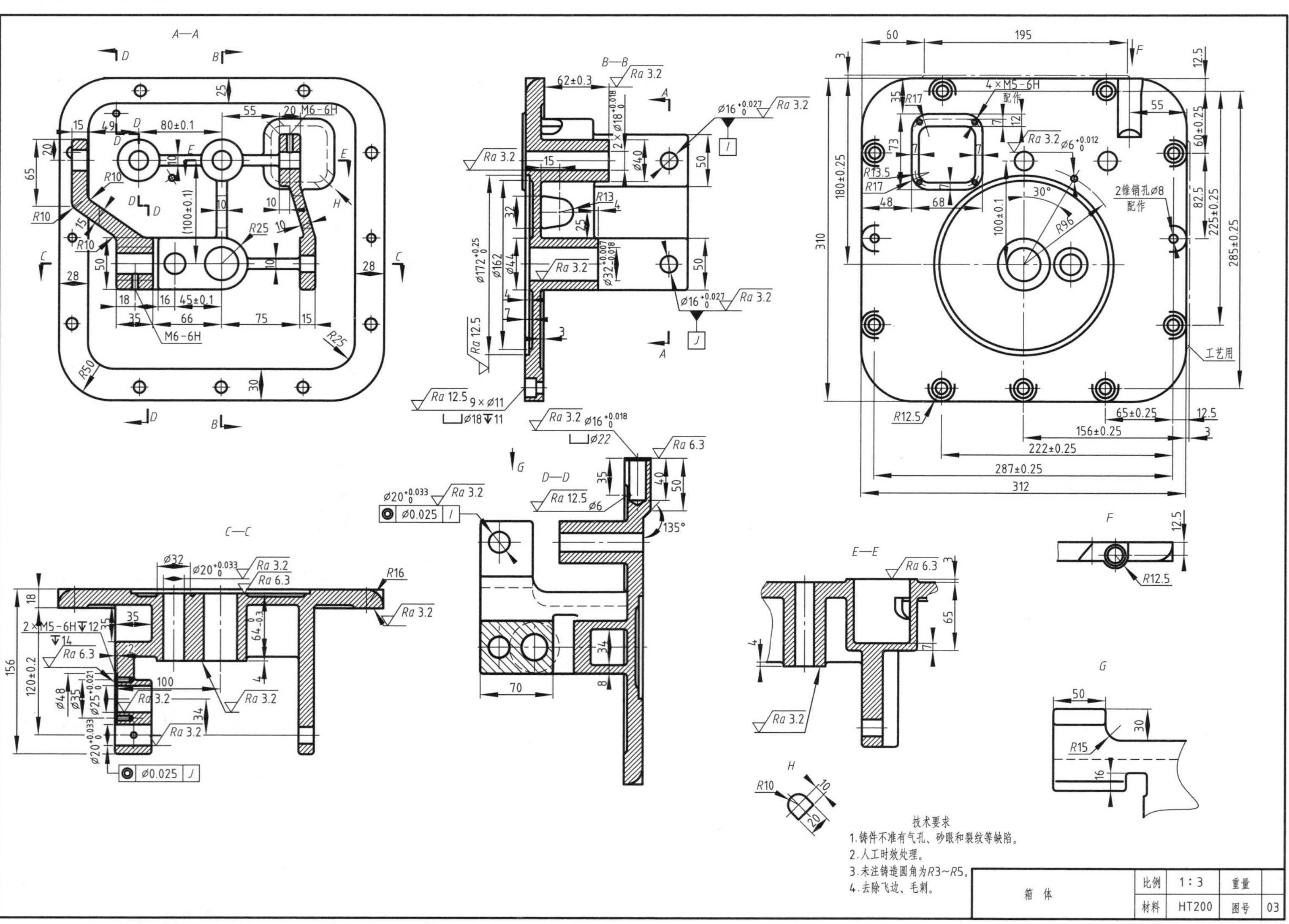
技术要求
1.铸件不准有气孔、砂眼和裂纹等缺陷。
2.人工时效处理。
3.未注铸造圆角为R3~R5。
4.去除飞边、毛刺。
箱体
比例
1：3
重量
材料
HT200
图号
03

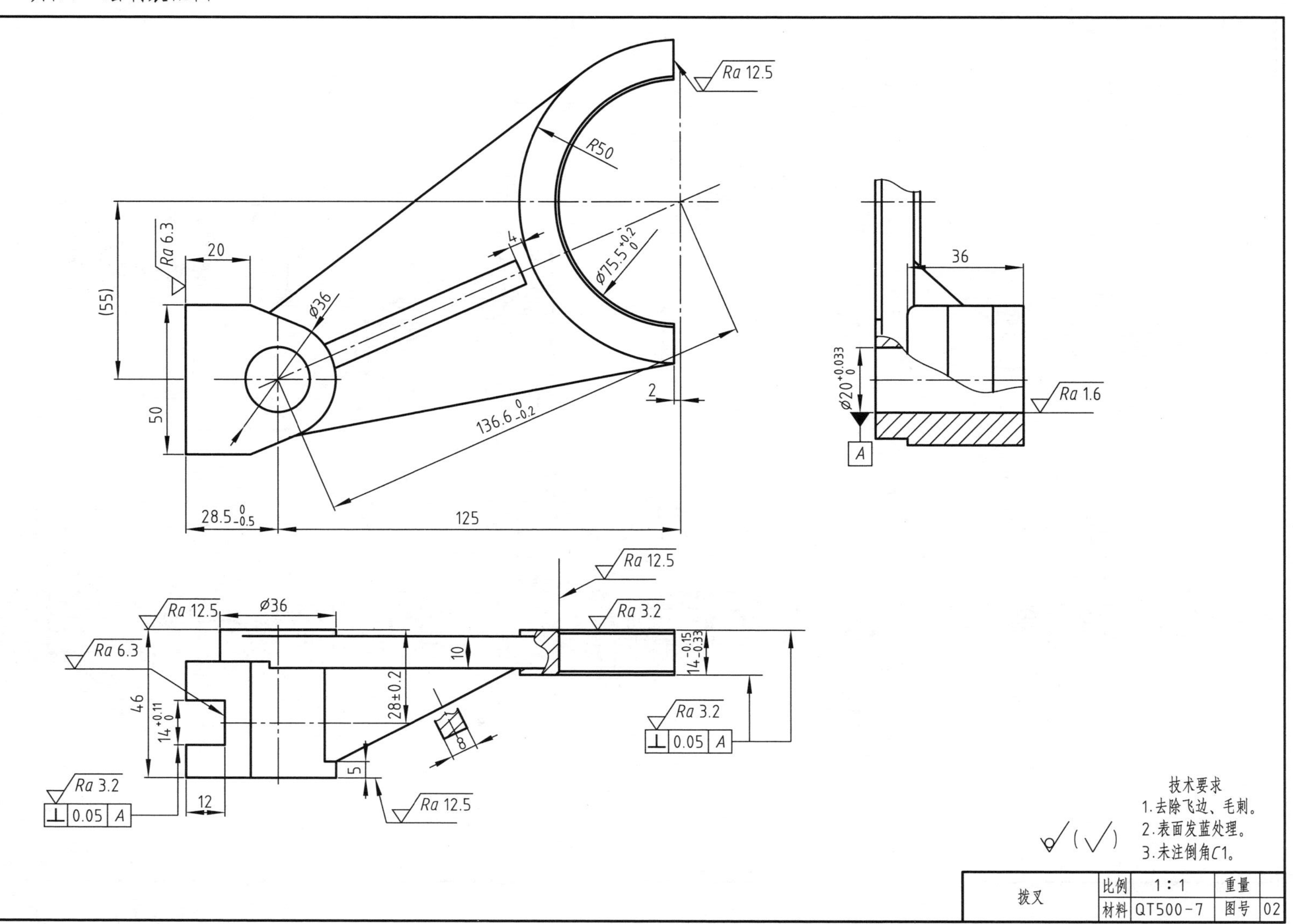
Ra 12.5
R50
Ø75.5 +0.2 0
4
Ø36
20
Ra 6.3
(55)
50
136.6 0 -0.2
2
28.5 0 -0.5
125
36
Ø20 +0.033 0
Ra 1.6
A
Ra 12.5
Ra 3.2
Ø36
10
28±0.2
14 -0.15 -0.33
46
14 +0.11 0
8
5
12
Ra 3.2
⊥ 0.05 A
Ra 12.5
技术要求
1.去除飞边、毛刺。
2.表面发蓝处理。
3.未注倒角C1。
拨叉
比例 1:1
重量
材料 QT500-7
图号 02

工作原理

变速时，转动手轮7，经齿轮轴6带动分度齿轮17转动，并定时传动齿轮11；再由与齿轮11同轴的分度齿轮10，定时传动齿轮21。在齿轮11、10和21上各装有销轴及滚子，由它们通过滑块机构带动相应的拨叉左右移动，从而使滑移齿轮组在相应轴上作轴向移动与相应齿轮啮合而实现变速。

技术要求

1.零件在装配前必须清理和清洗干净，不得有毛刺、飞边、锈蚀、油污和灰尘等。

2.装配后试运转，各转动部分应灵活自如。

技术性能

1.主轴转速：级数Z：12，

转速范围：30~1200 r/min。

2.主电机：功率4 kW，

转速：1440 r/min。

序号	代号	名称	数量	材料	单件重量	总计重量	备注
30		小轴	1	45			
29		套	1	45			
28		弹簧	1	碳素弹簧钢丝Ⅰ组			
27		定位销	1	45			
26		齿轮	1	45			
25		齿轮轴	1	45			
24		弹簧	2	碳素弹簧钢丝Ⅰ组			
23		防油垫	1	聚氯乙烯			
22		堵塞	2	35			
21		齿轮	1	45			
20		滚子	3	45MnB			
19		小轴	2	45			
18		拨叉	1	QT500-7			
17		分度齿轮	1	45			
16		套	1	45			
15		垫	1	45			
14		指标	1	35			
13		轴	1	45			
12		轴	1	45			
11		齿轮	1	45			
10		分度齿轮	1	45			
9		轴	2	45			
8		齿轮	1	45			
7		手轮	1	HT200			
6		齿轮轴	1	45			
5		转速盘	1	黑色酚醛塑料			
4		轴套	1	35			
3		箱体	1	HT200			
2		拨叉	1	QT500-7			
1		拨叉	1	QT500-7			

标记	处数	分区	更改文件号	签名	年月日	阶段标记	重量	比例	主轴变数操纵机构
设计	(签名)	(年月日)	标准化	(签名)	(年月日)			1:3	×6030
制图						共1张		第1张	
审核									
工艺			批准						